ULME III

Untersuchung von Leistungen, Motivation und
Einstellungen der Schülerinnen und Schüler
in den Abschlussklassen der Berufsschulen

Waxmann Verlag GmbH
Steinfurter Straße 555, 48159 Münster
info@waxmann.com

HANSE
Hamburger Schriften zur Qualität im Bildungswesen

herausgegeben von
Detlef Fickermann und Knut Schwippert

Band 12

Waxmann 2013
Münster / New York / München / Berlin

Behörde für Schule und Berufsbildung (Hrsg.)

ULME III

Untersuchung von Leistungen, Motivation und
Einstellungen der Schülerinnen und Schüler
in den Abschlussklassen der Berufsschulen

Waxmann 2013
Münster / New York / München / Berlin

Bibliografische Informationen der Deutschen Nationalbibliothek
Die Deutsche Nationalbibliothek verzeichnet diese Publikation
in der Deutschen Nationalbibliografie; detaillierte bibliografische Daten
sind im Internet über http://dnb.d-nb.de abrufbar.

HANSE – Hamburger Schriften zur Qualität im Bildungswesen, Band 12

ISSN 1864-2225
ISBN 978-3-8309-2860-7

© Waxmann Verlag GmbH, 2013
Postfach 8603, 48046 Münster

www.waxmann.com
info@waxmann.com

Umschlaggestaltung: Pleßmann Design, Ascheberg
Umschlagfoto: © Ingo Bartussek – Fotolia.com

Gedruckt auf alterungsbeständigem Papier,
säurefrei gemäß ISO 9706

Printed in Germany

Vorwort

In zwei Teilbänden der HANSE-Reihe werden die Ergebnisse der Hamburger *„Untersuchung der Leistungen, Motivation und Einstellungen der Schülerinnen und Schüler der Berufsschulen und der Berufsfachschulen"* (ULME) vorgelegt. ULME ist die im Jahr 2002 begonnene Fortsetzung der Hamburger Untersuchung „Aspekte der Lernausgangslage und der Lernentwicklung – LAU" für den berufsbildenden Bereich. Bereits die Berichte der LAU-Studie sind als zwei Bänden der HANSE-Reihe verfügbar. ULME markiert wie bereits LAU einen weiteren Meilenstein im Zusammenwirken von empirischen Bildungsforscherinnen und -forschern, der für die Bildungspolitik Verantwortlichen und der Akteure in den berufsbildenden Schulen, denn es ist die erste Längsschnittstudie, an der in einem Bundesland alle Berufs- und Berufsfachschüler eines Jahrgangs beteiligt waren.

Die Längsschnittstudie ULME besteht aus den folgenden drei Teilstudien: ULME I, *„Untersuchung der Leistungen, Motivation und Einstellungen zu Beginn der beruflichen Ausbildung"*, im Jahr 2002 durchgeführt, befasst sich mit den Lernausgangslagen, Fachleistungen, Motivationen, Einstellungen, Erwartungen und berufsübergreifenden Kompetenzen von Berufs- und Berufsfachschülern in Hamburger berufsbildenden Schulen am Anfang ihrer beruflichen Ausbildung. Untersucht werden auch individuelle Merkmale (z.B. kognitive Grundfähigkeit, Geschlecht, Bildungsbiografie) und soziale Bedingungen (z.B. Bildungsnähe des Elternhauses, Migrationshintergrund), die das Zustandekommen der Ausgangslagen beeinflusst haben.

ULME II, die *„Untersuchung von Leistungen, Motivation und Einstellungen der Schülerinnen und Schüler in den Abschlussklassen der teilqualifizierenden Berufsfachschulen"*, ist die erste partielle Folgeuntersuchung von ULME I im Abstand von zwei Jahren. Sie wurde im Jahr 2004 durchgeführt und an ihr nahmen ausschließlich die Schülerinnen und Schüler in den Abschlussklassen der teilqualifizierenden Berufsfachschulen am Ende ihrer zweijährigen Ausbildung teil. Berichtet werden in ULME II die Lernentwicklung und der Lernerfolg dieser Schülergruppe am Ende ihres Bildungsgangs, der formal dem mittleren Schulabschluss entspricht, in berufsübergreifenden (Deutsch, Mathematik und Englisch) und berufsbezogenen Fachleistungstests (z.B. Tests zum Berufsfeld Wirtschaft und Verwaltung, Tests zu den Berufsbereichen Metall- und Elektrotechnik).

ULME III, die *„Untersuchung von Leistungen, Motivation und Einstellungen der Schülerinnen und Schüler in den Abschlussklassen der Berufsschulen"* ist die zweite partielle Folgeuntersuchung von ULME I und wurde im Jahr 2005 durchgeführt. An ihr beteiligten sich die Schülerinnen und Schüler aus insgesamt 17 Ausbildungsberufen in den Abschlussklassen der Berufsschulen am Ende des dritten und letzten Jahres ihrer Ausbildung. Berichtet werden Ergebnisse zu den kognitiven, metakognitiven und motivationalen Merkmalen der Schülerinnen und Schüler und aus berufsübergreifenden und berufsbezogenen Fachleistungstests.

Sowohl für die Berufsfelder der Berufsfachschule als auch für die 17 Ausbildungsberufe der Berufsschulen wurden in einem anspruchsvollen innovativen Vorhaben berufsbezogene kognitive Fachleistungstests konstruiert.

Wegen der großen Bedeutung dieser nach wie vor einzigen Längsschnittstudie in Deutschland zur berufsübergreifenden und berufsbezogenen Leistungsentwicklung aller Schülerinnen und Schüler der berufsbildenden Schulen eines Bundeslandes sowohl für die empirische Bildungsforschung als auch für die Bildungsadministration und Bildungspolitik hat sich die Behörde für Schule und Berufsbildung entschlossen, die damaligen Projektberichte nochmals in einem zweiteiligen Sammelband zu veröffentlichen.

Unser Dank gilt allen Wissenschaftlerinnen und Wissenschaftlern sowie den Mitarbeiterinnen und Mitarbeitern der Schulbehörde, die an der Längsschnittstudie ULME beteiligt waren. Er gilt auch dem Waxmann-Verlag für die Aufnahme der beiden Teilbände in sein Verlagsprogramm.

Norbert Maritzen
Direktor des Hamburger Instituts für
Bildungsmonitoring und Qualitätsentwicklung (IfBQ)

Rainer Lehmann und Susan Seeber
(Hrsg.)

ULME III

Untersuchung von Leistungen, Motivation und
Einstellungen der Schülerinnen und Schüler
in den Abschlussklassen der Berufsschulen

Vorwort

Dank gilt allen, die seit nunmehr vier Jahren die Arbeitsgruppe an der Humboldt-Universität zu Berlin bei der wissenschaftlichen Auswertung der ULME-Studien, speziell der Hamburger *„Untersuchung der Leistungen, Motivation und Einstellungen zu Beginn der beruflichen Ausbildung"* (ULME I), der *„Untersuchung von Leistungen, Motivation und Einstellungen der Schülerinnen und Schüler in den Abschlussklassen der teilqualifizierenden Berufsfachschulen"* (ULME II) und der hier mit diesem Bericht vorliegenden *„Untersuchung von Leistungen, Motivation und Einstellungen der Schülerinnen und Schüler in den Abschlussklassen der Berufsschulen"* (ULME III), unterstützen, hier vor allem denen, die an der erfolgreichen Durchführung der ULME-III-Erhebung mitgewirkt haben.

Ohne die gewissenhafte Mitarbeit der Hamburger Schülerinnen und Schüler sowie die umsichtige Organisation und bereitwillige Mitwirkung der Schulleitungen, der Schulkoordinatorinnen oder -koordinatoren, der Lehrkräfte und der Testleiterinnen und Testleiter wäre auch diese Erhebung nicht möglich gewesen. Ihnen allen, die „vor Ort" mitgewirkt haben, schulden wir Dank.

Den Mitgliedern des „ULME-Teams" in der Referatsgruppe Berufliche Schulen, Frau Dr. Dorothea Schreiber, Herrn Dr. Manfred Brembach, Frau Anne Meyer und Herrn Michael Schopf als Leiter des Teams, die die Vorbereitung und Durchführung der Erhebung koordiniert und wichtige Impulse für die konzeptionelle Weiterentwicklung der Studie gegeben haben, möchten wir ebenfalls unseren Dank aussprechen.

Anders als im Rahmen der ULME I und zum Teil auch ULME II wurden hier spezielle kognitive Fachleistungstests für insgesamt 17 Ausbildungsberufe entwickelt. An dieser Stelle möchten wir den Mitarbeiterinnen und Mitarbeitern aus der Behörde für Bildung und Sport, den Lehrerinnen und Lehrern sowie insbesondere Herrn Prof. Dr. Tade Tramm, Herrn Prof. Dr. Willi Brand und Frau Dipl.-Hdl. Wiebke Hofmeister vom Institut für Berufs- und Wirtschaftpädagogik (IBW) der Universität Hamburg für die wertvolle Zusammenarbeit bei der Testentwicklung danken. Letztgenannten danken wir ebenso für die konstruktive Unterstützung bei der Pilotierung der Fachtests, die anregenden Diskussionen im Rahmen der Überarbeitungen und Auswertungen der Tests.

Unter den umfangreichen Arbeiten der zahlreich beteiligten Hilfskräfte der Humboldt-Universität zu Berlin seien exemplarisch die Beiträge von Frau Heike Trock und Frau Susan Höhne hervorgehoben, die an der Bewältigung des technischen Aufwandes der Untersuchung und der redaktionellen Endfassung des Abschlussberichts in hohem Maße beteiligt waren.

Ohne diese vielfältige Zusammenarbeit hätte die Studie nicht durchgeführt und erfolgreich abgeschlossen werden können. Wir danken vor allem Herrn Dr. Rüdiger Gänsfuß, der sehr umsichtig das Datenmanagement konzipiert und wirksam unterstützt hat. Die Organisation und Koordination der Untersuchung mit der Behörde für Bildung und Sport in Hamburg und das umfassende Datenmanagement wurden von Frau Dipl.-Päd. Susanne Hunger übernommen, der wir an dieser Stelle sehr herzlich für ihr Engagement danken. Für die Skalierung der beruflichen Fachleistungstests und des Tests zu den allgemeinen Grundqualifikationen trägt Frau Dr. Susan Seeber die Verantwortung; die Skalierung des Fachenglischtests erfolgte durch Frau Dr. Astrid Neumann. Die wissenschaftliche Leitung der Studie lag in den Händen von Herrn Prof. Dr. Dr. h. c. Rainer Lehmann.

Der Bericht ist auch durch Kooperation mit externen Wissenschaftlerinnen entstanden. Wir danken den beteiligten Autorinnen für die Bereitschaft zur Mitarbeit und für die Anstrengung, ihre Beiträge trotz großer zeitlicher Belastung termingerecht fertig zu stellen.

Rainer Lehmann und Susan Seeber

Inhalt

7 Berufsspezifische Fachleistungen in gewerblich-technischen und handwerklichen Berufen am Ende der Ausbildung

Ellen Hoffmann und Rainer Lehmann

1 ULME III: Ziele der Untersuchung

Rainer Lehmann, Susan Seeber und Susanne Hunger

1.1 Bildungspolitische Zielstellungen der Studie

Neben den Anstrengungen, die die Bundesregierung und die Wirtschaft für die *quantitative* Sicherstellung eines adäquaten Angebots auf dem Ausbildungsmarkt unternehmen (zu den aktuellen Daten zum Ausbildungsstellenmarkt vgl. Bundesministerium für Bildung und Forschung, 2005)[1], hat das Thema der *Qualitäts*sicherung in der beruflichen Bildung in den letzten Jahren hohe Relevanz erlangt (vgl. die Beiträge in Rauner, 2005, 412ff.). Ausdruck dessen sind vor allem die Modellversuche zur Implementierung von Qualitätsmanagementsystemen an beruflichen Schulen und in der betrieblichen Ausbildung (vgl. Tenberg, 2004) sowie die Ansätze zu einer anwendungsbezogenen Qualitätssicherung (vgl. Schöni, Tomforde & Wicki, 1997). Systematische Studien zur jeweiligen Lernausgangslage, vor deren Hintergrund berufliches Lernen stattfindet und Ergebnisse zeitigt, Untersuchungen also, ohne die belastbare und generalisierungsfähige Aussagen nicht getroffen werden können, liegen allerdings für den berufsbildenden Bereich bisher kaum vor (vgl. Achtenhagen, 2004, 14ff.).

Die *„Untersuchung von Leistungen, Motivation und Einstellung der Schülerinnen und Schüler in den Abschlussklassen der Berufsschulen"* (ULME III) sucht für das Bundesland Hamburg diese Lücke zu schließen. Als Fortschreibung des Hamburger Projekts *„Aspekte der Lernausgangslage und der Lernentwicklung"* (LAU) ist sie Bestandteil einer umfassenden, komplex strukturierten Längsschnittstudie (vgl. unten, S. 17, Abbildung 1.1). So wurden im Rahmen von ULME III im Frühjahr 2005 alle Schülerinnen und Schüler in den Abschlussklassen von insgesamt siebzehn Ausbildungsberufen getestet (vgl. weiter unten, Tabelle 1.1). Der vorliegende Bericht gibt somit Auskunft über übergreifende und berufsspezifische Lernergebnisse am Ende der beruflichen Ausbildung. Für die beruflichen Kompetenzbereiche

---

1 Während sich bundesweit die Zahl der Jugendlichen, die eine Berufsausbildung im dualen System aufnahmen, in den Jahren von 1992 bis 2003 deutlich verringerte, nahm der Anteil derjenigen jungen Frauen und Männer zu, die eine vollqualifizierende Berufsfachschulausbildung begonnen haben. Vergleicht man die einzelnen Bundesländer, so fällt auf, dass „in Hamburg zur dort lebenden Bevölkerung vergleichsweise viele betriebliche Ausbildungsangebote realisiert wurden" (Bundesministerium für Bildung und Forschung, 2005, 85).

stehen dabei nicht die praktischen Tätigkeiten der betrieblichen Ausbildung im Vordergrund, sondern die vor allem im schulischen Kontext erworbenen beruflichen Fähigkeiten. Erste Überlegungen zur Stufung und Ausdifferenzierung von beruflichen Kompetenzprofilen in den verschiedenen erfassten Domänen werden dabei in die Auswertungen einbezogen.

Die Erkenntnisse der Studie sollen einer verbesserten Gestaltung des Unterrichts an den Berufsschulen dienen, indem auch der Einfluss bestimmter Eingangsvoraussetzungen und unterschiedlicher Lehr-Lern-Kulturen in den verschiedenen Bildungsgängen, Schulen und Klassen auf die allgemeine und berufliche Kompetenzentwicklung herausgearbeitet wird.

Das zentrale Anliegen für und die besondere Herausforderung an ULME III besteht gleichwohl darin, empirisch gestützte Aussagen zu den am Ende einer Berufsausbildung im Rahmen des dualen Systems erreichten allgemeinen und beruflichen Kompetenzen vorzunehmen. Um diesem Anspruch gerecht werden zu können, wurden siebzehn unterschiedliche, auf die Curricula der jeweiligen ausgewählten Fachbereiche abgestimmte Fachleistungstests, zwei im Leistungsanspruch sich unterscheidende Fachenglischtests, ein berufsübergreifender Test, der grundlegende Fähigkeiten im Umgang mit Texten, Tabellen und Grafiken misst, sowie ein Schülerfragebogen entwickelt und eingesetzt (vgl. auch Kapitel 2).

ULME III erfasst im Rahmen des Tests „Texte und Tabellen" allgemeine berufliche Grundqualifikationen (*Literacy*), die als grundlegende Voraussetzungen für die Gestaltung der persönlichen Handlungsoptionen im Alltag sowie für die aktive Teilhabe am beruflichen und gesellschaftlichen Leben gelten (OECD and Statistics Canada, 1995). Zu diesen so genannten beruflichen Grundqualifikationen gehören basale Fähigkeiten im Umgang mit verschiedenen Textgattungen, mit schriftlich gefassten Informationen in Tabellen, Grafiken und anderen Formen diskontinuierlicher Texte sowie ein grundlegendes Zahlenverständnis und fundamentale Rechenfertigkeiten.

Vor dem Hintergrund der gegenwärtigen Tendenz, über einen internationalen Qualifikationsrahmen beruflich relevante Kompetenzen, darunter vor allem auch fremdsprachliche Kompetenzen, zu standardisieren und so die wechselseitige Anerkennung von Ausbildungsabschlüssen zu ermöglichen, nimmt die systematische Evaluation der am Ende der Ausbildung erreichten Fremdsprachenkompetenz im Rahmen dieser Studie eine bedeutsame Stellung ein. In dieser Hinsicht werden in

Hamburg seit 1998 mit der flächendeckenden Einführung eines obligatorischen Fachenglischunterrichts in den Berufsschulen nicht geringe Anstrengungen unternommen, um die Schülerinnen und Schüler auf die aktive Nutzung der englischen Sprache in Alltagssituationen, vor allem jedoch in beruflichen Handlungskontexten vorzubereiten. Dementsprechend steht die Erfassung der Fremdsprachenkompetenz in berufsübergreifenden und berufsspezifischen Sprachsituationen im Mittelpunkt des Englischtests.

Den Hauptschwerpunkt der Untersuchung bilden die Erfassung und Auswertung berufsspezifischer Kompetenzen in 17 verschiedenen Ausbildungsberufen. Die unter Federführung des Instituts für Berufs- und Wirtschaftspädagogik der Universität Hamburg entwickelten beruflichen Leistungstests beziehen sich dabei primär auf die im Rahmen der schulischen Ausbildung erworbenen Fach- und Methodenkompetenzen (vgl. auch Kapitel 2). Zwar wird nicht selten argumentiert, dass mit den zentralen Kammerprüfungen bereits Elemente einer outputorientierten Steuerung des beruflichen Bildungswesens implementiert seien; Reisse (1997) und Straka (2003) geben jedoch zu bedenken, dass insbesondere über die Messgüte der Testinstrumente und damit über deren diagnostisches Potenzial allzu wenig bekannt sei. Vielmehr wird befürchtet, dass sowohl Testinstrumente als auch die Auswertungsprozeduren weit hinter den methodischen Entwicklungen in der empirischen Bildungsforschung zurückliegen. Insofern wird in dieser Untersuchung mit der Entwicklung und Durchführung der beruflichen Fachleistungstests der Anspruch verbunden, Testinstrumente und Auswertungsverfahren einzusetzen, die sich an den erreichten, also geltenden Standards der Leistungsdiagnostik orientieren und auf dieser Grundlage Rückschlüsse auf die Ausprägungen der primär im schulischen Kontext erworbenen beruflichen Kompetenzen erlauben.

Die Hauptziele des auf eine Laufzeit von 1,5 Jahren angelegten Forschungs- und Entwicklungsvorhabens ULME III lassen sich wie folgt zusammenfassen:

1.	Ermittlung von allgemeinen und beruflichen Kompetenzen, die von den Jugendlichen am Ende ihrer Berufsausbildung erreicht worden sind,

2.	Vergleich von berufsspezifischen Kompetenzen innerhalb eines Ausbildungsberufs bzw. des Berufsfeldes „Wirtschaft und Verwaltung",

3.	Vergleich übergreifender Kompetenzen zwischen den Ausbildungsberufen bzw. innerhalb des Berufsfeldes „Wirtschaft und Verwaltung",

4.   Bestimmung von Determinanten des Ausbildungserfolgs und

5.   Identifikation von Gruppen Jugendlicher, deren Kompetenzentwicklung erwartungswidrig günstig bzw. ungünstig verlaufen ist.

1.2   Einordnung der Studie in das Gesamtkonzept der Systembeobachtung im Hamburger Schulwesen

Wie bereits angedeutet, basiert ULME III in wesentlichen Teilen auf der flächendeckend angelegten Studie „Aspekte der Lernausgangslage und Lernentwicklung" (LAU)[2], die seit 1995 systematisch die Lernstände sowie die Lern- und Leistungsentwicklung von Hamburger Schülerinnen und Schülern vom Ende der Grundschulzeit bis in die Klassenstufe 13 untersucht hat. 2002, also mit Beginn der elften Klassenstufe, wurde die Untersuchung in zwei Stränge unterteilt: Die LAU 11 bezog sich auf diejenigen Schülerinnen und Schüler, die in den Eingangs- und Aufbauklassen der gymnasialen Oberstufe die Hochschul- bzw. Fachhochschulreife anstrebten (vgl. Lehmann, Hunger, Ivanov & Gänsfuß, 2005); die ULME I[3] hingegen erfasste die Schülerinnen und Schüler, die eine teil- oder vollqualifizierende berufliche Ausbildung an einer Berufsfachschule begonnen hatten oder im Rahmen einer dualen Ausbildung Unterricht an einer Berufsschule genoss (vgl. Lehmann, Ivanov, Hunger & Gänsfuß, 2005). Im Februar 2004 hat die Behörde für Bildung und Sport (BBS) der Freien und Hansestadt Hamburg eine (Folge-) „Untersuchung der Leistungen, Motivation und Einstellung in den Abschlussklassen der teilqualifizierenden Berufsfachschulen" (ULME II) in Auftrag gegeben (vgl. Lehmann, Seeber & Hunger, 2006). Abbildung 1.1 veranschaulicht die Entwicklung des Gesamtprojekts in seiner längsschnittlichen Struktur.

---

2   Die insgesamt fünf Forschungsberichte zu der LAU-Längsschnittstudie sind als Band 8 (LAU 5,7 und 9) im Jahr 2011 und als Band 9 (LAU 11 und 13) im Jahr 2012 in der HANSE-Reihe des Waxmann-Verlags erschienen.

3   Die beiden ersten Forschungsberichte zu der Längsschnittstudien ULME (ULME I und II) sind im Jahr 2013 als Band 11 in der HANSE-Reihe des Waxmann-Verlags erschienen.

Abbildung 1.1   Struktur der Hamburger Längsschnittuntersuchungen „Aspekte der Lernausgangslage und Lernentwicklung" (LAU) und „Leistungen, Motivation und Einstellungen" (ULME) von Schülerinnen und Schülern an Hamburger Schulen des allgemeinen und beruflichen Bildungswesens

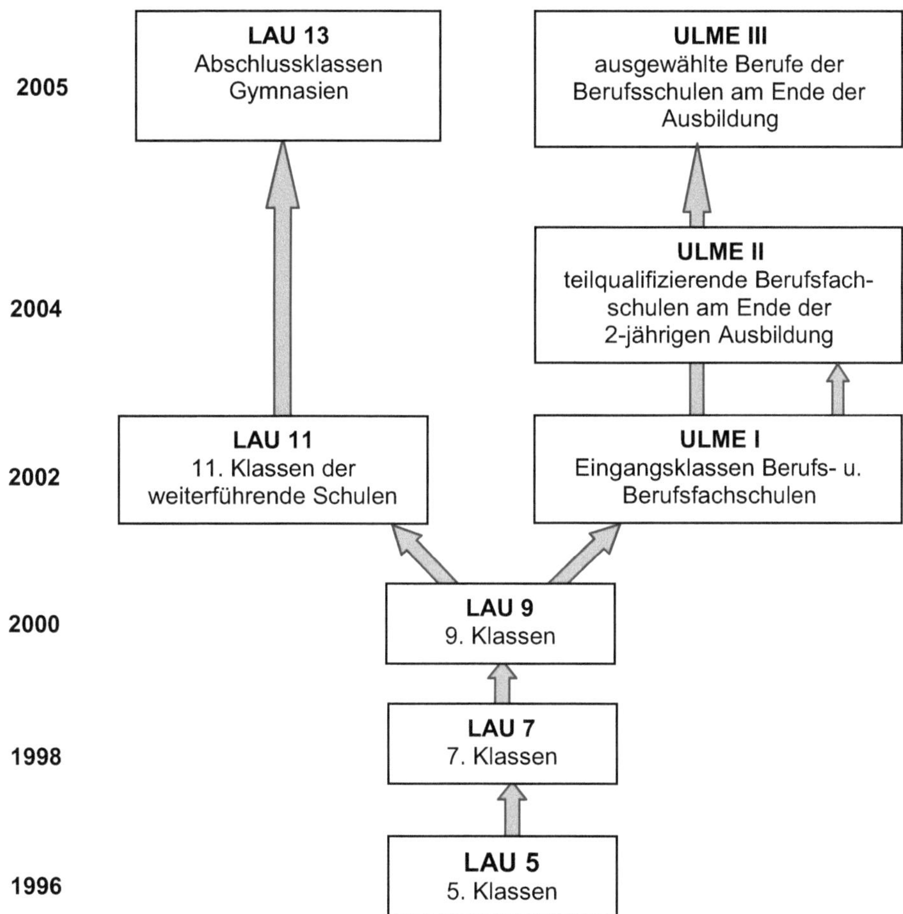

Für etwa die Hälfte der im Rahmen von ULME III erfassten Schülerinnen und Schüler liegen längsschnittliche Daten in dem Sinne vor, dass für diese Fälle geprüft werden kann, inwiefern die in der allgemein bildenden Schule erworbenen basalen Grundqualifikationen in Zusammenhang mit den Leistungen am Ende der beruflichen Ausbildung stehen. Darüber hinaus kann für diese Gruppen auch der Beitrag metakognitiver Strategien und von allgemeinen sprachlichen und mathematischen Fähigkeiten für die Förderung und Entwicklung kognitiver Aspekte der beruflichen Ausbildung erfasst werden.

Die vorhandenen Informationen zu den Lernausgangslagen am Beginn der beruflichen Ausbildung beziehen sich auf die Domänen Leseverständnis, passive Rechtschreibung sowie aktive Schreibfähigkeiten, auf die erworbenen mathematischen Kompetenzen sowie auf die globale Beherrschung der ersten Fremdsprache Englisch (C-Test). Die Erhebung zu den Anfangslernständen bei Eintritt in die duale Berufsausbildung erfolgte im Rahmen von ULME I im Schuljahr 2002/2003 (vgl. Lehmann, Ivanov, Hunger & Gänsfuß, 2005).

Ein nicht unerheblicher Teil der Schülerinnen und Schüler, deren berufsbezogene Lernausgangslagen in der ULME I ermittelt wurden, konnte in ULME III nicht mehr erfasst werden. Neben Klassenwiederholungen, Ausbildungsabbruch und Wohnortwechsel lagen die Hauptgründe für die nur partielle Ausschöpfung der ursprünglichen Stichprobe aus ULME I (d. h., für diese hohe „Panel-Mortalität") in der unter bestimmten Voraussetzungen möglichen vorzeitigen Beendigung der Ausbildung. Dazu gehören beispielsweise diejenigen Schülerinnen und Schüler, die mit Abitur in die duale Ausbildung eingetreten waren und die eine um ca. 6 bis 12 Monate verkürzte Ausbildung durchlaufen hatten, weshalb sie zum Zeitpunkt der Erhebung von ULME III nicht mehr in den Berufsschulen erreichbar waren. In ähnlicher Weise hat eine Reihe von Schülerinnen und Schüler mit einem mittleren Schulabschluss die Ausbildung aufgrund der gezeigten Leistungen vor dem regulären Ende abgeschlossen. Darüber hinaus nahmen an den Lernstandserhebungen im Rahmen von ULME III Schülerinnen und Schüler teil, die erst zu einem späteren Zeitpunkt den getesteten Abschlussklassen des Schuljahres 2004/2005 zugeteilt wurden und die aus diesem Grunde nicht in die Untersuchungen zu ULME I einbezogen waren. Hier handelte es sich beispielsweise um Schülerinnen und Schüler, die sich zu Beginn des Schuljahres 2002/03 noch an einer weiterführenden Schule mit besonders qualifizierendem Abschluss (z.B. an einem Gymnasium) befunden hatten. In geringerem Umfang sind in der ULME III auch Jugendliche vertreten, die durch einen Wohnortwechsel im Ausbildungsverlauf neu an Hamburger Berufsschulen aufgenommen wurden.

1.3 Allgemeine Informationen zur Stichprobe der Studie

Im Frühjahr 2005 wurden im Rahmen der ULME III alle Schülerinnen und Schüler in den Abschlussklassen der Berufsschulen in 17 *ausgewählten* Berufen getestet. Die Ausbildungsberufe umfassen unterschiedliche Berufsfelder und liegen in verschiedenen Wirtschaftsbereichen. Das Berufsfeld „Wirtschaft und Verwaltung" ist mit insgesamt sieben Berufen in die Untersuchung einbezogen worden, die Berufsfelder „Gesundheit" und „Körperpflege" mit zusammen drei Berufen, der handwerklich-technische Bereich mit fünf Berufen. Darüber hinaus sind mit den Hotelfachangestellten ein Beruf des Hotel- und Gaststättenwesens und mit den Fachinformatikern ein relativ neuer Ausbildungsberuf, der als Querschnittsberuf gelten kann, noch zwei weitere Berufsbereiche in der Untersuchung vertreten (vgl. Tabelle 1.1).

Abbildung 1.2   Die Ausbildungsberufe der Studie ULME III

Kaufmännische Berufe	Gewerblich-technische Berufe	Berufe des Gesundheitswesens und der Körperpflege	Sonstige Berufe
Bankkaufmann/-frau	Anlagen-mechaniker/-in	Medizinische/-r Fachangestellte/-r	Fachinformatiker/-in
Bürokaufmann/-frau	Elektro-installateur/-in	Zahnmedizinische/-r Fachangestellte/-r	Hotelfachmann/-frau
Kaufmann/Kauffrau im Einzelhandel	Fluggeräte-mechaniker/-in	Friseur/Friseurin	
Industriekaufmann/-frau	Industrie-mechaniker/-in		
Notar- und Rechtsan-waltsfachangestellte/-r	Tischler/-in		
Speditionskaufmann/-frau			
Werbekaufmann/-frau			

1.4   Zur Struktur des Berichts

Das *Kapitel 2* enthält nähere Informationen zur Anlage und Durchführung der Untersuchung, zur Struktur der eingesetzten Leistungstests sowie Ausführungen zu grundlegenden Aspekten der Skalierung der eingesetzten Tests. Darüber hinaus finden sich dort auch Angaben zur geplanten und realisierten Stichprobe.

Eine nähere Beschreibung der allgemeinen kognitiven und sozialen Merkmale der in ULME III einbezogenen Schülerinnen und Schüler erfolgt im Rahmen des *Kapitels 3*. Dort werden auch neben der differenzierten Beschreibung von motivationalen Lernvoraussetzungen Aussagen über individuelle Bildungsbiografien und soziale Kontextfaktoren der Jugendlichen vorgestellt und diskutiert.

Die *Kapitel 4 und 5* widmen sich den übergreifenden Fachleistungen, die am Ende der beruflichen Ausbildung erreicht werden. Hier werden zum einen spezifische Analysen zu den allgemeinen Grundqualifikationen am Ende der Ausbildung vorgenommen und zum anderen die Kompetenzen in der Fremdsprache Englisch diskutiert. In beiden Fällen wird geprüft, in welchem Zusammenhang die erworbenen Kompetenzen mit den am Anfang der Ausbildung erfassten fachbezogenen Leistungsvoraussetzungen stehen. Darüber hinaus umfassen die Auswertungen differenzielle Analysen nach Berufen und Berufsgruppen sowie nach Merkmalen des Geschlechts und der sozio-kulturellen Herkunft.

Kapitel 6 umfasst die Auswertungen zu den berufsspezifischen Fachleistungen im Berufsfeld Wirtschaft und Verwaltung. Hier werden die Befunde zu den beruflichen Kompetenzen in den sieben kaufmännischen Berufen betrachtet. Neben der Herausarbeitung von Einflüssen der Lernumwelt auf die Entwicklung beruflicher Sach- und Methodenkompetenz sind in diesem Kapitel auch Dimensionsanalysen für ausgewählte kaufmännische Tests enthalten.

Im *Kapitel 7* werden die Befunde zu den erworbenen beruflichen Kompetenzen in den Bereichen der Metall-, Holz- und Elektrotechnik vorgestellt. Neben der Herausarbeitung von relativen Stärken und Schwächen in den beruflichen Kompetenzen der Abschlussjahrgänge der Anlagen-, Industrie- und Fluggerätemechaniker sowie der Elektroinstallateure und Tischler werden wie auch in den übrigen Bereichen Einflüsse sozialer und ethnischer Herkunft geprüft und diskutiert.

Schließlich werden in den *Kapiteln 8 und 9* die berufsspezifischen Fachleistungen der Jugendlichen in den Ausbildungsberufen der Bereiche Gesundheit und Körperpflege und die Befunde zu den Ausbildungsberufen des Fachinformatikers/der Fachinformatikerin und der Hotelfachangestellten diskutiert.

Auf die spezifische Situation bestimmter Schülergruppen wird, wie kursorisch angedeutet, innerhalb der Auswertungen zu den einzelnen Tests in den Kapiteln 4 bis 9 eingegangen. Hierbei stehen Besonderheiten von Jugendlichen unterschiedlicher sozialer und ethnischer Herkunft, das Geschlechterverhältnis und eine Beschreibung der Lage von Risikoschülerinnen und -schülern im Brennpunkt der Aufmerksamkeit.

Kapitel 10 enthält abschließende Betrachtungen zur Durchführung dieser Leistungsstudien im berufsbildenden Bereich. In diesem Zusammenhang werden vor allem Probleme der Ausdifferenzierung beruflicher Kompetenzprofile herausgearbeitet und künftige Forschungs- und Qualitätssicherungsansätze diskutiert.

2 ULME III: Anlage und Durchführung der Untersuchung

Rainer Lehmann und Susanne Hunger

Dieser Teil des Berichts enthält zunächst einige Informationen zur Organisation der Erhebung (2.1) und anschließend einen Überblick über die Erhebungsinstrumente (2.2). In Abschnitt 2.3 wird über den Umfang der Stichprobe, die Rücklaufquoten und die Datenstruktur im Längsschnitt berichtet. Die Skalierung der Leistungstests ist Gegenstand des Kapitels 2.4.

2.1 Organisation der Erhebungen

Im Rahmen der „Untersuchung der Leistungen, Motivation und Einstellungen zu Beginn der beruflichen Ausbildung" (ULME I) waren im Schuljahr 2002/ 2003 insgesamt 13.048 Schülerinnen und Schüler hinsichtlich ihrer *Lernausgangslagen* zu Beginn der beruflichen Ausbildung befragt worden (vgl. Lehmann, Ivanov, Hunger & Gänsfuß, 2005). Davon befanden sich 7.851 Jugendliche in einer dualen Ausbildung an einer Berufsschule.

Für die hier vorgelegte Studie ULME III wurden im Längsschnitt nun Schülerinnen und Schüler in den *Abschlussklassen* der Berufsschulen untersucht, und zwar mit dem Ziel, etwas über die allgemeinen und fachspezifischen Lernstände und somit auch über die Lernentwicklung während der beruflichen Ausbildung zu erfahren. Da wegen der Verschiedenartigkeit der Ausbildungsberufe, besonders auch wegen der Tatsache, dass es an den Berufsschulen keine fachübergreifenden allgemeinen Curricula (Ausnahme: Fachenglisch) gibt, eine Vollerhebung in allen Hamburger Ausbildungsberufen nicht umsetzbar war, wurden 17 Berufe aus verschiedenen Berufsfeldern exemplarisch ausgewählt. Ein entscheidendes Kriterium für die Auswahl der Ausbildungsberufe war vor allem der quantitative Umfang der Ausbildung in den entsprechenden Berufen und damit die Bedeutsamkeit auf dem Hamburger Ausbildungsstellenmarkt. Auf diese Weise konnten an 23 Schulen 2.242 Jugendliche aus 126 Klassen in die Erhebung einbezogen werden (vgl. Tabelle 2.1).

Wie bereits in ULME I und ULME II lag die allgemeine Koordinierung der Untersuchung in der Verantwortung einer besonderen Arbeitsgruppe, des ‚ULME-

Teams', in der Behörde für Bildung und Sport (BBS, Hamburg), Abteilung B 5. Von hier aus erfolgte die Information der Schulen über die Ziele und Verfahren der Untersuchung sowie die Organisation der Datenerhebung.

Dem Institut für Berufs- und Wirtschaftspädagogik (IBW) der Universität Hamburg unter Leitung von Prof. Dr. Tade Tramm und Prof. Dr. Willi Brand oblag die Koordination der Itementwicklung im Bereich der berufsspezifischen Fachleistungstests. Unter dem Aspekt curricularer Validität und Repräsentativität stellte das IBW die in den Tests erfassten Inhaltsbereiche zusammen und gewichtete sie. Darüber hinaus wurde von den hier tätigen Experten eine Klassifikation für zu konstruierende Items entwickelt; es existieren erste Ansätze zur Validierung dieser *a priori* konzipierten Taxonomie (vgl. dazu Brand, Hofmeister & Tramm, 2005). Auf der Grundlage dieser Vorgaben wurden dann von Fachbereichsleitern und Lehrkräften der einbezogenen Berufe Aufgaben für die Fachleistungstests entwickelt. Die so entstandenen Itemsammlungen wurden im Zeitraum November 2004 bis Januar 2005 an berufsbildenden Schulen in Berlin pilotiert und in Verantwortung der Humboldt-Universität zu Berlin auf ihre Eignung hin untersucht. Auf dieser Grundlage sowie der Ergebnisse der Testanalyse nach teststatistischen und auswertungsökonomischen Kriterien erfolgten schließlich die Itemauswahl und die Überarbeitung der Pilotversion für die Erhebungen an den Hamburger Schulen durch das IBW der Universität Hamburg in Zusammenarbeit mit den Fachexperten der Berufsschulen.

Die Tests und Befragungen wurden von Lehrerinnen und Lehrern in den Berufsschulen durchgeführt, wobei für die schulinterne Organisation jeweils eine von der Schulleitung benannte Person aus dem Kollegium verantwortlich war. Der zeitliche Umfang der Tests lag insgesamt bei etwa acht Unterrichtsstunden und beanspruchte somit einen Unterrichtstag. Der Großteil der Schülerinnen und Schüler konnte in einem ‚Kernzeitraum', der vom 04.04. bis zum 08.04.2005 reichte, erfasst werden. Aufgrund zeitlich verschobener Blocklagen sowie unterschiedlich langer Ausbildungszeiten und den entsprechend zeitlich versetzen Abschlussprüfungen gab es zwischen dem 01.02. und dem 03.06. 2005 drei weitere ‚Testfenster'.

Datenerfassung, -aufbereitung und -auswertung sowie die Berichterstellung lagen in der Verantwortung der wissenschaftlichen Forschungsgruppe, der Abteilung Empirische Bildungsforschung und Methodenlehre an der Humboldt-Universität zu Berlin.

Tabelle 2.1 *Struktur der Erhebung ULME III: Anzahl der Schulen, Klassen sowie Schülerinnen und Schüler nach Ausbildungsberufen*

Ausbildungsberuf	Berufsfeld	Schulen	Klassen	Schülerinnen und Schüler
Bankkaufmann/-frau		1	10	190
Bürokaufmann/-frau		2	9	160
Kaufmann / Kauffrau im Einzelhandel		4	20	319
Industriekaufmann/-frau	Wirtschaft und Verwaltung	1	3	58
Speditionskaufmann/-frau		1	6	98
Werbekaufmann/-frau		1	6	121
Rechtsanwalts- u. Notar-fachangestellte/-r		1	6	83
Anlagenmechaniker/-in		1	6	131
Elektroinstallateur/-in	Gewerblich-technische Berufe	2	4	74
Fluggerätemechaniker/-in		1	4	93
Industriemechaniker/-in		2	7	144
Tischler/-in		1	7	72
Medizinische/-r Fachangestellte/-r	Berufe der Bereiche Gesundheit und Körperpflege	1	11	203
Zahnmedizinische/-r Fachangestellte/-r		1	11	204
Friseur/-in		1	4	87
Fachinformatiker/-in	sonstige Berufsfelder	1	5	86
Hotelfachmann/-frau		1	7	119
insgesamt		*23*	*126*	*2.242*

2.2   Erhebungsinstrumente

2.2.1   *Überblick über die Erhebungsinstrumente*

Die im Rahmen von ULME III eingesetzten Erhebungsinstrumente lassen sich zu drei Gruppen zusammenfassen:

(1)   Testinstrumente zur Erfassung *allgemeiner* kognitiver Fähigkeiten bzw. basaler Kompetenzen in den Bereichen des Leseverständnisses, der Rechenfertigkeit (Texte und Tabellen) sowie der ersten Fremdsprache Englisch; darüber hinaus eine Skala zu Bewusstseinsvorgängen bei der Texterschließung;

(2)   Instrumente zur Erfassung biografischer, sozialer und motivationaler Schülermerkmale einschließlich des Aspekts der Kooperation zwischen den Mitschülerinnen und Mitschülern;

(3)   Testinstrumente zur Erfassung beruflicher Fach- und Methodenkompetenz.

Zur *Gruppe 1* gehören im Einzelnen:

* eine Kurzform des CFT 20, eines nonverbalen Tests zum schlussfolgernden Denken,

* ein Test zur Erfassung der Fähigkeit zum Umgang mit Texten, Tabellen und Grafiken,

* zwei gestufte Tests zur Erfassung ausgewählter Aspekte der Fremdsprachenkompetenz (Fachenglisch) und

* die bereits erwähnte metakognitive Skala zu Bewusstseinsvorgängen bei der Texterschließung.

Die erhobenen Merkmale der *Gruppe 2* bestehen aus:

* Angaben zur soziobiografischen, kulturellen und sozialen Situation der Jugendlichen,

* Selbsteinschätzungen zur Entwicklung der beruflichen Kompetenz im Rahmen der schulischen und betrieblichen Ausbildung,

* Einschätzungen der Ausbildungszufriedenheit,

- Auskünfte zu beruflichen Plänen; Einschätzungen der eigenen beruflichen Zukunftschancen und

- Zeugnisnoten.

Die *Gruppe 3* umfasst:

- berufliche Kompetenztests in den insgesamt 17 untersuchten Ausbildungsberufen.

Insgesamt wurden in ULME III somit 23 verschiedene Instrumente eingesetzt, die es im Rahmen dieses Berichts auszuwerten gilt (vgl. Anlage 1). Von allen Jugendlichen wurden die Tests zu den kognitiven Grundfähigkeiten (CFT 20) sowie den allgemeinen und fremdsprachlichen Grundqualifikationen bearbeitet. Der Schülerfragebogen mit der metakognitiven Skala und den Angaben zur Kooperation unter den Jugendlichen wurde ebenfalls von allen bearbeitet. Darüber hinaus kam pro Ausbildungsberuf ein berufsspezifischer Test zum Einsatz. Der Einsatz des CFT 20 und des metakognitiven Instruments zu Bewusstseinsprozessen bei der Textverarbeitung stellt für einen Teil der Auszubildenden eine Messwiederholung dar, so dass hier auch längsschnittliche Aussagen möglich sind.

2.2.2   CFT 20 (Kurzform)

Der *Culture Fair Intelligence Test – CFT 20,* hier in seiner Kurzform eingesetzt, zielt auf die Messung von Aspekten des schlussfolgernden Denkens, also auf allgemeine kognitive Lernvoraussetzungen. Es handelt sich bei diesem Instrument um einen bundesweit geeichten Test, der bereits in der LAU 5, LAU 9, LAU 11 sowie in der ULME I eingesetzt wurde und somit den Vergleich mit Altersnorm- bzw. Klassenstandardwerten ermöglicht (vgl. Weiß, 1998). Die Aufgaben des CFT 20 sind in vier Subtests (Reihen fortsetzen; Klassifikationen; Matrizen; topologische Schlussfolgerungen) untergliedert. Die einzelnen Subtests bestehen aus sprachfreien, in zeichnerischer Form dargestellten und nach Schwierigkeiten geordneten Einzelaufgaben im Multiple-Choice-Format. Seine anschaulich-figurale Gestaltung macht diesen standardisierten Test vom Grad der Beherrschung der deutschen Sprache sowie von fachgebundenem Wissen und Können weitgehend unabhängig und gestattet es, Übereinstimmungen und Diskrepanzen zwischen dem kognitiven Potenzial einer Schülerin bzw. eines Schülers und ihren oder seinen fachgebundenen Fähigkeiten zu erkennen (vgl. Lehmann, Hunger, Ivanov & Gänsfuß, 2004, 18).

Für die Bearbeitung des CFT 20 in seiner Kurzform mit insgesamt 46 Aufgaben hatten die Schülerinnen und Schüler 40 Minuten Zeit. Die Teilnahme an diesem Test war verpflichtend.

2.2.3 Allgemeiner Fachleistungstest: Texte und Tabellen

Für den Test zu den beruflichen Grundqualifikationen, nämlich den basalen Lese- und Rechenfertigkeiten, wurde auf Testinstrumente der Internationalen Studie zu den Grundqualifikationen der erwerbsfähigen Bevölkerung (*International Adult Literacy Survey*: IALS) zurückgegriffen, die in den Jahren 1993 bis 1995 in sieben hochentwickelten Industrienationen durchgeführt wurde. Im Rahmen dieser Untersuchung von Erwachsenen im Alter zwischen 16 und 64 Jahren wurden Literalitätsprofile sowohl im internationalen Vergleich (s. OECD and Statistics Canada, 1995) als auch auf nationaler Ebene (vgl. Husfeldt, 2001; Lehmann & Peek, 1996, 1999; auch Lehmann, 1999) herausgearbeitet.

Im Wesentlichen wurden Fähigkeiten im Umgang mit unterschiedlich übermittelten und verschieden strukturierten Informationen untersucht:

- Fähigkeiten im Umgang mit kontinuierlichen Texten („*prose literacy*") – Informationsentnahme aus lebensweltlich situierten Texten, wie sie beispielsweise in Zeitungen und Zeitschriften oder im Informationsmaterial von Betrieben zu finden sind;

- Fähigkeiten im Umgang mit diskontinuierlichen Texten („*document literacy*") – Informationsentnahme aus Tabellen, grafischen Präsentationen und schematischen Darstellungen, wie sie sowohl im Kontext von Erwerbsarbeit als auch im Freizeitbereich, im Handeln als Konsument und Verbraucher, aber auch in Presseerzeugnissen vorkommen;

- Fähigkeiten im Umgang mit Zahlen und grundlegenden Rechenoperationen, die ebenfalls lebensnah auf berufliche und private Situationen bezogen wurden („*quantitative literacy*"), z.B. bei der Ermittlung des Trinkgeldes nach einem Restaurantbesuch, die Wahl des günstigsten Eintrittspreises für öffentliche sportliche und kulturelle Einrichtungen oder bei der Bewertung von Bank- und Versicherungsangeboten.

Die eingesetzten Tests zeichneten sich in der ursprünglichen Studie durch ein offenes Antwortformat und durch den Einsatz authentischer – oder zumindest authentisch erscheinender – Materialien (z.B. Zeitungsausschnitte, Formulare) aus. Insgesamt waren dort 114 Aufgaben in Form eines Balanced-Incomplete-Block-Designs eingesetzt worden (vgl. dazu OECD und Statistics Canada, 1995; auch 2000), wobei die Tests mit externen Testleitern in Form von Interviews durchgeführt wurden. Dieses relativ aufwendige Verfahren konnte im Rahmen von ULME III aus erhebungs- und auswertungsökonomischen Gründen so nicht realisiert werden.

Aus diesem Grund wurden teilweise die offenen Antwortformate in ein Multiple-Choice-Format transformiert; dies betraf die Aufgaben zur Informationsentnahme aus kontinuierlichen Texten und in einigen Fällen auch Items zu den diskontinuierlichen Texten. Bei den Aufgaben zu den fundamentalen Rechenfertigkeiten wurde grundsätzlich das offene Antwortformat beibehalten, um das Datenmaterial später einer etwaigen Fehleranalyse zugänglich machen zu können.

Von den 114 Aufgaben wurden insgesamt 41 ausgewählt. Durch die Formatänderungen waren 62 Variablen zu erheben, von denen 22 in der geschilderten Weise in ein Multiple-Choice-Format umgearbeitet worden waren. Dieser Test wurde von den Schülerinnen und Schülern in einer Testzeit von 75 Minuten bearbeitet.

2.2.4   Fachenglisch

Die Untersuchung von Kompetenzen im Bereich Fachenglisch erfolgte in ULME III in zwei Schwierigkeitsstufen, da die Englisch-Ausbildung je nach Fachrichtung qualitativ und quantitativ unterschiedlich anspruchsvoll ist. Tabelle 2.2 gibt Aufschluss darüber, wie die beiden Englisch-Testversionen auf die Schülerinnen und Schüler verteilt wurden.

Tabelle 2.2   *Verteilung der Fachenglischtests nach Niveaustufen und Ausbildungsgruppen*

Ausbildungsgruppen	Fachenglisch Stufe I	Fachenglisch Stufe II
Anlagenmechaniker/-in	X	
Bankkaufmann/-frau		X
Bürokaufmann/-frau	X	X
Kaufmann/-frau im Einzelhandel	X	
Elektroinstallateur/-in	X	
Fachinformatiker/-in		X
Fluggerätemechaniker/-in		X
Friseur/-in	X	
Hotelfachmann/-frau		X
Industriekaufmann/-frau		X
Industriemechaniker/-in	X	
Medizinische/-r Fachangestellte/-r	X	
Rechtsanwalts- und Notarfachangestellte/-r		X
Speditionskaufmann/-frau		X
Tischler/-in	X	
Werbekaufmann/-frau		X
Zahnmedizinische/-r Fachangestellte/-r	X	

*   61 Bürokaufleute erhielten die einfachere Testversion, die übrigen die schwierigere. Angesichts der Verankerung der beiden Testversionen über Brückenitems dürften sich daraus keine erheblichen Verschiebungen in den Personenparameterschätzungen ergeben haben.

Die leichtere Version des Tests – Stufe I – bestand aus insgesamt 54 Aufgaben (54 Items), von denen alle im Multiple-Choice-Format zu bearbeiten waren. Die etwas schwierigere Version der Stufe II bestand aus 51 Aufgaben mit insgesamt 101 Items. 41 Items waren davon im Multiple-Choice-Format konzipiert. Die 20 Items der vier Aufgabenbereiche – *„Working with Figures", „Packing Goods", „Fehler"* und *„Tenses"* bilden die Brücke zwischen den beiden Schwierigkeitsstufen des Fachenglischtests. Der Fachenglischtest wurde bildungsgangübergreifend konzipiert, d. h. er enthält Anforderungssituationen, die in sehr unterschiedlichen Berufs-

und Alltagssituationen gleichermaßen auftreten können. Für die Bearbeitung dieses Tests hatten die Schülerinnen und Schüler 30 Minuten Zeit.

2.2.5   *Test zum metakognitiven Wissen über Textverarbeitung (Wissen zur Texterschließung)*

Der von Wolfgang Schneider und seinen Mitarbeitern an der Universität Würzburg entwickelte Test zur Erfassung von Strategien bei der Texterfassung hat sich bereits in der PISA-Untersuchung als äußerst erklärungskräftig erwiesen (Deutsches PISA-Konsortium, 2001). Er wurde bereits für die Erhebungen im Rahmen von ULME I eingesetzt, um zu ermitteln, welche Strategien Schülerinnen und Schüler verwenden, um Texte optimal zu verstehen und aus ihnen zu lernen. Bei den ersten sieben Aufgaben werden den Testteilnehmerinnen und Testteilnehmern jeweils fünf Antwortvorschläge vorgegeben, bei der achten Aufgabe hingegen acht Vorschläge gemacht. Die Schülerinnen und Schüler hatten die Aufgabe, die Antwortvorschläge zu den einzelnen Aufgaben durch eine Pseudo-Notenvergabe von 1 bis 6 zu bewerten. Die Bearbeitungszeit für diesen Test betrug 10 Minuten.

2.2.6   *Schülerfragebogen*

Über den Schülerfragebogen wurden – neben soziobiografischen Aussagen – Angaben zu bildungsrelevanten Ressourcen erhoben. Die Jugendlichen wurden zu ihren Einstellungen zur Berufsschule und zur betrieblichen Ausbildung sowie über ihre Zusammenarbeit mit den Mitschülern befragt. Des Weiteren sollten sie einschätzen, inwieweit die Berufsschule bzw. der Lehrbetrieb zur Entwicklung ihrer beruflichen Fachkompetenz beigetragen haben. Darüber hinaus wurden Urteile zur beruflichen Zukunftsorientierung sowie zum beruflichen Optimismus und zur Motivation erfasst. Anhand einiger identischer Items, die bereits während der Eingangserhebung im Schuljahr 2002/2003 eingesetzt worden waren, konnte die Entwicklung bestimmter Einstellungsskalen beurteilt werden. Insgesamt umfasst der Fragebogen 147 Variablen. Während die Bearbeitung aller übrigen Tests und Fragebögen verbindlich war, erfolgte die Bearbeitung des Schülerfragebogens freiwillig. Die Schülerinnen und Schüler hatten dafür 30 Minuten Zeit.

2.2.7 Berufsbezogene Fachleistungstests

Zum Klassifikationsrahmen für die Itementwicklung

Wie schon mehrfach erwähnt, wurde für jede Fachrichtung der 17 Bildungsgänge ein berufsbezogener Fachleistungstest entwickelt, der über die im Kontext der schulischen Ausbildung erworbene berufliche Fachkompetenz am Ende der Ausbildung Aufschluss geben soll.

Um bereits in der Konzeptionsphase abzusichern, dass sich in den Tests unterschiedliche inhaltliche und formale Anforderungen an das berufsbezogene Wissen und Können widerspiegeln, wurde den Testautoren ein Klassifikationsraster vorgegeben, das durch das IBW der Universität Hamburg entwickelt worden war. Dieses Raster, das in Anlehnung an die von Anderson & Krathwohl (2001) revidierte und erweiterte Bloomsche Taxonomie entstand, hat eine dreidimensionale Struktur und unterscheidet die Testaufgaben einerseits nach der *Art des Wissens*, das beim Lösen einer Aufgabe abgefordert wird, und andererseits nach dem angesprochenen *kognitiven Anforderungsniveau* (vgl. Hofmeister, 2005). Hinsichtlich der Wissensarten wird zwischen Faktenwissen, Konzeptwissen und prozeduralem Wissen unterschieden, bezüglich der kognitiven Strukturen zwischen dem Wiedererkennen erlernter Fachbegriffe, Kategorien, Sachverhalte und Wechselwirkungen (Informationen abrufen/reproduzieren), dem Anwenden erworbenen Wissens auf neue Situationen (Informationen verarbeiten) sowie der Fähigkeit, Sachverhalte zu kritisieren (Informationen reflektieren) (vgl. Brand, Hofmeister & Tramm, 2005, 10ff.). Als dritte Dimension schließlich kommt der Inhaltsaspekt – in lernpsychologischer Terminologie die ‚Domäne' – hinzu.

Indem das Klassifikationsraster die Testaufgaben auf eine psychologisch fundierte (fach-)didaktische Heuristik bezieht, stellt es einen wichtigen Ausgangspunkt für die Konstruktion der Testaufgaben dar. Hinsichtlich der kognitiven Leistungsdimensionen weist das entwickelte Klassifikationsraster formal ähnliche Strukturen auf wie jene Kompetenzcluster, die im Rahmen von PISA 2003 etwa für die Mathematik entwickelt wurden. Diesen kam die Funktion zu, ein theoretisches Modell für die konkreten Anforderungen der Aufgaben zu konstituieren (vgl. Blum, Neubrand, Ehmke, Senkbeil, Jordan, Ulfig & Carstensen, 2004, 50).

Alle Testaufgaben der 17 berufsbezogenen Leistungstests wurden berufsspezifisch *vor* der empirischen Auswertung der Tests vom Institut für Berufs- und Wirtschaftspädagogik klassifiziert und in die oben beschriebene Primärstruktur von Wissensart und Anforderungsniveau eingeordnet (siehe auch Anlage 2). Damit erfolgte – *unabhängig* von den Ergebnissen der Leistungstests – eine Einschätzung der Anforderungen der Testaufgaben *a priori* durch Fachdidaktikexperten, die wichtige Informationen für die Interpretation der Befunde geben konnten. Selbstverständlich unterliegt die Systematik dieser Einschätzungen späterer empirischer Überprüfung.

Mit Ausnahme der Tests für die Industriemechaniker, die Speditionskaufleute und die Hotelfachangestellten erforderten alle Tests einen Zeitumfang von 90 Minuten; im Falle der drei genannten Ausnahmen wurden 60 Minuten Bearbeitungszeit zugestanden. Die verkürzte Bearbeitungszeit ergab sich aus dem Umfang der zur Verfügung stehenden Testaufgaben.

2.2.7.1 Tests aus dem Berufsfeld Wirtschaft und Verwaltung

Von den insgesamt 17 beruflichen Tests lassen sich sechs unmittelbar dem kaufmännischen Bereich zuordnen. Um die wirtschaftsberuflichen Kompetenzen auch zwischen den Berufen vergleichen zu können, wurden die Tests der einzelnen kaufmännischen Berufe durch so genannte ‚Anker- oder Brückenaufgaben‘ (‚Brückenitems‘) miteinander verknüpft. Diese erlauben es die Testanforderungen ebenso wie die Fähigkeiten der Jugendlichen auf einer gemeinsamen Skala zu verorten. Die folgende Tabelle 2.3 erfasst blockweise diejenigen (Anker-)Aufgaben, die in allen kaufmännischen Fachtests sowie zum Teil in den Fachtests der Hotelfachleute und in denen der Rechtsanwalts- und Notarfachangestellten enthalten sind.

Die anschließende Tabelle 2.4 erfasst diejenigen Aufgaben der kaufmännischen Fachtests, die als zusätzliche Brückenitems in mindestens zwei Fachtests enthalten sind, aber – im Gegensatz zu den zuvor genannten Ankeraufgaben – *nicht in allen* kaufmännischen Fachtests vorkommen. Zu beachten ist, dass solche partiellen Verankerungen messtechnisch unproblematisch sind, aber die Möglichkeit bieten, den in der durchgehenden Verankerung begründeten Messfehler zu verringern.

Tabelle 2.3   *Übersicht über die berufsübergreifenden Aufgaben in den kaufmännischen Fachtests*

113 Items im Fachtest Bankkaufmann/-frau	100 Items im Fachtest Bürokaufmann/-frau	85 Items im Fachtest Kaufmann/-Kauffrau im Einzelhandel	122 Items im Fachtest Industriekaufmann/-frau	72 Items im Fachtest Speditionskaufmann/-frau	86 Items im Fachtest Werbekaufmann/-frau

davon jeweils 30 gemeinsame, berufsübergreifende Items

9 Items zu arbeitsrechtlichen Zusammenhängen	8 Items zu wirtschaftlichen Zusammenhängen	2 Items zu firmenrechtlichen Zusammenhängen	11 Items zu finanziellen Zusammenhängen
davon:	davon:	davon:	davon:
2 Items zum Thema Tarif/Gehalt[1]	5 Items zum Thema Konjunktur[2]	2 Items zum Thema GmbH/OHG[3]	1 Item zum Thema Mahnwesen
4 Items zum Thema Beschäftigung/Arbeitslosigkeit	1 Item zum Thema Tabellenkalkulation		10 Items zum Thema Finanzen/Steuern/Zinsen
3 Items zum Thema Sozialversicherung	2 Items zum Thema Gewinn/Verlust		

[1] *Zusätzlich in den Fachtests für Hotelfachleute und für Rechtsanwalts- und Notarfachangestellten eingesetzt.*

[2] *Zusätzlich im Fachtest für Hotelfachleute eingesetzt.*

[3] *Zusätzlich im Fachtest der Rechtsanwalts- und Notarfachangestellten eingesetzt.*

Tabelle 2.4   *Verteilung der berufsübergreifenden Aufgaben in den kaufmännischen Fachtests nach Themen*

113 Items im Fachtest Bankkaufmann/-frau	100 Items im Fachtest Bürokaufmann/-frau	85 Items im Fachtest Einzelhandelskaufmann/-frau	122 Items im Fachtest Industriekaufmann/-frau	72 Items im Fachtest Speditionskaufmann/-frau	86 Items im Fachtest Werbekaufmann/-frau
davon 24 teilweise berufsübergreifende Items					
Thema **Preisberechnungen:** 1 Item zu finanziellen Zusammenhängen					
X	---	X	X	X	X
Thema **Anschaffungskosten:** 1 Item zu finanziellen Zusammenhängen					
---	X	X	X	X	X
Thema **Angebotsvergleich:** 2 Items zu finanziellen Zusammenhängen					
---	X	X	X	---	---
Thema **Inventur:** 1 Item zu wirtschaftlichen Zusammenhängen					
---	X	X	X	---	---
Thema **Gehalt:** 1 Item zu arbeitsrechtlichen Zusammenhängen					
---	X	---	---	---	X
Thema **Soll/Haben:** 1 Item zu finanziellen Zusammenhängen					
---	X	---	---	---	X
Thema **Kapitalberechnungen:** 1 Item zu finanziellen Zusammenhängen					
X	---	---	X	---	---
Thema **Konjunktur:** 1 Item zu wirtschaftlichen Zusammenhängen					
---	X	---	X	---	---
Thema **Bestellungen:** 1 Item zu firmenrechtlichen Zusammenhängen					
---	---	X	X	---	---
Thema **Marktwirtschaft:** 2 Items zu wirtschaftlichen Zusammenhängen					
---	---	---	X	---	X

Die Gruppe der Fachtests für den Bereich Wirtschaft und Verwaltung umfasst die folgenden sieben Berufe: Bankkaufmann/-frau, Bürokaufmann/-frau, Kaufmann/ Kauffrau im Einzelhandel, Industriekaufmann/-frau, Rechtsanwalts- und Notarfach-angestellte/-r, Speditions- und Werbekaufmann/-frau.

Die Tests enthielten 86 bis 113 Items; alle Fachtests dieses Berufsfeldes wurden von den Fachdidaktik-Experten der Universität Hamburg als hinreichend curricular valide eingestuft. In Bezug auf die formalen Inhaltsklassen dominierten bei fast allen Tests Aufgaben aus dem Bereich des Konzeptwissens, demgegenüber wurde prozedurales Wissen in nur geringerem Umfang abverlangt. Hinsichtlich der kognitiven Anforderungen bezogen sich die Aufgaben vorrangig auf die Anwendung erworbenen Wissens und Könnens; erfreulicherweise waren nur wenige Aufgaben auf Reproduzieren von Begriffen und einfachen Zusammenhängen bezogen. Als problematisch erachteten es die Fachleute des IBW jedoch, dass von den vorge-schlagenen Items in allen Berufen kaum bzw. keine Items in die Kategorie „Reflexion/Kritik" eingestuft werden konnten. Das eindeutige Übergewicht von Aufgaben, die im Gegensatz zur Reproduktion von Fakten, Begriffen usw. Anwendungen auf neue Situationen erforderten, wurde vom Expertenteam des IBW positiv bewertet (zu Detailanalysen der einzelnen Fachtests vgl. Anlage 2).

2.2.7.2 *Tests aus den Berufsbereichen der Metall-, Holz- und Elektrotechnik*

Die Fachtests für die gewerblich-technischen Berufe der Metall-, Holz- und Elektro-technik bezogen sich – wie bei den anderen Berufen auch – auf die kognitiven Fähigkeiten des jeweiligen Berufs. Die beruflichen Fachleistungstests umfassten für die Berufe Anlagen-, Industrie- und Fluggerätemechaniker/-in, Elektroinstallateur/-in und Tischler/-in zwischen 45 (Industriemechaniker) und 130 Testitems (Tischler/-in); die relativ hohe Bandbreite in der Itemzahl hing hier auch mit unter-schiedlichen Testzeiten zusammen, die beispielsweise für die Industriemechaniker nur 45 Minuten betrug. In Bezug auf die curriculare Repräsentativität mussten bei den Anlagenmechanikern aufgrund der 3,5-jährigen Ausbildungszeit und dem Test-zeitpunkt am Ende des dritten Ausbildungsjahres geringfügige Einschränkungen hingenommen werden. Für die übrigen Ausbildungsberufe konstatierten die Fach-experten des IBW eine hinreichende curriculare Validität.

Bezüglich der Wissensarten lag bei den Anlagenmechanikern und den Tischlern eine leichte Überbetonung des Faktenwissens, insbesondere des empirischen Detailwissens, vor. Bei allen übrigen Tests dominierte das Konzeptwissen. Im Hinblick auf die kognitiven Anforderungen überwogen bei den Anlagenmechanikern Aufgaben, die auf die Reproduktion von Fakten- und Detailwissen zielten, während bei den übrigen Berufen Anwendungsaufgaben den Schwerpunkt bildeten. Nur wenige Aufgaben der einzelnen Tests erforderten eine kritisch-reflexive Auseinandersetzung mit dem Gegenstand; dieses Anforderungsniveau spielte somit in allen Tests dieser Gruppe nur eine geringe Rolle (für einen Überblick über die Testanforderungen in den einzelnen Berufen vgl. Anlage 2).

Hinsichtlich der curricularen Auswahl und der Leistungsanforderungen des Tests für die Fluggerätemechaniker lagen besondere Bedingungen vor, weil sich deren Ausbildung eng an den Zertifizierungsvorgaben internationaler Organisationen orientieren muss. In diesem Rahmen wurde die inhaltliche Auswahl durch Expertenratings validiert.

2.2.7.3 *Tests aus den Berufsfeldern Gesundheit und Körperpflege*

Auf den Bereich der Gesundheit und der Körperpflege entfielen 3 Ausbildungsberufe, die Medizinischen und Zahnmedizinischen Fachangestellte und die Friseure.

Der Test für die beiden Berufe des Berufsfelds Gesundheit, also für die Medizinischen und Zahnmedizinischen Fachangestellten, enthielt gemeinsame Aufgaben aus dem kaufmännisch-buchhalterischen Bereich, aus der Gesundheitsvorsorge sowie aus den Gebieten der Ersten Hilfe. Tabelle 2.5 gibt einen Überblick auf die Ankeritems der beiden Berufe.

Alle drei Tests erlangten eine gute curriculare Repräsentativität. Der quantitative Umfang der Testitems variierte zwischen 78 und 104 Items.

Tabelle 2.5   Berufsübergreifende Aufgaben in den Fachtests der medizinischen Berufe

90 Items im Fachtest Medizinische Fachangestellte	104 Items im Fachtest Zahnmedizinische Fachangestellte
davon jeweils 15 gemeinsame, berufsübergreifende Items	
7 Items zu organisatorischen Zusammenhängen	8 Items zu fachspezifischem Wissen
davon:	davon:
2 Items zum Thema Schweigepflicht	2 Items zum Thema Gesundheitsvorsorge
4 Items zum Thema Praxisbuchhaltung	1 Item zum Thema Anatomie
1 Item zum Thema Kündigungsmodalitäten	4 Items zum Thema Erste Hilfe
	1 Item zum Thema Hygiene

Bezüglich der Wissensarten war bei den Medizinischen Fachangestellten und den Friseuren eine Konzentration auf das Konzeptwissen und eine etwas stärkere Betonung des Faktenwissens als gewünscht festzustellen. Bei den Zahnmedizinischen Fachangestellten überwog das Konzeptwissen. Für alle drei Tests musste eine deutliche Vernachlässigung des prozeduralen Wissens festgestellt werden. Unter dem Anforderungsaspekt dominierten Anwendungsaufgaben; Reflexionsaufgaben waren im Test nicht vertreten. Kritisch bemerkten die Experten des IBW, dass bei vielen Aufgaben für die Medizinischen Fachangestellten noch keine zufrieden stellende situative Einbindung erreicht worden war, dass also die Testaufgaben relativ stark auf isolierte Sachverhalte gerichtet blieben (vgl. Anlage 2).

2.2.7.4 Tests aus sonstigen Berufen: Fachinformatiker/-in und Hotelfachmann/-frau

Auch für die beiden Berufe des Fachinformatikers/der Fachinformatikerin und des Hotelfachmanns/der Hotelfachfrau konnte durch die Experten des IBW eine befriedigende curriculare Validität ausgewiesen werden.

Eine Überprüfung der in den Testaufgaben vertretenen Wissensformen beim Ausbildungsberuf des Hotelfachmanns zeigte, dass der Anteil isolierter Fakten im Verhältnis zu verknüpftem Wissen, gemessen an den Vorgaben, zu hoch war, Prozeduren hingegen so häufig wie gewünscht angesprochen wurden. Bezüglich der Anforderungsniveaus wies die Klassifikation des IBW aus, dass die tatsächlichen Werte ausgesprochen nah an den Zielwerten der Testkonstruktion lagen.

Bei den Fachinformatikern konzentrierten sich die Testitems auf Faktenwissen, etwa die Hälfte der Aufgaben wurde vom IBW und Lehrerexperten dem Konzeptwissen zugeordnet. Der Bereich des prozeduralen Wissens ist mit lediglich 9 Prozent nach Auffassung der Didaktik-Experten viel zu gering vertreten. Hinsichtlich der Anspruchsniveaus dominierte die Wissensanwendung, während die Reproduktion mit ca. 47 Prozent der Aufgaben ebenfalls mit sehr hohen Anteilen vertreten war. Hingegen betrug der Anteil an Aufgaben, die kritische Reflexionen erforderten, nur 2 Prozent, was von den IBW-Experten als deutlich zu gering bewertet wurde (vgl. Anlage 2).

2.3 Stichprobe, Rücklaufquoten und Datenstruktur im Längsschnitt

7.851 Auszubildende aus den Bildungsgängen des dualen Systems hatten bereits im Frühjahr 2002 an ULME I teilgenommen. Berücksichtigt man nur die 17 für ULME III ausgewählten Ausbildungsberufe, so umfasste diese Teilstichprobe 3.059 Jugendliche, die in jener ersten Phase der Untersuchung an Berufsschulen dieser Bildungsgänge getestet worden waren (vgl. Tabelle 2.6).

An ULME III nahmen insgesamt 2.242 Schülerinnen und Schüler teil, davon waren 1.348 bereits in ULME I erfasst worden. Hiervon konnten 1.311 Jugendliche in die Auswertungen einbezogen werden, was – bezogen auf diese Teilgruppe in ULME III – einer Ausschöpfungsquote von 97,3 Prozent entspricht. Aus einer Reihe von teilweise sehr unterschiedlichen Gründen war jedoch von vornherein damit zu rechnen, dass ein vergleichsweise großer Anteil der ULME-I-Stichprobe für die Erhebungen des Jahres 2005 nicht zur Verfügung stehen würde. Zum einen führten Ausbildungsabbrüche zum Ausschluss aus der untersuchten Kohorte, zum anderen war bei Vorliegen eines höherwertigen Schulabschlusses (Abitur) oder bei guten Leistungen während der Berufsausbildung mit einer verkürzten Ausbildungsdauer zu rechnen, in deren Folge die betroffenen Jugendlichen an den untersuchten Schulen nicht mehr angetroffen wurden. Außerdem mussten weitere Datenverluste durch Wohn- und/oder Ausbildungsortwechsel hingenommen werden.

Tabelle 2.6   *Teilnahme der Schülerinnen und Schüler an ULME I und ULME III nach Berufen*

	ULME I	ULME III	Anteil ULME I in ULME III (Längsschnitt)	
	Anzahl	Anzahl	Anzahl	Prozent
Anlagenmechaniker/-in	92	131	65	70,6 %
Bankkaufmann/-frau	265	190	2	0,7 %
Bürokaufmann/-frau	294	160	139	47,3 %
Kaufmann/-frau im Einzelhandel	557	319	253	45,4 %
Elektroinstallateur/-in	117	74	68	58,1 %
Fachinformatiker/-in	107	86	21	19,6 %
Fluggerätemechaniker/-in	98	93	87	88,8 %
Friseur/-in	229	87	57	24,9 %
Hotelfachmann/-frau	69	119	32	46,4 %
Industriekaufmann/-frau	31	58	---	---
Industriemechaniker/-in	107	144	94	87,8 %
Medizinische/-r Fachangestellte/-r	253	203	171	67,6 %
Rechtsanwalts- und Notarfachangestellte/-r	184	83	55	29,9 %
Speditionskaufmann/-frau	179	98	32	17,9 %
Tischler/-in	85	72	43	50,6 %
Werbekaufmann/-frau	153	121	7	4,6 %
Zahnmedizinische/-r Fachangestellte/-r	270	204	185	68,5 %
gesamt	*3.059*	*2.242*	*1.311*	*42,9 %*

Bezogen auf die 17 Ausbildungsberufe konnten deshalb nur 42,9 Prozent der bereits 2002 getesteten Jugendlichen längsschnittlich untersucht werden. Angesichts der diesem Wert entsprechenden ‚Panel-Mortalität' von ca. 57 Prozent ist mit einigen Verschiebungen in der untersuchten Schülerschaft zu rechnen. Tabelle 2.7 gibt zunächst einen Überblick über die Verteilung der Lernenden zu den beiden Messzeitpunkten (ULME I: Beginn des Schuljahres 2002/2003; ULME III: Ende des Schuljahres 2004/2005) auf die 17 Berufsfelder.

In den Abschlussklassen der Berufsschulen befinden sich auch solche Jugendliche, die bereits mit einem Abschluss der Hochschul- bzw. Fachhochschulreife in die Ausbildung eingetreten und daher 2 bis 3 Jahre älter waren. Deshalb wurden sie in ULME I bzw. in vorangegangenen LAU-Erhebungen nicht erfasst. Diese ‚Neuzugänge' in der ULME III sind vor allem in den Berufsgruppen der Bank- und Werbekaufleute zu verzeichnen, die sich zu einem Großteil aus Abiturienten zusammensetzen. Die vorletzte Spalte der Tabelle 2.7 dokumentiert, wie viele Jugendliche des Längsschnitts bereits im Frühjahr 2002 denselben Beruf erlernten bzw. wie viele Schülerinnen und Schüler den Ausbildungsgang gewechselt haben. Das Beispiel der Friseure zeigt, dass 57 von 59 Schülerinnen und Schülern bereits in ULME I eine Ausbildung zur Friseurin/zum Friseur begonnen hatten. Zwei der Jugendlichen haben hingegen innerhalb der drei Ausbildungsjahre die berufliche Ausbildung gewechselt. Anschließend sollen die eingetretenen Verschiebungen, differenziert nach Indikatoren für die Lernvoraussetzungen, Grundqualifikationen und sozialen Einflüsse dargestellt werden (Tabelle 2.7).

Die Zahlen, die in Tabelle 2.7 enthalten sind, können hier nicht im Einzelnen diskutiert werden, zumal die Auswertungsgruppen (ausweislich Tabelle 2.6) teilweise recht klein sind. An den negativen Effektstärken wird aber vor allem in den kaufmännischen Ausbildungsgängen deutlich, dass hier ein merklicher Anteil ursprünglich leistungsstärkerer Jugendlicher, die zudem über ein höheres Maß an sozialem und kulturellem Kapital verfügten, im Längsschnitt fehlt. Dies hängt damit zusammen, dass für Auszubildende mit anspruchsvollem Schulabschluss oder sehr guten Leistungen Möglichkeiten zur Verkürzung der Ausbildung vorgesehen sind. Das bedeutet für die vorliegende Untersuchung, dass mit hoher Wahrscheinlichkeit mit den später berichteten Durchschnittswerten in einigen Berufen die Kompetenz der Absolventen am Ende der Ausbildung unterschätzt wird. Dass daneben auch leistungsbedingte Ausbildungsabbrüche vorkommen können, die sich in *positiven* Effektstärken bemerkbar machen müssten, widerspricht dem nicht; die Daten legen lediglich den Schluss nahe, dass in der untersuchten Kohorte die Auswirkungen einer erfolgreichen vorzeitigen Beendigung der Ausbildung überwogen.

Tabelle 2.7   *Selektionseffekte im Verlauf der Ausbildung: Mittelwertverschiebungen, die durch Ausscheiden der Auszubildenden zwischen ULME I und ULME III entstanden sind, nach Berufen*

	Lesever- ständnis	Mathematik	Englisch (C-Test)
Anlagenmechaniker/-in			
ULME I gesamt	128,3	118,3	118,1
ULME I, soweit auch ULME III	129,4	119,3	118,1
Effektstärke *d*	0,05	0,05	0,04
Bankkaufmann/-kauffrau			
ULME I gesamt	141,6	144,74	156,49
ULME I, soweit auch ULME III	(144,7)	(151,12)	177,09
Effektstärke *d*	(0,24)	(0,43)	(1,49)
Bürokaufmann/-kauffrau			
ULME I gesamt	134,0	123,6	135,3
ULME I, soweit auch ULME III	132,4	121,3	135,1
Effektstärke *d*	-0,09	-0,13	-0,01
Kaufmann/Kauffrau im Einzelhandel			
ULME I gesamt	132,4	119,1	126,3
ULME I, soweit auch ULME III	131,8	119,0	125,7
Effektstärke *d*	-0,04	-0,01	-0,04
Elektroinstallateur/-in			
ULME I gesamt	123,8	127,3	125,5
ULME I, soweit auch ULME III	125,3	128,5	127,1
Effektstärke *d*	0,07	0,07	0,08
Fachinformatiker/-in			
ULME I gesamt	144,0	153,5	159,7
ULME I, soweit auch ULME III	143,2	146,5	154,4
Effektstärke *d*	-0,07	-0,40	-0,32

Tabelle 2.7 (Forts.)

	Lesever- ständnis	Mathematik	Englisch (C-Test)
Fluggerätemechaniker/-in			
ULME I gesamt	139,8	140,7	144,1
ULME I, soweit auch ULME III	139,9	140,2	144,8
Effektstärke *d*	0,00	-0,04	0,04
Friseur/-in			
ULME I gesamt	130,2	107,8	124,8
ULME I, soweit auch ULME III	130,9	108,8	129,1
Effektstärke *d*	0,05	0,05	0,19
Hotelfachmann/-fachfrau			
ULME I gesamt	140,0	132,9	152,5
ULME I, soweit auch ULME III	136,8	127,8	146,3
Effektstärke *d*	-0,23	-0,31	-0,32
Industriemechaniker/-in			
ULME I gesamt	136,5	133,6	132,8
ULME I, soweit auch ULME III	136,8	134,0	132,5
Effektstärke *d*	0,02	0,03	-0,02
Medizinische/-r Fachangestellte/-r			
ULME I gesamt	131,0	114,4	129,8
ULME I, soweit auch ULME III	130,2	112,9	129,7
Effektstärke d	-0,01	-0,09	-0,01
Rechtsanwalts- und Notarfachangestellte/-r			
ULME I gesamt	137,9	127,9	145,7
ULME I, soweit auch ULME III	133,8	122,2	138,5
Effektstärke *d*	-0,33	-0,32	-0,38

Tabelle 2.7 (Forts.)

	Lesever- ständnis	Mathematik	Englisch (C-Test)
Speditionskaufmann/-kauffrau			
ULME I gesamt	137,2	132,5	145,9
ULME I, soweit auch ULME III	133,8	129,5	135,2
Effektstärke *d*	-0,27	-0,16	-0,50
Tischler/-in			
ULME I gesamt	130,3	115,7	117,7
ULME I, soweit auch ULME III	131,0	119,7	118,3
Effektstärke *d*	0,03	0,18	0,03
Werbekaufmann/-kauffrau			
ULME I gesamt	141,7	133,7	159,2
ULME I, soweit auch ULME III	134,7	120,2	141,8
Effektstärke *d*	-0,61	-0,88	-1,03
Zahnmedizinische/-r Fachangestellte/-r			
ULME I gesamt	127,7	112,6	122,2
ULME I, soweit auch ULME III	127,8	111,7	122,4
Effektstärke *d*	0,01	-0,04	0,01
gesamt			
ULME I gesamt	*134,2*	*125,0*	*136,0*
ULME I, soweit auch ULME III	*132,0*	*121,1*	*130,1*
Effektstärke d	*-0,13*	*-0,19*	*-0,27*

Tabelle 2.7 (Forts.)

	CFT 20	Wissen zur Texter-schließung	Anteil Deutsche (Prozent)	Bücher im Elternhaus (ordinal)
Anlagenmechaniker/-in				
ULME I gesamt	33,0	72,1	95,6	3,69
ULME I, soweit auch ULME III	33,4	73,1	98,5	3,51
Effektstärke *d*	0,08	0,08	---	-0,10
Bankkaufmann/-kauffrau				
ULME I gesamt	37,4	85,7	98,9	4,31
ULME I, soweit auch ULME III	(37,5)	(83,9)	(100)	(3,50)
Effektstärke *d*	(0,02)	(0,19)	---	(-0,56)
Bürokaufmann/-kauffrau				
ULME I gesamt	33,8	80,3	90,9	3,58
ULME I, soweit auch ULME III	33,8	80,2	92,7	3,51
Effektstärke *d*	0,00	-0,01	---	-0,05
Kaufmann / -frau im Einzelhandel				
ULME I gesamt	32,2	74,4	89,8	3,34
ULME I, soweit auch ULME III	32,1	74,2	91,3	3,26
Effektstärke *d*	-0,01	-0,01	---	-0,05
Elektroinstallateur/-in				
ULME I gesamt	32,8	73,8	96,6	3,88
ULME I, soweit auch ULME III	32,0	75,2	95,6	3,88
Effektstärke *d*	-0,11	0,09	---	0,00
Fachinformatiker/-in				
ULME I gesamt	39,5	84,3	98,1	4,60
ULME I, soweit auch ULME III	39,4	83,3	100,0	4,45
Effektstärke *d*	-0,04	-0,10	---	-0,10

Tabelle 2.7 (Forts.)

	CFT 20	Wissen zur Texterschließung	Anteil Deutsche (Prozent)	Bücher im Elternhaus (ordinal)
Fluggerätemechaniker/-in				
ULME I gesamt	37,2	82,1	100,0	3,85
ULME I, soweit auch ULME III	37,2	83,0	100,0	3,83
Effektstärke *d*	0,02	0,08	---	-0,01
Friseur/-in				
ULME I gesamt	31,0	77,0	85,8	3,33
ULME I, soweit auch ULME III	31,2	80,0	83,9	3,27
Effektstärke *d*	0,03	0,22	---	-0,04
Hotelfachmann/-fachfrau				
ULME I gesamt	35,7	86,1	94,1	4,54
ULME I, soweit auch ULME III	34,6	83,9	90,3	3,90
Effektstärke *d*	-0,21	-0,27	---	-0,41
Industriemechaniker/-in				
ULME I gesamt	35,5	75,8	97,2	3,94
ULME I, soweit auch ULME III	35,8	76,0	96,8	3,93
Effektstärke *d*	0,07	0,01	---	-0,01
Medizinische/-r Fachangestellte/-r				
ULME I gesamt	30,3	76,9	90,0	3,37
ULME I, soweit auch ULME III	30,5	76,9	91,1	3,21
Effektstärke *d*	0,03	0,00	---	-0,11
Rechtsanwalts- und Notarfach angestellte/-r				
ULME I gesamt	34,2	82,5	94,8	3,84
ULME I, soweit auch ULME III	32,5	80,4	89,1	3,57
Effektstärke *d*	-0,32	-0,21	---	-0,19

Tabelle 2.7 (Forts.)

	CFT 20	Wissen zur Texterschließung	Anteil Deutsche (Prozent)	Bücher im Elternhaus (ordinal)
Speditionskaufmann/-kauffrau				
ULME I gesamt	34,9	81,4	92,1	4,10
ULME I, soweit auch ULME III	34,0	80,2	87,5	3,93
Effektstärke *d*	-0,17	-0,11	---	-0,12
Tischler/-in				
ULME I gesamt	31,2	70,9	85,2	3,63
ULME I, soweit auch ULME III	32,3	71,8	80,9	3,40
Werbekaufmann/-kauffrau				
ULME I gesamt	36,4	83,5	98,0	4,94
ULME I, soweit auch ULME III	35,0	80,2	100,0	4,40
Effektstärke *d*	-0,31	-0,26	---	-0,38
Zahnmedizinische/-r Fachangestellte/-r				
ULME I gesamt	30,2	75,8	87,3	3,14
ULME I, soweit auch ULME III	30,0	76,3	87,6	3,13
Effektstärke *d*	-0,02	0,04	---	-0,01
gesamt				
ULME I gesamt	*33,5*	*78,6*	*92,3*	*3,75*
ULME I, soweit auch ULME III	*32,7*	*77,2*	*91,8*	*3,47*
Effektstärke d	*-0,13*	*-0,11*	*---*	*-0,18*

* Die Industriekaufleute sind in dieser Tabelle nicht ausgewiesen, da keinerlei Längsschnittdaten für diese Gruppe vorliegen.

Tabelle 2.8 zeigt noch einmal überblicksartig für alle 17 Ausbildungsberufe, mit welchem Schulabschluss die Schülerinnen und Schüler in die Ausbildung eingetreten sind.

Tabelle 2.8   *Höchster Schulabschluss der Schülerinnen und Schüler nach Berufen (Anteile in Prozent)*

	N	HS oder vergleich-barer Abschluss	RS oder vergleich-barer Abschluss	Fach-hoch-schul-reife	Allge-meine Hoch-schulrei-fe/Abitur	Sons-tiges
Anlagenmechaniker/-in	127	62,2	33,1	1,6	1,6	1,6
Bankkaufmann/-kauffrau	189	---	---	4,8	94,7	0,5
Bürokaufmann/-kauffrau	154	9,7	70,8	13,0	5,2	1,3
Kaufmann / -frau im Einzelhandel	283	31,4	58,0	4,6	3,9	2,1
Elektroinstallateur/-in	71	22,5	70,4	1,4	4,2	1,4
Fachinformatiker/-in	86	---	27,9	19,8	51,2	1,2
Fluggerätemechaniker/-in	91	4,4	79,1	5,5	9,9	1,1
Friseur/-in	72	47,2	44,4	4,2	4,2	---
Hotelfachmann/-fachfrau	116	4,3	45,7	20,7	29,3	---
Industriekaufmann/-kauffrau	56	---	35,7	17,9	44,6	1,8
Industriemechaniker/-in	93	20,4	75,3	4,3	---	---
Medizinische/-r Fachangestellte/-r	200	16,0	75,5	4,5	4,0	---
Rechtsanwalts- und Notarfachangestellte/-r	78	2,6	66,7	12,8	16,7	1,3
Speditionskaufmann/-kauffrau	95	2,1	49,5	26,3	20,0	2,1
Tischler/-in	60	46,7	45,0	3,3	3,3	1,7
Werbekaufmann/-kauffrau	120	---	13,3	22,5	63,3	0,8
Zahnmedizinische/-r Fachangestellte/-r	199	29,6	65,8	4,0	---	0,5
gesamt	*2090*	*18,4*	*50,7*	*9,0*	*20,9*	*1,0*

Hieran wird ersichtlich, dass in den einzelnen Ausbildungsgruppen – ausweislich ULME I – sehr unterschiedliche Lernausgangslagen gegeben waren. Neben Berufen, zu denen immer noch zu einem großen Anteil Hauptschulabsolventen Zugang gefunden haben, etwa Anlagenmechaniker, Friseur und Tischler, stehen andere, in denen ganz überwiegend Abitur und Fachhochschulreife als Zugangsvoraussetzung erforderlich sind, so bei den Bank- und Werbekaufleuten. Diese Differenzen gilt es später bei der Interpretation der Testergebnisse zu beachten.

Auf der Basis von Teilnehmerlisten wurden auch die Schülerinnen und Schüler erfasst, die sich zum Zeitpunkt der Abschlusserhebung zwar noch in den Bildungsgängen der Berufsschulen befanden, die aber nicht an der Untersuchung teilnahmen. Auf diese Weise konnten die Rücklaufquoten – aufgeschlüsselt nach den einzelnen Instrumenten und Ausbildungsberufen – ermittelt werden. Der Tabelle 2.9 kann die so ermittelte prozentuale Beteiligung für jede Testkomponente entnommen werden. Insgesamt lagen die Rücklaufquoten je nach Testkomponente zwischen 94,7 und 98,7 Prozent. Bei der Unterscheidung nach Bildungsgang wurden Quoten zwischen 86,4 und 100,0 Prozent erreicht. Angesichts dieses Rücklaufs kann insgesamt von einer soliden Datengrundlage ausgegangen werden, auf die sich die weiteren Analysen stützen.

Tabelle 2.9 Rücklaufquoten nach Testkomponenten und Berufen (in Prozent)

	N	Fachenglisch, Stufe I	Fachenglisch, Stufe II	Texte und Tabellen	Berufsbezogene Leistungstests
Anlagenmechaniker/-in	131	99,2	-----	99,2	100,0
Bankkaufmann/-frau	190	-----	99,5	98,9	99,5
Bürokaufmann/-frau	160	100,0 ($n_j = 61$)	85,9 ($n_j = 99$)	92,5	97,5
Kaufmann/Kauffrau im Einzelhandel	319	91,2	-----	92,2	96,6
Elektroinstallateur/-in	74	98,6	-----	98,6	100,0
Fachinformatiker/-in	86		98,8	100,0	100,0
Fluggerätemechaniker/-in	93	-----	97,8	100,0	100,0
Friseur/-in	87	93,1	-----	97,7	97,7

Tabelle 2.9 (Forts.)

	N	Facheng-lisch, Stufe I	Facheng-lisch, Stufe II	Texte und Tabellen	Berufsbe-zogene Leistungs-tests
Hotelfachmann/-frau	119	-----	99,2	99,2	99,2
Industriekaufmann/-frau	58	-----	82,8	82,8	100,0
Industriemechaniker/-in	144	97,9	-----	98,6	99,3
Medizinische/-r Fachangestell-te/-r	203	99,0	-----	100,0	100,0
Rechtsanwalts- und Notarfachangestellte/-r	83	-----	96,4	95,2	97,6
Speditionskaufmann/-frau	98	-----	100,0	100,0	100,0
Tischler/-in	72	75,0	-----	83,3	90,3
Werbekaufmann/-frau	121	-----	100,0	100,0	100,0
Zahnmedizinische/-r Fachangestellte/-r	204	95,6	-----	100,0	100,0
gesamt	*2.242*	*94,7* (n_j = 1.295)	*96,6* (n_j = 947)	*96,8*	*98,7*

	N	SFB	Wissen zur Text-erschlie-ßung	CFT 20	Rücklauf gesamt
Anlagenmechaniker/-in	131	98,5	99,2	100,0	99,4
Bankkaufmann/-frau	190	100,0	100,0	99,5	99,6
Bürokaufmann/-frau	160	96,9	97,5	96,9	95,4**
Kaufmann / Kauffrau im Einzelhandel	319	91,2	93,1	95,3	93,3

Tabelle 2.9 (Forts.)

	N	SFB	Wissen zur Texterschlie-ßung	CFT 20	Rücklauf gesamt
Elektroinstallateur/-in	74	97,3	95,9	97,3	98,0
Fachinformatiker/-in	86	100	94,2	98,8	98,6
Fluggerätemechaniker/-in	93	97,8	97,8	100,0	98,9
Friseur/-in	87	90,8	89,7	92,0	93,5
Hotelfachmann/-frau	119	98,3	98,3	99,2	98,9
Industriekaufmann/-frau	58	96,6	98,3	98,3	93,1
Industriemechaniker/-in	144	69,4	97,9	99,3	93,7
Medizinische/-r Fachangestellte/-r	203	99,0	99,5	99,5	99,5
Rechtsanwalts- und Notarfachangestellte/-r	83	94,0	96,4	96,4	96,0
Speditionskaufmann/-frau	98	98,0	98,0	98,0	99,0
Tischler/-in	72	87,5	91,7	90,3	86,4
Werbekaufmann/-frau	121	100,0	100,0	100,0	100,0
Zahnmedizinische/-r Fachangestellte/-r	204	99,5	99,5	99,5	99,0
gesamt	*2.242*	*94,9*	*97,1*	*97,9*	*96,7*

** Die Prozentanteile für Fachenglisch I und II wurden zusammengefasst und flossen zu einem Sechstel in die durchschnittlichen Rücklaufquoten der einzelnen Bildungsgänge ein.

2.4   Zur Skalierung der Leistungstests

Bis auf zwei Ausnahmen (Elektroinstallateure und der Fachinformatiker) wurden die beruflichen Fachtests auf der Grundlage der probabilistischen Testtheorie unter Nutzung des einparametrischen Rasch-Modells skaliert. Dadurch lassen sich die am

Ende der Ausbildung erreichten Leistungen kriteriumsorientiert interpretieren; in den Fällen, wo Brückenitems vorhanden sind, können zumindest teilweise Vergleiche mit den Leistungen anderer Schülerinnen und Schüler angestellt werden.

Wie in den bisherigen Berichten zur Hamburger LAU immer wieder betont wurde, ermöglicht es die Verwendung des probabilistischen Testmodells, die Fähigkeit einer Person auch dann zu schätzen, wenn nur eine Teilmenge der Aufgaben bearbeitet wurde. Die Existenz von Brücken- oder Ankeritems wiederum ist Voraussetzung dafür, dass die Ergebnisse unterschiedlicher Testversionen auf einer gemeinsamen Metrik abgebildet werden können. Dies gilt z.B. für die beiden Schwierigkeitsstufen des Fachenglischtests oder auch die diversen kaufmännischen bzw. medizinischen Tests. Auf diese Weise kann die Einordnung der erreichten Leistungen in die Curricula der ausgesuchten Bildungsgängen der Berufsschulen erreicht werden (zum Verfahren vgl. z.B. Baumert, Köller, Lehrke & Brockmann, 2000, 61ff.).

Wie die Tests der früheren Erhebungswellen wurden auch die berufsbezogenen Fachleistungstests zunächst in Anlehnung an die Klassische Testtheorie auf ihre Güte geprüft. In diesem Zusammenhang wurde vor allem die Reliabilität als eines der drei zentralen Gütekriterien beurteilt, und zwar über die Trennschärfekoeffizienten und die so genannte „interne Konsistenz" (Cronbachs Alpha).

Mit Ausnahme der Tests für die Elektroinstallateure und die Fachinformatiker konnten also (was zum Zeitpunkt der Erhebungen gar nicht selbstverständlich war) alle berufsbezogenen Fachleistungstests zusätzlich auf Basis der Item Response Theory (IRT) unter Verwendung des eindimensionalen Rasch-Modells skaliert werden. Da insgesamt für die Mehrheit der Berufe nur relativ kleine Fallzahlen vorlagen, wurden die Daten aus der Berliner Pilotierung in die Skalierung mit einbezogen. Eine Ausnahme bildeten die Speditionskaufleute: Hier erschien aufgrund der stark veränderten Testversionen zwischen Pilotierung und Hauptuntersuchung eine Einbeziehung der Berliner Testdaten nicht angemessen.

Bei einigen Tests wurde auf der Basis des Vergleichs von Strukturgleichungsanalysen auch Berechnungen mit mehrdimensionalen Rasch-Modellen durchgeführt. In den Ausführungen zur methodischen Vorgehensweise bei den Auswertungen für die einzelnen Berufsgruppen (Kapitel 6 bis 9) wird darauf an gegebenem Ort noch genauer eingegangen.

3 Allgemeine kognitive, metakognitive und motivationale Merkmale der Schülerinnen und Schüler am Ende der beruflichen Ausbildung

Susan Seeber

3.1 Kognitive, metakognitive, sozio-kulturelle und motivationale Lernvoraussetzungen bei Eintritt in die Berufsausbildung

3.1.1 Schulische Vorbildung

Die wirtschaftliche Lage eines Landes und einer Region ist von zentraler Bedeutung für die Qualität des Übergangsprozesses zwischen allgemein bildender Schule und beruflicher Ausbildung. Der Umfang des Angebots definiert Grenzen und Spielräume der Schülerinnen und Schüler bei der Ausbildungsplatzsuche und Einmündung in eine beruflichen Ausbildung (Baethge, Buss & Lanfer, 2003, 56). Ebenso beeinflussen individuelle Vorstellungen, Interessen und Neigungen sowie fähigkeitsbezogene Selbsteinschätzungen die Berufswahlprozesse und die individuelle Regulationsfähigkeit der Jugendlichen am Übergang zwischen Schule und Beruf. Aus einschlägigen Studien ist der Zusammenhang zwischen Bildungsniveau, sozialer Herkunft und der Ausprägung von Ausbildungs- und Erwerbschancen hinlänglich bekannt (vgl. z.B. OECD and Statistics Canada, 1995).

Die vorliegenden Berichtssysteme in der beruflichen Bildung lassen nur wenige Rückschlüsse auf die tatsächliche Kompetenzausstattung der Jugendlichen bei Eintritt in das Berufsbildungssystem zu (Baethge, Buss & Lanfer, 2003, 70), obwohl diese Eingangsvoraussetzungen der Jugendlichen zugleich die zentralen Output-Merkmale der abgebenden Institutionen des allgemein bildenden Sektors darstellen. Schulabschlüsse und Schulzeugnisse, hinter denen sich bekanntermaßen eine hohe Bandbreite an kognitiven und metakognitiven Kompetenzen verbirgt, stellen bestenfalls Ersatzgrößen („Proxies") für das zu erwartende Lernpotenzial dar. Achtenhagen (2004, 18ff.) forderte deshalb in seinem Gutachten zu den konzeptionellen Grundlagen eines nationalen Bildungsberichts die systematische Erfassung von Eingangsleistungen der Jugendlichen in den Kernfächern Deutsch, Mathematik und Erste Fremdsprache, um nicht nur am Ende der Ausbildung über erreichte Kompetenzstände zu berichten, sondern auch deren Entwicklung vor dem Hintergrund von Eingangsmerkmalen untersuchen und interpretieren zu können. Nicht zu unterschätzen ist daneben die Bedeutung einer differenzierten Erfassung von Anfangsbedingungen für die Ausgestaltung der Lernumwelten und für die Lehr-Lern-Arrangements (vgl. Seeber, 2005b). Nicht selten wird die Heterogenität der Schülerschaft in kognitiver wie auch sozial-biografischer Hinsicht innerhalb desselben Bildungsgangs und/oder derselben Lerngruppe als Argument für problematisch anmutende Bildungsverläufe angeführt, ohne dass deren Effekte auf die Gestaltung der Lehr-Lernumgebungen und die entsprechende Wechselwirkung von Input- und Prozessmerkmalen hinreichend untersucht wären.

Im Rahmen der Studie ULME I – eine bislang für Deutschland in ihrem Umfang und ihrer Differenziertheit einzigartige Erhebung von Anfangslernständen bei Eintritt in das berufsbildende System – wurden die Einstiegsqualifikationen von rund 13.000 Schülerinnen und Schülern aus Hamburger Berufs- und Berufsfachschulen untersucht. Es wurden kognitive, metakognitive und motivationale sowie schul- und unterrichtsbezogene Merkmale der Jugendlichen in Form einer Vollerhebung bei Eintritt in einen teilqualifizierenden, einen dualen oder in einen abschlussbezogenen vollzeitschulischen Bildungsgang erhoben. Um Erkenntnisse über die Lernstände beim Übergang in das Erwerbsleben zu gewinnen, wurden in den Kernbereichen Deutsch, Mathematik und Erste Fremdsprache (Englisch) Leistungstests durchgeführt. Die allgemeine Fähigkeit zum schlussfolgernden Denken wurde als wichtige Kovariate für die zu beobachtenden Fachleistungen über den sprachfreien „Culture Fair Test" von Cattell & Weiss (CFT 20) erfasst. Ferner wurden über Selbsteinschätzungsskalen auf metakognitiver Ebene Lernstrategiewissen und Strategien der Texterschließung, Einstellungen der Jugendlichen zu Schule, Beruf und Arbeit sowie Informationen über soziale und kulturelle Bedingungen in den Familien gemessen bzw. erfragt (vgl. Lehmann, Ivanov, Hunger & Gänsfuß, 2005).

Für alle Ausbildungsberufe, die in der ULME-III-Studie erfasst wurden, liegen also differenzierte Informationen zu den Ausgangsbedingungen vor. Da Personen mit unterschiedlichem allgemein bildendem Abschluss in das duale System einmünden, unterscheiden sie sich nicht unerheblich in ihren basalen Grundqualifkationen (vgl. Lehmann, Ivanov, Hunger & Gänsfuß, 2005, 59ff.; für Berlin vgl. Seeber, 2005a; zu Leistungsdifferenzen in mathematisch-naturwissenschaftlichen Grundbildung beim Übergang von Schule in Beruf vgl. auch Watermann & Baumert, 2000, 199ff.). Beim dualen System handelt es sich bekanntlich um ein leistungsmäßig stark stratifiziertes System, das zwar rechtlich gesehen durch keine besonderen schulischen Vorleistungen eingeschränkt, jedoch auf Grund von arbeitsmarkt- und qualifikationsbezogenen Rahmenbedingungen, die zudem einem ständigen Wandel unterworfen sind, durch einen systeminternen Verdrängungswettbewerb gekennzeichnet ist (vgl. Greinert & Braun, 2005, 177ff.). Jugendliche mit Abitur besetzen in der Regel qualitativ anspruchsvolle und im Hinblick auf eine spätere Beschäftigung aussichtsreiche Ausbildungsberufe, während den Jugendlichen mit Hauptschulabschluss de facto ein vergleichsweise schmales und wenig attraktives Berufsspektrum zur Verfügung steht (vgl. Bundesministerium für Bildung und Forschung, 2005, 88ff.). Insofern war zu erwarten, dass die Eingangsleistungen von Jugendlichen in den 17 Ausbildungsberufen, die im Rahmen von ULME III untersucht wurden, zwar durchaus Überschneidungen, jedoch auch beträchtliche Differenzen aufweisen. Schon der erworbene Schulabschluss als faktisches Selektionskriterium für die Aufnahme einer Ausbildung in einem bestimmten Beruf impliziert bereits erhebliche Leistungsunterschiede am Beginn der beruflichen Ausbildung (vgl. oben, Kap. 2, Tabellen 2.7 und 2.8).

Tabelle 3.1 weist die Schulabschlüsse, die in den 17 Ausbildungsberufen im Rahmen von ULME I erfasst wurden, differenziert nach Berufen aus (vgl. auch die Tabellen 2.7 und 2.8 im Kapitel 2). Hier sind alle Schülerinnen und Schüler erfasst, die im Schuljahr 2002/03 ihre Ausbildung in einem der 17 Berufe aufnahmen und für die auswertbare Angaben zum Schulabschluss vorlagen. Im zweiten Block sind die Schulabschlüsse der allgemein bildenden Schulen ausgewiesen, die die Teilnehmer und Teilnehmerinnen von ULME III im Schülerfragebogen angaben. Die Differenzen in den Schulabschlüssen der Jugendlichen auf der Ebene der einzelnen Berufe zwischen den beiden Erhebungszeitpunkten sind durch verschiedene Faktoren bedingt: So beruhen die Angaben zum Messzeitpunkt 1 auf Informationen der Lehrerinnen und Lehrer zu den Schulabschlüssen der Jugendlichen bei Eintritt in die Ausbildung, während es sich bei den Angaben zum Messzeitpunkt 2 um Schülerantworten handelt. Diese bedingen jedoch nur marginal die zum Teil erheblichen Unterschiede zwischen den beiden Messzeitpunkten, wie eine Gegenüberstellung der Selbst- und der Lehrerangaben jener Schülerinnen und Schüler zeigt, die an beiden Erhebungen teilnahmen. Vordergründig lassen sich die Verschiebungen in den Schulabschlüssen zwischen ULME I und ULME III zum einen durch die Fluktuation innerhalb des ersten Ausbildungsjahres durch Ausbildungsabbruch oder Wechsel der Ausbildung erklären und zum anderen durch das Abkürzen der Ausbildung bei den leistungsstärkeren Jugendlichen, die somit zum zweiten Erhebungszeitpunkt in den Schulen nicht mehr erreichbar waren.

Tabelle 3.1   Schulabschlüsse nach Ausbildungsberufen

Beruf	ULME I (Lehrerangaben / Testform)			ULME III (Schülerangaben im Fragebogen)			
	HS oder vergleichbarer Abschluss	RS oder vergleichbarer Abschluss	Fachhochschul-, Hochschulreife	HS	RS oder vergleichbarer Abschluss	Fachhochschul-, Hochschulreife	ohne Angaben
Anlagenmechaniker/-in	54	35	3	79	42	2	6
	58,7 %	38,0 %	3,3 %	61,2 %	32,6 %	1,5 %	4,7 %
Bankkaufmann/-frau	--	96	169	--	--	188	2
	--	36,2 %	63,8 %	--	--	98,9 %	1,1%
Bürokaufmann/-frau	46	187	61	15	109	28	8
	15,6 %	63,6 %	20,8 %	9,4 %	68,1 %	17,5 %	5%
Einzelhandelskaufmann/-frau	243	294	20	89	164	24	44
	43,6 %	52,8 %	3,6 %	27,7 %	51,1 %	7,5 %	13,7
Elektroinstallateur/-in	32	80	5	16	50	4	4
	27,4 %	68,4 %	4,2 %	21,6 %	67,6 %	5,4 %	5,4 %
Fachinformatiker/-in	--	7	100	--	24	61	1
	--	6,5 %	93,5 %	--	27,9 %	70,9 %	1,2 %
Fluggerätemechaniker/-in	5	83	10	4	72	14	3
	5,1 %	84,7 %	10,2 %	4,3 %	77,4 %	15,1 %	3,2 %
Friseur/-in	134	80	15	34	32	6	15
	58,5 %	34,9 %	6,6 %	39,1 %	36,8 %	6,9 %	17,2 %
Hotelfachangestellte	4	32	33	5	53	58	3
	5,8 %	46,4 %	47,8 %	4,2 %	44,5 %	48,8 %	2,5 %
Industriekaufmann/-frau	--	13	18	--	20	35	3
	--	41,9 %	58,1 %	--	34,5 %	60,3 %	5,2 %

Tabelle 3.1 (Forts.)   *Schulabschlüsse nach Ausbildungsberufen*

Beruf	ULME I (Lehrerangaben / Testform)			ULME III (Schülerangaben im Fragebogen)			
	HS oder vergleichbarer Abschluss	RS oder vergleichbarer Abschluss	Fachhochschul-, Hochschulreife	HS	RS oder vergleichbarer Abschluss	Fachhochschul-, Hochschulreife	ohne Angaben
Industriemechaniker/ -in	16 15,0 %	90 84,1 %	1 0,9 %	19 13,2 %	70 48,6 %	4 2,8 %	51 35,4 %
Medizinische Fachangestellte/-r	63 24,9 %	175 69,2 %	15 5,9 %	32 15,8 %	151 74,4 %	17 8,3 %	3 1,5 %
Rechtsanwalts- u. Notarfachangestellte	5 2,7 %	100 54,4 %	79 42,9 %	2 2,4 %	53 63,1 %	23 27,4 %	6 7,1 %
Speditionskaufmann/ -frau	5 2,8 %	89 49,7 %	85 47,5 %	2 2,0 %	47 48 %	44 44,9 %	5 5,1 %
Tischler/-in	59 69,4 %	23 27,1 %	3 3,5 %	28 40,6 %	27 39,1 %	4 5,8 %	10 14,5 %
Werbekaufmann/ -frau	-- --	27 17,6 %	126 82,4 %	-- --	16 13,2 %	103 85,1 %	2 1,7 %
Zahnmedizinische Fachangestellte	88 32,6 %	178 65,9 %	4 1,5 %	59 28,9 %	131 64,2 %	8 3,9 %	6 3,0 %

Beispielsweise liegen für den Ausbildungsberuf des Bankkaufmanns / der Bankkauffrau nur in Einzelfällen Längsschnittdaten vor, da die Jugendlichen, die an ULME I teilnahmen, zum Zeitpunkt der Erhebungen für ULME III bereits ihre Ausbildung durch Verkürzung um ein halbes oder sogar ein ganzes Jahr vorzeitig abgeschlossen hatten. Somit wurden in ULME III fast ausschließlich angehende Bankkaufleute erfasst, die ihre Ausbildung im Schuljahr 2003/04 Aufnahmen und unmittelbar vor den Abschlussprüfungen standen. Ähnliches gilt für die Fachinformatiker und die Werbekaufleute. In diesen Berufen befinden sich überwiegend Schülerinnen und Schüler mit Hochschulreife, sie treten in der Regel gemäß BBiG mit verkürzten Verträgen in die Ausbildung ein.

Auch bei den Friseurinnen und Friseuren konnte nur ein relativ geringer Anteil (knapp ein Viertel) längsschnittlich beobachtet werden. Hier haben offenbar deutlich höhere, jedoch allenfalls partiell qualifikationsbedingte Abbruchquoten im Ausbildungsberuf zur geringen Längsschnittquote beigetragen (vgl. auch Kapitel 2, Tab. 2.7, wo nennenswerte positive Selektionseffekten aufgezeigt sind). Von 14 in ULME I erfassten Klassen konnten nur noch drei Regelklassen und eine Klasse mit Sondermaßnahmen, d. h. mit sehr schwachen Hautschülerinnen und Hauptschülern, in ULME III untersucht werden. Der Grund für die geringe Längsschnittquote im Ausbildungsberuf der Friseurin/des Friseurs hat hier sehr verschiedene Ursachen und reicht von einem nicht seltenen Wechsel des Ausbildungsbetriebes im Laufe der Ausbildung, über vorzeitigen Abbruch der Ausbildung bis hin zu einer Ausbildungsverkürzung durch sehr gute und gute handwerkliche Leistungen. Die Ursachen der Ausbildungsabbrüche sind in diesem Beruf vielschichtig; zu nennen ist jedoch vor allem das Problem des täglichen Umgangs mit chemischen Lösungen und Substanzen, der (vorher nicht bekannte) allergene Belastungen hervorruft und zu einem Wechsel des Ausbildungsberufs zwingt.

Auch bei den Einzelhandelskaufleuten konnten weniger als 50 Prozent längsschnittlich erfasst werden. Diese relativ niedrige Längsschnittquote ist zum einem der spezifischen Ausbildungsorganisation (Blockunterricht) geschuldet, wodurch ein Teil der in ULME I getesteten Klassen im Rahmen von ULME III nicht erreicht werden konnte, zum anderen brach auch hier ein Teil der Jugendlichen die Ausbildung ohne Abschluss vorzeitig ab. Darüber hinaus befanden sich auch in diesem Ausbildungsgang Jugendliche, die durch vorgezogene Abschlussprüfungen die Ausbildung vorzeitig beenden konnten.

Wenn in den beiden zuletzt genannten Berufen des Friseurhandwerks und des Einzelhandels im Vergleich zu den Jugendlichen, die einen oberhalb des Hauptschulniveaus liegenden allgemein bildenden Abschluss aufwiesen, gemessen an den Offizialdaten für die Neuverträge scheinbar eine überproportional hohe Verringerung des Anteils der Hauptschülerinnen und Hauptschüler mit dem Abbruch einherging (ohne Tabelle), so muss man dies vielleicht im Zusammenhang mit dem entsprechend gestiegenen Anteil fehlender Schülerangaben in ULME III sehen, der möglicherweise auf eine Tendenz unter den Jugendlichen verweist, eine mit diesem Abschluss verbundene Selbststigmatisierung zu vermeiden.

Es kann an dieser Stelle keine Aussage getroffen werden, ob die Gründe für die vorzeitigen Vertragsauflösungen primär in den beruflichen Leistungen der Jugendlichen oder in Motivations- und Einstellungsmerkmalen zu suchen sind. Ebenso kann eine Divergenz zwischen Erwartungen und Vorstellungen über den Ausbildungsberuf und vorgefundener betrieblicher Realität eine Rolle spielen. Zu vermuten ist indessen nicht nur ein einziger Einflussfaktor, sondern ein Zusammenwirken verschiedener Determinanten, die berufliche Zukunftsentscheidungen – auch unter schwierigen Ausbildungs- und Arbeitsmarktbedingungen – beeinflussen.

Generell können Ausbildungsvertragsauflösungen und eine vorzeitige Beendigung der begonnenen Ausbildung nicht einseitig positiv oder negativ beurteilt werden. Bei den Vertragsauflösungen im dualen System handelt es sich größtenteils nicht um endgültige Ausbildungsabbrüche, sondern oftmals um Veränderungen, die mit einem Betriebs- oder Berufswechsel verbunden sind (vgl. Bundesministerium für Bildung und Forschung, 2004, 83). Systematische Daten zum Durchlauf und Verbleib dieser Jugendlichen liegen jedoch für die hier betrachtete Kohorte, die im Ausbildungsjahr 2002/03 in eine berufliche Ausbildung eintrat, der wissenschaftlichen Begleitung nicht vor.

Bundesweit vermag die gegenwärtige Datenlage zu den Übergangsprozessen zwischen allgemeiner Schulbildung, Berufsausbildung und Berufseinmündung kein systematisches, geschweige denn lückenfreies Bild zu zeichnen (vgl. Baethge, Buss & Lanfer, 2003). Nur bedingt erlauben einzelne Studien, die dem Ausbildungsverlauf nachgehen, die Gründe für Erfolg oder Scheitern nachzuvollziehen.

3.1.2 *Kognitive und metakognitive Voraussetzungen der Jugendlichen bei Eintritt in die berufliche Ausbildung*

Zur Bildung des allgemeinen Fachleistungsindex

Um differenzielle Analysen zu den Lernständen vorzunehmen und Gruppenunterschiede herauszuarbeiten, ist im Rahmen von LAU und ULME bereits in früheren Erhebungswellen mit einem allgemeinen Fachleistungsindex gearbeitet worden. In ULME I bestand der allgemeine Fachleistungsindex aus den Fachleistungen der Fächer Deutsch-Leseverständnis, Deutsch-Rechtschreibung, Mathematik I und II (Rohwerte) sowie dem Englisch-C-Test (Lehmann, Ivanov, Hunger & Gänsfuß, 2005, 58ff.). In ULME II wurden die Ergebnisse im Mathematik-II-Test in ihrer inzwischen auf Basis der probabilistischen Testtheorie skalierten Form berücksichtigt sowie die Befunde des Englisch-Leseverständnistests aus ULME I einbezogen. Der in ULME I verwendete allgemeine Fachleistungsindex wurde somit für die vorliegenden Analysen um eine Testkomponente erweitert und konsequenter Weise auch für den Messzeitpunkt ULME I überarbeitet. In dem neu gebildeten Fachleistungsindex für die Jugendlichen der Studie ULME I zu Beginn der Ausbildung in einem dualen Ausbildungsgang oder einem voll- oder teilqualifizierenden Bildungsgang an einer Berufsfachschule gingen nunmehr die Fachleistungen Deutsch-Leseverständnis, Deutsch-Rechtschreibung, Englisch-C-Test, Englisch-Leseverständnis sowie Mathematik I und Mathematik II (Rasch-skaliert) jeweils zu gleichen Teilen gewichtet ein (vgl. Abbildung 3.1).

Der allgemeine Fachleistungsindex auf der Basis der Testergebnisse aus ULME I entstand in einem zweistufigen Verfahren. In einem ersten Schritt erfolgte die Bildung domänenspezifischer Indizes für die Fächergruppen *Deutsch* (bestehend aus den zu gleichen Teilen gewichteten Untertests Deutsch-Leseverständnis und Deutsch-Rechtschreibung), *Mathematik* (bestehend aus den zu gleichen Teilen gewichteten Untertests Mathematik I und Mathematik II) und *Englisch* (bestehend aus den zu gleichen Teilen gewichteten Untertests Englisch-C-Test und Englisch-Leseverständnis). In einem zweiten Schritt wurde aus den so gebildeten domänenbezogenen Fachleistungsindizes ein allgemeiner Fachleistungsindex ermittelt, der zu gleichen Teilen die Fachleistungen in Deutsch, Mathematik und Englisch berücksichtigt (vgl. Abbildung 3.1).[4]

Um die Bildung des Index für die allgemeine Fachleistung vornehmen zu können, wurden die Ausgangswerte zunächst über eine sog. z-Transformation standardisiert (zu diesem Verfahren vgl. z.B. Schelten, 1997, 58ff.; auch Bortz, 1999, 45ff.; Lehmann, Peek, Gänsfuß & Husfeldt, 2001, 67ff.). Jede z-transformierte Verteilung hat einen Mittelwert von 0 und eine Streuung von 1. Um nicht mit negativen Werten arbeiten zu müssen, erfolgte eine weitere Transformation, indem die z-Werte in andere Standardwerte umgewandelt wurden. Dabei wurde der Mittelwert auf 50 und die Standardabweichung auf 10 festgelegt (zur Umwandlung vgl. z.B. die von Schelten, 1997, 59, angegebene Formel).

---

4   Der hier gebildete Fachleistungsindex weicht von den Werten des allgemeinen Fachleistungsindex aus ULME I ab, da zum Zeitpunkt der Berichtslegung von ULME I die Auswertung des Tests Englisch-Leseverständnis noch nicht vorlag und damit die Fremdsprachenkomponente nur mit dem Englisch-C-Test einging (vgl. Lehmann, Ivanov, Hunger & Gänsfuß, 2005, 57ff.).

Abbildung 3.1   Struktur des allgemeinen Fachleistungsindex, ULME I (MZP 1)

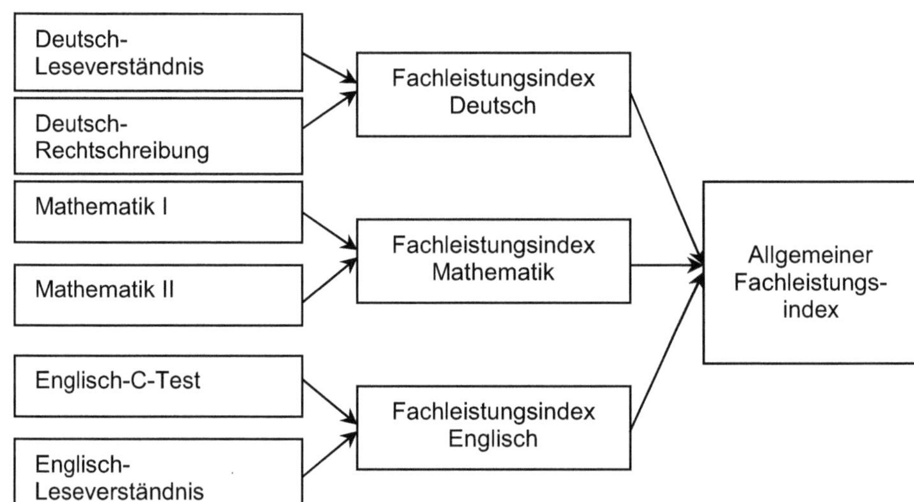

Allgemeine Fachleistung zu Beginn der dualen Ausbildung nach Ausbildungsberufen

Es wurden insgesamt 13.026 Jugendliche, die an ULME I teilnahmen und sich in einer dualen, vollqualifizierenden oder teilqualifizierenden Ausbildung befanden, in die Bildung des allgemeinen Fachleistungsindex einbezogen. Berichtet werden hier jedoch nur die Befunde über die 17 Ausbildungsberufe, die im Rahmen von ULME III erneut untersucht wurden. Die hier zur Diskussion stehenden Berufe lagen zu Beginn der Ausbildung mit einem Mittelwert von 51,56 (SD = 9,33, N = 3.038) leicht oberhalb des Durchschnittswertes von ULME I. Werden die allgemeinen Eingangsleistungen nach Ausbildungsberufen grafisch aufgeschlüsselt, so zeigen sich die erwarteten erheblichen Differenzen in den Lernvoraussetzungen *zwischen den Berufen* (vgl. Abbildung 3.2).

Wie aus der Grafik hervorgeht, sind die angehenden Fachinformatiker, Industrie-, Bank- und Werbekaufleute mit überdurchschnittlich günstigen und vergleichsweise homogenen Lernvoraussetzungen in die Berufsausbildung eingetreten. Ihre allgemeine Fachleistung lag zwischen 0,90 bis 1,27 Standardabweichungen über dem Durchschnitt für die 17 Ausbildungsberufe insgesamt. Dieser klare Vorteil war nicht zuletzt aufgrund der Selektionskriterien der Unternehmen bei der Auswahl der Bewerberinnen und Bewerber für diese Berufe zu erwarten. So ist den einschlägigen

Berufsbildungsstatistiken zu entnehmen, dass Abiturientinnen und Abiturienten in diesen Berufen deutliche Selektionsvorteile genießen (vgl. Bundesministerium für Bildung und Forschung, 2005, 92).

Abbildung 3.2   Allgemeiner Fachleistungsindex nach Berufen (ULME I)

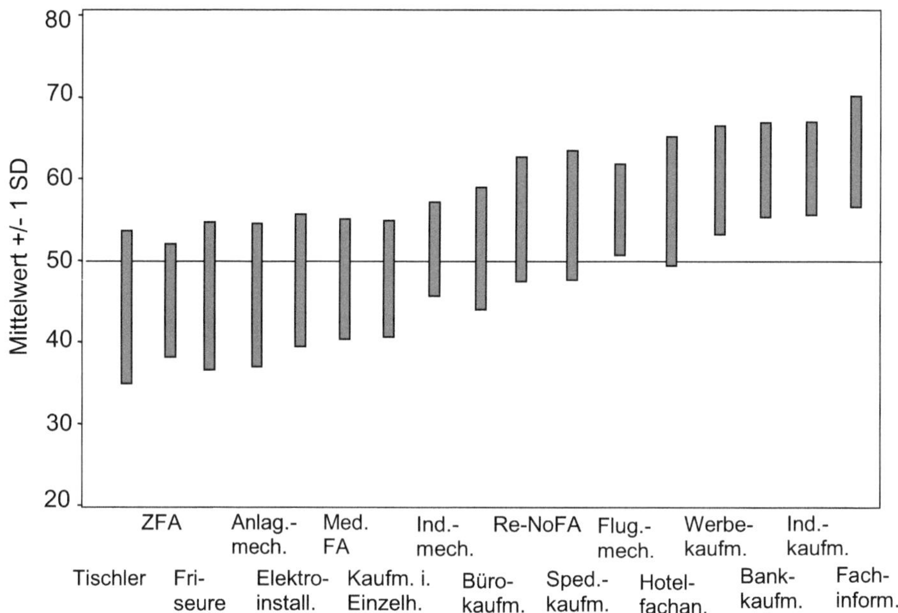

Hingegen lagen die künftigen Tischler, Zahnmedizinischen Fachangestellten, Friseure und Anlagenmechaniker markant unterhalb des allgemeinen Leistungsdurchschnitts der untersuchten Berufe, und zwar mit einem Abstand von mehr als einer halben bis zu drei Vierteln einer Standardabweichung.

In Abbildung 3.3 sind die Eingangsleistungen der Jugendlichen abgebildet, erfasst anhand des durchschnittlichen allgemeinen Fachleistungsindex (plus/minus eine Standardabweichung) der *Klasse innerhalb der jeweiligen Berufsgruppe*. Demnach waren in den allgemeinen Lernausgangslagen nicht nur zwischen den Berufen erhebliche Unterschiede festzustellen, sondern unbestreitbar auch zwischen den Klassen innerhalb eines Berufs. Es ist aus der Grafik erkennbar, dass nicht nur das durchschnittliche *Leistungsniveau zwischen den Klassen* eines Berufs differierte, sondern dass auch die Leistungsstreuungen unterschiedlich hoch ausgefallen sind.

Die Zusammensetzung der Berufsschulklassen kann dabei durch verschiedene Faktoren, wie beispielsweise organisatorischen Rahmenbedingungen oder Leistungskriterien, beeinflusst sein. Im Einzelnen können aufgrund der vorliegenden Daten und Informationen hierzu keine Aussagen getroffen werden.

Abbildung 3.3   Durchschnittliche Fachleistungen am Beginn der beruflichen Ausbildung nach Berufen und Klassen

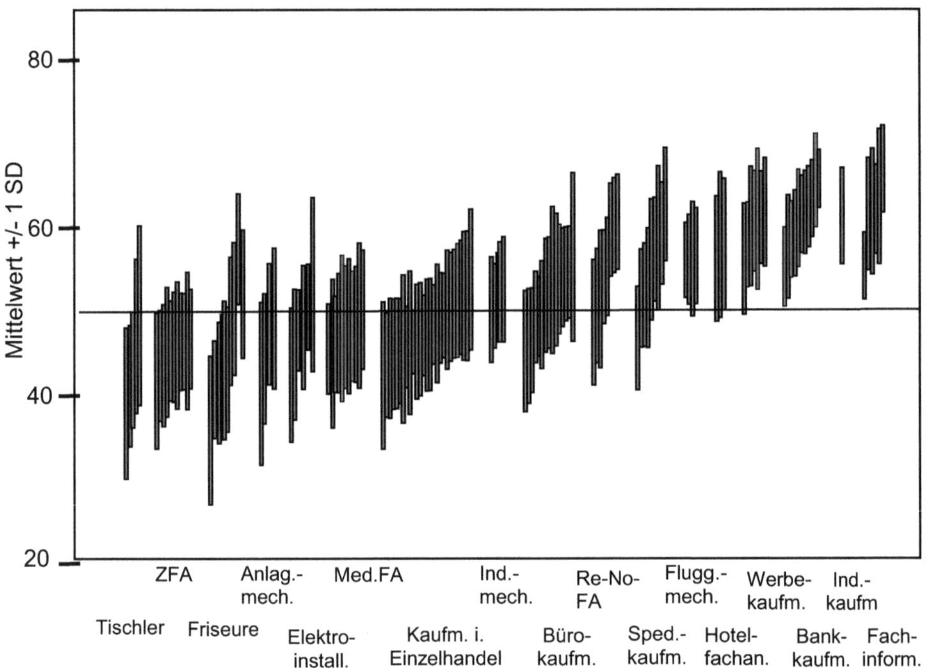

Vor dem Hintergrund der Befunde zum Einfluss von Kompositionsmerkmalen der Klassen auf die Lern- und Leistungsentwicklung im allgemein bildenden Bereich (vgl. Baumert, Schnabel & Köller, 2000; Helmke & Weinert, 1997; Tiedemann & Billmann-Mahecha, 2004) ist jedoch zu vermuten, dass mit den durchaus beträchtlichen Niveauunterschieden zwischen den Klassen desselben Berufs differenzielle Lernmilieus innerhalb der Berufe verbunden sein können (vgl. auch die Befunde zum Einfluss von Kompositionsmerkmalen der Klassen in der teilqualifizierenden Ausbildung, die im Rahmen von ULME II ermittelt wurden in Seeber, 2005b).

Ausgesprochen leistungsheterogene Gruppen waren bei den Friseuren (dritte Gruppe von links), aber auch bei den Büro- und Einzelhandelskaufleuten sowie den Rechtsanwalts- und Notarfachangestellten anzutreffen. So schwankten etwa bei den angehenden Friseuren die mittleren allgemeinen Fachleistungen auf Klassenebene zwischen 35 und 57 Punkten; innerhalb dieses Berufs waren also neben Klassen mit relativ prekären Lernvoraussetzungen auch solche mit deutlich positiverem Leistungsprofil zu finden.

Darüber hinaus fällt auf, dass bei den Jugendlichen in den Ausbildungsberufen Friseur/-in, Anlagenmechaniker/-in, aber auch Tischler/-in und Elektroinstallateur/-in eine beträchtliche Varianz in den allgemeinen Fachleistungen zu Beginn der Ausbildung *innerhalb der Klassen* vorliegt. Erstaunlich homogen waren dagegen die Eingangsvoraussetzungen in den Klassen der Industrie- und der Fluggerätemechaniker. Für diese beiden Berufe kann angenommen werden, dass die Lernausgangslage der Jugendlichen durch betriebliche Bewerberauswahlverfahren eingeebnet worden ist. Dies gilt umso mehr, als die Fluggerätemechaniker ausschließlich bei dem regional ansässigen Flugzeughersteller EADS ausgebildet wurden, so dass hier von einem einheitlich strukturierten Bewerberauswahlverfahren auszugehen ist, auch wenn wenig über das Auswahlverfahren selbst bekannt ist.

In Berufen hingegen, für die die Ausbildung auch oder gar überwiegend in kleinen und mittleren Unternehmen stattfand, wie Friseur/-in, Einzelhandels- und Bürokaufmann/-frau, Rechtsanwalts- und Notarfachangestellte wiesen die Jugendlichen eine heterogenere Struktur in ihren Eingangsvoraussetzungen auf. Gerade in diesen Berufen standen die Lehrenden der beruflichen Schulen vor der pädagogischen Herausforderung, Schülerinnen und Schülern mit sehr unterschiedlicher Vorbildung und schulischer Sozialisation, mit divergenter Motivation und disparaten Lerneinstellungen und Lernstrategien adäquate Lernangebote zu unterbreiten. Um einen erfolgreichen Ausbildungsverlauf zu gewährleisten, waren die Lehrerinnen und Lehrer in diesen Berufen und Klassen mit der Notwendigkeit konfrontiert, in Bereichen basaler Grundkompetenzen „nachzubessern", die im allgemein bildenden Schulwesen nicht hinreichend entwickelt wurden oder werden konnten (zu den Diskussionen um sog. ‚Ausbildungsreife' vgl. z.B. Klein, 2005). Gleichzeitig mussten sie dafür Sorge tragen, dass die für die berufliche Bildung und Qualifizierung formulierten curricularen Anforderungen umgesetzt wurden.

Weiterhin fällt bei der Analyse der Eingangsvoraussetzungen auf, dass in einigen Berufen der charakteristische, auf die Zugehörigkeit zu einer Klasse zurückgehende

Anfangslernstand (also das Verhältnis von Zwischen- und Binnenvarianz der Klassen) außergewöhnlich hoch ist. Dies betrifft beispielsweise die angehenden Bankkaufleute, bei denen 29 Prozent der Leistungsunterschiede zu Beginn der Ausbildung mit der Klassenzugehörigkeit assoziiert waren. Ausnehmend hoch fiel die durch Klassenzugehörigkeit zu erklärenden Leistungsvarianz mit rund 36 bzw. 33 Prozent auch bei den Friseuren und den Rechtsanwalts- und Notarfachangestellten aus.

Metakognitive Strategien zu Beginn der beruflichen Ausbildung

Die Erhebungen der Lernausgangslagen zu Beginn der beruflichen Ausbildung erfassten auch Aspekte metakognitiver Strategien, denen unter den Gesichtspunkten eigenverantwortlichen, selbstgesteuerten und lebenslangen Lernens eine besondere Relevanz beigemessen wird. Der flexible Einsatz metakognitiver Strategien gilt als wichtige Voraussetzung für effektive selbstgesteuerte Lernprozesse. Im Rahmen von ULME III wurde deshalb wie schon in ULME I ein von Prof. W. Schneider und seinen Mitarbeitern an der Universität Würzburg entwickeltes Instrument zur Erfassung metakognitiver Strategien zur Texterschließung eingesetzt.

Die metakognitiven Strategien korrelieren mit dem allgemeinen Fachleistungsindex der Jugendlichen in ULME I mit r = 0,52. Wird lediglich der Zusammenhang zwischen Leseverständnis und Textverarbeitungsstrategien betrachtet, so sinkt die Stärke des Zusammenhangs auf r = 0,45. Damit deutet sich an, dass die Texterschließungsstrategien offenbar nicht nur mit den Lesekompetenzen zusammenhängen, sondern auch mit der Ausbildung mathematischer und fremdsprachlicher Fähigkeiten einhergehen. Die Selbsteinschätzungen der Schülerinnen und Schüler hingegen, die sich auf allgemeine Lerndispositionen in der Planung und Organisation, Strukturierung und Reflexion von Lernprozessen beziehen, wiesen praktisch keine systematischen Zusammenhänge zu den gemessenen Fachleistungen zu Beginn der beruflichen Ausbildung auf und werden deshalb hier nicht weiter verfolgt.

Erwartungsgemäß verfügten also Jugendliche mit günstigeren fachlichen Voraussetzungen auch über effektivere Strategien zur Texterschließung; es war demnach zu erwarten, dass dies auch seinen Niederschlag in Unterschieden zwischen den untersuchten Ausbildungsberufen fand. Tabelle 3.2, aufsteigend sortiert nach Mittelwert, gibt Aufschluss über die Ausprägung solcher Strategien in den verschiedenen Berufen.

Tabelle 3.2   *Wissen zur Texterschließung zu Beginn der Ausbildung nach Berufen*

Beruf	Mittelwert	Standard-abweichung	N (ULME I)
Tischler/-in	70,91	15,68	73
Anlagenmechaniker/-in	72,10	12,90	87
Elektroinstallateur/-in	73,83	15,70	112
Kaufmann / Kauffrau im Einzelhandel	74,38	12,77	521
Industriemechaniker/-in	75,80	12,03	104
Zahnmedizinische/-r Fachangestellte/-r	75,82	13,50	250
Medizinische/-r Fachangestellte/-r	76,90	14,09	237
Friseur/-in	77,04	13,13	202
Bürokaufmann/-frau	80,27	11,89	283
Speditionskaufmann/-frau	81,45	11,27	173
Fluggerätemechaniker/-in	82,12	10,43	91
Rechtsanwalts- u. Notarfachangestellte/-r	82,46	9,50	180
Werbekaufmann/-frau	83,50	12,66	143
Fachinformatiker/-in	84,28	9,09	106
Bankkaufmann/-frau	85,70	9,56	263
Hotelfachmann/-frau	86,07	8,17	67
Industriekaufmann/-frau	86,79	9,39	31
insgesamt	*78,72*	*12,97*	*2.923*

Während die künftigen Tischler/-innen, Anlagenmechaniker/-innen und Elektroinstallateure/-installateurinnen Skalenwerte erzielten, die teilweise mehr als eine halbe Standardabweichung unterhalb des Durchschnitts der hier betrachteten Gruppe lagen, befanden sich am anderen Ende des Spektrums beispielsweise die Bank- und Industriekaufleute sowie die Hotelfachangestellten mit ihren mittleren Fähigkeiten zur Texterschließung um mehr als eine halbe Standardabweichung oberhalb des allgemeinen Durchschnitts.

3.1.3 Sozio-kulturelle Ressourcen der Jugendlichen bei Eintritt in die berufliche Ausbildung

Die Jugendlichen münden mit sehr unterschiedlichen biografischen Merkmalen in eine duale Ausbildung ein. Bereits im Rahmen der Auswertungen zu ULME I wurde aufgezeigt, dass eine beträchtliche Variationsbreite hinsichtlich des Lebensalters, der Leistungen wie auch der individuellen sozialen und familiären Situation bei den Schülerinnen und Schülern, die eine duale Ausbildung aufnahmen, festzustellen war. Nachfolgend soll speziell die Situation für die hier untersuchten 17 Ausbildungsberufe thematisiert werden. Dabei wird – analog zum vorangegangenen Abschnitt – auch auf die Daten aus ULME I zurückgegriffen, da die in ULME III selektiv erfassten Schülerinnen und Schüler nur noch ein sehr unvollständiges Bild über die ursprüngliche Vorbildung, das Leistungsniveau und die soziale Komposition der Schülerschaft im jeweiligen Bildungsgang liefern.

Erwartungsgemäß zeigten sich markante Differenzen in der geschlechtsspezifischen Verteilung zwischen den untersuchten Ausbildungsberufen. Neben klassischen ‚Frauen- und Männerberufen‘ wie den Zahnmedizinischen und Medizinischen Fachangestellten einerseits oder den Fluggerätemechanikern und den Elektroinstallateuren andererseits wies eine Reihe von Berufen, beispielsweise die Speditions- und Einzelhandels- und Bankkaufleute, eine gemischte Verteilung der Geschlechter auf (vgl. Tabelle 3.3).

Auch hinsichtlich der Alterszusammensetzung waren auffällige Unterschiede festzustellen, die zum einen mit den impliziten Eingangsvoraussetzungen, namentlich mit der Dauer der allgemeinen Schulbildung (z.B. dem Abitur für Bank- und Industriekaufleute), in Zusammenhang stehen dürften, zum anderen aber auch mit bereits absolvierten berufsvorbereitenden Maßnahmen. So lag das Durchschnittsalter in jenen Berufen, deren Zugang faktisch nur über die Hochschulreife möglich ist, deutlich höher als bei jenen Berufen, in denen überwiegend Realschülerinnen und Realschüler aufgenommen wurden. Besonders markant waren die Altersunterschiede zwischen drei überwiegend von Abiturienten besetzten Ausbildungsberufen, den Werbe- und den Bankkaufleuten sowie den Fachinformatikern.

Tabelle 3.3   Geschlechts- und altersspezifische Zusammensetzung nach Berufen (ULME I, in Prozent)

| | Geschlecht | | Alter | | | |
Beruf	männl.	weibl.	15-16 Jahre	17-18 Jahre	19-20 Jahre	21 Jahre und älter
Anlagenmechaniker/-in	98,6	1,4	26,0	50,7	15,1	8,2
Bankkaufmann/-frau	37,3	62,7	9,9	19,1	50,8	20,2
Bürokaufmann/-frau	19,5	80,5	10,5	35,7	26,7	27,1
Kaufmann / Kauffrau im Einzelhandel	47,5	52,5	15,3	41,5	25,9	17,3
Elektroinstallateur/-in	99,0	1,0	21,0	53,3	16,2	9,5
Fachinformatiker/-in	88,9	11,1	2,0	9,1	30,3	58,6
Fluggerätemechaniker/-in	93,2	6,8	26,2	49,2	13,1	11,5
Friseur/-in	9,6	90,4	26,9	47,8	18,1	7,1
Hotelfachmann/-frau	23,0	77,0	6,3	20,6	41,3	31,7
Industriekaufmann/-frau	36,7	63,3	--	41,9	29,0	29,0
Medizinische/-r Fachangestellte/-r	0,9	99,1	21,4	43,8	24,6	10,3
Rechtsanwalts- und Notarfachangestellte/-r	2,9	97,1	9,7	33,0	38,1	19,3
Speditionskaufmann/-frau	47,3	53,7	1,9	22,8	41,8	33,5
Tischler/-in	82,0	18,0	14,0	46,0	16,0	24,0
Werbekaufmann/-frau	20,0	80,0	1,5	6,6	40,1	51,8
Zahnmedizinische/-r Fachangestellte/-r	--	100,0	27,6	46,1	17,5	8,8

Während bei den Bankkaufleuten rund ein Fünftel mindestens 21 Jahre oder älter war, lag dieser Anteil bei den beiden anderen Berufen sogar höher als 50 Prozent. Eine genauere Analyse der Angaben in den Schülerfragebögen zeigte, dass die künftigen Fachinformatiker und Werbekaufleute in der Regel eine längere Wartephase zwischen Abschluss der allgemein bildenden Schule und Einmündung in eine berufliche Ausbildung durchlaufen hatten. Während bei den Bankkaufleuten ca. 70 Prozent innerhalb eines halben Jahres nach Abschluss der allgemein bildenden Schule die Ausbildung aufgenommen hatten, waren dies bei den Fachinformatikern und Werbekaufleuten jeweils etwas weniger als ein Drittel. Bei rund 29 Prozent der Jugendlichen, die ihre Ausbildung zum Fachinformatiker / zur Fachinformatikerin im Schuljahr 2002/03 begonnen hatten, betrug die Zeitspanne zwischen dem an einer allgemein bildenden Schule erworbenen Abschluss und dem Beginn der Berufsausbildung mehr als ein Jahr. Zum Teil wurde diese Wartezeit durch eine andere Berufsausbildung überbrückt (17,3 Prozent), wobei wiederum knapp 40 Prozent der Befragten angaben, diese mit einem Abschluss beendet zu haben; die übrigen hatten offenbar aus einer anderen Ausbildung in den Beruf des Fachinformatikers gewechselt.

Einige wenige Berufe wiesen eine homogenere Altersstruktur auf; hierzu zählten beispielsweise ausgewählte gewerblich-technische Berufe wie die des Anlagen-, Industrie- und Fluggerätemechanikers sowie der Beruf des Elektroinstallateurs. Auch bei den Friseuren ist der überwiegende Anteil von Jugendlichen in der Altersgruppe der 15- bis 18-Jährigen zu finden. Die Mehrzahl der Ausbildungsberufe umfasste demnach ein relativ breites Altersspektrum von mehr als sechs Jahren; d. h. es lernten dort Jugendliche mit sehr unterschiedlichen Berufs-, Arbeits- und Lebenserfahrungen innerhalb eines Bildungsgangs und auch innerhalb eines Klassenverbands.

Wird die regionale Mobilität der Jugendlichen betrachtet, so fällt auf, dass insbesondere in den attraktiveren Ausbildungsberufen wie bei den Fachinformatikern, aber auch den Bank-, Industrie- und Werbekaufleuten sowie Hotelfachangestellten Jugendliche aus anderen Bundesländern erfolgreich um einen Ausbildungsplatz in Hamburg konkurrieren konnten. Wird das Bundesland der abgebenden Schule als Differenzierungskriterium herangezogen, so ist bei den Bankkaufleuten mit ca. 36 Prozent der geringste Anteil an Hamburger Schülern zu finden; etwa 45 Prozent der Ausbildungsanfänger kamen weder aus Hamburg noch aus Schleswig-Holstein. Bei den Fluggerätemechanikern sind rund zwei Drittel der Auszubildenden weder aus Hamburg noch aus Schleswig-Holstein. Hier dürfte jedoch die Monopolstellung des Ausbildungsunternehmens und die für männliche Jugendliche hohe Attraktivität des Ausbildungsberufs zur überregionalen Nachfrage beigetragen haben. Dagegen waren Ausbildungsplätze in den Berufen des Tischlers/der Tischlerin, des Anlagenmechanikers/der Anlagenmechanikerin oder auch des Friseurs/der Friseurin überwiegend mit Hamburger Schülerinnen und Schülern besetzt (vgl. Anlage 3).

Der Frage nach Chancengerechtigkeit in Bezug auf die soziale und kulturelle Herkunft im Hamburger Berufsbildungssystem wurde bereits im Rahmen von ULME I besondere Aufmerksamkeit gewidmet. In diesem Zusammenhang wurde festgestellt, dass Jugendliche mit Migrationsgeschichte gemessen an ihrem Anteil an den Hamburger allgemein bildenden Schulen im dualen System unterrepräsentiert sind, dagegen überrepräsentiert in den berufsvorbereitenden Maßnahmen (zur Ausbildungsbeteiligungsquote von ausländischen Jugendlichen vgl. Bundesministerium für Bildung und Forschung, 2005, 98ff.; zur Lage von Jugendlichen mit Migrationsgeschichte in teilqualifizierenden Berufsfachschulen vgl. Lehmann, Seeber & Hunger, 2006, 164ff.). Nun lassen diese Anteile für sich genommen noch keine Schlussfolgerungen hinsichtlich etwaiger Benachteiligungen zu, wenn die Eingangsvoraussetzungen in einem nach Leistungen stratifizierten System wie dem dualen System nicht angemessen berücksichtigt werden. Die Befunde aus ULME I haben jedoch zweifelsfrei gezeigt, dass die Chancen der deutschen Jugendlichen ohne Migrationshintergrund, eine vollqualifizierende Berufsfachschule oder eine Berufsschule zu besuchen, auch nach Berücksichtigung der Differenzen in den allgemeinen Fachleistungen mehr als zweimal so hoch sind wie die Chance eines ausländischen Jugendlichen. Bei gleicher Fachleistung haben deutsche Jugendliche also eine beträchtlich höhere Chance auf einen qualifizierten Ausbildungsplatz als Jugendliche mit Migrationshintergrund und ausländische Schülerinnen und Schüler (vgl. Lehmann, Ivanov, Hunger & Gänsfuß, 2005, 107ff.).

Angesichts dieser Befunde soll an dieser Stelle nochmals der Frage nach Chancengerechtigkeit nachgegangen werden, nunmehr aber bezogen und beschränkt auf die 17 hier untersuchten Ausbildungsberufe. In einem ersten deskriptiven Ansatz wurden die Anteile von Jugendlichen mit Migrationsgeschichte in den einzelnen Ausbildungsberufen geprüft. Anlage 5 gibt einen Überblick über die Anteile Jugendlicher mit deutscher Staatsangehörigkeit und Jugendlicher mit Muttersprache deutsch. Danach waren ausländische Jugendliche am ehesten in der Ausbildung zum Tischler, Friseur, Speditionskaufmann und zur Zahnmedizinischen Fachangestellten zu finden. Dieser Befund deckt sich weitgehend mit überregionalen Daten, die beispielsweise in den freien Berufen einen steigenden Anteil an ausländischen Jugendlichen ausweisen (Bundesministerium für Bildung und Forschung, 2005, 99). Wird als Differenzierungskriterium die Muttersprache herangezogen, so wiesen die Bürokaufleute und die Zahnmedizinischen Fachangestellten mit jeweils rund 31 Prozent und die Tischler mit 30 Prozent die höchsten Anteile an Jugendlichen mit Migrationsgeschichte auf. In der Ausbildung zum Fluggerätemechaniker, aber auch zum Bank- und Industriekaufmann, sind ausländische Jugendliche und Schülerinnen und Schüler mit nichtdeutscher Muttersprache nur vereinzelt vertreten. Da insbesondere in den letzten beiden Berufen überwiegend Jugendliche mit Hochschulreife aufgenommen werden und da in Hamburg, wie auch in anderen Bundesländern, Schülerinnen und Schüler mit Migrationsgeschichte in den zahlenmäßig wichtigsten zum Abitur führenden Schulen, nämlich den grundständigen Gymnasien, unterrepräsentiert sind (vgl. Lehmann, Hunger, Ivanov & Gänsfuß, 2004; auch PISA-Konsortium Deutschland, 2004, 266ff.), kann hier eine mögliche, jedoch schwerlich schon hinreichende Erklärung für die geringen Anteile an Jugendlichen mit Migrationsgeschichte in den Ausbildungsgängen des dualen Systems liegen. Aufgrund der relativ kleinen Stichprobengröße innerhalb der Berufe kann dieser Aspekt indessen hier nicht weiter vertieft werden.

3.1.4   Motivationale Merkmale zu Beginn der beruflichen Ausbildung

Berufswunsch und Wunschberuf

Die Befragung zu Beginn der beruflichen Ausbildung ergab, dass ein großer Teil der Jugendlichen mit der Aufnahme der Ausbildung in den hier untersuchten Berufen seinen ursprünglichen Berufswunsch realisieren konnte. Inwiefern dabei jedoch bereits Umbewertungsprozesse während der Bewerbungsphase stattgefunden haben, kann anhand der Befragungsdaten nicht erschlossen werden. Um die Befunde zu diesem Aspekt aussagekräftig auswerten zu können, wurde das entsprechende Item, ausgehend von seiner vierstufigen Ausprägung von 1 = „trifft überhaupt nicht zu", 2 = „trifft eher nicht zu" bis 3 = „trifft zu" und 4 = „trifft völlig zu", dichotomisiert. Die zustimmenden Antworttendenzen der Ausprägungen 3 und 4 wurden zu 1 umcodiert, die (eher) ablehnenden Antwortausprägungen 1 und 2 zu 0. Somit gibt der mit 100 multiplizierte Mittelwert den prozentualen Anteil der Schülerinnen und Schüler an, die mit ihrem Ausbildungsberuf auch (weitgehend) ihre beruflichen Vorstellungen verwirklichen konnten (vgl. Tabelle 3.4, in der die Berufe nach diesem Kriterium in aufsteigender Reihenfolge sortiert sind).

Ca. 76 Prozent, d. h. etwas mehr als drei Viertel, der antwortenden Jugendlichen konnten also weitgehend ihre beruflichen Wünsche realisieren. Allerdings verdeckt dieser Gesamtwert die differenziellen Unterschiede zwischen den Berufen. Bei den Rechtsanwalts- und Notarfachangestellten, den Einzelhandelskaufleuten, aber auch den Zahnmedizinischen Fachangestellten und Elektroinstallateuren handelte sich überwiegend nicht um eine von den Jugendlichen präferierte Ausbildung. Hier gab jeweils rund ein Drittel der Befragten an, dass die gegenwärtige Ausbildung nicht ihrem Wunschberuf entsprach. In deutlichem Unterschied dazu konnten die Schülerinnen und Schüler in den Ausbildungsberufen Fluggerätemechaniker/-in, Fachinformatiker/-in und Friseur/-in ganz überwiegend ihre Neigungen mit der Aufnahme einer Ausbildung im entsprechenden Beruf erfüllen (vgl. Tabelle 3.4). Erstaunlicherweise zeigten die künftigen Friseure und Friseurinnen, die eine sehr leistungsheterogene Gruppe darstellten (vgl. Abschnitt 3.1.2), eine hohe Übereinstimmung zwischen beruflichen Absichten und deren Realisierung. Dennoch gehörte dieser Ausbildungsberuf zu jenen Berufen mit den höchsten Abbruchquoten. Dieser scheinbare Widerspruch könnte auf Diskrepanzen zwischen den berufsbezogenen Vorstellungen und Erwartungen der Jugendlichen einerseits und den physischen und gesundheitlichen Belastungen in der beruflichen Realität andererseits zurückzuführen sein. Außerdem ist zu bedenken, dass beim Ausbildungsabbruch auch Faktoren wie die Einbindung in die soziale Struktur des ausbildenden Betriebs, die Betriebsgröße und die individuelle Betreuung und Ausbildung vor Ort eine Rolle spielen. Dabei sind kleinere Unternehmen, zu denen auch die überwiegende Zahl der Friseurbetriebe zählen dürfte, deutlich stärker von vorzeitigen Vertragsauflösungen betroffen als größere Betriebe (vgl. Bundesministerium für Bildung und Forschung, 2005, 106).

Von denjenigen Schülerinnen und Schülern, die in der Ausbildung nicht ihre beruflichen Absichten verwirklichen konnten, zeigte sich auch nur ein geringerer Teil fest entschlossen, im Ausbildungsberuf künftig arbeiten zu wollen. Besonders markant war diese Differenz bei den Einzelhandelskaufleuten und den Elektroinstallateuren. Bei den Zahnmedizinischen und Medizinischen Fachangestellten lag der Anteil derjenigen, die die Absicht äußerten, trotz mangelnder Übereinstimmung zwischen Berufswunsch und Ausbildungsplatz erst einmal im Ausbildungsberuf arbeiten zu wollen, deutlich höher als bei den beiden zuvor genannten Gruppen; er betrug rund 45 bzw. 35 Prozent.

In der Regel versicherten die Jugendlichen, dass ein positives Interesse der Eltern an ihren schulischen und betrieblichen Belangen vorläge. Bei den Fachinformatikern war solches Interesse weniger ausgeprägt, und auch die künftigen Einzelhandelskaufleute und Anlagenmechaniker nahmen eine geringere Aufgeschlossenheit der Eltern für Ausbildungsfragen wahr. Bei den Fachinformatikern standen diese Wahrnehmungen wohl vornehmlich im Zusammenhang mit der – nicht zuletzt altersbedingt – weit fortgeschrittenen Lösung vom Elternhaus. Auch gehörte diese Gruppe neben den Hotelfachangestellten und Bankkaufleuten zu jenen Berufen, deren Auszubildende aus einem größeren Einzugsbereich kamen, der über Hamburg und die angrenzenden Randgebiete Schleswig-Holsteins und Niedersachsens hinausreichte.

Tabelle 3.4   *Übereinstimmung von Ausbildungs- und Wunschberuf zu Beginn der Ausbildung*

Beruf	Mittelwert	Standard-abweichung[*]	N
Rechtsanwalts- u. Notarfachangestellte/-r	0,63	0,48	178
Kaufmann / Kauffrau im Einzelhandel	0,65	0,48	528
Zahnmedizinische/-r Fachangestellte/-r	0,66	0,47	232
Elektroinstallateur/-in	0,69	0,47	109
Anlagenmechaniker/-in	0,71	0,46	82
Bürokaufmann/-frau	0,72	0,45	278
Speditionskaufmann/-frau	0,73	0,44	166
Medizinische/-r Fachangestellte/-r	0,79	0,41	229
Industriekaufmann/-frau	0,81	0,40	31
Hotelfachmann/-frau	0,82	0,39	65
Bankkaufmann/-frau	0,83	0,37	262
Werbekaufmann/-frau	0,87	0,33	141
Tischler/-in	0,88	0,33	73
Industriemechaniker/-in	0,89	0,31	104
Friseur/-in	0,91	0,29	189
Fachinformatiker/-in	0,91	0,29	102
Fluggerätemechaniker/-in	0,95	0,22	62
insgesamt	*0,76*	*0,43*	*2831*

[*]   Die Standardabweichung folgt bei der hier zugrunde liegenden dichotomen Codierung unmittelbar aus dem Mittelwert SD=$\sqrt{(MW*(1-MW))}$.

In vielen Fällen wohnten die Befragten nicht mehr in den Elternhäusern. Bei den Einzelhandelskaufleuten und Anlagenmechanikern ist die geringere elterliche Unterstützung vermutlich auch im Zusammenhang mit dem Bildungshintergrund der Elternhäuser zu sehen. Die Daten zeigten, dass mit Zunahme des Buchbestands im Elternhaus als Indikator für den Bildungshintergrund auch systematisch das elterliche Interesse an der Ausbildung der Jugendlichen steigt.

Insgesamt zeichneten sich die Jugendlichen am Beginn ihrer Ausbildung durch optimistische Zukunftseinschätzungen hinsichtlich ihres Ausbildungsverlaufs und ihrer künftigen Arbeitssituation aus. Die Mehrzahl der Befragten war zuversichtlich, erfolgreich die Ausbildung abschließen zu können, und erwartete für sich positive Chancen im Hinblick auf eine Tätigkeit im erlernten Beruf. Die Einschätzungen der männlichen Jugendlichen zeugten dabei von höherer Selbstsicherheit und einem größeren Selbstvertrauen als die der weiblichen Jugendlichen. Nicht auszuschließen ist, dass die nach wie vor wirksamen traditionellen Rekrutierungsmuster der Betriebe, die den Jugendlichen hinlänglich bekannt sind, die Einschätzungen der jungen Frauen in Bezug auf die künftige Beschäftigungssituation beeinflusst haben. Ebenso können jedoch auch Selbstwirksamkeitsüberzeugungen die geäußerten Urteile determinieren.

Insgesamt stellten Arbeit und Beruf für die Schülerinnen und Schüler wichtige Wertorientierungen und Inhalte im Lebensplan dar. Hier zeichneten sich zwischen den Berufsgruppen und dem Geschlecht keine signifikanten Unterschiede ab.

Subjektive Bedeutsamkeit der berufspraktischen Ausbildung

Die befragten Jugendlichen maßen der praktischen Ausbildung im Betrieb eine hohe Bedeutung bei. Dies ist aus mehreren Gründen gut nachvollziehbar. Zum einen sind sie nach einer relativ langen Phase schulischer Sozialisation offen für neue Erfahrungen und Bewährungsfelder. Zum anderen gestehen sie Fachkompetenz für berufliches Handeln in erster Linie den ‚Experten‘ in den Betrieben und nicht primär den beruflichen Schulen zu. So hielten vor allem die Fachinformatiker, die Bankkaufleute, die Fluggeräte- und Industriemechaniker sowie die Werbekaufleute im Vergleich mit der Schule den Betrieb als den bedeutsameren Lernort. Schülerinnen und Schüler aus den Ausbildungsberufen Friseur/-in, Kaufmann/-frau im Einzelhandel, Medizinische und Zahnmedizinische Fachangestellte stimmten der Frage nach der Bedeutung des Betriebs als Lernort indes weit weniger vorbehaltlos zu. Es kann an dieser Stelle nicht beurteilt werden, worauf diese unterschiedlichen Einschätzungen beruhen, da keine differenzierten Daten zur Situation der Ausbildung im Allgemeinen und am betrieblichen Ausbildungsplatz im Besonderen vorliegen. Insgesamt sahen die einzelnen Berufsgruppen ihre Stärken im praktischen Bereich: Auf einer vierstufigen Antwortskala übertrafen die entsprechenden Mittelwerte sämtlich die formale Skalenmitte. Uneingeschränkt hohe Zustimmungen wurden vor allem bei den Anlagen- und Industriemechanikern, aber auch bei den Fachinformatikern, den Bankkaufleuten und Friseuren erreicht.

Ausgesprochen positiv wurden in allen Berufsgruppen die Lerngelegenheiten in den Betrieben beurteilt. Hier ist jedoch einschränkend geltend zu machen, dass die Jugendlichen zu Beginn ihrer beruflichen Ausbildung, nur wenige Monate nach Eintritt in das Ausbildungsverhältnis, befragt wurden. Insofern waren die betrieblichen Tätigkeiten noch weitgehend neu, und es ist davon auszugehen, dass nur ein geringer Teil der Arbeiten und Ausbildungstätigkeiten zum Befragungszeitpunkt bereits als Routine erlebt wurde. Das Urteil zu den Lernchancen am betrieblichen Arbeitsplatz und zur Zufriedenheit mit der betrieblichen Ausbildung wird erfahrungsgemäß im Verlaufe der Ausbildung differenzierter und auch kritischer (vgl. die Befunde zur Verbundausbildung in Seeber, van Buer & Mohr, 2004, 96; auch Jungkunz, 1995).

Berufliche Mobilität

Hinsichtlich der beruflichen Mobilität waren deutliche Differenzen zwischen den Ausbildungsberufen zu beobachten. Bei den Auszubildenden in Berufen mit überregionaler Bewerberauswahl gab es im Vergleich zu den Berufen, die vorwiegend mit Hamburger Schülerinnen und Schülern besetzt sind, eine höhere Bereitschaft, aus beruflichen Gründen umzuziehen. Es sei an dieser Stelle nochmals angemerkt, dass es sich bei den Ausbildungsplätzen, die zu hohen Anteilen mit Nicht-Hamburger Jugendlichen besetzt wurden, um attraktive Berufe mit relativ günstigen Beschäftigungsoptionen handelt. In Tabelle 3.5 sind die Berufe nach dem Mobilitätskriterium in aufsteigender Reihenfolge sortiert. Der Mittelwert wurde auf Basis eines vierstufigen Antwortformats von 1 = „trifft überhaupt nicht zu" bis 4 = „trifft völlig zu" gebildet.

Tabelle 3.5   Selbsteinschätzung zur beruflichen Mobilität zu Beginn der Ausbildung nach Berufen

Beruf	Mittelwert	Standard-abweichung	N (ULME I)
Anlagenmechaniker/-in	2,37	1,02	82
Tischler/-in	2,57	1,07	72
Elektroinstallateur/-in	2,60	1,04	108
Medizinische/-r Fachangestellte/-r	2,65	1,06	229
Zahnmedizinische/-r Fachangestellte/-r	2,67	1,09	229
Bürokaufmann/-frau	2,74	1,02	280
Kaufmann / Kauffrau im Einzelhandel	2,75	1,10	530
Industriekaufmann/-frau	2,84	1,07	31
Industriemechaniker/-in	2,88	1,02	104
Speditionskaufmann/-frau	2,92	1,01	168
Werbekaufmann/-frau	2,96	0,95	141
Rechtsanwalts- u. Notarfachangestellte/-r	2,97	1,02	178
Friseur/-in	2,98	1,03	191
Fachinformatiker/-in	3,09	0,78	102
Bankkaufmann/-frau	3,12	0,93	264
Fluggerätemechaniker/-in	3,18	0,84	62
Hotelfachmann/-frau	3,52	0,64	67
insgesamt	*2,84*	*1,04*	*2.838*

Insgesamt bleibt aber festzuhalten, dass die Jugendlichen über günstige Einstellungen zur Ausbildung und zu einer künftigen beruflichen Tätigkeit zu Beginn der Ausbildung verfügten. Hinsichtlich der beruflichen Mobilität zeigten sich erhebliche Differenzen zwischen den Ausbildungsberufen. Dabei ließen vor allem jene Jugendlichen eine höhere Bereitschaft zu beruflicher Mobilität erkennen, deren Ausbildungsbetrieb nicht am Wohnort der Familie lag. Diese Tendenz hatte sich in vielen Fällen bereits zu Beginn der Ausbildung darin manifestiert, dass diese Jugendlichen im Schülerfragebogen angaben, einen Wohnortwechsel zu akzeptieren, um einer beruflichen Tätigkeit nach Abschluss der Ausbildung nachzugehen.

3.2   Kognitive, metakognitive, sozio-kulturelle und motivationale Merkmale am Ende der Berufsausbildung

3.2.1   *Allgemeine kognitive und metakognitive Merkmale am Ende der Ausbildung*

Es wurde bereits im Abschnitt 3.1.2 aufgezeigt, dass sich die Jugendlichen in den 17 untersuchten Ausbildungsberufen in ihren kognitiven und metakognitiven Lernvoraussetzungen erheblich voneinander unterschieden. Im nun folgenden Abschnitt sollen diese Merkmale nochmals thematisiert werden, und zwar nunmehr in ihrer Ausprägung am Ende der Ausbildung. Für rund die Hälfte der Jugendlichen können dabei Aussagen zur Entwicklung der entsprechenden Fähigkeiten getroffen werden.

Unter Verwendung der Kurzfassung des CFT 20 (Weiß, 1997) wurden grundlegende Fähigkeiten der Jugendlichen zum schlussfolgernden Denken sowohl zu Beginn (ULME I) als auch am Ende der Ausbildung (ULME III) erfasst. Erwartungsgemäß zeigten sich dabei in den einzelnen Berufen relativ stabile Werte, und zwar sowohl im doppelten Querschnitt (ULME I vs. ULME III) als auch im Längsschnitt (für 14 von 17 Ausbildungsberufen, ohne die Ab- und Zugänge). Die allgemeinen kognitiven Fähigkeiten, die als relativ stabile Persönlichkeitsmerkmale gelten, haben sich im Verlauf der Ausbildung also in der Tat kaum geändert. Diese Aussage gilt sowohl für den unteren als auch für den oberen Leistungsbereich. Die Werte der Eingangs- und Abschlussmessung, die für 1.264 Jugendliche im knapp dreijährigen Längsschnitt vorliegen, korrelieren mit r = 0,68.

Nachfolgend wird der Frage nachgegangen, welche Kompetenzstände im Bereich des metakognitiven Wissens zur Texterschließung am Ende der Ausbildung erreicht werden und welche Aussagen hinsichtlich der Entwicklung getroffen werden können. Dabei ist davon auszugehen, dass metakognitive Strategien im Bereich der beruflichen Aus- und Weiterbildung und der beruflichen Tätigkeit eine vielfältige Bedeutung haben:

(1)   Berufliches Wissen und Können unterliegen heute in nahezu allen Bereichen kontinuierlicher Veränderung und Weiterentwicklung. Die künftigen Facharbeiter/-innen und Beschäftigten bedürfen also generell der fortlaufenden Aktualisierung des eigenen, subjektiven Fachwissens (vgl. die Diskussionen zum lebenslangen Lernen in Achtenhagen & Lempert, 2000).

(2)   Neben dem Aspekt des beruflichen Lernens und Weiterbildens kommt den metakognitiven Strategien im Umgang mit schriftlichen Informationen in bestimmten Berufen eine besondere Relevanz zu, so etwa in den Berufen der Rechtsanwalts- und Notarfachangestellten sowie in einer Reihe kaufmännischer Berufe.

(3)   Basale Strategien im Umgang mit Texten und Schriftstücken sind als Grundvoraussetzung für die Teilhabe am gesellschaftlichen Leben und für eine erfolgreiche Lebensbewältigung zu betrachten. Insofern besitzen verfügbare Strategien im Umgang mit Texten auch in der privaten Lebenssphäre eine bedeutsame Funktion.

Wie aus Tabelle 3.6 hervorgeht, wo für den Bruttovergleich zwischen den beiden Messzeitpunkten die Werte aus Tabelle 3.2 vorangestellt und wiederholt sind, waren in der Mehrzahl der untersuchten Berufe gegen Ende der Ausbildung ähnliche Selbsteinschätzungen hinsichtlich der Strategien zur Texterschließung festzustellen wie zu Beginn. In einigen Berufen wie bei den Anlagen- und Fluggerätemechanikern, den Fachinformatikern und Industriekaufleuten beurteilten allerdings die Jugendlichen am Ende der Ausbildung die Strategien als weniger günstig, die theoretisch begründet als besonders effektiv gelten. Ein Blick in die einzelnen Berufe zeigt, dass auch beträchtliche Streuungsunterschiede zwischen den Berufen zu beobachten waren. Tendenziell wiesen die Berufsgruppen, deren Einschätzungen nach den theoretischen Vorgaben in einem weniger günstigen Licht erschienen, also einen niedrigeren Mittelwert aufwiesen, auch die größeren Streuungen auf.

Tabelle 3.6   *Wissen zur Texterschließung nach Berufen und Messzeitpunkt*

Beruf	Ausbildungsbeginn			Ausbildungsende		
	Mittelwert	SD	N	Mittelwert	SD	N
Tischler/-in	70,91	15,68	73	71,65	15,63	57
Anlagenmechaniker/-in	72,10	12,90	87	68,44	13,86	128
Elektroinstallateur/-in	73,83	15,70	112	74,99	13,19	69
Kaufmann / Kauffrau im Einzelhandel	74,38	12,77	521	73,54	15,48	291
Industriemechaniker/-in	75,80	12,03	104	73,27	14,56	141
Zahnmedizinische/-r Fachangestellte/-r	75,82	13,50	250	74,80	15,60	199
Medizinische/-r Fachangestellte/-r	76,90	14,09	237	74,30	13,65	202
Friseur/-in	77,04	13,13	202	75,68	14,17	75
Bürokaufmann/-frau	80,27	11,89	283	78,03	13,07	155
Speditionskaufmann/-frau	81,45	11,27	173	80,06	12,07	94
Fluggerätemechaniker/-in	82,12	10,43	91	76,42	14,76	90
Rechtsanwalts- u. Notar-fachangestellte/-r	82,46	9,50	180	80,43	9,11	80
Werbekaufmann/-frau	83,50	12,66	143	84,53	9,89	119
Fachinformatiker/-in	84,28	9,09	106	74,05	15,69	80
Bankkaufmann/-frau	85,70	9,56	263	84,33	13,79	189
Hotelfachmann/-frau	86,07	8,17	67	79,56	11,00	117
Industriekaufmann/-frau	86,79	9,39	31	79,42	13,56	57
insgesamt	*78,72*	*12,97*	*2923*	*74,80*	*15,60*	*199*

Nun müssen für die Daten in Tabelle 3.6 die unterschiedlichen Selektionseffekte, die mit der ‚Panel-Mortalität' zusammenhingen, berücksichtigt werden. Die beiden zuvor genannten Sachverhalte blieben jedoch auch dann erhalten, wenn nur die ‚echten' Längsschnittdaten betrachtet wurden. Es zeigten sich auch in diesem Fall in einer Vielzahl von Berufen keine nennenswerten Veränderungen hinsichtlich der Bewertung von Strategien zum Umgang mit Texten. In einigen wenigen Berufen waren hingegen Veränderungen dahingehend auffällig, dass die Jugendlichen im

Vergleich zu ihren Einschätzungen bei Eintritt in die Ausbildung bestimmte Vorgehensweisen bei der Bearbeitung von Texten nunmehr als weniger effektiv beurteilten (vgl. Tabelle 3.7).

Tabelle 3.7   *Wissen zur Texterschließung nach Berufen im Längsschnitt*

| | ULME I | | ULME III | Längsschnitt | |
Bildungsgang	Mittelwert (Max = 100%)	SD	Mittelwert (Max = 100%)	SD	N
Anlagenmechaniker/-in	73,12	12,37	69,29	13,72	62
Bürokaufmann/-frau	80,23	11,46	79,13	12,61	132
Kaufmann / Kauffrau im Einzelhandel	74,92	11,92	72,61	15,68	235
Elektroinstallateur/-in	75,29	14,90	75,27	13,20	62
Fachinformatiker/-in	83,19	8,15	75,62	13,65	22
Fluggerätemechaniker/-in	83,08	10,0	77,03	14,75	78
Friseur/-in	80,17	11,79	75,34	14,95	46
Hotelfachmann/-frau	83,63	8,78	81,56	9,03	31
Industriemechaniker/-in	75,86	12,27	72,87	15,14	90
Medizinische/-r Fachangestellte/-r	76,81	13,14	75,60	11,80	162
Rechtsanwalts- und Notarfachangestellte/-r	80,53	8,82	81,50	9,40	52
Speditionskaufmann/-frau	80,19	10,59	80,45	10,36	33
Tischler/-in	71,86	17,66	68,42	15,94	36
Zahnmedizinische/-r Fachangestellte/-r	76,25	12,95	75,34	15,68	167
*insgesamt (einschl. Bank- und Werbekaufmann/-frau)**	*77,39*	*12,51*	*75,35*	*14,29*	*1222*

*   Die zusammenfassenden Kennzahlen in der letzten Zeile enthalten auch die Längsschnittdaten für die Berufe Bankkaufmann/-frau und Werbekaufmann/-frau, die jedoch aufgrund der geringen Fallzahlen nicht gesondert in den Berufsgruppen ausgewiesen wurden. Aus diesem Grund ergeben sich auch Abweichungen zwischen der Summe aus den Fallzahlen für die Berufe und der Fallzahl in der letzten Zeile der Tabelle. Für den Beruf des Industriekaufmanns / der Industriekauffrau liegen keine Längsschnittdaten vor.

3.2.2 Die Ausbildung im Rückblick der Jugendlichen: Befunde zum Schul- und Klassenklima, zur Motivation und zur Ausbildungszufriedenheit

In Anbetracht des Testprogramms und des dafür verfügbaren Zeitrahmens musste im Schülerfragebogen eine Beschränkung auf wenige ausgewählte pädagogisch und psychologisch bedeutsame Aspekte erfolgen. Einschränkungen waren vor allem in den Bereichen der Wahrnehmung des Unterrichts und der betrieblichen Ausbildung hinzunehmen, aber auch hinsichtlich der individuellen Bedingungen des Ausbildungserfolges. In Bezug darauf wurden vor allem motivationale und selbstkonzeptbezogene Merkmale sowie allgemeine Einstellungen zu Ausbildung und Beruf erhoben. Neben soziodemografische Angaben konnten in einem begrenzten Umfang auch Merkmale des Übergangs von der Ausbildung in den Beruf erhoben werden.

Während die soziodemografischen, klassenklimatischen und motivationalen Merkmale vor allem Hintergrundinformationen für die Erklärung von Testleistungen liefern und der Analyse der Lage besonderer Schülergruppen dienen sollten, zeichneten die retrospektiv erfassten Daten zur Einschätzung der Ausbildung ein emotionales, subjektiv geprägtes Bild der beruflichen Erstausbildung in den untersuchten Berufen.

Subjektives Wohlbefinden in Klasse und Schule

Die Mehrzahl der Jugendlichen hatte sich im schulischen Klassenverband gut integriert gefühlt und erlebte die Schüler-Sozialbeziehungen als kameradschaftlich und von gegenseitiger Unterstützung geprägt. Dieser Befund galt in besonderem Maße für die Bank-, Werbe- und Bürokaufleute, die Medizinischen Fachangestellten, die Rechtsanwalts- und Notarfachangestellten sowie für die Hotelfachangestellten, aber auch für die Fachinformatiker und Friseure.

Eine ähnlich positive Einschätzung war in Bezug auf das eigene Unterstützungsverhalten gegenüber den Mitschülerinnen und Mitschülern zu beobachten. Hier signalisierten die Jugendlichen ein hohes Maß an Bereitschaft zur Kooperation und Hilfsbereitschaft. Dieser Befund steht dem Anschein nach im Kontrast zu den notorischen Klagen der Betriebe, die gerade im Bereich der fachübergreifenden Kompetenzen, zu denen die Kooperationsbereitschaft und -fähigkeit gehören, Defizite wahrnehmen (vgl. die Studie des Instituts der deutschen Wirtschaft, 1998). Die im Fragebogen verwendeten Formulierungen sind jedoch möglicherweise von verfälschenden Tendenzen zu sozial erwünschtem Antwortverhaltens geprägt. Aussagen über den Entwicklungsstand kooperativer Fähigkeiten und das Verhalten der Jugendlichen in beruflichen Ernst- und Bewährungssituationen lassen sich daraus nur unter Vorbehalt ableiten.

Obwohl die sozialen Interaktionen im Klassenverband insgesamt als positiv wahrgenommen wurden, waren die Urteile zum eigenen Wohlbefinden in der Schule kritischer; zugleich gab es hier auch größere Differenzen zwischen den Berufsgruppen. Insgesamt gingen fünf Items in die Bildung der Skala „Wohlfühlen in der Schule" ein; die Skala erreichte eine Reliabilität von 0,72; die Antwortausprägungen umfassten die Werte 1 = „trifft überhaupt nicht zu" bis 4 = „trifft völlig zu". In Abbildung 3.4 sind die Mittelwerte plus/minus eine Standardabweichung auf der Skala getrennt nach Berufsgruppen, angegeben (vgl. die Skalendokumentation in Anlage 4).

Abbildung 3.4:   Skala „Wohlfühlen in der Schule" am Ende der Ausbildung –
Mittelwert plus/minus eine Standardabweichung

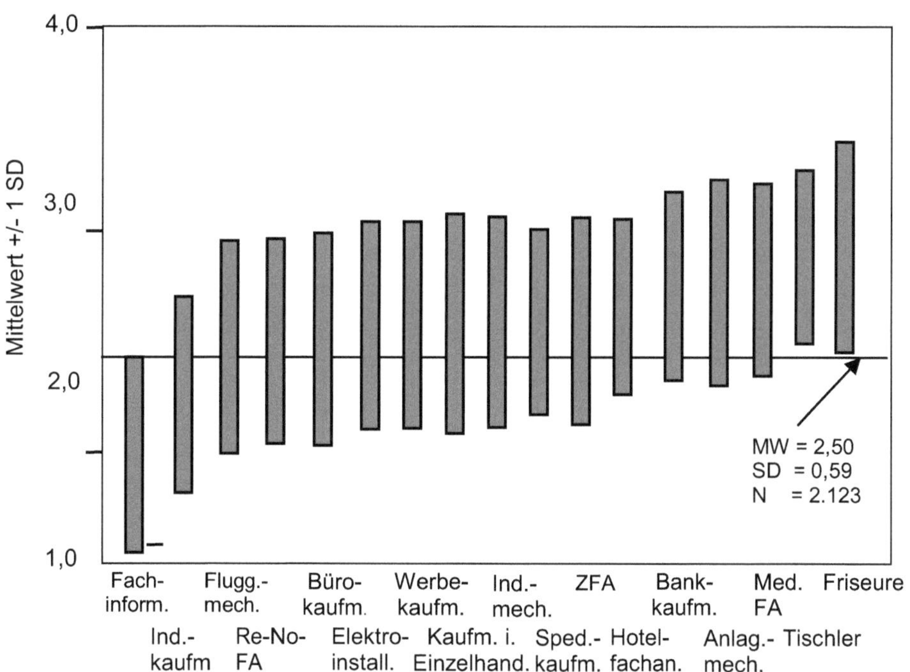

Dies erlaubt den Vergleich der einzelnen Ausbildungsgruppen nach der Intensität und Einheitlichkeit in der Wahrnehmung einer angenehmen schulischen Umwelt. Bereits bei der Beschreibung der motivationalen Ausgangslagen war darauf verwiesen worden, dass sich beispielsweise in der Gruppe der Fachinformatiker schon zu Beginn der Ausbildung eine eindeutige Bevorzugung der betrieblichen Ausbildung herausgebildet hatte, woran sich offenkundig auch im Verlauf der Ausbildung wenig geändert hat. Diese Gruppe maß namentlich den betrieblichen Ausbildungsinhalten eine markant höhere Bedeutung bei als den schulischen Lernangeboten. Dem entspricht es, dass die emotionalen Urteile zum Wohlbefinden in der Berufsschule kritischer ausfielen, als dies bei der Mehrzahl der anderen Berufe der Fall war. In eine ähnliche Richtung tendierten die Einschätzungen der künftigen Fluggerätemechaniker, wenn auch insgesamt mit etwas positiverem Urteil.

Die angehenden Friseure, Tischler, Anlagenmechaniker, Medizinischen und Zahnmedizinischen Fachangestellten sowie die Bankkaufleute und Hotelfachangestellten gaben an, sich in der Berufsschule wohl zu fühlen, dort Freude am Lernen zu haben und daher gerne in die Schule zu gehen. Zwischen den Berufen waren allerdings neben Unterschieden in den mittleren Antworttendenzen auch durchaus beachtliche Streuungen im Urteil zu verzeichnen. Während die Tischer, Hotelfachangestellten und Bankkaufleute ein geschlosseneres Meinungsbild aufwiesen, zeigten zum Beispiel die Einzelhandels- und Werbekaufleute, aber auch die Zahnmedizinischen Fachangestellten und Friseure eine höhere Varianz in ihren Urteilen.

Die weiblichen Auszubildenden trafen positivere Einschätzungen als die männlichen Jugendlichen, eine Tendenz, die in dieser Form nahezu regelmäßig beobachtet wird (vgl. Lehmann, Gänsfuß & Peek, 1999, 130). Die Unterschiede waren hier jedoch relativ gering ausgeprägt.

Ausbildungsmotivation

Die Motivationsforschung geht davon aus, dass menschliches Handeln von der Erwartung und Bewertung seiner voraussichtlichen Ergebnisse und Folgen gesteuert wird (so u. a. schon Heckhausen, 1980, 23ff.). Im Falle der Berufsausbildung geht es daher um subjektive Überzeugungen der Jugendlichen über die Ergebnisse ausbildungsrelevanter Handlungen in ihrer Gesamtheit und in diesem Zusammenhang um die wirksamen Antriebe bzw. Beweggründe, die das Verhalten der Jugendlichen während der Ausbildung aktivieren, richten und regulieren.

In der einschlägigen Literatur wird hier vor allem die intrinsische Motivation von der extrinsischen Motivation unterschieden. Neuere Ansätze – speziell zur Lernmotivation – fußen in zunehmendem Maße auf der Selbstbestimmungstheorie von Deci & Ryan (1985). Die Autoren bezeichnen einen Menschen dann als motiviert, wenn er etwas erreichen will bzw. ein bestimmtes Ziel verfolgt. Das motivierte Verhalten wird in der Selbstbestimmungstheorie jedoch nicht nur unmotiviertem Verhalten gegenübergestellt und auch nicht ausschließlich auf den Gegensatz von intrinsischer und extrinsischer Motivation zurückgeführt, sondern es werden verschiedene Qualitäten motivierten Handelns unterschieden, die zwischen den Polen selbstbestimmter und kontrollierter Handlung verortet sind. In Bezug auf die extrinsische Motivation werden von Deci & Ryan vier Stufen unterschieden: (1) die externale Regulation, (2) die introjizierte Regulation, (3) die identifizierte Regulation und (4) die integrierte Regulation. Prenzel, Kramer & Drechsel (2001, 37ff.) haben im Rahmen einer empirischen Studie zur Lernmotivation im kaufmännischen Unterricht die Selbstbestimmungstheorie und die Interessentheorie miteinander verknüpft, wodurch das für den intrinsischen Aspekt konstitutive Moment der inhaltsspezifischen Anreize und Bedeutungen Aufnahme in die Analysen gefunden hat. Im Ergebnis ihrer Forschungen weisen sie ein sechsstufiges Modell motivierten Lernens aus. Auf den beiden unteren Stufen unterscheiden sie *amotiviertes* und *external motiviertes* Lernen. Als *introjiziert* bezeichnen sie jenes Lernen, bei dem das äußere Bekräftigungssystem gewissermaßen verinnerlicht wurde. Auf der Stufe des *identifizierten* Lernens lässt sich der Jugendliche auf Inhalte und Tätigkeiten ein, die zwar nicht reizvoll erscheinen, jedoch als notwendig und wichtig anerkannt werden. Die beiden oberen Stufen umfassen das *intrinsische* und *interessierte* Lernen, bei dem Anreize aus den Inhalten und Tätigkeiten selbst – weitgehend frei von äußeren Zwängen – maßgeblich werden (Prenzel, Kramer & Drechsel, 1998, 38). Diese Autoren haben anhand empirischer Untersuchungen ferner belegen können, dass identifiziertes, intrinsisch motiviertes und interessiertes Lernen – im Gegensatz zu external kontrolliertem und introjiziertem Lernen – eine positive Wirkung auf das Verstehen und Abspeichern von Lerninhalten sowie auf die Gefühlslage der Lernenden hat (1998, 171f.).

Trotz konzeptioneller Verpflichtung auf diese theoretischen Positionen gegenüber motivationsförderlichen Ausbildungsbedingungen mussten bei der Entwicklung der Befragungsinstrumente für die vorliegende Untersuchung erhebliche methodische Einschränkungen in Kauf genommen werden. Eine umfassendere, zeitintensive Berücksichtigung motivationaler Aspekte hätte den Rahmen und den Schwerpunkt der Untersuchung klar überschritten. Faktoren der ausbildungsbezogenen Motivation konnten in ULME III lediglich in begrenztem Umfang im Rahmen von Selbsteinschätzungen der Schülerinnen und Schüler Berücksichtigung finden. Die nachfolgend berichteten Befunde geben daher primär Auskunft darüber, in welchem Maße das Handeln und Verhalten der Jugendlichen intrinsisch motiviert war. Dennoch soll in den nachfolgenden Kapiteln nicht darauf verzichtet werden, das Konstrukt der ausbildungsbezogenen Motivation auch auf seine Erklärungskraft hinsichtlich der Testleistungen zu überprüfen.

Auf einer vierstufigen Rating-Skala (von „trifft überhaupt nicht zu" bis „trifft völlig zu") schätzten die Jugendlichen Aussagen ein, die Aspekte der intrinsischen Motivation unmittelbar berühren. Die resultierende Skala „Ausbildungsbezogene Motivation", bestehend aus acht Items, erlangte eine akzeptable interne Konsistenz von Cronbachs Alpha = 0,80.

Die angehenden Bankkaufleute und Hotelfachangestellten, aber auch die künftigen Friseure/Friseurinnen und Werbekaufleute zeigten sich in hohem Maße an den Ausbildungs- und Berufsinhalten interessiert. Etwas abgeschwächt, aber immer noch zustimmend, fiel das Urteil bei den Anlagenmechanikern, den Tischlern, den Medizinischen Fachangestellten und den Speditionskaufleuten aus. Ungünstigere Motivationslagen waren in den Berufen Industriekaufmann/-frau, Rechtsanwalts- und Notarfachangestellte/-r und Bürokaufmann/-frau sowie bei den Elektroinstallateuren festzustellen.

Selbsteinschätzungen zum Kompetenzzuwachs durch die schulische und betriebliche Ausbildung

Im Rahmen der Selbsteinschätzungen wurden die Jugendlichen ebenso um Auskünfte zu den subjektiv wahrgenommenen Möglichkeiten der Entwicklung sozialer und fachlich-methodischer Kompetenzen gebeten. Wiederum wurde ein vierstufiges Antwortformat gewählt, das von eindeutig ablehnender bis zu uneingeschränkt zustimmender Position reichte.

Auf der Basis einer Faktorenanalyse konnten insgesamt drei Skalen zu diesem Bereich konstruiert werden: eine Skala zur Entwicklung von Selbst- und Sozialkompetenz in der Berufsschule und zwei einander direkt entsprechende Skalen zur Beurteilung der Entwicklungsmöglichkeiten beruflicher Kompetenz an den beiden Lernorten Berufsschule und Betrieb.

Die Skala zur „Selbst- und Sozialkompetenz" gibt Auskunft darüber, inwiefern die Jugendlichen nach eigener Wahrnehmung im Rahmen ihrer schulischen Ausbildung gelernt haben, Aufgaben eigenverantwortlich zu planen und zu realisieren, Verantwortung für ihr eigenes Handeln zu übernehmen und andere zu unterstützen. Die aus fünf Items bestehende Skala weist eine Reliabilität von $\alpha = 0{,}82$ auf.

Die beiden Skalen „Kompetenzaufbau in der Berufsschule" und „Kompetenzaufbau im Ausbildungsbetrieb" erreichten jeweils eine hohe interne Konsistenz von $\alpha = 0{,}88$. Beide Skalen bestehen aus elf identischen Items, die jeweils entweder in Bezug auf den Berufsschulunterricht oder in Bezug auf die betriebliche Ausbildung einzuschätzen waren (vgl. Anlage 4).

Die an der Berufsschule gebotenen Lerngelegenheiten zur Entwicklung von personaler und sozialer Kompetenz wurden bei einem in der Nähe der Skalenmitte gelegenen Durchschnitt tendenziell ‚neutral' eingeschätzt ($MW = 2{,}46$, $SD = 0{,}64$, $N = 2.119$). Die Einschätzungen differierten jedoch erheblich zwischen den Bildungsgängen. Während die Friseure und Friseurinnen den beruflichen Schulen einen positiven Einfluss auf die Entwicklung des sozialen Umgangs miteinander und auf die Übernahme von Eigenverantwortung bescheinigten ($MW_{FR} = 2{,}86$, $SD_{FR} = 0{,}60$, $N_{FR} = 78$), zogen die Industriekaufleute und Fachinformatiker eine ausgesprochen kritische Bilanz ($MW_{IK} = 1{,}99$, $SD_{IK} = 0{,}64$, $N_{IK} = 56$; $MW_{FI} = 2{,}14$, $SD_{FI} = 0{,}55$, $N_{FI} = 85$).

In allen Ausbildungsberufen versicherten die Jugendlichen, vor allem durch die betrieblichen Ausbildungsanteile solides fachliches Wissen und Können erworben zu haben. Die Urteile über die beruflichen Schulen fielen tendenziell kritischer aus; lagen jedoch – mit Ausnahme der Fachinformatiker – im Durchschnitt stets oberhalb des theoretischen Skalenmittelwertes von 2,5. Dieser Befunde vermag wenig überraschen, da davon auszugehen ist, dass die unmittelbare Verwertbarkeit der erworbenen Kompetenzen und damit auch das Erleben von Kompetenz stärker durch die betriebliche Ausbildungsinhalte und -situationen bestimmt wird als durch schulische Ausbildungsinhalte. Mit den Lern- und Entwicklungsangeboten in den beruflichen Schulen werden neben konkreten beruflichen Qualifizierungsabsichten auch langfristige Bildungs- und Entwicklungsziele verfolgt, deren „Rendite" nicht immediat und ggfs. auch nur indirekt wirksam wird.

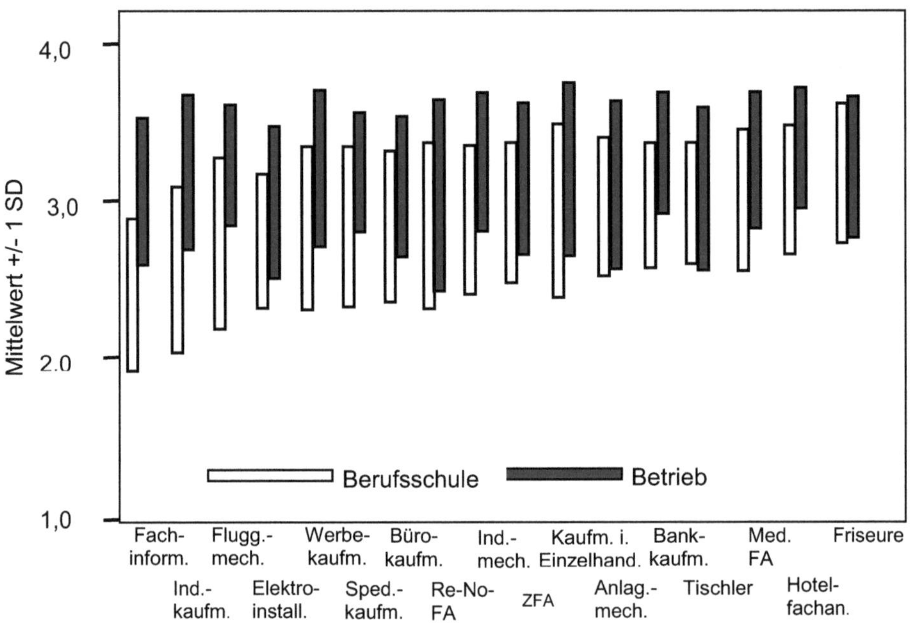

In Abbildung 3.5 werden die Urteile der Jugendlichen zu den Möglichkeiten des
Aufbaus beruflichen Expertenwissens und -könnens über die Berufsschule und den
Ausbildungsbetrieb als Mittelwert plus/minus eine Standardabweichung ersichtlich.
Damit werden hinsichtlich der Lernorte nicht nur die Urteilsdifferenzen innerhalb
einer Berufsgruppe, sondern auch zwischen den Berufen sichtbar. In allen Fällen
wurden die Betriebe als der Kontext erfahren, in dem die beruflichen Fach- und
Methodenkompetenzen effizienter und effektiver vermittelt wurden. Zudem fällt auf,
dass diese Differenz bezüglich des Ausbildungspotenzials der beiden Lernorte sehr
beträchtlich sein kann, insbesondere bei den Fachinformatikern, aber auch bei den
Industriekaufleuten und den Fluggerätemechanikern. Allerdings wiesen die Urteile
zu den Lern- und Entwicklungsmöglichkeiten in den drei zuletzt genannten Berufen
auch überdurchschnittlich hohe Streuungen auf; d. h. hier gingen offensichtlich die
Meinungen der Jugendlichen in besonders hohem Maße auseinander, was einerseits
an der Balance zwischen Erwartungen und Realität liegen kann, andererseits jedoch
auch nicht ausschließt, dass sehr unterschiedliche betriebliche Ausbildungsbe-

dingungen vorgefunden wurden. Deutlich angenäherte Einschätzungen zu den Möglichkeiten des Kompetenzerwerbs an den beiden Lernorten „Betrieb" und „Berufsschule" waren indessen bei den Anlagenmechanikern, Tischlern und den Friseuren anzutreffen.

Es bleibt im Rahmen der Auswertungen der beruflichen Leistungstests in den Kapiteln 6 bis 9 zu prüfen, wie stark die subjektiven Urteile der Befragten auch mit der am Ende der Ausbildung gemessenen beruflichen Fachleistungen zusammenhingen.

Ausbildungszufriedenheit

Das Konstrukt *Ausbildungszufriedenheit* gibt Aufschlüsse darüber, ob die Jugendlichen ihre berufliche Ausbildung mit positiven Eindrücken verbinden oder ob diese als eine mit psychischen Belastungen verbundene Situation erlebt wird. Dabei wird Zufriedenheit als eine Balance zwischen subjektiven Erwartungen und wahrgenommener Realität des Ausbildungsgeschehens verstanden. Waren die Erwartungen gleich oder niedriger als die wahrgenommene Ausbildungsrealität, so entsteht Zufriedenheit. Lagen die Erwartungen höher, so entsteht Unzufriedenheit (Jungkunz, 1996, 406).

Ausbildungszufriedenheit – nicht selten als ein zentrales Ziel von Qualitätsmanagementsystemen definiert (vgl. Weiß, 1996, 16; siehe auch die Beiträge in Feuchthofen & Severing, 1995) – ist somit sowohl von individuellen Erwartungen und Wahrnehmungen der Jugendlichen geprägt als auch von spezifischen Merkmalen der Ausbildung und dem Verhalten der ausbildenden Personen. Insofern können Einschätzungen zur Zufriedenheit mit der Ausbildung Aufschlüsse darüber geben, inwiefern Erwartungen und vorgefundene Ausbildungspraxis sich im Einklang befinden.[5]

---

5   Es bleibt jedoch fraglich, ob die Ausbildungszufriedenheit Rückschlüsse auf die tatsächliche Qualität der Ausbildung – im Sinne von berufspädagogisch relevanten Ausbildungsmerkmalen und pädagogischen Zielgrößen – zulässt. Darüber hinaus ist zu bedenken, dass Erwartungen in der Regel nicht zeitstabil sind und vom individuellen Lebens- und Erfahrungshintergrund geprägt sind (Jungkunz, 1996), weshalb eine zeitpunktbezogene Erfassung von Zufriedenheit nur bedingt als Ergebnisvariable zur Messung von Ausbildungsqualität beitragen kann. Es wird in den nachfolgenden Abschnitten zu prüfen sein, in welchem Zusammenhang die Ausbildungszufriedenheit mit der individuellen Leistung von Jugendlichen steht.

Die Skala „Ausbildungszufriedenheit" (vgl. die Skalendokumentation in Anlage 4) besteht aus insgesamt sechs Items mit vierstufigem Antwortformat von 1 = „trifft überhaupt nicht zu" bis 4 = „trifft völlig zu" und erreicht eine interne Konsistenz von α = 0,85. Mit einem Mittelwert von 2,96 (SD = 0,69, N = 2.106) lag eine eindeutig positive Antworttendenz vor. Typischerweise waren die Jugendlichen also im Großen und Ganzen mit dem Verlauf ihrer Ausbildung zufrieden. Dieses Urteil bestätigte sich auch innerhalb der Berufsgruppen, wenn auch mit Ausnahme der Elektroinstallateure und den Rechtsanwalts- und Notarfachangestellten. In diesen beiden Gruppen war eine mehr oder minder ausgeprägte Diskrepanz zwischen Erwartungen an die Ausbildung und vorgefundener Ausbildungssituation erkennbar. Während für die Rechtsanwalt- und Notarfachangestellten das Urteil noch im zustimmenden Bereich lag, die Jugendlichen also tendenziell mit der Ausbildung eher zufrieden waren (MW = 2,77, SD = 0,75, N = 78), fielen die subjektiven Bewertungen bei den Elektroinstallateuren deutlich niedriger, gewissermaßen ‚neutral', aus (MW = 2,50, SD = 0,79, N = 71). Ausweislich der Standardabweichungen waren sich die Schülerinnen und Schüler in diesen beiden Berufen wenig einig. Letzteres traf auch für die künftigen Werbekaufleute, die Friseure und die Zahnmedizinischen Fachangestellten zu. Der Umstand, dass hier die Zufriedenheitsurteile breiter gefächert sind als in den übrigen untersuchten Berufen, mag auch als Hinweis darauf gelten, dass die Jugendlichen in diesen Berufen generell auf besonders unterschiedliche Ausbildungsbedingungen treffen.

Regressionsanalytisch wurde geprüft, wie eng das Merkmal Ausbildungszufriedenheit mit anderen Einstellungs- und Ausbildungsmerkmalen zusammenhängt. In Abbildung 3.6 ist das entsprechende Modell mit seinen Koeffizienten dargestellt.

Abbildung 3.6   Prädiktoren der Ausbildungszufriedenheit

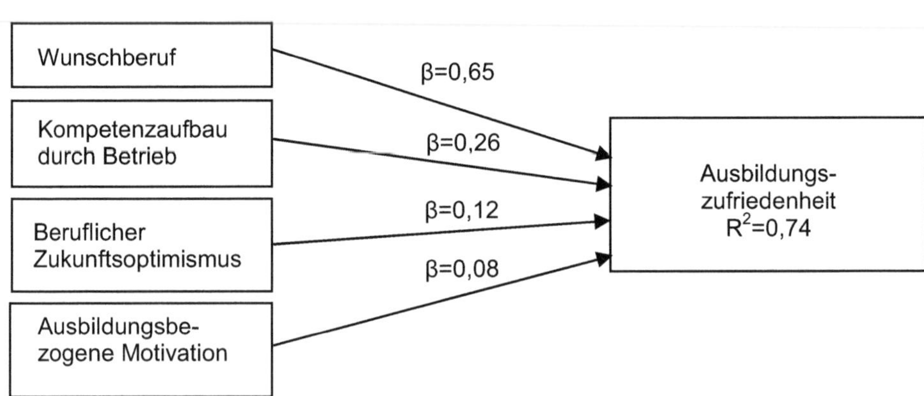

Aus der Regressionsanalyse geht hervor, dass die abhängige Variable „Ausbildungs-zufriedenheit" in hohem Maße darauf zurückzuführen war, ob die Jugendlichen in ihrem Wunschberuf eine Ausbildung aufnehmen konnten oder nicht. Sodann spielten die im Betrieb wahrgenommenen Ausbildungsbedingungen und Lerngegebenheiten eine wichtige Rolle. Wurden die betrieblichen Ausbildungsbedingungen als lernförderlich und unterstützend beim Aufbau beruflicher Expertise eingeschätzt, so beeinflusste dies positiv die Ausbildungszufriedenheit. Ferner lieferten positive Zukunftserwartungen und eine hohe Motivation bzw. ein Interesse am Ausbildungsberuf eigenständige Erklärungsbeiträge, allerdings erst in zweiter Linie. Im Vergleich erweist sich also der mutmaßlich auf langfristig stabile Dispositionen anspielende Begriff des „Wunschberufs" als derjenige, der stärker als die situativen Konzepte der Motivation und des Interesses die Zufriedenheit bestimmt. Dieser Befund macht deutlich, dass von einer generellen Ausbildungszufriedenheit nicht automatisch auf lern- und persönlichkeitsförderliche Bedingungen während der Ausbildung geschlossen werden kann. Bei der Einschätzung des hohen eigenständigen Beitrags des „Wunschberufs" wird man jedoch berücksichtigen, dass der Erfolg bei der Suche nach einem einschlägigen Ausbildungsplatz seinerseits positiv mit der Ausprägung der übrigen Merkmale zusammenhängt.

Ein eigenständiger Einfluss schulischer Bedingungen konnte hier nicht festgestellt werden. Dieser Negativbefund ist allerdings dadurch eingeschränkt, dass aufgrund der Stichprobenstruktur spezifische Effekte der Berufsschul- und Klassenebene hier nicht angemessen überprüft werden konnten.

Nächste berufliche Zukunftspläne

Abschließend wurden die Jugendlichen danach befragt, ob sie die Absicht haben, im erlernten Beruf tätig zu werden oder sich nach Abschluss der Ausbildung umorientieren möchten. Im Vergleich zu den anderen Berufen waren die Bestrebungen, sich beruflich neu zu orientieren, bei den Elektroinstallateuren am stärksten ausgeprägt. Demnach war die Gruppe, die einen besonders kritischen Blick auf die zurückliegende Ausbildung warf, auch am ehesten geneigt, eine berufliche Arbeit außerhalb des erlernten Berufs zu suchen oder eine berufliche Ausbildung/Weiterbildung in einem anderen Tätigkeitsfeld zu beginnen. Dieser Befund entbehrt nicht einer gewissen Plausibilität; die hohe Standardabweichung auf der Skala „Berufliche Neuorientierung nach Ausbildungsabschluss" macht deutlich, dass die Bereitschaft zur Neuorientierung offenbar nur für einen Teil der Jugendlichen aus dieser Berufsgruppe galt. Auch für die Friseure und Friseurinnen sowie die Anlagenmechaniker/ -innen sind ähnliche Befunde zu berichten. Ob die von einem Teil dieser Jugendlichen gewünschten oder zumindest in Betracht gezogenen Veränderungen dann auch tatsächlich intensiv verfolgt werden, müsste freilich noch durch Übergangsstudien an der sog. „zweiten Schwelle" und durch langfristige Verbleibsstudien geklärt werden.

Rund ein Drittel der Befragten (694 von 2.102 oder 33,0 Prozent) hatte zwei bis drei Monate vor Ausbildungsende bereits eine feste Zusage zur Übernahme in ein Beschäftigungsverhältnis im Ausbildungsbetrieb oder in einem anderen Unternehmen. Rund 92 Prozent der Jugendlichen, die bereits verbindliche Absprachen kurz vor Ausbildungsende mit dem künftigen Arbeitgeber getroffen hatten, waren im Begriff, ihre berufliche Tätigkeit im erlernten Beruf zu beginnen. Eine bedeutsame Rolle beim Übergang zwischen Ausbildung und beruflicher Tätigkeit spielt offenbar nach wie vor der Ausbildungsbetrieb: Von dem Drittel der Jugendlichen, das kurz vor den Abschlussprüfungen bereits eine verbindliche Arbeitszusage hatte, erhielten knapp drei Viertel das Arbeitsangebot vom ausbildenden Unternehmen, während rund 12 Prozent sich selbst bei anderen Betrieben um einen Arbeitsplatz bemüht hatten und ein kleinerer Teil über den Familien- und Freundeskreis in eine Arbeitsposition vermittelt worden war. Die regionalen Einrichtungen der Bundesagentur für Arbeit erbrachten in der Endphase der Ausbildung bei der Arbeitsplatzsuche keinen nennenswerten Beitrag; ob dies durch die spezifischen Suchstrategien der Jugendlichen und einer dadurch bedingten Nichtnutzung von Angeboten herrührt oder auf weniger günstige Vermittlungsstrategien zurückzuführen ist, muss an dieser Stelle offen bleiben.

Gegen Ende der Ausbildung waren knapp 12 Prozent der Jugendlichen hinsichtlich der künftigen beruflichen Planungen noch unentschieden; die überwiegende Mehrheit hatte jedoch relativ klare Vorstellungen von den nächsten beruflichen Schritten.

4 Allgemeine Grundqualifikationen am Ende der beruflichen Ausbildung

Susan Seeber

4.1 Zur Testkonzeption und Anforderungsstruktur der Testaufgaben

Im folgenden Abschnitt werden die Befunde zum Test „Texte und Tabellen" dargestellt, die am Ende der Ausbildung in den 17 beruflichen Bildungsgängen ermittelt wurden. Dieser Test, der aus der Adaptation einer Fassung für eng geführte Interviews mit Erwachsenen (OECD and Statistics Canada, 1995, X) zugunsten einer schriftlichen Befragung mit geschlossenen Antwortformaten entstanden ist, soll die allgemeinen Grundqualifikationen Erwachsener im erwerbsfähigen Alter messen (zu den deutschen Befunden vgl. Lehmann & Peek, 1996; Lehmann, 1999). Allgemeine Grundbildung, im Sinne des zunehmend auch für Schulleistungsstudien wie PISA maßgeblichen „literacy"-Konzepts, wird dabei verstanden als

> „the ability to understand and employ printed information in daily activities, at home, at work and in the community – to achieve one's goals, and to develop one's knowledge and potential" (OECD and Statitistics Canada, 2000, X).

Informationen des Alltags- und Berufslebens sind in sehr unterschiedliche Textinformationssysteme und Strukturen eingebettet, so dass ein breites Arsenal verschiedenster kognitiver und metakognitiver Strategien zur Verarbeitung dieser Informationen erforderlich ist. Aus diesem Grund wurden im vorliegenden Kontext nach den Vorgaben der Internationalen Erwachsenenstudie (IALS) – wie in Abschnitt 2.2.3 ausführlicher beschrieben – drei Domänen allgemeiner Grundbildung unterschieden:

- Leseverständnis,
- Verständnis diskontinuierlicher Texte und
- Mathematische Grundbildung (Rechenfertigkeiten).

Die kontinuierlichen Texte beziehen sich im Wesentlichen auf Texte aus der Alltagswelt von Jugendlichen und Erwachsenen. Dabei ist – ausgehend von unterschiedlichen Textgattungen wie Gebrauchs- und Sachtexten – der Aufgabenkonstruktion Material zugrunde gelegt worden, das aus Zeitungs- und Zeitschriftenartikeln sowie Informationsblättern stammte. Hierbei reichte das Anforderungsniveau der Aufgaben von Leistungen der einfachen Wiedererkennung einzelner Wörter oder kurzer Textpassagen (Dekodierung und Identifikation) bis hin zu komplexen Inferenzleistungen (Schlussfolgern, Interpretieren), bei denen die Antworten in mehrschrittiger Vorgehensweise aus dem Inhalt der Texte zu erschließen waren.

Bei der Bearbeitung der Aufgaben, die dem Bereich *diskontinuierlicher Texte* zuzuordnen sind, werden die Schülerinnen und Schüler mit Grafiken, Tabellen und anderen schematischen Darstellungsformen konfrontiert, die ihnen im Haushalt, Beruf oder in der Freizeit, auf Reisen usw. begegnen. Die Fähigkeit, Informationen aus Dokumenten mit grafischen und tabellarischen Strukturelementen verschiedenster Art zu erschließen, kann als zentrale Schlüsseldisposition in modernen Industriegesellschaften betrachtet werden (OECD and Statistics Canada, 2000, 97). Bei der Auswahl und Modifikation der Aufgaben wurde wiederum darauf geachtet, variierende Anspruchsniveaus in die Testkonstruktion einzubeziehen, um eine inhaltliche Bestimmung der Kompetenzniveaus zu ermöglichen. Das Anforderungsniveau reicht von der Entnahme einer einzelnen Information aus Grafiken, bildhaften Darstellungen etc. gleichsam als Übersetzungsleistung oder dem Übertragen einer einzelnen (gegebenen) Information in ein Formular bis hin zur Berücksichtigung verschiedener zusammenhängender Informationen in komplexen kognitiven Operationen.

Im Alltags- wie im Berufsleben kommen die Jugendlichen in der Regel ohne einfache mathematische Operationen und Überlegungen nicht aus, sei es im Haushalt, beim Einkauf, bei der Nutzung kultureller Angebote oder in einer Vielzahl beruflicher Situationen in den unterschiedlichsten Tätigkeitsbereichen. Quantitative Informationen zu verarbeiten und dabei einfache mathematische Regeln und Konzepte anzuwenden, kann als Schlüsselqualifikation betrachtet werden, ohne die eine erfolgreiche Lebens- und Berufsbewältigung kaum mehr denkbar ist (vgl. Baumert, Lehmann & Bos, 2000; PISA-Konsortium Deutschland, 2004). Insofern sind auch *Rechenfertigkeiten* und fundamentales Zahlenverständnis konstitutive Bestandteile grundlegender Bildung. Die hier verwendeten Aufgaben aus dem quantitativen Bereich beziehen sich in ihren Anforderungen auf das ganze Spektrum von einfachen mathematischen Operationen mit einer geringen Zahl an Elementen und übersichtlichen Informationsoberflächen bis hin zu umfassenden, mehrschrittigen mathematischen Operationsfolgen, die eine Kombination verschiedener Rechenarten wie beispielsweise Addition und Prozentrechnung erfordern. Dabei müssen die notwendigen quantitativen Ausgangsdaten teilweise erst aus umfangreicheren Informationskomplexen gewonnen werden.

Der Test „Texte und Tabellen" umfasst insgesamt 45 Items in den genannten Sub-Domänen. 14 Items entfallen auf die „Rechenfertigkeiten", 15 Items auf die Sub-Domäne „Diskontinuierliche Texte". Die 16 restlichen Items beziehen sich auf das Leseverständnis und umfassen Fähigkeiten im Umgang mit „kontinuierlichen Texten". Die Items wurden auf probabilistischer Grundlage mithilfe des eindimensionalen Rasch-Modells skaliert.

Obwohl in der Internationalen Erwachsenenstudie IALS die drei Sub-Domänen einer mehrdimensionalen Skalierung unterzogen wurden (vgl. OECD and Statistics Canada, 2000, Annex A and B), zeigten die Ergebnisse der Hamburger ULME-III-Studie, dass es psychometrisch durchaus zu rechtfertigen ist, mit einem Gesamttestwert zu arbeiten. Eine dreidimensionale Skalierung wurde probeweise realisiert; die entsprechend höhere Testreliabilität sprach jedoch für Auswertungen auf Basis eines Gesamttestwerts. Die relativ hohen Korrelationen zwischen den drei Subdimensionen von $r = 0,88$ zwischen dem Verständnis kontinuierlicher und diskontinuierlicher Texte, von $r = 0,81$ zwischen kontinuierlichem Textverständnis und Zahlenverständnis / Rechenfertigkeiten sowie von $r = 0,89$ zwischen den Fähigkeiten im Umgang mit Dokumenten, Grafiken, Tabellen und Rechenfertigkeiten legitimierten zusätzlich diese Vorgehensweise. Ohnehin kann man davon ausgehen, dass jeweils ein relativ komplexes Fähigkeitsbündel mit hohen Überschneidungsbereichen die Schülerantworten in den einzelnen Untertests beeinflusst hat; angesichts dessen erleichtert es zumindest auf pragmatischer Ebene die Argumentation, wenn man von einer allgemeinen Grundbildung als Voraussetzung für eine erfolgreiche Berufs- und Lebensbewältigung ausgeht. Da in der vorliegenden Studie nicht die allgemeinen Grundqualifikationen im Zentrum der Untersuchung standen, war dies ein weiteres Argument, um mit dem Gesamttestwert zu arbeiten. Im Abschnitt 4.4 erfolgt jedoch exkursorisch die Analyse des Subtests „Diskontinuierliche Texte" auf der Basis der internationalen Metrik von IALS. Mit diesem Vorgehen werden die Positionierung der Hamburger Jugendlichen auf den fünf in IALS unterschiedenen Kompetenzniveaus und inhaltlich abgesicherte Interpretationen der Schülerleistungen im Anschluss an international definierte Kompetenzstufen vorgenommen.

Der Mittelwert für die Hamburger *Gesamtskala des Tests "Texte und Tabellen"* wurde auf 100, die Standardabweichung auf 25 und die kritische Lösungswahrscheinlichkeit auf 0,65 festgelegt. Die Aufgabenanforderungen variierten von 68 bis 162 Skalenpunkten, die mittlere Itemschwierigkeit lag bei 114 Punkten, also leicht oberhalb der mittleren Leistungen der Jugendlichen.

4.2 Ergebnisse des Tests "Texte und Tabellen"

In der nachfolgenden Grafik ist die Verteilung der Schülerfähigkeit auf der linken Seite grafisch dargestellt; auf der rechten Seite befinden sich exemplarisch ausgewählte Testaufgaben, die dem jeweiligen Schwierigkeitsparameter zugeordnet wurden.

Wenn also eine Testperson einen durchschnittlichen Leistungsscore von 153 Punkten erreicht hat, so wird sie mit einer Wahrscheinlichkeit von 0,65 in der Lage sein, die in der Abbildung 4.1 rechts oben stehende Aufgabe mit einer Itemschwierigkeit von 153 zu lösen. Hat die Testperson einen über 153 Skalenpunkten liegenden Testwert, so liegt die Wahrscheinlichkeit, diese Aufgabe erfolgreich zu bewältigen, entsprechend höher; ist hingegen ihr Testwert niedriger, so sinkt auch die Wahrscheinlichkeit unter 0,65.

Abbildung 4.1   Verteilung der Schülerleistungen im Test „Texte und Tabellen" im Vergleich mit den Schwierigkeiten der Testaufgaben

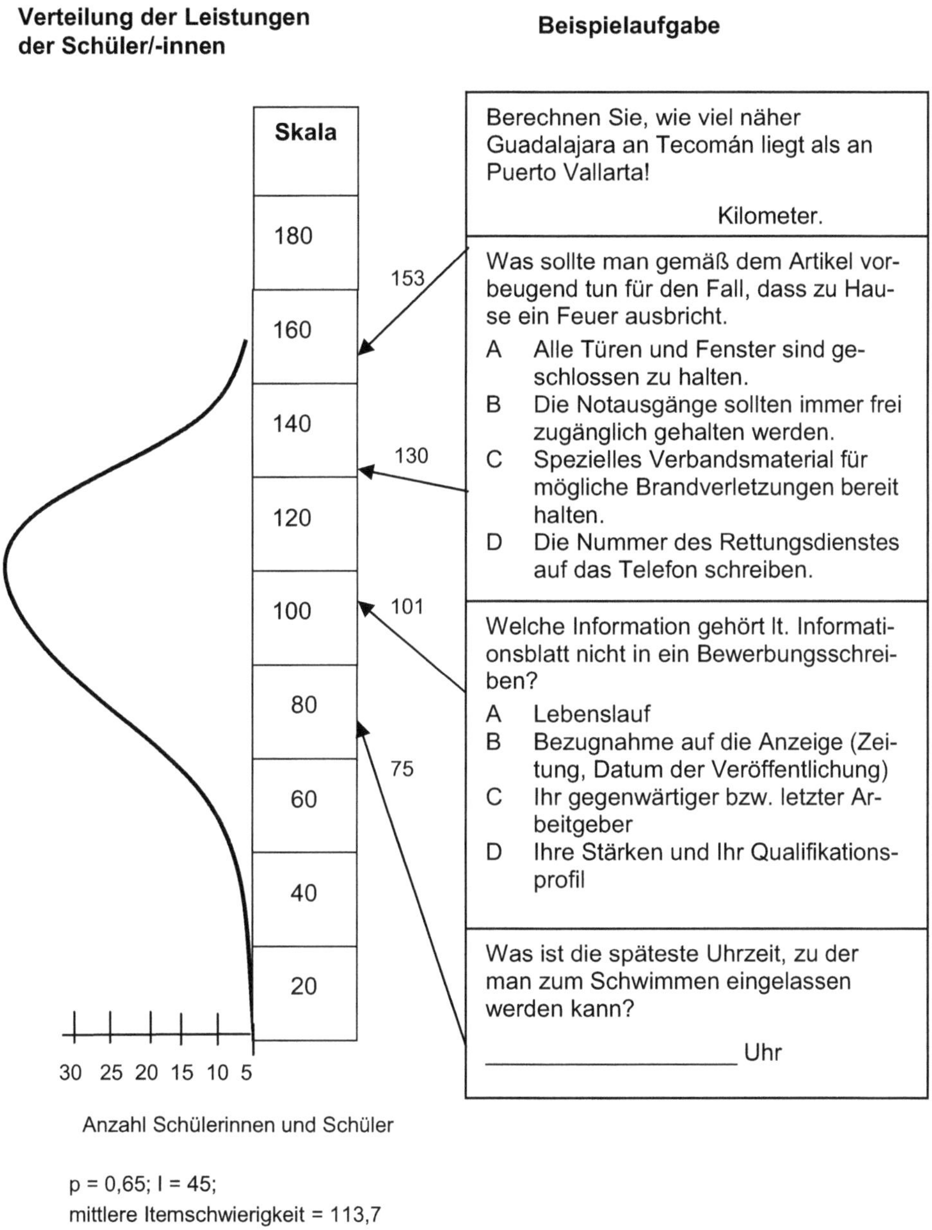

Verteilung der Leistungen der Schüler/-innen

Beispielaufgabe

Anzahl Schülerinnen und Schüler

p = 0,65; l = 45;
mittlere Itemschwierigkeit = 113,7

Für die oben rechts stehende Aufgabe aus dem oberen Anforderungsspektrum stand darüber hinaus die hier abgebildete Entfernungstabelle zur Verfügung:

Berechnen Sie, wie viel näher Guadalajara an Tecomán liegt als an Puerto Vallarta! Nutzen Sie dazu die Entfernungstabelle!

_______________________ Kilometer.

Tabelle mit ungefähren Entfernungen (in Kilometern)

Colima	Guadalajara	Manzanillo	Puerto Vallarta	Tecomán	Zamora
224					
98	322				
371	340	273			
45	269	62	330		
244	171	342	515	289	

Die ausgewählte Beispielaufgabe zur Ermittlung der Differenz der Entfernung zweier Orte anhand einer Entfernungstabelle zeigt, dass die Komplexität der Aufgabe Ansprüche enthielt, die darin bestanden, in einem ersten Schritt die Struktur der Tabelle (der unteren Diagonalmatrix einer gebräuchlichen – hier einer mexikanischen – Entfernungstabelle) zu erkennen und sodann die relevanten Orte zu lokalisieren. Danach waren die Entfernungen der beiden anderen Orte von Tecomán korrekt zu bestimmen, anschließend musste die Differenz zwischen den beiden so ermittelten Werten berechnet werden. Es war folglich neben dem Verständnis struktureller Zusammenhänge bei der Präsentation der Information auch eine zielführende mathematische Operation zu identifizieren, die nicht in der Aufgabenstellung selbst vorgegeben war. Eine Aufgabe dieses Anforderungsniveaus wurde von nur *einem Prozent* der hier untersuchten Jugendlichen mit hinreichender Sicherheit, also in zwei von drei ‚Versuchen‘, erfolgreich bewältigt.

Im Vergleich dazu beinhaltete die Aufgabe zum Herausfinden der spätesten Einlasszeit in ein Schwimmbad eine relativ niedrige Anforderung: Es waren hier lediglich zwei Informationen miteinander zu kombinieren, nämlich die Schließzeit des Schwimmbads und die Information, dass der letzte Einlass eine Stunde vor Beendigung der Öffnungszeit erfolgt.

Beispielaufgabe aus dem unteren Anforderungsspektrum:

Was ist die späteste Uhrzeit, zu der man zum Schwimmen eingelassen werden kann? Nutzen Sie das Informationsblatt auf der gegenüberliegenden Seite! (Anm.: hier unten stehend).

_________________________ Uhr

Freizeitbad Reinfeld
Unser Angebot

• Sauna/Ruheraum/Saunahof	• Ruhebereich
• Bar/Restaurant	• Kinderbereich
• Wasserpilz und Fontäne	• Außenschwimmbecken (28°)
• Unterwassermassagedüsen	• Unterwasserbeleuchtung
• Insel mit Sprunganlage	• Schwimmbecken (28°)
• Wassergymnastik	• Warmwasserbecken (32°)

Mit direkter Verbindung zum Sportpark Reinfeld

Öffnungszeiten:

Montags: 6.30 – 12.30 Uhr und 16.00 – 21.00 Uhr

Dienstags-Freitags: 6.30 – 21.00 Uhr

Samstags, Sonntags und Feiertags: 7.30 – 21.00 Uhr

Letzter Einlass: eine Stunde vor Beendigung der Öffnungszeit

Preisübersicht

		Tarif I	**Tarif II**
		90 Minuten Zeitbegrenzung	Ohne Zeitbegrenzung
Einzelkarte	Erwachsene	€ 5,00	€ 8,00
	Kinder und Jugendliche		
	(6 – 18 Jahre)	€ 3,00	€ 5,00
...	...	...	...

Zum Anforderungsspektrum und zu den Leistungen im Verständnis kontinuierlicher diskontinuierlicher Texte

Den meisten Schülerinnen und Schülern fiel es relativ leicht, elementare Informationen aus kontinuierlichen und diskontinuierlichen Texten zu entnehmen. So waren sie – von Einzelfällen abgesehen – in der Lage, den Texten Einzel-Informationen zu entnehmen, wenn Fragestellung und Textpassagen im Wortlaut weitgehend übereinstimmten. Bei Textaufgaben des unteren Niveaus war die geforderte Information teilweise im Text hervorgehoben oder der geforderte Antworttext erschien nur an einer einzigen Stelle, so dass leichtes Auffinden ohne umfangreiche Verstehensleistungen möglich war. Während fast alle Schülerinnen und Schüler am Ende ihrer beruflichen Ausbildung in solcher Weise elementare Informationen im Text zu erkennen und abzulesen vermochten, bestand ein eindeutiges Leistungsgefälle bei jenen Aufgaben, die anspruchsvollere, namentlich inferenzielle Verständnisleistungen erforderten.

Beispielsweise bereitete den Schülerinnen und Schülern jene Aufgabe, bei der der durchschnittliche Ladenpreis eines Uhrenradios aus einer tabellarischen Bewertung von 19 Uhrenradios, unterteilt in drei Ausstattungsgruppen, zu entnehmen war, erhebliche Schwierigkeiten. Bei dieser Aufgabe waren mehrere Informationen miteinander zu kombinieren bzw. unter bestimmten Randbedingungen zu verarbeiten: Es musste in der korrekten Ausstattungsgruppe (1) das Uhrenradio (2) mit der höchsten Gesamtpunktzahl gefunden werden, wobei die Informationen aus einer Zeile und einer Spalte zu kombinieren waren; anschließend (3) musste der korrekte Preis aus zwei Preisangaben abgelesen werden. Dabei war (4) die Legende oberhalb der Tabelle zu nutzen, da sich dort die Information befand, welcher Wert den empfohlenen Verkaufspreis und welcher den durchschnittlichen Ladenpreis angab. Es waren folglich mehrere Informationen zu berücksichtigen und zueinander in Beziehung zu setzen. Dies macht es nachvollziehbar, dass die Aufgabe einen Schwierigkeitsparameter von 158 Punkten hat und damit im oberen Anforderungsspektrum liegt. Weniger als ein Prozent der Jugendlichen konnte diese Aufgabe mit der geforderten Erfolgswahrscheinlichkeit lösen, d. h. mit einer theoretischen Erwartung von mindestens zwei korrekten Lösungen bei drei äquivalenten Versuchen.

Deutlich leichter hingegen war die Aufgabe desselben Themenkomplexes, bei der dasjenige Uhrenradio mit Vollausstattung anzugeben war, das die höchste Punktzahl in der Rubrik „Leistung" erhielt. Hier mussten lediglich drei Informationen kombiniert werden: Es musste (1) in der richtigen Ausstattungsgruppe „Uhrenradios mit

Vollausstattung" nachgeschaut werden und es war (2) in der entsprechenden Spalte „Leistung" die höchste Punktzahl aufzufinden, um schließlich (3) der ersten Spalte die genaue Bezeichnung des Artikels zu entnehmen. Bei dieser Aufgabe mussten also weniger Informationen entschlüsselt und untereinander kombiniert werden. Diese Aufgabe lag im internationalen Test der IALS Studie am Übergang zwischen den Niveaustufen drei und vier, also am oberen Rand des mittleren Anforderungsbereichs. Trotz des hier für den Test veränderten Antwortformats (vier Distraktoren zur Auswahl statt des offenen Antwortformats) und der erwartbaren Auswirkungen auf die Schwierigkeit der Aufgabe konnte auch im vorliegenden Fall eine vergleichbare Itemschwierigkeit für diese Aufgabe ermittelt werden. Offenbar war der Einfluss des Testformats bei der Informationsentnahme aus diskontinuierlichen Texten weniger gravierend, als es für den Umgang mit kontinuierlichen Texten festzustellen war. Mit rund 106 Skalenpunkten lag die Aufgabe etwas oberhalb der durchschnittlichen Itemschwierigkeit aller Testaufgaben. Etwa 41 Prozent der Jugendlichen haben diese Aufgabe mit einer theoretischen Wahrscheinlichkeit von 0,65 oder höher gelöst. Das heißt aber auch, dass mehr als die Hälfte der Jugendlichen ein solches Anforderungsniveau nicht mit hinreichender Souveränität bewältigen konnte.

Zum Anforderungsspektrum im mathematischen Bereich

Im *mathematischen Bereich* ist das untere Leistungsspektrum des Tests durch einfache mathematische Operationen geprägt, deren Typus bereits eindeutig in der Fragestellung erkennbar ist oder relativ leicht erschlossen werden kann. Verhältnismäßig einfache Anforderungen beinhalten jene Aufgaben, bei denen lediglich ein Operationstyp mit ein oder mehreren Operanden durchzuführen ist. Ein Beispiel für diesen Anforderungsbereich ist die Berechnung der Summe der Kosten für einen Erwachsenen- und zwei Kinderschwimmkurse. In einem ersten Schritt waren die beiden Preise einer Informationstafel zu entnehmen; anschließend mussten diese aufaddiert werden, wobei zu berücksichtigen war, dass der Preis für den Kinderschwimmkurs doppelt einzubeziehen war.[6] Diese Aufgabe liegt bei einem Skalenwert von 84; ein Schwierigkeitsniveau, das von mehr als drei Vierteln der Jugendlichen (77,3 Prozent) mit hinreichender Sicherheit bewältigt wurde.

---

6 Ob die Verdoppelung auf dem Wege wiederholter Addition oder über eine Multiplikation mit dem Faktor 2 erfolgt ist, kann anhand der Daten nicht entschieden werden. Obwohl gegebenenfalls die Multiplikation mit 2 genau genommen einen zweiten Operationstyp darstellt, hat sich wegen ihrer Trivialität die Aufgabenschwierigkeit offenbar nicht erhöht.

Zu den deutlich schwierigeren Aufgaben gehörte beispielsweise eine Aufgabe, bei der im Rahmen einer Nährwertanalyse der Prozentanteil der auf Fett zurückzuführenden Kalorien an der Gesamtbilanz eines Big Mac zu ermitteln war. In der Aufgabenstellung wurde eine zusätzliche Information gegeben, die zu berücksichtigen war: nämlich, dass ein Gramm Fett neun Kalorien enthält. In einem ersten Schritt mussten die in der Tabelle gegebenen Gewichtsangaben zum Fettgehalt in Kalorien umgerechnet werden; anschließend war der prozentuale Anteil dieses Produkts an der Gesamtkalorienmenge zu ermitteln. Schließlich musste herausgefunden werden, in welcher Schrittfolge die Aufgabe zu lösen war und welche mathematischen Operationen und/ oder Regeln anzuwenden waren, wobei mehrere Operationstypen und teilweise erst zu ermittelnde Operanden einbezogen werden mussten. Diese Aufgabe stellte mit einem Skalenwert von 162 Punkten die schwierigste Aufgabe im gesamten Test dar. Weniger als ein Prozent der Schülerinnen und Schüler konnte diese Aufgabe mit einer Wahrscheinlichkeit von mindestens 0,65 lösen.

Eine weitere mathematisch anspruchsvolle Aufgabenstellung stellte die Ermittlung des Zahlungsbetrags für zwei Kleidungsstücke, die im Schlussverkauf erworben wurden und auf die ein Preisnachlass von 30 Prozent gewährt wurde, dar. Der ursprüngliche Preis war in der Frage nach dem Gesamtzahlbetrag für die beiden Artikel gesondert ausgewiesen; der Preisnachlass war der Aktionswerbung auf der nebenstehenden Seite (Annonce) zu entnehmen. Diese Aufgabe erlangte einen Anforderungswert von 150 Punkten und war folglich dem oberen Kompetenzniveau zuzuordnen. Auch hier mussten die Auszubildenden die erforderlichen Operanden der Berechnung aus unterschiedlichen Informationskontexten (Aufgabenstellung und Werbeposter) ermitteln, die hierzu und nachfolgend benötigten mathematischen Operationen und deren Sequenzierung festlegen und sodann die entsprechenden Berechnungen tatsächlich durchführen. Demnach waren auch bei dieser Aufgabe relativ komplexe Zusammenhänge zu modellieren bzw. Handlungsfolgen zu entwerfen. Nur etwa 1,5 Prozent der Befragten konnten Aufgaben dieses Schwierigkeitsgrades mit hinreichender Sicherheit lösen.

4.3 Differenzielle Analysen zu den allgemeinen Grundqualifikationen

Aufgrund der unterschiedlichen Eingangsvoraussetzungen, die im Kapitel 3 darge-stellt wurden, war zu erwarten, dass sich die Jugendlichen am Ende der beruflichen Ausbildung auch in ihren Grundqualifikationen unterscheiden, und zwar sowohl zwischen als auch innerhalb der Berufe.

4.3.1 Leistungsunterschiede nach Ausbildungsberufen

Besonders deutlich hob sich die Gruppe der Bankkaufleute vom Gesamtdurchschnitt für den Test „Texte und Tabellen" ab. Die Jugendlichen dieses Ausbildungsberufs lagen mit 131 Punkten um 1,24 Standardabweichungen oberhalb des kalibrierten Mittelwerts aller Jugendlichen ($MW_{ges} = 100,0$, $SD_{ges} = 25,0$, $N_{ges} = 2.170$). Die Werbe-, Industrie- und Speditionskaufleute erlangten ebenfalls markant überdurch-schnittliche Leistungen (vgl. Abbildung 4.2).

Abbildung 4.2   Leistungen im Test „Texte und Tabellen" nach Berufen –
Mittelwert plus/minus eine Standardabweichung

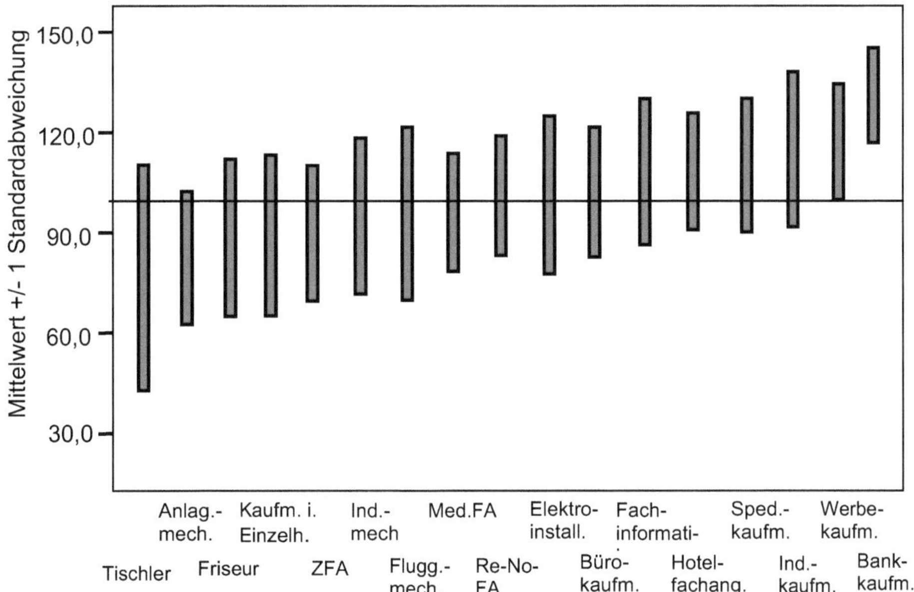

Die angehenden Tischler wiesen nicht nur die niedrigsten Testleistungen auf, sondern zeigten auch die mit Abstand größten Leistungsstreuungen. Vergleichsweise homogene Leistungsgruppen sind dagegen bei den Rechtsanwalts- und Notarfachangestellten, den Bankkaufleuten, den Hotelfachangestellten und den Medizinischen Fachangestellten zu finden. Mittlere bis hohe Testleistungen zeigten vor allem die Jugendlichen aus kaufmännischen Ausbildungsberufen (mit Ausnahme des Kaufmanns/der Kauffrau im Einzelhandel), vornehmlich aus jenen Berufen, in die überwiegend Abiturienten einmünden.

4.3.2   *Leistungsunterschiede nach individuellen und sozio-kulturellen Merkmalen*

Zwischen männlichen und weiblichen Jugendlichen waren keine gravierenden Leistungsdifferenzen erkennbar. Hingegen zeigte sich zwischen den deutschen Jugendlichen ohne Migrationshintergrund, deutschen mit Migrationsgeschichte und ausländischen Jugendlichen auch am Ende der Ausbildung ein nicht unbeträchtliches Leistungsgefälle, wobei die Höhe der Leistungsdifferenzen zwischen den Ausbildungsberufen variierte. Zwar war bereits im Bericht zu ULME I dargestellt worden, dass die ausländischen Jugendlichen im Vergleich zu den deutschen bei gleicher Leistung eine auffällig niedrigere Chance auf einen betrieblichen Ausbildungsplatz hatten. Insoweit ist es bemerkenswert, dass unter den Auszubildenden diejenigen, deren Muttersprache nicht Deutsch ist, dennoch in ihren allgemeinen Grundleistungen deutlich hinter den deutschen Jugendlichen ohne Hinweis auf einen Migrationshintergrund zurückblieben. Dies traf – mit Ausnahme der Fluggerätemechaniker – auf alle übrigen Berufsgruppen zu. Keine Aussagen sind über jene Berufe möglich, in denen keine oder kaum Jugendliche mit Migrationsgeschichte zu finden waren (Bank- und Werbekaufmann/-frau, Fachinformatiker/-in).

Die unten stehende Grafik verdeutlicht den relativ großen und auch zu erwartenden Leistungsüberschneidungsbereich zwischen den ausländischen und deutschen Jugendlichen mit und ohne Migrationshintergrund. Allerdings wird auch sichtbar, dass im Bereich der allgemeinen Grundbildung die beiden leistungsschwächsten Gruppen diejenigen mit Migrationsgeschichte waren. Die deutschen Jugendlichen mit Migrationshintergrund lagen etwas mehr als eine halbe Standardabweichung unterhalb des Durchschnitts aller Schülerinnen und Schüler in ULME III. Hier war auch eine leichte Asymmetrie zu beobachten, die auf einen gewissen Anteil von Jugendlichen mit besonders schwachen Leistungen hindeutet. Bei den ausländischen

Schülerinnen und Schülern betrug die Differenz gegenüber dem allgemeinen Durchschnitt 0,7 Standardabweichungen bei einem vergleichsweise homogenen Leistungsspektrum (vgl. Tabelle 4.1).

Abbildung 4.3   Leistungsverteilung der Schülerinnen und Schüler im Test
„Texte und Tabellen" nach Migrationsstatus

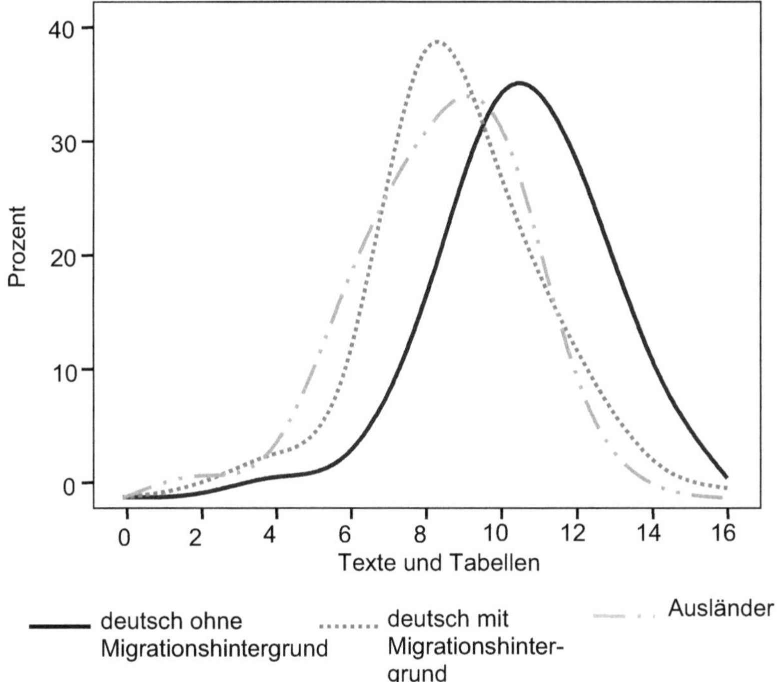

Tabelle 4.1   Leistungen im Test „Texte und Tabellen" nach Migrationsstatus

Migrationshintergrund	Mittelwert	Standardabweichung	N
deutsch ohne Migrationshintergrund	105,48	23,03	1.592
deutsch mit Migrationshintergrund	88,24	22,84	241
Ausländer	85,67	22,38	160
insgesamt	*101,80*	*24,09*	*1.993*

4.3.3   Leistungsunterschiede nach dem Herkunftsbundesland

Im Rahmen von ULME I wurde ausführlich der Frage von Leistungsdifferenzen zwischen Jugendlichen aus Hamburg und anderen Bundesländern nachgegangen. In diesem Zusammenhang wurde zum einen festgestellt, dass von den Jugendlichen aus anderen Bundesländern insbesondere „attraktive" Ausbildungsberufe nachgefragt wurden. Zu diesen Berufen zählten beispielsweise all jene, in die in aller Regel Jugendliche mit der Hochschulreife einmünden, z.B. der Beruf des Bankkaufmanns/der Bankkauffrau, des Fachinformatikers/der Fachinformatikerin, der Werbe- und Industriekaufleute; besonders hoch lag der Anteil an Auszubildenden aus anderen Bundesländern bei den Fluggerätemechanikern.

Zum zweiten wurde im Rahmen der Analysen zu ULME I ermittelt, dass rund 3,4 Prozent der Unterschiede in den allgemeinen Fachleistungen auf das Herkunftsbundesland zurückzuführen waren. Die günstigeren Eingangsvoraussetzungen waren teilweise auf den höheren Anteil an Abiturienten und einem deutlich niedrigeren Anteil an Hauptschülerinnen und Hauptschülern im Vergleich zu den Hamburger Jugendlichen bedingt. Darüber hinaus bekräftigte die Beleuchtung des familiären Hintergrunds die Annahme, dass die Schülerinnen und Schüler aus den benachbarten und anderen Bundesländern eine positiv ausgelesene Gruppe darstellten (vgl. Lehmann, Ivanov, Hunger & Gänsfuß, 2005, 114ff.).

Es bleibt nunmehr zu klären, ob dieser Leistungsvorsprung in den allgemeinen Grundqualifikationen zu Gunsten von Jugendlichen aus anderen Bundesländern bis zum Ende der Ausbildung erhalten geblieben ist, insbesondere unter statistischer Kontrolle von kognitiven Eingangsvoraussetzungen sowie sozio-biografischen Merkmalen. Dabei ist ferner zu berücksichtigen, dass Jugendliche mit höheren Schulabschlüssen wegen vorzeitiger Beendigung der Ausbildung nicht Teil der Längsschnittstichprobe sind.

Werden zunächst nur die Testleistungen im Bereich des Umgangs mit kontinuierlichen und diskontinuierlichen Texten sowie grundlegenden Rechenfertigkeiten am Ende der Ausbildung betrachtet, so zeigt sich in der Tat ein auffälliger Leistungsvorteil für die Jugendlichen, die aus anderen Bundesländern stammten und erfolgreich um einen Ausbildungsplatz in Hamburg konkurrieren konnten. Tabelle 4.2 gibt einen Überblick über die Testleistungen nach dem Herkunftsbundesland.

*Tabelle 4.2   Leistungen im Test „Texte und Tabellen" nach
Herkunftsbundesland*

Bundesland der zuletzt besuchten Schule	Mittelwert	Standard-abweichung	Effektstärke *d*	N*
Hamburg	97,2	24,4	-0,17	1.121
Niedersachsen	109,1	23,4	0,32	194
Schleswig-Holstein	108,3	24,0	0,28	293
Mecklenburg-Vorpommern	105,6	21,7	0,17	233
sonstige Bundesländer	103,4	23,4	0,08	177
insgesamt	*101,4*	*24,4*	*--*	*2.018*

*   Es konnten hier nur die Jugendlichen berücksichtigt werden, die Angaben im Schülerfragebogen zum Bundesland der zuletzt besuchten Schule machten.

Erwartungsgemäß zeigten sich bei den Jugendlichen des Umlands auch am Ende der Ausbildung die günstigeren Testleistungen in den allgemeinen kulturellen Grundqualifikationen, gemessen mit dem Untertest „Texte und Tabellen". Dass diese Effekte schwächer sind als zu Beginn der Ausbildung, ist teilweise Folge der erwähnten vorzeitigen Beendigung der Ausbildung unter der Bedingung eines höherwertigen Schulabschlusses. Für Niedersachsen und Schleswig-Holstein sind die Unterschiede jedoch sogar kleiner als die Eingangsdifferenz in der Gruppe der Realschulabsolventinnen und -absolventen, was einem – wie immer schwachen – Angleichungsprozess entsprechen würde. Es bleibt daher nunmehr zu prüfen, ob der während der Ausbildungszeit verminderte Leistungsvorteil auch nach Kontrolle der Lernausgangslagen und sonstiger biografischer und Persönlichkeitsmerkmale noch bestehen bleibt.

Mit dieser Zielsetzung wurden drei getrennte Regressionen zur Ermittlung des Einflusses des Herkunftsbundeslands gerechnet. In einem ersten Schritt wurden ausschließlich demografische Variablen einschließlich des höchsten erreichten Schulabschlusses berücksichtigt, Merkmale also, die im Rahmen von ULME III erfasst wurden; folglich konnten in diese Analyse alle Jugendlichen einbezogen werden, die am Test „Texte und Tabellen" teilgenommen und die entsprechenden Angaben im Schülerfragebogen ausgefüllt hatten (N = 1.962). In einem nächsten Schritt wurde geprüft, inwiefern sich die Prädiktoren des ersten Modells verändern, wenn sich die Analyse auf den vollständigen Längsschnitt zwischen ULME I und ULME III beschränkt. Schließlich wurden im Rahmen einer dritten Analyse zusätzlich die kognitiven Eingangsvoraussetzungen, erfasst in ULME I über den allgemeinen Fachleistungsindex und die Fähigkeit um schlussfolgernden Denken (CFT; vgl. auch Kapitel 3), einbezogen.

Tabelle 4.3 zeigt die Merkmale und die standardisierten Regressionskoeffizienten für die drei überprüften Modelle.

Tabelle 4.3   Ergebnisse der Regressionsanalysen zum Einfluss der regionalen Herkunft auf die Leistungen im Test „Texte und Tabellen"

Prädiktoren	Standardisierter Regressionskoeffizient Beta		
	Modell 1 **ULME III**	**Modell 2** **Längsschnitt** **ULME I – ULME III**	**Modell 3** **Längsschnitt** **ULME I – ULME III**
höchster Schulabschluss	0,52 #	0,28 #	0,09 **
Muttersprache deutsch	0,20 #	0,24 #	0,18 #
Geschlecht	0,04 *	0,08 #	0,13 #
Umland (0-Hamburg, 1-Umland)	0,04 (n.s.)	0,04 (n.s.)	-0,01 (n.s.)
Allgemeiner Fachleistungs-index ULME I	-	-	0,44 #
CFT 20	-	-	0,09 **
R^2	*0,36*	*0,17*	*0,35*

* p<.05, ** p<.005, # p<.001

Bereits wenn – wie im Modell 1 geschehen – die Unterschiede in den Anfangsbedingungen der Jugendlichen anhand der distalen Variablen Schulabschluss, Muttersprache und Geschlecht berücksichtigt werden, zeigt sich kein signifikanter eigenständiger Effekt mehr hinsichtlich des Herkunftsbundeslandes. Die manifesten Leistungsvorteile der Jugendlichen aus anderen Bundesländern gegenüber den Hamburger Schülerinnen und Schüler sind also vernehmlich auf die ‚erfolgsnähere' Zusammensetzung dieser Gruppe, etwa in Bezug auf den Schulabschluss, zurückführen; bei Kontrolle dieser Merkmale zeigten sich keine höheren Fachleistungen für die Jugendlichen aus anderen Bundesländern. D. h. bei ähnlichen Voraussetzungen in den Schulabschlüssen, hinsichtlich des Migrationshintergrunds und des (nicht zuletzt berufswahlrelevanten) Geschlechts würden sich keine systematischen Leistungsdifferenzen zwischen den Auszubildenden aus Hamburg und jenen aus anderen Bundesländern zeigen.

In der zweiten Regressionsanalyse wurden nur diejenigen Jugendlichen berücksichtigt, die sowohl an ULME I als auch an ULME III teilnahmen. Aufgrund der vorzeitigen Beendigung der Ausbildungsverhältnisse durch die Abiturienten, aber auch wegen leistungs- und motivationsbedingter Ausbildungsabbrüche konnten hierfür nur mehr 1.128 Jugendliche in die Analysen einbezogen werden. Es zeigte sich ein ähnliches Bild wie im ersten Modell; dabei sinkt jedoch in diesem Modell die Vorhersagekraft der Prädiktors „Schulabschluss" in sehr auffälliger Weise. Dies ist – in der ausschließlichen Betrachtung des vorliegenden Längsschnitts – auf die statusmäßige Homogenisierung der Gruppe durch die verkürzten Ausbildungszeiten zurückzuführen, welche bei Vorliegen der entsprechenden Bedingungen ermöglicht wurden.

Das dritte Modell bezieht nicht nur die Schulabschlüsse, sondern über den Allgemeinen Fachleistungsindex auch die Fachleistungen in den zentralen Domänen Deutsch, Mathematik und Englisch zu Beginn der Ausbildung ein. Damit bleibt zwar immer noch ein eigenständiger Beitrag des Schulabschlusses zur Varianzaufklärung in den Testleistungen bestehen, dieser tritt jedoch in seiner Vorhersagekraft deutlich hinter die allgemeinen Fachleistungen zurück. Für das Herkunftsbundesland zeigt sich auch in diesem Modell kein signifikanter Effekt.

4.4 Determinanten der Testleistungen

In den subgruppenbezogenen Auswertungen zum Grundbildungstest „Texte und Tabellen" hatten sich differenzielle Effekte im Hinblick auf die Zugehörigkeit zum Bildungsgang und zum Migrationsstatus angedeutet. Deshalb soll an dieser Stelle mit den Mitteln der multiplen Regressionsanalyse dem Einfluss von Lernvoraussetzungen, kognitiven Leistungen und Lernstrategien sowie von soziokulturellen Hintergrundmerkmalen nachgegangen werden.

Die Leistungen im Test „Texte und Tabellen" wurden dabei als abhängige Variable in ein entsprechendes Modell eingesetzt. Die Aufnahme der Variable „Migrationsstatus" erfolgte über eine Dummy-Codierung.[7] Alle übrigen Variablen wurden mit ihren Skalenwerten übernommen.

Folgende Faktoren gingen als unabhängige Variablen in das Regressionsmodell ein:

- Deutsch-Leseverständnis am Beginn der Ausbildung (ULME I),
- metakognitives Wissen zur Texterschließung am Ende der Ausbildung,
- kognitive Lernvoraussetzungen, gemessen mit dem CFT 20 am Ende der Ausbildung,
- Mathematik I am Beginn der Ausbildung (ULME I),
- Mathematik II am Beginn der Ausbildung (ULME I) und
- Migrationshintergrund (erfasst über die im Elternhaus zuerst erlernte Sprache).

Tabelle 4.4 zeigt die standardisierten Regressionskoeffizienten der ausgewählten Faktoren. Die höchste Erklärungskraft besitzen die metakognitiven Strategien zur Texterschließung (Beta = 0,23), die einen engeren Zusammenhang zu den Testleistungen aufweisen als das Leseverständnis (Beta = 0,15) und die allgemeinen kognitiven Grundfähigkeiten (Beta = 0,18). Darüber hinaus ließen sich Unterschiede in den Grundqualifikationen in Abhängigkeit von der Ausprägung der mathematischen Kompetenzen nachweisen (Beta = 0,12 bzw. 0,09). Wie sich ferner gezeigt hat, erreichten Jugendliche ohne Migrationshintergrund bei Kontrolle aller übrigen im Modell berücksichtigten Einflussgrößen im Durchschnitt um 6 Skalenpunkte (nicht standardisierter Regressionskoeffizient) höhere Testleistungen als Jugendliche nicht deutscher Herkunftssprache (Beta = 0,11).

Auf diese Weise macht die Analyse auch deutlich, dass über die kognitiven und metakognitiven Lernvoraussetzungen hinaus weitere eigenständige Faktoren hinter den vergleichsweise niedrigeren Testleistungen der Jugendlichen mit Migrationshintergrund stehen müssen, die im Regressionsmodell nicht berücksichtigt werden konnten. Denkbar ist beispielsweise angesichts der Ungleichverteilung der Migranten auf die Ausbildungsgänge ein damit verbundener Einfluss auf die Lern- und Arbeitsformen. Solide belegen lässt sich eine solche Vermutung auf der Basis der

---

7 Wie üblich wird die Gruppe mit den geringsten Werten in der abhängigen Variable, hier: der Testleistung, als Referenzkategorie betrachtet. In diesem Fall handelt es sich um die Gruppe der Jugendlichen, die eine nichtdeutsche Muttersprache sprechen.

vorliegenden Fallzahlen und verfügbaren Informationen über die Ausbildungsqualität allerdings nicht.

Tabelle 4.4   Determinanten der Leistungen im Grundbildungstest „Texte und Tabellen"

Prädiktoren	Standardisierter Regressionskoeffizient Beta
Kognitive Lernvoraussetzungen	
Deutsch-Leseverständnis, Beginn BA	0,15
Metakognitives Wissen über Textverarbeitung, Ende BA	0,23
CFT 20, Ende BA	0,18
Mathematik I, Beginn BA	0,12
Mathematik II, Beginn BA	0,09
Sozio-kulturelle Merkmale	
Muttersprache deutsch	0,11
R^2	*0,34*

4.5 Exkurs: Ergebnisse des Subtests „Diskontinuierliche Texte" nach Kompetenzniveaus in Anlehnung an die internationale Metrik der IALS-Studie

Methodische Vorüberlegungen zur Bildung von Kompetenzstufen in Anlehnung an die Kompetenzstufen der Internationalen Erwachsenenstudie IALS

Aufgrund des Umstands, dass der Untertest „Diskontinuierliche Texte" in wesentlichen Teilen auf Items der Subskala „documents" aus dem Internationalen Test der Internationalen Erwachsenen Studie IALS beruht (OECD und Statistics Canada, 1996) und z. B. im Unterschied zu den Testitems aus dem Bereich „Kontinuierliche Texte" nur geringfügig Änderungen im Antwortformat erforderlich machte, erschien ein Versuch erkenntnismäßig vielversprechend, die dort definierten Kompetenzstufen auf die Items aus dem Bereich „Diskontinuierliche Texte" des Tests „Texte und Tabellen" zu übertragen. Da mit unterschiedlichen Test-Situationen (Interview-Befragung bei IALS vs. schriftliche Befragung in Hamburg) und Metriken in den beiden Studien gearbeitet wurde, musste ein Weg gefunden werden, Vergleichbarkeit der Item-Schwierigkeiten herzustellen und so wenigstens näherungsweise – nämlich auf der Ebene der Definition von Kompetenzniveaus – zu einer Entsprechung der beiden Skalen zu gelangen (zum Verfahren vgl. Ivanov & Lehmann, 2005).

In einem ersten Schritt erfolgte auf der Grundlage der probabilistischen Testtheorie eine dreidimensionale Skalierung. Dabei wurden die Items in Analogie zur Internationalen Erwachsenenstudie den Domänen „Prose Literacy" (Verständnis kontinuierlicher Texte), „Document Literacy" (Verständnis diskontinuierlicher Texte) und „Quantitative Literacy" (Rechenfertigkeiten/Zahlenverständnis) zugeordnet und hinsichtlich ihrer Dimensionalität auf Basis der Daten aus der Berliner Piloterhebung und der Hamburger Hauptuntersuchung geprüft. Im Ergebnis dieser Analyse zeigte sich ein kleiner Modellvorteil für die dreidimensionale Struktur; allerdings erlangte die Dimension zum Verständnis kontinuierlicher Texte für sich genommen keine zufrieden stellende Reliabilität. Günstigere Testhomogenitäten wiesen die beiden anderen Subskalen zum Verständnis diskontinuierlicher Texte und zu den Rechenfertigkeiten auf. Auf der Basis dieser Ergebnisse lag es am nächsten, die Sub-Skala „Verständnis diskontinuierlicher Texte" für die nachfolgende Analyse zu nutzen.

Um nun die ‚ULME-Metrik' mit der vorgegebenen, international definierten Kompetenzstufenhierarchie kommensurabel zu machen, wurden die Items aus der Sub-Skala „Diskontinuierliche Texte" in einer einfachen Regressionsanalyse als ‚Fälle' behandelt, wobei die Schwierigkeitsparameter der ‚IALS-Items' als abhängige und die Hamburger Schwierigkeitsparameter der ‚ULME-Skala' als unabhängige Variable verwendet wurden (R^2 = 0,91). So konnten mithilfe der ermittelten Regressionskoeffizienten die gegebenen Schwellen zwischen den für IALS definierten Kompetenzstufen auch auf die nunmehr versuchsweise für ULME übernommene, durch lineare Transformation aus den Ausgangsparametern generierbare Metrik projiziert werden. Es ist zu betonen, dass es sich hierbei nur um ein verhältnismäßig grobes Näherungsverfahren handelt und dass insbesondere ein direkter Vergleich mit Prozentzahlen, die sich auf IALS beziehen, vorerst nicht angezeigt ist.

Die Aufgabenschwierigkeit wurde analog zur IALS-Studie auf eine kritische Lösungswahrscheinlichkeit von 0,80 bezogen. Hiernach werden den Probanden erst dann die fraglichen Kompetenzen zugebilligt, wenn sie ‚auf lange Sicht' in vier von fünf Fällen eine erfolgreiche Bearbeitung von Aufgaben einer bestimmten Schwierigkeitsstufe erwarten lassen. Bei dieser Festlegung werden die Fähigkeitsschätzungen für die Probanden um einen für alle gleichen Betrag numerisch vermindert.

Die Definition von Kompetenzniveaus im Subtest „Diskontinuierliche Texte"

In Anlehnung an IALS werden folgende Kompetenzniveaus für die Fähigkeiten im Umgang mit diskontinuierlichen Texten definiert:

(1) **Stufe 1: 0 bis 225 Punkte:** Charakteristisch für die Aufgaben von Stufe 1 ist das Auffinden einer einzelnen Information in einem einfachen Dokument, das nur wenige und überschaubare Informationen enthält. Beispiele für Aufgaben dieses Niveaus sind das Herausfinden der Öffnungszeiten eines Schwimmbades oder das Ablesen eines Wertes für den Ölverbrauch eines Landes aus einer beschrifteten Grafik.

(2) **Stufe 2: 226 bis 275 Punkte:** Auf Stufe 2 sind zwei Einzelinformationen aus einem Dokument miteinander zu kombinieren oder eine Textinformation mit einer Information aus einer Tabelle oder einem Formular zu verbinden. Beispiel hierfür ist das Ausfüllen eines Teils eines Bewerbungsformulars für einen Teilzeitjob in einem Schnellrestaurant. Die Informationen über gewünschte Arbeitszeiten (Wochentage, Stunden pro Tag etc.), Fahrtmöglichkeiten usw. sind aus dem Text in das Formular zu übertragen.

(3) **Stufe 3: 276 bis 325 Punkte:** Aufgaben der Stufe 3 erfordern die Kombination von verbalen, räumlichen und numerischen Informationen, um die gewünschten Auskünfte oder Aufklärungen zu erhalten.

(4) **Stufe 4: 326 bis 375 Punkte:** Stufe 4 ist in IALS als die Fähigkeit beschrieben, aus detailreichen Dokumenten Informationen zu erschließen, die nicht direkt gegeben sind, sondern z.B. wegen eines Wortgebrauchs, der von der Frageformulierung abweicht, zusätzliche Verständnisleistungen erfordert. Stattdessen – oder zusätzlich – kann es sich auch um die Kombination von Informationen aus ganz verschiedenen Dokumenten handeln.

(5) **Stufe 5: 376 bis 500 Punkte:** Aufgaben der Stufe 5 erfordern Fähigkeiten, mehrere Einzelinformationen in einem Dokument zu erkennen und mitein-

ander kombinieren zu können. Dabei geht es meist um komplex strukturierte Dokumente (z.B. Tabellen mit mehreren Legenden), deren vielschichtige Informationen zueinander in Beziehung gesetzt werden müssen. Ein Beispiel hierfür ist die bereits erwähnte Aufgabe, den durchschnittlichen Ladenpreis für ein Uhrenradio zu ermitteln, das einer bestimmten Ausstattungsgruppe angehört und mit der höchsten Punktzahl im Bereich „Leistung" bewertet wurde.

Schülerinnen und Schüler, die lediglich das Kompetenzniveau 1 erreichen, erfüllen nur einfachste Verstehensanforderungen, und es ist zu befürchten, dass sie in ihrer weiteren beruflichen Entwicklung und Tätigkeit – insbesondere mit Blick auf berufliche Weiterbildung und die Anforderungen des eigenverantwortlichen beruflichen Lernens – diesen Anforderungen kaum oder nur sehr bedingt gerecht werden. Sie sind zwar mit hinreichender Sicherheit in der Lage, buchstäblich ‚einfache' Informationen aus Diagrammen, Tabellen und Informationsblättern mit grafischen und tabellarischen Elementen zu entnehmen, jedoch nur dann, wenn die gesuchte Information deutlich markiert oder hervorgehoben ist und keine oder nur geringe Verstehensleistungen im erweiterten Sinne erfordert. Dies bedeutet nicht, dass die Jugendlichen des Kompetenzniveaus grundsätzlich nicht in der Lage wären, auch komplexer verschlüsselte Informationen zu erkennen und zu verarbeiten, doch für sie sinkt die Wahrscheinlichkeit, solche anspruchsvolleren Aufgaben zu bewältigen, deutlich unter die Schwelle, die die Vermutung der ‚hinreichend sicheren Beherrschung' rechtfertigen würde. Aus praktischer Perspektive betrachtet stellen für die Jugendlichen dieser Kompetenzstufe komplexe Informationssysteme, wie sie in der Alltags- und Arbeitswelt in Form von Belegen, Formularen, Gebrauchs- und Handlungsanleitungen sowie in diversen grafischen Darstellungen anzutreffen sind, eine erhebliche Überforderung bei der Informationsbeschaffung dar.

Verteilung der Schülerinnen und Schüler auf die Kompetenzniveaus und Unterschiede zwischen den Bildungsgängen

In der Abbildung 4.4 ist jeder Kompetenzstufe ein charakteristisches Item zugeordnet. Trotz der damit gegebenen Vereinfachungen erlaubt die regressionsanalytisch aus IALS abgeleitete Einteilung der Schwierigkeitsskala und damit auch der Leistungsverteilung in die gekennzeichneten Kompetenzstufen besonders eindrückliche Charakterisierungen.

Wie der Verteilungsgrafik auf der linken Seite der unten stehenden Abbildung zu entnehmen ist, befanden sich etwas mehr als drei Viertel der getesteten Jugendlichen auf den beiden unteren Kompetenzniveaus. Rund ein Drittel der Jugendlichen zeigte Leistungen, die dem *Kompetenzniveau 1* zuzuordnen sind. Diese Jugendlichen verfügten über nur schwach entwickelte Fähigkeiten der Informationsentnahme. Sie waren – immer unter der Voraussetzung ,hinreichender Sicherheit'[8] – allenfalls in der Lage, eine einzelne, explizit in der Aufgabenstellung genannte Information aus dem Text herauszusuchen, und zwar nur dann, wenn keine zusätzlichen oder gar konkurrierenden Informationen zu berücksichtigen waren.

Etwa 44 Prozent der Schülerinnen und Schüler befanden sich auf dem Kompetenzniveau 2, d. h., sie konnten mit der gebotenen (relativ hohen) Wahrscheinlichkeit einfache Dokumentenstrukturen (z.B. in Tabellen) verstehen oder zwei Einzelinformationen miteinander kombinieren.

---

8   Die hier im Anschluss an IALS verwendete ,kritische Erfolgsschwelle' von p = 0,80 impliziert übrigens, dass auch ein unmittelbarer Vergleich mit den Kompetenzstufen im Sinne von PISA ausgeschlossen ist, da dort mit p = 0,65, wie z.B. in der TIMS-Studie auch, ein anderer Referenzpunkt gesetzt ist.

Abbildung 4.4   Verteilung der Schülerleistungen im Subtest „Diskontinuierliche Texte", gemessen an der Testmetrik der Internationalen Erwachsenenstudie IALS

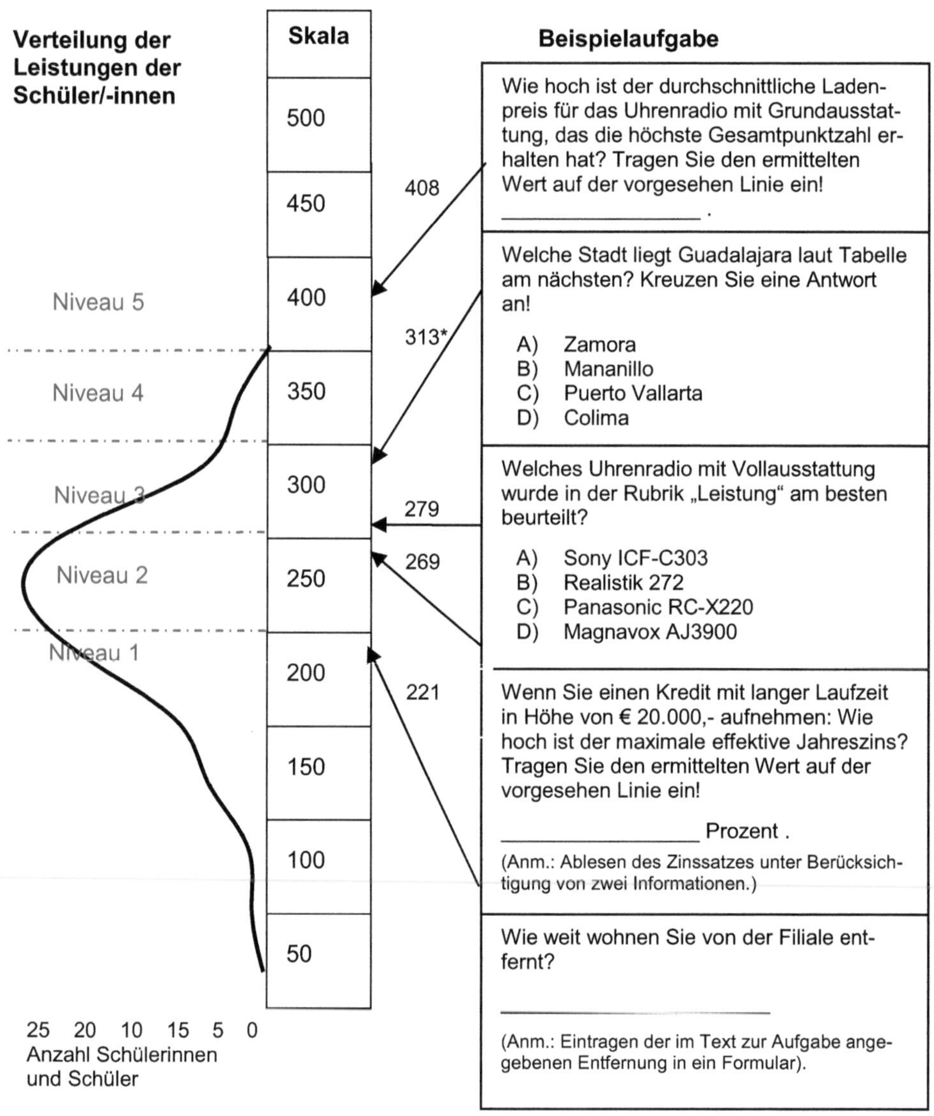

Ca. 17,6 Prozent der Schülerinnen und Schüler verfügten am Ende ihrer beruflichen Ausbildung über Fähigkeiten, die dem *Kompetenzniveau 3* entsprechen. Sie waren im Stande, Informationen zueinander in Beziehung zu setzen und daraus Schlussfolgerungen zu ziehen. Eine typische Anforderung für Aufgaben dieses Niveaus war beispielsweise das Ausfüllen einer Arbeitszeittabelle auf einem Bewerbungsbogen für ein Schnellrestaurant. Hier mussten drei Bedingungen berücksichtigt werden, nämlich, dass die Bewerberin / der Bewerber (1.) nicht am Wochenende, (2.) wochentags erst nach 16 Uhr und (3.) insgesamt nicht mehr als 15 Stunden in der Woche arbeiten möchte.

Nur 5,6 Prozent der Jugendlichen entfielen auf die *Kompetenzniveaus 4 und 5* und waren fähig, mit der geforderten hohen Wahrscheinlichkeit detailreiche und komplex strukturierte Dokumente zu analysieren und ihnen gezielt Informationen zu entnehmen. Dabei waren bei Aufgaben dieses Niveaus nicht nur mehrere Einzelinformationen miteinander zu verbinden, sondern es musste auch vorgängig deren wesentlicher Bezug erkannt werden. Häufig waren vergleichsweise anspruchsvolle analytische Leistungen für die erfolgreiche Bewältigung der entsprechenden Anforderungen zu erbringen.

Erwartungsgemäß wurden gravierende Differenzen in den Fähigkeiten zum Umgang mit diskontinuierlichen Texten zwischen den Bildungsgängen beobachtet. Bereits im Rahmen von ULME I (vgl. Lehmann, Ivanov, Hunger & Gänsfuß, 2005) – wie auch im vorangegangenen Kapitel 3 (Abschnitt 3.1) – ist verdeutlicht worden, dass es sich beim Berufsbildungssystem um ein leistungsmäßig stratifiziertes System handelt, und zwar nicht nur in Bezug auf die unterschiedlichen Schulsysteme und Schulformen innerhalb der beruflichen Bildung, sondern auch innerhalb des dualen Systems selbst.

Im Vergleich der 17 hier untersuchten beruflichen Bildungsgänge fällt auf, dass – mit Ausnahme des Berufs der Anlagenmechaniker – die ersten vier Kompetenzniveaus in jedem Ausbildungsberuf vertreten waren (Abbildung 4.5). Bei den Anlagenmechanikern dagegen wurde von den Schülerinnen und Schülern maximal die Niveaustufe 3 erreicht.

Abbildung 4.5   Anteile der Schülerinnen und Schüler auf den Kompetenzniveaus im Subtest „Diskontinuierliche Texte" nach Berufen (in Prozent)

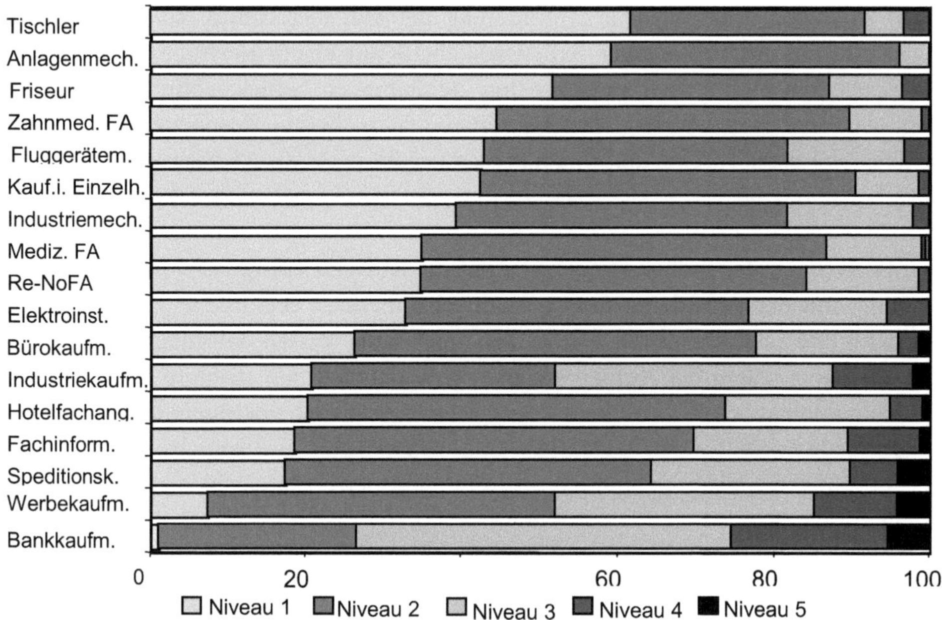

Darüber hinaus illustriert die Grafik, in der die Ausbildungsberufe nach dem jeweiligen Anteil von Jugendlichen des Niveaus 1 sortiert sind, die zwischen den Berufen beträchtlich variierenden Anteile von Schülerinnen und Schüler in den einzelnen Leistungsbereichen. Ähnliche Problemlagen zeigen sich unter diesem Blickwinkel in den Ausbildungsberufen der Anlagenmechaniker, Tischler, Friseure und Zahnmedizinischen Fachangestellten, bei denen jeweils mehr als zwei Fünftel der Schülerinnen und Schülern, bei den Anlagenmechanikern sogar drei Fünftel, auf dem untersten der hier definierten Kompetenzniveaus liegen. Dies hängt vermutlich primär mit der Eingangsselektion in diesen Berufen zusammen, aber auch Beziehungen zu den

ten während der Ausbildung selbst sind nicht auszuschließen. Auffällig ist in diesem Zusammenhang, dass gerade die metakognitiven Kompetenzen in den genannten vier Berufen, die einen überproportional hohen Anteil an leistungsschwächeren Jugendlichen aufweisen, am Ende der Ausbildung sogar ungünstigere Ausprägungen aufweisen als zu Beginn (vgl. Abschnitt 3.2.1).

So ist davon auszugehen, dass beispielsweise Jugendliche in kaufmännischen Berufen sowohl in der berufstheoretischen wie auch der berufspraktischen Ausbildung stärker als jene mit verschiedensten grafisch oder tabellarisch aufbereiteten Informationen konfrontiert werden. Diesen Lerngelegenheiten entsprechend dürften auch die Chancen für die Entwicklung und den Transfer derartiger Kompetenzen im Vergleich zu den zuvor genannten gewerblich-technischen, handwerklichen oder auch medizinisch-technischen Berufen als günstiger eingeschätzt werden.

Überraschenderweise war in den Berufen, in die überwiegend Schülerinnen und Schüler mit Hochschulreife einmünden, mit Ausnahme der Bankkaufleute, der Anteil Jugendlicher auf den Kompetenzstufen 1 und 2 mit jeweils über 50 Prozent recht beträchtlich. Aber auch unter den Bankkaufleuten verfügte immer noch rund ein Viertel der Jugendlichen nicht über Kompetenzen, die das Niveau 2 überstiegen. Der Anteil an Schülerinnen und Schülern in den oberen Kompetenzniveaus fiel in den anderen Berufen, deren Auszubildende ebenfalls überwiegend eine Hochschulzugangsberechtigung besitzen, etwa wie bei den Werbe- und Speditionskaufleuten sowie den Fachinformatikern, nochmals geringer aus als bei den Bankkaufleuten, wo er rund 25 Prozent betrug.

Die vereinfachende Verteilung der Schülerinnen und Schüler auf Kompetenzniveaus verdeckt allerdings die zum Teil beträchtlichen Leistungsstreuungen innerhalb dieser Kompetenzniveaus. Gerade auf dem untersten Kompetenzniveau, das das gesamte Spektrum bis 225 Skalenpunkte umfasst und dem rund ein Drittel der Jugendlichen aufgrund ihrer Testleistungen zuzuordnen waren, erfolgt in dieser Darstellung keine weitere Differenzierung.

Betrachtet man die Testergebnisse in Abhängigkeit von dem Schulabschluss, der in einer allgemein bildenden Schule oder im Rahmen von beruflichen Bildungsgängen an einer Berufsschule erworben wurde, so fällt zunächst einmal auf, dass in den beiden Gruppen der Jugendlichen mit Hauptschulabschluss und mit mittlerer Reife keine Auszubildenden auf dem höchsten Kompetenzniveau (5) zu finden sind (vgl. Abbildung 4.6). Ein solcher Befund ist – zumal vor dem Hintergrund der PISA-Ergebnisse aus den Jahren 2000 und 2003, bei denen stets die großen Überschneidungsbereiche zwischen den Schulformen betont worden sind – zunächst überraschend. Immerhin wurden dort in allen Schulformen Schülerinnen und Schüler auf

& Artelt, 2004, 105). Die Ursachen für die hier abweichenden Leistungsverteilungen von Befunden im nationalen Rahmen dürften vor allem in der regionalen und sektoral eingegrenzten Stichprobe der ULME-III-Studie liegen. Mit der Beschränkung auf bestimmte Berufe des dualen Systems wurde im Rahmen der vorliegenden Untersuchung von vornherein eine höchst selektive Schülergruppe betrachtet, die nicht annähernd die gesamte Leistungsbandbreite der Schülerinnen und Schüler am Ende des allgemein bildenden Schulsystems und auch nicht diejenige am Ende des beruflichen Bildungssystem widerspiegelt. Auch darf nicht übersehen werden, dass in den bundesweit berechneten Überschneidungsbereichen der PISA-Studie auch die Differenzen zwischen den Bundesländern enthalten sind, in denen die verschiedenen Schulformen teilweise eine deutlich andere Selektionsbasis besitzen.

Abbildung 4.6   *Anteile der Schülerinnen und Schüler auf den Kompetenzniveaus im Subtest „Diskontinuierliche Texte" nach höchstem erreichten Schulabschluss (in Prozent)*

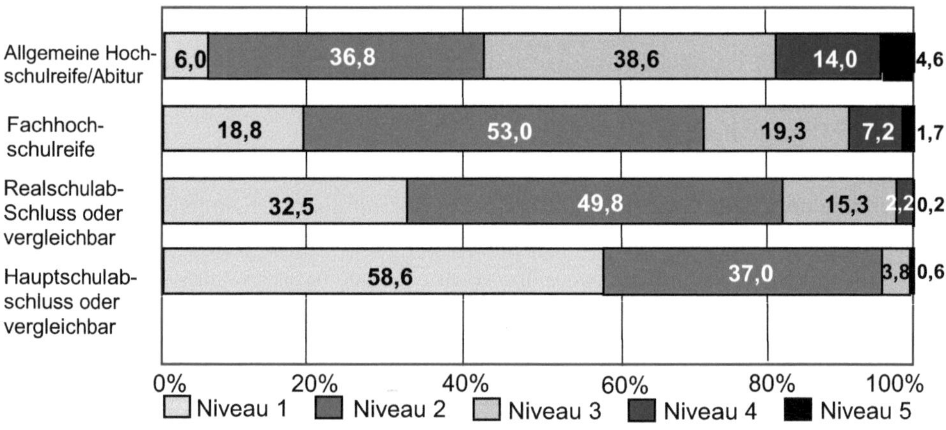

Wie sich bereits in den Analysen zu den beruflichen Bildungsgängen mit ihrer nach Vorbildung je unterschiedlichen Schülerschaft angedeutet hatte, befanden sich offenbar nicht wenige Schülerinnen und Schüler mit Hochschulabschluss auf einem der unteren Kompetenzniveaus. Insoweit ist es ein beunruhigender Befund, dass rund sechs Prozent der Jugendlichen mit Abitur das Niveau 1 nicht überschritten haben. Nicht weniger als 37 Prozent befanden sich auf dem Niveau 2 und konnten zwar mit hinreichender Sicherheit Aufgaben mit einfachen Verknüpfungsleistungen erfolgreich bearbeiten, scheiterten jedoch an anspruchsvolleren, komplexeren Informationsstrukturen. Angesichts der bekannten Differenzen zwischen den verschiedenen Formen der gymnasialen Oberstufe (vgl. Lehmann, Hunger, Ivanov & Gänsfuss,

2004; Lehmann, Vieluf, Nikolova & Ivanov, 2006) ist es klar, dass künftig genauere Analysen folgen müssen, in denen die bisherige Bildungskarriere facettenreicher berücksichtigt wird.

Zu den auffälligsten und meistdiskutierten Befunden der ersten PISA-Erhebung im Jahr 2000 war der für Deutschland festgestellte extrem enge Zusammenhang zwischen sozialer Herkunft und Schülerleistung (Baumert & Schümer, 2001), ein Befund, der durch PISA 2003 repliziert worden ist (Ehmke, Hohensee, Heidemeier & Prenzel, 2004, 247ff.). Nun stehen in der sozialwissenschaftlichen Forschung eine Vielzahl von Indikatoren, Modellen und Ansätzen zur Verfügung, mit denen Einflüsse der familiären Lebensverhältnisse einschließlich des sozioökonomischen Status sowie der kulturellen Praxis erfasst werden sollen (vgl. den Überblick bei Baumert, Watermann & Schümer, 2003, 54ff.). Ökonomisches, soziales und kulturelles Kapital werden dabei in der Regel als Ressourcen interpretiert, die – ggf. über die Effekte weiterer Determinanten hinaus – den Kompetenzerwerb beeinflussen.

Neben dem Bildungsabschluss und dem sozioökonomischen Status der Eltern, die im Schülerfragebogen erhoben wurden, hat sich nicht nur in den LAU-Untersuchungen der Buchbestand als robuster, wenn auch im Grunde nur stellvertretend für ein ganzes Bündel sozio-kultureller Determinanten stehender Indikator für die Einflüsse des außerschulischen Umfeldes erwiesen. Die direkt erfragten Bildungsabschlüsse und beruflichen Positionen der Erziehungsberechtigten haben methodisch eine ähnliche Funktion, ebenso wie die bekundeten Bildungsaspirationen der Eltern für ihre Kinder. Zum Abschluss dieses Abschnitts wurde deshalb geprüft, ob und ggf. in welchem Maße die hier beobachteten Unterschiede in den Testleistungen, auch in der anzunehmenden Phase der Abkopplung und Loslösung aus der elterlichen Gemeinschaft, im Zusammenhang mit dem Bildungshintergrund der Eltern standen. Nach den vorliegenden Daten konnte insbesondere bei denjenigen Jugendlichen, die angaben, mehr als 500 Bücher im Elternhaus zu besitzen, ein relativ hoher Anteil im oberen Kompetenzbereich auf den Niveaus 4 und 5 verortet werden; dementsprechend geringer war hier der Anteil an Schülerinnen und Schülern auf Kompetenzniveau 1. Jugendliche, in deren Elternhäusern nur eine geringer Bestand an Büchern vorhanden war, befanden sich dagegen zu fast 60 Prozent im untersten Kompetenzbereich (vgl. Abbildung 4.7).

Abbildung 4.7 Anteile der Schülerinnen und Schüler auf den Kompetenzniveaus im Subtest „Diskontinuierliche Texte" nach dem Buchbestand im Elternhaus (in Prozent)

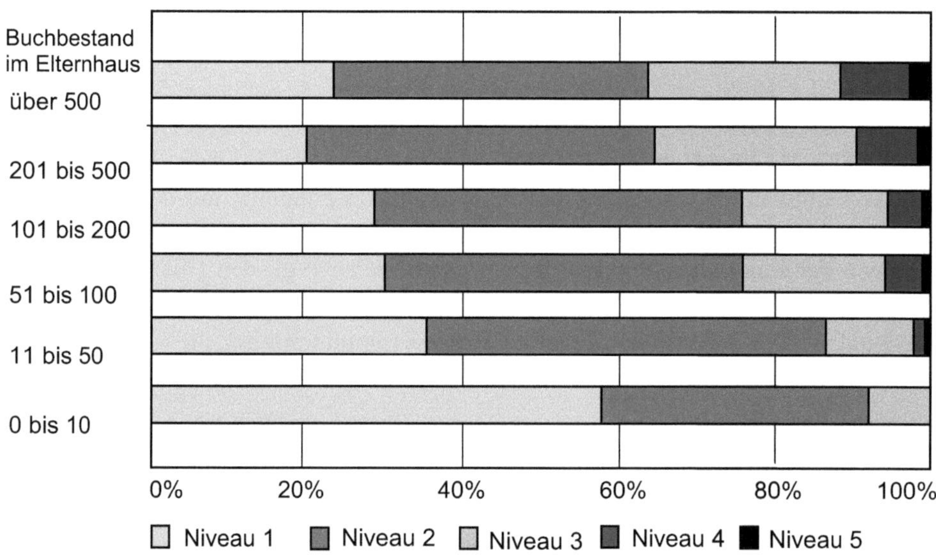

Wenngleich die Daten für den Subtest „Diskontinuierliche Texte" im Vergleich zu anderen Leistungsdomänen einen abgeschwächten Zusammenhang zwischen den bildungsrelevanten Ressourcen des Elternhauses und dem gemessenen Kompetenzniveau nahe legen, was angesichts des lebenspraktischen Stellenwerts dieser Textsorte vielleicht zu erwarten war, so ist die ermittelte Korrelation von r=0,23 doch in der Substanz nicht bedeutungslos, und zwar selbst dann nicht, wenn man von einem intervenierenden Einfluss der vorberuflichen schulischen Biografie auf die Berufswahl selbst ausgeht. Ein etwas stärkerer Zusammenhang hat sich übrigens zwischen den bildungsrelevanten Ressourcen des Elternhauses und dem Gesamttest „Texte und Tabellen" gezeigt (r = 0,27).

Zusammenfassung

Die Daten zu den Kompetenzen im Umgang mit diskontinuierlichen Texten wie auch die des Gesamttests „Texte und Tabellen" offenbaren teilweise recht problematische Sachlagen: Die Mehrzahl der Jugendlichen hatte zum Zeitpunkt der Erhebungen eine 10- bis 13-jährige Schulzeit sowie eine anschließende zwei- bis dreijährige

Berufsausbildung absolviert und war dennoch nur zu einem relativ geringen Anteil in der Lage, sachverständig und souverän mit den schrift- und symbolgebundenen Informationssystemen der umgebenden modernen Industriegesellschaft umzugehen. Dies betraf sowohl analog wie auch digital bzw. numerisch verschlüsselte Informationen. Vor dem Hintergrund unbestreitbarer technischer und technologischer Entwicklungen, des Wandels in der Arbeitsorganisation, der erwartbaren Brüche in den Berufs- und Erwerbsbiografien und der damit verbundenen Anforderungen an eigenverantwortliches Handeln und Lernen ist zu befürchten, dass eine Reihe von Schülerinnen und Schülern in der Gefahr stehen, sich auszuschließen oder ausgeschlossen zu werden von den Möglichkeiten, eigenes Wissen und Können kontinuierlich weiterzuentwickeln und künftig in der erhofften Weise am beruflichen wie gesellschaftlichen Leben teilzuhaben. Wenn man in Übereinstimmung mit zentralen Ergebnissen der Qualifikationsforschung den elaborierten Umgang mit Texten, grafischen und schematischen Dokumenten sowie quantitativ dargebotenen Informationen als basale Voraussetzungen für die berufliche Erst- und Weiterbildung beurteilt, so ist die Bedeutung der hier erkennbar gewordenen Defizite bei den untersuchten Jugendlichen offenkundig.

Die berufliche Ausbildung steht vor dem Hintergrund der dargestellten Ergebnisse fraglos in allen Fächern und Ausbildungssequenzen bzw. -abschnitten in der Verantwortung, den Umgang mit symbolisch verschlüsselter Information auf allen Anforderungsniveaus zu fördern. In welchem Maße dies in einem gegebenen Kontext effektiv und effizient geleistet worden ist, kann mit Untersuchungen der vorliegenden Art überprüft werden. Ein Beitrag zur zielgerichteten und gegebenenfalls individuell gestalteten Integration entsprechender Interventionen in die berufsschulische und betriebliche Ausbildung lässt sich daraus allerdings bestenfalls mittelbar entwickeln.

5 Kompetenzen in Fachenglisch am Ende der Berufsausbildung

Rainer Lehmann unter Mitarbeit von Astrid Neumann

5.1 Struktur und Aufbau des Fachenglischtests

Der Fachenglischtest in ULME III bestand aus zwei sich überschneidenden, unterschiedlich schweren Einzeltests: Testversion I sollte auf die Anforderungen abgestimmt sein, wie sie den neuen KMK-Standards zufolge für den Hauptschulabschluss maßgeblich sind, nämlich Stufe A 2 des Gemeinsamen Europäischen Referenzrahmens für die Sprachen (zum GER vgl. Goethe-Institut Inter Nationes, 2001). Diese Version war für die Auszubildenden zum Einzelhändler, Elektriker, Zahnmediziner, medizinischen Fachangestellten, Industriemechaniker, Anlagemechaniker, Friseure und Tischler konzipiert. Im Gegensatz dazu sollte Version II auch Sprachkompetenzen ansprechen, die für die GER-Stufe B 1 charakteristisch sind und laut KMK-Standards für den Mittleren Schulabschluss gelten sollen. Den zumeist vorliegenden Schulabschlüssen entsprechend kam diese Version bei den Auszubildenden der Berufe Speditions-, Industrie- und Bürokaufmann/-kauffrau, Fachinformatiker, Flugzeugmechaniker, Hotelfachmann/-fachfrau sowie Rechtsanwalts- und Notarfachangestellte und schließlich Werbe- und Bankkaufmann/-frau zur Anwendung. Insgesamt lagen den Tests 18 Aufgaben zu verschiedenen alltäglichen und beruflichen Situationen zugrunde, aus denen 85 Multiple-Choice-Items abgeleitet wurden.

Testform I (A 2) umfasste folgende Themenbereiche:

- Kommunikation am Telefon („On the Phone": 5 Testitems, bei denen die richtige Antwortmöglichkeit in einem Telefongespräch ausgewählt werden musste);

- Lesen und Interpretieren einer Grafik („Presentation of a Graph": 5 Items, bei denen passende Aussagen zur einer grafischen Darstellung identifiziert werden mussten);

- Fehleridentifikation („Error Spotting": 9 Items);

- Leseverständnis („Online-Registration": 2 Items);

- stilistisches Verständnis von Geschäftsbriefen („Business Letter": 3 Items, bei denen inakzeptable Varianten erkannt werden mussten);

- pragmatisches Handeln in offiziellen Gesprächssituationen („Meeting Business Partners": 3 Items, bei denen allgemeine Eröffnungsfloskeln beherrscht werden mussten);

- spezielles Rechtschreibregelwissen („Apostrophe": 4 Items);

- interkulturelles Verständnis speziell im Umgang mit amerikanischen Geschäftleuten („Intercultural Matters": 3 Items);

- Benennung von Zahlen und Berechnungen („Working with Figures": 7 Items);

- Benennung von speziellen betrieblichen Gegebenheiten („Packing Goods": 3 Items);

- Verwendung des Fehlerbegriffs im Englischen („Fehler": 4 Items) und

- Verwendung von Zeitformen in einem Unfallbericht („Tenses": 6 Items).

In der Testform II (B 2) wurden zur vertikalen Verankerung die Bereiche „Working with Figures", „Packing Goods", „Fehler" und „Tenses" verwendet und um folgende Themen ergänzt:

- Analyse von Job-Angeboten („Classified Advertisements": 10 Items, teilweise mehrere richtige Antworten möglich);

- pragmatisches Handeln in Geschäftssituationen („Phrases for a Business Meeting": 8 Items);

- Verständnis von Abkürzungen („Abbreviations / Short Forms": 9 Items);

- Installationsanleitung für einen PC („Instructions for Installing Your PC": 3 Items) und

- visuelle Information in einer Grafik („Presenting Visual Information": ein Item).

Die Auflistung der im Fachenglischtest in seinen beiden Versionen angesprochenen Themenbereiche verdeutlicht, dass es sich um einen sehr vielschichtigen Test handelt, der neben dem Leseverständnis und der pragmatischen Beherrschung verschiedener alltäglicher und beruflicher Situationen auch spezifisch semantische, grammatikalische und orthographische Facetten berücksichtigt. Trotz der allgemeinen Orientierung der beiden Testversionen an den Abstufungen des GER konnte man dabei wegen der situativen Einbettung der Einzelitems kaum damit rechnen, dass diese sich schematisch den GER-Niveaus A 2 und B 1 zuordnen lassen. Die Anforderungsstruktur dieses Tests in seinen beiden Versionen ist daher im nächsten Abschnitt vorrangig zu thematisieren.

5.2 Skalierung und Analyse des Fachenglischtests

Die der Testkonzeption zu Grunde liegende doppelte Intention, besondere sprachliche Anforderungen beruflicher Kontexte zu berücksichtigen und gleichzeitig die Anschlussfähigkeit gegenüber den normativen Momenten zu sichern, die sich mit der Propagierung des GER verbinden, ließ nicht unerhebliche Schwierigkeiten bei der Testskalierung erwarten. Eigentlich erscheint es zunächst einmal unplausibel, bei Aufgaben, die sich auf so heterogene Situationen wie geschäftliche Verhandlungen und Verladevorgänge im Transportwesen beziehen, von der Annahme eines eindimensionalen Schwierigkeitskontinuums auszugehen. Andererseits hängt von der – möglichst eindimensionalen – probabilistischen Skalierbarkeit der Vergleich der Ergebnisse aus den beiden unterschiedlichen Testversionen ab. Daher wurde dieser Ansatz hier gewählt, in der Hoffnung auch, dass sich *eine* fremdsprachliche Grundqualifikation in hinreichender Näherung als dominante Kompetenz erweisen würde, so wie dies ähnlich in den bisher in Hamburg verwandten C-Tests der Fall ist, die ihrerseits – quasi zufallsgesteuert – von Item zu Item unterschiedliche Spezifika ansprechen (vgl. Lehmann, Ivanov, Hunger & Gänsfuß, 2005). Selbst der auf elaborierter Unterscheidung sprachlicher Teilleistungen beruhende „Test of English as a Foreign Language" (TOEFL; zur Anwendung in der Hamburger LAU 13 vgl. Jonkmann, Köller & Trautwein, 2006) wird letztlich ‚eindimensional' ausgewertet, und zwar in den vereinfachten Versionen sogar nur über Rohpunkte und entsprechend voraussetzungsvolle klassische Normierungsverfahren.

Im Falle des vorliegenden Fachenglischtests wurde also versucht, über alle Items eine eindimensionale Rasch-Skalierung vorzunehmen – wie sich zeigte, mit Erfolg. Lediglich 7 der 85 Items erfüllten die Anforderungen an die Modellanpassung nicht, so dass mit $k = 78$ Items eine vergleichsweise vollständige, beide Testversionen übergreifende Auswertung möglich wurde. Die Reliabilität der resultierenden Skalenwerte betrug 0,83. Der Versuch, für diese Skala – basierend auf den Themenbereichen „Kommunikation am Telefon", „Lesen und Interpretieren einer Grafik" und „Fehleridentifikation" (zusammen 19 Items) – zugleich eine Verankerung mit dem Fachenglischtest aus ULME II herzustellen und so die dort verwendete Metrik als Bezugsrahmen weiterzuverwenden, war letztlich nicht erfolgreich. Zwar konnten der ULME-II-Test und die Version I aus ULME III miteinander verknüpft werden, doch dann hätte auf die im vorliegenden Zusammenhang wichtigere Überbrückung zwischen den beiden Testversionen der ULME III verzichtet werden müssen. Deshalb wurde für die vorliegende Studie eine neue Metrik mit einer durchschnittlichen Schülerleistung im Bereich Fachenglisch von 100 Skalenpunkten und einer Standardabweichung von 25 Punkten festgelegt.

Beim Versuch, zu einer inhaltlichen Deutung der Testergebnisse zu gelangen, lag es nahe, nach Abhängigkeiten zwischen den Itemschwierigkeiten und den verwendeten Aufgabentypen und -formaten zu suchen und auf diesem Wege vielleicht zu einer kriteriengeleiteten Interpretation im Sinne eines ‚proficiency scaling' zu gelangen (vgl. den Exkurs im Abschnitt 4.3). Nach den oben aufgelisteten Themenbereichen gruppierte Items sollten sich dann durch vergleichsweise ähnliche Schwierigkeiten auszeichnen. Eine entsprechende Analyse (ohne Abbildung / Tabelle) ließ aber solche Strukturen kaum erkennen: Die Items ein und desselben Themenbereichs verteilten sich, ausweislich der Rasch-Analyse, häufig über ein breites Schwierigkeitsspektrum. Die wichtigste Ausnahme hiervon boten die Items, die sich auf Stellenanzeigen bezogen, dabei zudem teilweise mehrere richtige Antworten erforderten und selbst in einem muttersprachlichen Test sehr hohe Anforderungen gestellt hätten, wie Analogien im Test „Texte und Tabellen" belegen; sie bildeten mit einem Mittelwert von 181 Skalenpunkten anforderungsmäßig eine fast geschlossene Gruppe am oberen Ende der Gesamtskala. Aufgaben, die sich auf grammatikalische oder lexikalische Sonderphänomene („error spotting", „tenses", „Fehler") bezogen, deren Spezifika gezielt im Unterricht geübt werden konnten, waren auf einem für diese Probanden mittleren und deshalb für die Verankerung besonders geeigneten Anspruchsniveau von 100 Punkten plus/ minus einer Standardabweichung angesiedelt. Pragmatisch orientierte Aufgaben deckten hingegen mit Ausnahme des oberen Extrembereichs nahezu die gesamte Bandbreite der Aufgabenschwierigkeiten ab. Nach den Erfahrungen vor allem des Projekts „Deutsch-Englisch-Studie International" (DESI; vgl. Jude; Hartig & Klieme, 2004; Neumann 2006) versuchsweise eingesetzte Prädiktoren für die Aufgabenschwierigkeit – „Integration mehrerer Kompetenzen", „explizit gefordertes sprachliches Wissen"; „Einbeziehen eigener Erfahrungen"; „berufliche oder Spezialthemen"; „englischsprachiger Stimulus"; „offene Anzahl richtiger Lösungen" – führten trotz einiger Erklärungskraft ($R^2 = 0,57$ bei 78 Items) letztlich zu keinen belastbaren und theoretisch überzeugenden Ergebnissen.

Abbildung 5.1   Verteilung der Schülerleistungen in Fachenglisch im Vergleich mit den Schwierigkeiten der Testaufgaben

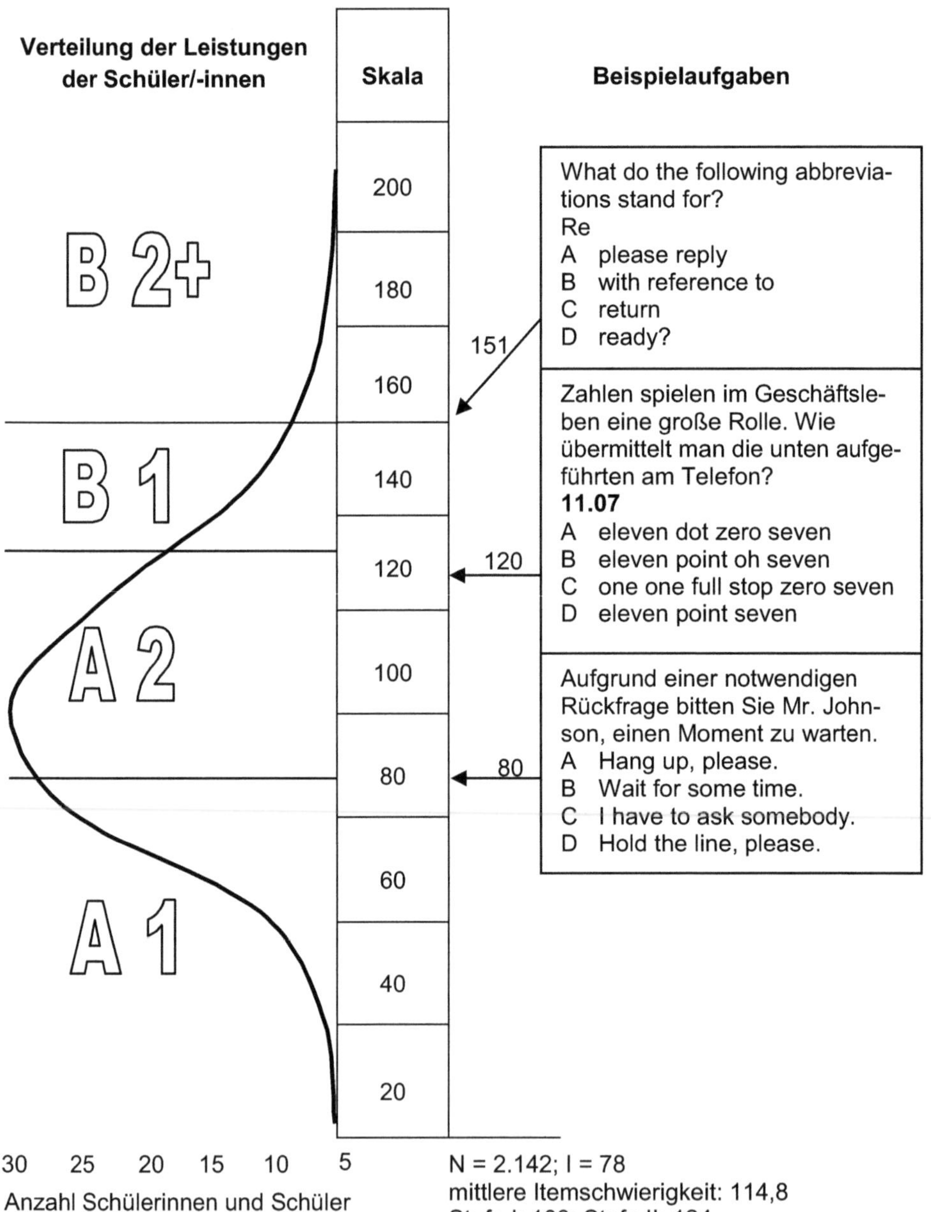

Die Verteilung der Aufgabenschwierigkeiten, differenziert nach Testversion und den erreichten Lernständen der Schülerinnen und Schüler gegenübergestellt, zeigt indessen, dass der Test den Erwartungen, die auf seine Entwicklung gerichtet worden waren, in wesentlichen Punkten gerecht wurde (Abbildung 5.1).

Die 30 speziell in Testversion I verwendeten Items haben sich bei der Skalierung mit einer durchschnittlichen Schwierigkeit von 101 Skalenpunkten in der Tat als die einfacheren erwiesen, während die 28 besonderen Items der Version II bei einem Mittelwert von 135 Punkten erheblich höhere Anforderungen stellten. Die hohe Schwierigkeit dieser Version ist allerdings im Wesentlichen durch die 10 Items der Gruppe „Classified Advertisements" (Mittelwert: 181 Skalenpunkte) bedingt; ohne diese Aufgaben reduziert sie sich auf ein Anforderungsniveau von durchschnittlich 110 Punkten. Die 20 Ankeritems schließlich, über die Vergleiche zwischen den beiden Versionen ermöglicht werden sollten, erfüllten mit einer mittleren Schwierigkeit von 108 Punkten diese Aufgabe gut (vgl. Abbildung 5.2).

Abbildung 5.2   Verteilung der Itemschwierigkeiten nach Testversion und Ankeraufgabe

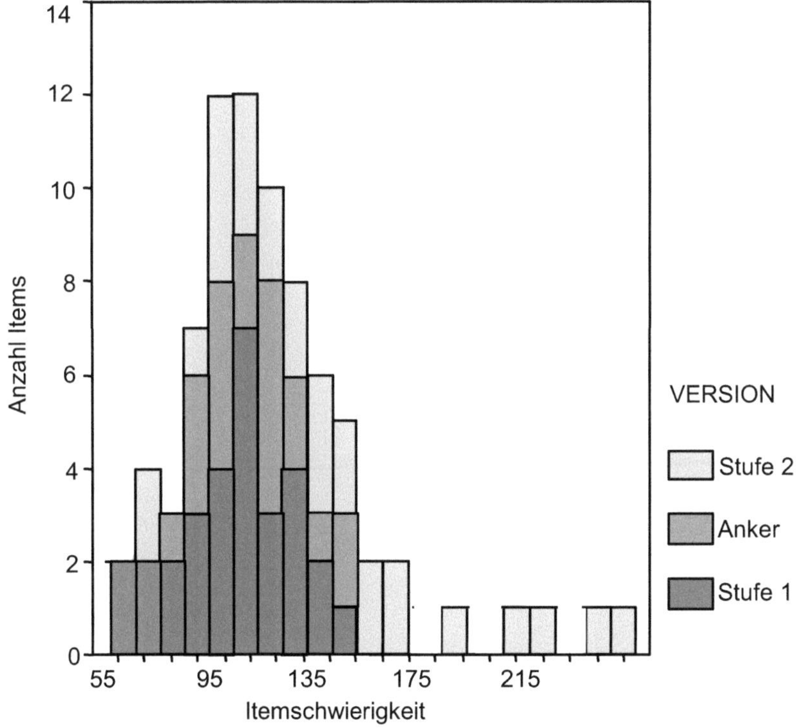

Der GER, der die Testkonzeption mitbestimmt hat, definiert die verschiedenen Kompetenzstufen über Fähigkeiten in den vier Grunddimensionen der Sprachlichkeit – Hören, Sprechen, Lesen, Schreiben – , von denen der Fachenglischtest in seiner Beschränkung auf das multiple-choice-Format nur das fremdsprachliche Leseverständnis erfassen konnte, freilich mit Voraussetzungen in den Bereichen des Regel-, Welt- und Fachwissens. Es ist deshalb nur sehr eingeschränkt möglich, die hier verwendeten Aufgaben auf die GER-Kompetenzhierarchie zu beziehen. In grober Näherung soll dies gleichwohl versucht werden, weil so eine kriteriumsorientierte Interpretation ermöglicht würde (vgl. Abbildung 5.3).

Abbildung 5.3   Leistungsverteilung der Schülerinnen und Schüler nach Kompetenzniveaus

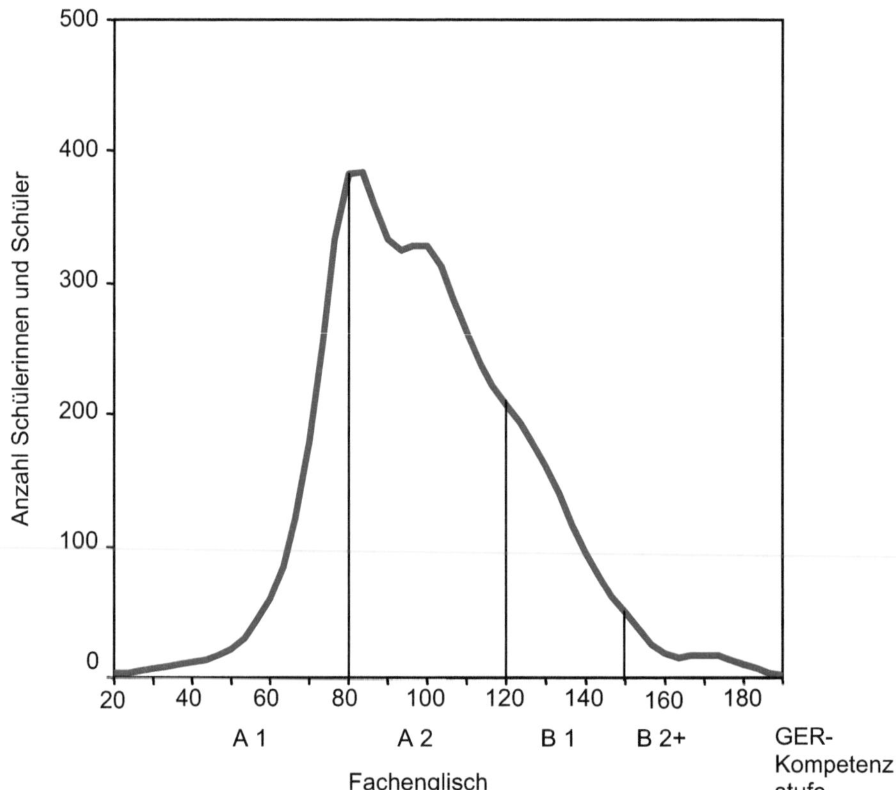

Vielleicht ist es, um einen Ausgangspunkt zu gewinnen, legitim, die besonders schwierige Itemgruppe zu den „Classified Advertisements", bei der es um die Auswahl passender Job-Angebote aus einer Reihe von Offerten geht, der Stufe **B 2** zuzuordnen. Diese verlangt laut Definition u. a. die folgende Fähigkeit:

„Kann lange und komplexe Texte rasch durchsuchen und wichtige Einzelinformationen auffinden. Kann rasch den Inhalt und die Wichtigkeit von Nachrichten, Artikeln und Berichten zu einem breiten Spektrum berufsbezogener Themen erfassen und entscheiden, ob sich ein genaueres Lesen lohnt" (Goethe-Institut Inter Nationes und Europarat für kulturelle Zusammenarbeit, 2001, 75).

Wenn die Interpretation zutrifft, dass gerade in dieser Itemgruppe, die sich zwar nicht auf lange, wohl aber unübersichtliche Texte bezieht, solche Leistungen angesprochen sind, dann wird man die untere Grenze der Stufe und damit zugleich die Obergrenze der Stufe B 1 bei einem ULME-Skalenwert von 150 suchen; denn sieben von neun Items mit höheren Schwierigkeiten gehören der auf die „Classified Advertisements" bezogenen Itemgruppe an. Übrigens wären, wie eine analoge Aufgabe aus „Texte und Tabellen" belegt, solche Items auch im muttersprachlichen Kontext keineswegs trivial, was dem sprachübergreifend gemeinten Ansatz entspricht, der für die Konzeption des GER beabsichtigt und maßgeblich war.

Die GER-Definition der nächstniedrigeren Kompetenzstufe **B 1** enthält u. a. die Formulierung: „Kann in einfachen Alltagstexten wie Briefen, Informationsbroschüren und kurzen offiziellen Dokumenten wichtige Informationen auffinden und verstehen" (a. a. O.).

Skalengrenzen für diese Kompetenzstufe anzugeben, deren Festlegung an der Definition dessen hängt, was unter „*einfachen* Alltagstexte(n)" zu verstehen ist, fällt angesichts der verkürzenden Momente von Stimulus- und Antwortformaten eines Tests schwer. Eine Orientierung für die Untergrenze von B 1 liefert aber vielleicht die leichter festzulegende obere Grenze der GER-Kompetenzstufe **A 2**, das Niveau, für das die Experten des Europarats folgende Beispiele gegeben haben:

„Kann kurze einfache Texte zu vertrauten, konkreten Themen verstehen, in denen gängige, alltags- oder berufsbezogene Sprache verwendet wird" (a. a. O.).

„Kann konkrete, voraussagbare Informationen in einfachen Alltagstexten auffinden, z.B. in Anzeigen, Prospekten, Speisekarten, Literaturverzeichnissen und Fahrplänen" (a. a. O.).

Beispiele für solche Leistungen liefert der in besonderem Maße auf schlichte Eindeutigkeit abgestellte Themenbereich „Working with Figures", bei dem sechs von sieben Schwierigkeitsparametern zwischen 80 und 120 liegen. Angesichts dessen mag es nicht gänzlich abwegig sein, als Grenze zwischen A 2 und B 1 einen ULME-Skalenwert von 120 anzusetzen. Eine datenbasierte Festlegung der Untergrenze von A 2 erübrigt sich freilich, weil überhaupt nur neun thematisch verstreute Items existieren, die noch einfacher sind und offenbar lediglich rudimentäre Sprachfähigkeiten – beispielsweise die Kenntnis geläufiger Redewendungen oder Abkürzungen – verlangen. So ist es möglicherweise zu rechtfertigen, die Untergrenze für A 2 bzw. die Obergrenze für A 1 auf den ULME-Skalenpunkt 80 zu legen.

Es sei jedoch nochmals betont, dass die so vorgenommenen Abgrenzungen und davon abgeleitete Schätzungen auf einer sehr schmalen Basis beruhen und allenfalls eine gewisse Plausibilität für sich in Anspruch nehmen können.

Vage Möglichkeiten des Vergleichs mit unabhängigen Einstufungen ergeben sich allenfalls indirekt aus den vom TOEFL abgeleiteten Schätzungen der Verteilung einzelner Abiturientengruppen auf die GER-Niveaus in LAU 13 (Jonkmann, Köller & Trautwein, 2006) im Verbund mit Ergebnissen von LAU 11 bzw. ULME I. Aus den von Jonkmann et al. berichteten Daten lässt sich unter der Annahme, dass die eingesetzten Tests gleiche Aufteilungen der Jugendlichen auf die GER-Kompetenzstufen erzeugen, errechnen, dass die Grenze zwischen den Kompetenzstufen A 2 und B 1 bei 150 Skalenpunkten auf der *LAU*-Skala (die mit der hier verwendeten, neu kalibrierten ULME-Skala nicht zu verwechseln ist) liegt. Die obere Grenze von B 2 ist nach der gleichen Methode bei rund 175 LAU-Skalenpunkten anzusetzen. Nun ist aus ULME I bzw. LAU 11 bekannt, dass die Jugendlichen im dualen System von ihren Leistungsvoraussetzungen auf der jahrgangsübergreifenden LAU-Skala her jedenfalls zu Beginn der Sekundarstufe II kaum Unterschiede gegenüber den Schülerinnen und Schülern in Wirtschaftsgymnasien zeigten (Mittelwert von 139,4 gegenüber 139,9 Punkten im Englisch C-Test; vgl. Lehmann, Hunger, Ivanov & Gänsfuß, 2004, 57; Lehmann, Ivanov, Hunger & Gänsfuß, 2005, 48). In den 17 Ausbildungsberufen von ULME III war die Lernausgangslage im Englischen bei einem Mittelwert von 130,1 LAU-Punkten zugegebenermaßen etwas ungünstiger, doch die bekannte C-Test-Verteilung zu Beginn der Ausbildung lässt sich unter den genannten Voraussetzungen für entsprechende Schätzungen nutzen (vgl. Tabelle 5.1).

Tabelle 5.1   Angenäherte Verteilung der Jugendlichen auf die Kompetenzstufen des Gemeinsamen Europäischen Referenzrahmens für Sprachen

Kompetenzstufe	LAU-Skala	BS ULME I (17 Berufe)	ULME-Skala	ULME III (17 Berufe)	LAU 13 (WG)
A 1	} ≤ 150	} 89,1 %	< 80	20,6 %	} 54,2 %
A 2			80 - 120	59,9 %	
B 1	}151-176	} 10,2 %	120 - 150	16,1 %	} 42,4 %
B 2			} > 150	} 3,4 %	
C 1 / C 2	≥ 177	0,7 %			3,4 %

Quelle: Eigene Berechnungen nach ULME I und III, LAU 11 sowie Jonkmann, Köller & Trautwein, 2006

Diese Ergebnisse stützen sich wechselseitig und bestätigen zugleich die Plausibilität der Rekonstruktion von Kompetenzstufen auf der Grundlage des Fachenglischtests. Hiernach sind in den 17 untersuchten Ausbildungsberufen in den drei Jahren zwischen den Erhebungen von ULME I und ULME III etwa 10 Prozent der Jugendlichen von der Stufe A2 mindestens auf das Niveau von B 1 gelangt: Von etwa 10 Prozent zu Beginn der Ausbildung ist der Anteil derjenigen, die sich überwiegend auf den Stufen B 1 (ca. 16 Prozent) oder sogar B 2 (ca. 3 Prozent) befinden, auf fast 20 Prozent angestiegen. So betrachtet bleibt dieser Erfolg nicht hinter den Zuwächsen in der Teilgruppe der Wirtschaftsgymnasiasten zurück, die bis zum Abitur ‚durchgehalten‘ hat: Hier befanden sich zu Beginn der Klassenstufe 11 64,5 Prozent der Jugendlichen auf Stufe A 1 / A 2 gegenüber 54,2 Prozent zum Zeitpunkt der Reifeprüfung und 34,5 Prozent in Klasse 11 auf Stufe B 1 / B2 gegenüber 42,4 Prozent beim Abitur.

Für die Interpretation der Befunde mag es hilfreich sein, die Zusammenhänge zwischen den Testscores im Fachenglischtest mit weiteren Indikatoren der *individuellen* kognitiven Fähigkeiten zu kennen. Diese lassen sich zu der nachstehenden Korrelationsmatrix zusammenfassen (Tabelle 5.2).

Tabelle 5.2   *Individualkorrelationen zwischen den Ergebnissen des*
              Fachenglischtests und weiteren Indikatoren für die
              kognitiven Fähigkeiten der Jugendlichen

Variable	Fachenglisch	CFT 20*	Metakog. Wissen zur Texterschließung*
CFT 20*	0,39 (N = 2.106)		
Metakognitives Wissen zur Texterschließung*	0,31 (N = 2.062)	0,29 (N = 2.133)	
„Texte und Tabellen"	0,61 (N = 2.121)	0,48 (N = 2.129)	0,39 (N = 2.080)

* gemessen zum Ende der Ausbildung

Die vergleichsweise hohe Korrelation zwischen den Testergebnissen in den Tests „Fachenglisch" und „Texte und Tabellen" (r = 0,61) bestätigt theoretische Erwartungen: Es handelt sich in beiden Fällen gleichsam um Sonderfälle des allgemeinen Leseverständnisses, bei denen dieses durch zusätzliche Kompetenzen – im einen Falle durch spezifische Fremdsprachenkenntnisse, im anderen, ausweislich der beachtlichen Korrelation mit dem CFT 20 (r = 0,48), durch eher analytische Fähigkeiten – ergänzt werden muss.

5.3   Ergebnisse: Kompetenzen in der Fremdsprache Englisch

Die hier vorgenommene tentative Ermittlung der Verteilung der Auszubildenden auf die Kompetenzstufen des Gemeinsamen Europäischen Referenzrahmens (GER) ist, wie oben bereits mehrfach unterstrichen wurde, in mancherlei Hinsicht angreifbar und kann nicht mehr als eine grobe, von einer Reihe von Annahmen abhängige Orientierung liefern. Falls sie jedoch – im Bewusstsein dieser Einschränkungen – vorläufig akzeptiert wird, konkretisiert und veranschaulicht diese Einteilung der Untersuchten nach ihren Kompetenzstufen die anzustrebenden Vergleiche innerhalb der untersuchten Gruppen und zwischen ihnen.

Ausgehend von den skalierten Testergebnissen und ergänzt um eine solche inhaltliche –im eigentlichen Sinne des Begriffs „kriteriale" – Interpretation, sind bereits erste substanzielle Ergebnisse angesprochen, die es nunmehr auszudifferenzieren gilt.

5.3.1 Unterschiede zwischen den Ausbildungsberufen

Tabelle 5.3 charakterisiert die Testergebnisse Fachenglisch in der Unterscheidung zwischen den Ausbildungsberufen. Stärker noch als im Falle der „Texte und Tabellen", wo der berufsspezifische Varianzanteil 30 Prozent (entsprechend $Eta^2 = 0,30$) betrug, ist diese charakteristische Komponente nochmals verstärkt, nämlich auf gut ein Drittel ($Eta^2 = 0,34$). Dabei stimmt die leistungsbestimmte Rangfolge zwischen den Ausbildungsberufen in den Tests „Fachenglisch" und „Texte und Tabellen" weitgehend überein, wie die Korrelation auf der aggregierten Ebene in Höhe von $r_{agg} = 0,90$ belegt (vgl. Tabelle 5.4).

Tabelle 5.3   Sprachkompetenz: Fachenglisch am Ende der Ausbildung nach Berufen

Beruf	Mittelwert	Standard-abweichung	N
Anlagenmechaniker/-in	83,4	18,1	130
Zahnmedizinische/-r Fachangestellte/-r	85,6	15,2	195
Tischler/-in	86,4	24,7	54
Medizinische/-r Fachangestellte/-r	89,8	19,1	201
Rechtsanwalts- /Notarfachangestellte/-r	90,7	24,0	80
Friseur/-in	90,7	25,6	81
Elektroinstallateur/-in	92,3	20,6	73
Industriemechaniker/-in	92,8	17,8	141
Kaufmann/Kauffrau im Einzelhandel	93,4	20,5	291
Bürokaufmann/-frau	96,4	22,3	146
Fluggerätemechaniker/-in	101,8	19,4	91
Hotelfachmann/-frau	107,7	21,0	118
Speditionskaufmann/-frau	111,1	21,8	98
Fachinformatiker/-in	119,7	20,2	85
Industriekaufmann/-frau	122,8	25,7	48
Werbekaufmann/-frau	125,5	20,2	121
Bankkaufmann/-frau	127,8	21,1	189
insgesamt	*100,0*	*25,0*	*2142*

Dass die aggregierten Korrelationen der Tabelle 5.4 wesentlich höher sind als die individuellen der Tabelle 5.2 hat analytische Gründe: Hier ist jeweils die Streuung innerhalb der Ausbildungsberufe (s. u.) unberücksichtigt geblieben. Umso deutlicher aber tritt hervor, dass die Ähnlichkeit der Unterschiede zwischen den Berufen über die verschiedenen berufsübergreifenden Indikatoren hinweg wesentlich bedingt sein muss durch spezifische Rekrutierungsmuster, die sich dann selbstverständlich in den einzelnen gemessenen Merkmalen analog ausgewirkt haben.

Tabelle 5.4 *Korrelationen zwischen den Ergebnissen des Fachenglischtests und weiteren Indikatoren für die kognitiven Fähigkeiten der Jugendlichen auf der Ebene der Ausbildungsberufe (N = 17)*

Variable	Fachenglisch	CFT 20*	Metakog. Wissen Texterschließung*
CFT 20*	0,85		
Metakognitives Wissen zur Texterschließung*	0,74	0,57	
Test „Texte und Tabellen"	0,90	0,77	0,86

* gemessen zum Ende der Ausbildung

Die im vorigen Abschnitt versuchsweise festgelegten ‚kriteriumsorientierten' Grenzen der GER-Kompetenzniveaus auf dem Fachenglischtest erlauben es nun, die bereits für „Texte und Tabellen" graphische Darstellung der Unterschiede und Überschneidungen zwischen den Berufen für den vorliegenden Bereich um die gleichsam darüber gelegte Differenzierung nach Kompetenzstufen zu ergänzen (Abbildung 5.4).

Abbildung 5.4 Leistungen im Fachenglischtest und erreichte Kompetenzstufen des Gemeinsamen europäischen Referenzrahmens nach Berufen – Mittelwert plus/minus eine Standardabweichung

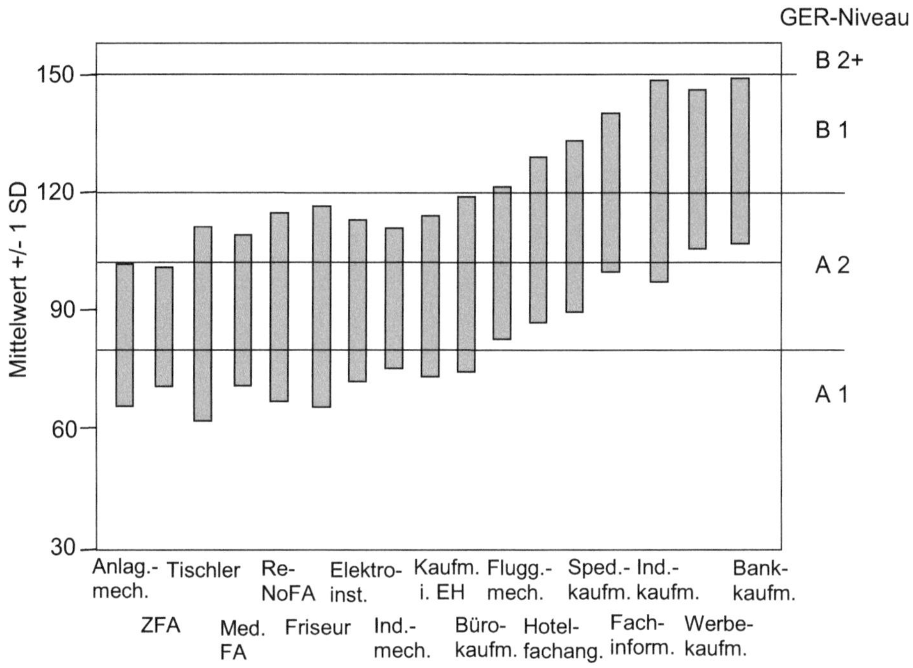

In dieser Abbildung ist wohlgemerkt nicht das gesamte jeweilige Leistungsspektrum im Fachenglischtest berücksichtigt. Also nicht berücksichtigt worden ist der ganze Wertebereich innerhalb eines Ausbildungsbereichs, sondern nur der Kernbereich bis zum Abstand einer Standardabweichung vom Mittelwert, in dem sich normalerweise etwa zwei Drittel aller Resultate befinden. Gleichwohl wird sichtbar, dass nur in kaufmännischen Berufen (mit Ausnahme der Einzelhandels- und Bürokaufleute) und bei den Hotelfachangestellten nennenswerte Anteile der Auszubildenden Testergebnisse erzielt haben, die über der Kompetenzstufe A 2 liegen. Dieses Niveau ist aber typisch für die übrigen Ausbildungsberufe und wird nur bei wenigen, z.B. den Anlagenmechanikern, den Tischlern, den Rechtsanwalts- und Notarfachangestellten sowie den Friseuren von einem größeren Teil der Jugendlichen unterschritten.

Eine etwas andere Form der Darstellung (Abbildung 5.5, analog Kapitel 4, Abbildung 4.5) veranschaulicht die Kompetenzspektren innerhalb der Ausbildungsberufe noch eindrücklicher.

Neben Berufen, nämlich den Anlagenmechanikern und Tischlern, in denen rund die Hälfte der Jugendlichen im Englischen unterhalb der Kompetenzstufe A 2 kommuniziert, stehen einige Ausbildungsberufe des kaufmännischen Bereichs, wo mindestens jeder Zweite die Stufe B 1 erreicht oder überschritten hat. Wenn dies auch vielleicht hergebrachten Erwartungen entspricht, so wirken doch diese Befunde bildungs- und beschäftigungspolitisch keineswegs beruhigend.

Abbildung 5.5   Erreichte Kompetenzstufen des Gemeinsamen europäischen Referenzrahmens nach Berufen (in Prozent)

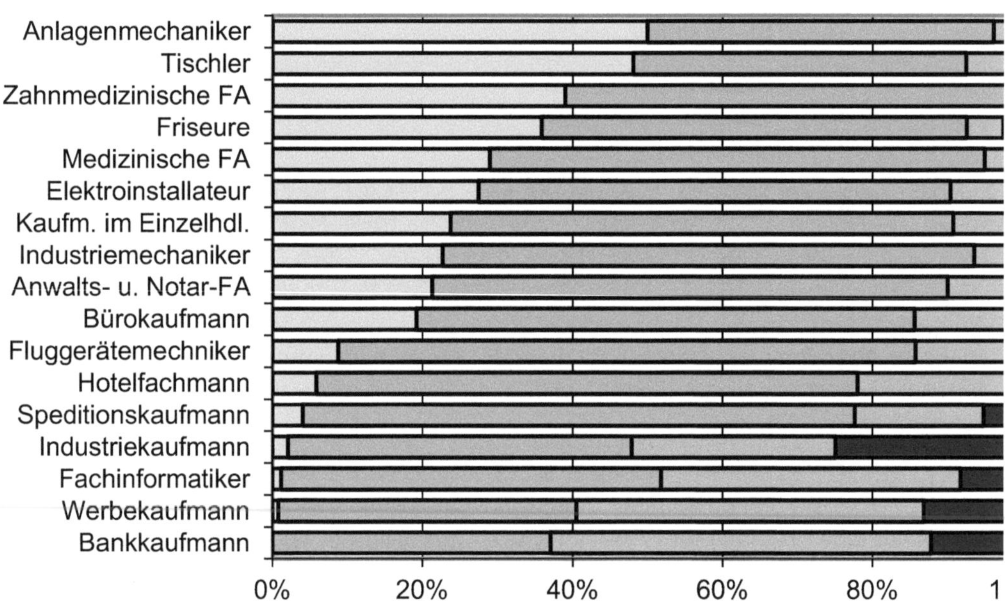

Wenn unter den Jugendlichen mit Hauptschul- oder vergleichbarem Abschluss, die eine Lehrstelle erhalten haben, fast die Hälfte das in den KMK-Standards geforderte Niveau A 2 nicht erreicht haben und unter denjenigen mit Realschul- oder vergleichbarem Abschluss nur knapp 10 Prozent die Stufe B 2 (vgl. Abbildung 5.6), dann bleiben möglicherweise die Beschäftigungsoptionen deutlich hinter dem Horizont zurück, der unter der Perspektive internationaler Arbeitsmärkte anvisiert ist.

Abbildung 5.6   Erreichte Kompetenzstufen des Gemeinsamen europäischen Referenzrahmens nach höchstem Schulabschluss

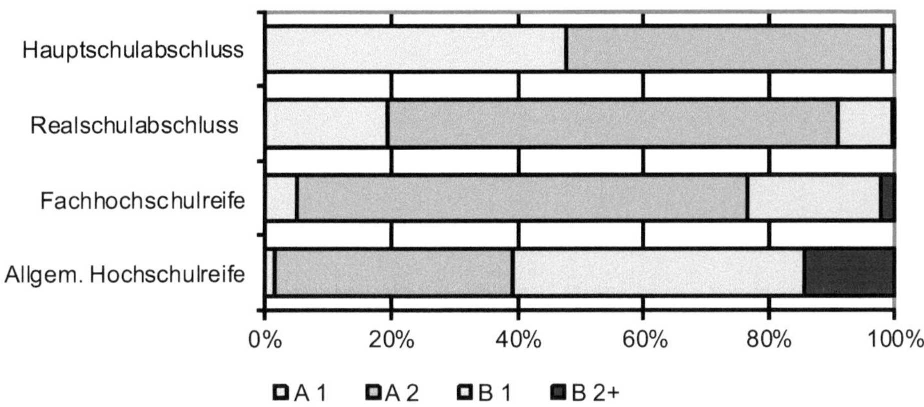

Untersucht man zusätzlich noch die Klassen innerhalb der Berufe, so nimmt das Bestimmtheitsmaß für die Leistungsvarianz erwartungsgemäß zu: Statt eines Drittels im Falle der Berufe sind nunmehr 45 Prozent der Varianz im Fachenglischtest mit der Lerngruppe verbunden, im Falle von „Texte und Tabellen" sogar mehr als die Hälfte (Eta^2 = 0,51). Grafisch zeigt sich das im unten stehenden Bild (Abbildung 5.7).

Wie auch bei anderen Leistungsmerkmalen zeigen sich hier erhebliche Unterschiede innerhalb ein und desselben Bildungsgangs, hier allerdings, ausweislich der Differenzen zwischen den Eta^2-Werten auf Berufs- und Klassenebene, in besonders starkem Maße. Nicht zu übersehen ist, dass in einigen Berufen – bei den Anlagemechanikern, Tischlern und Friseuren, bei den Elektroinstallateuren, Bürokaufleuten, aber auch den Hotelfachangestellten – einzelne Klassen durch ein besonders homogenes und niedriges Leistungsspektrum im Fachenglischtest vom jeweils berufstypischen Muster abweichen. Ob sich dahinter bestimmte Prinzipien bei der Komposition der Klassen, etwa ein Interesse an der Einrichtung besonders ‚förderbedürftiger' Lerngruppen, unterrichtliche Probleme wie z.B. Einschränkungen in den Stundentafeln oder massierter Unterrichtsausfall oder auf Schüler- und / oder Klassenebene ein lokal und temporal verdichteter Motivationsmangel verbirgt, lässt sich anhand der vorliegenden Daten nicht entscheiden.

Abbildung 5.7   Leistungen im Fachenglischtest und erreichte
Kompetenzstufen des Gemeinsamen europäischen
Referenzrahmens nach Berufen und Klassen –
Mittelwert plus/minus eine Standardabweichung

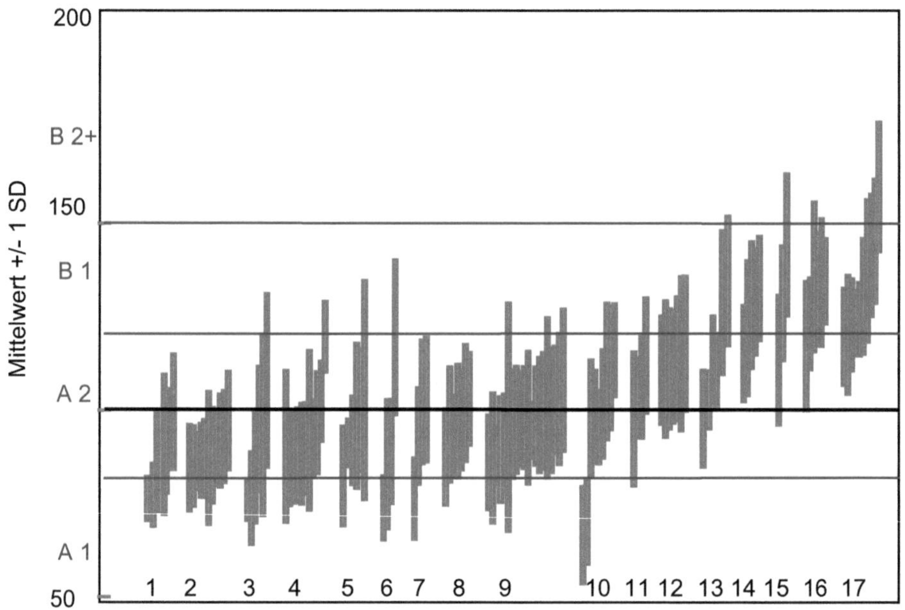

1: Anlagenmechaniker, 2: Zahnmed. FA, 3: Tischler, 4: Med. FA, 5: Re-No FA, 6: Friseure, 7: Elektroinstall., 8:Industriemech., 9: Kaufmann im Einzelhandel, 10: Bürokaufm., 11: Flugg.mech., 12: Hotel FA, 13: Sped.kaufm., 14: Fachinf., 15: Ind.kaufm., 16: Werbekaufm., 17: Bankkaufm.

5.3.2   Unterschiede zwischen den Geschlechtern

Wie im Test „Texte und Tabellen" wurden auch im Fachenglischtest praktisch keine Geschlechterdifferenzen gefunden: Nur 0,6 Prozent der Gesamtvarianz sind mit diesem Merkmal assoziiert. Allerdings gilt es dabei zu berücksichtigen, in welch starkem Maße die Berufswahl (oder das Ausbildungsplatzangebot) immer noch traditionellen Mustern folgt: Während bei den Anlagenmechanikern und Elektroinstallateuren, den Fluggeräte- und Industriemechanikern nur ganz vereinzelt weibliche Jugendliche angetroffen wurden, waren die Medizinischen und Zahnmedizinischen Fachangestellten ausschließlich weiblich, und bei den Rechtsanwalt- und Notarfachangestellten war es kaum anders.

In Tabelle 5.5 sind deshalb noch einmal die durchschnittlichen Lernstände nach Berufen aufgelistet, wobei die genannten teilweise extremen Ungleichgewichte eine Differenzierung nach Geschlecht innerhalb der Ausbildungsberufe nicht empfehlen. Stattdessen sind die ausgeprägt weiblichen (> 75 Prozent Frauenanteil) bzw. die ausgeprägt männlichen Berufe (< 25 Prozent Frauenanteil) markiert.

Diese Darstellung verdeutlicht den Sachverhalt, dass sich die weiblichen Jugendlichen jedenfalls in den hier ausgewählten Berufen in vergleichsweise weniger anspruchsvollen Ausbildungsgängen konzentrieren, während die jungen Männer auch in offenbar selektiveren Feldern ausgesprochene Monopolberufe angeboten bekommen und besetzen. Nur in der hier erfassten Leistungsspitze der Werbe- und Bankkaufleute sind die jungen Frauen wieder stärker vertreten; allerdings ist dies möglicherweise die Folge eines Aufschubs oder Verzichts auf ein Hochschulstudium. Nach diesen Befunden erscheint es aber weiterhin dringend geboten, die Frage der Einmündung weiblicher Schulabgänger in das duale System in ähnlich differenzierter Weise wie hier, aber auf breiterer Basis zu thematisieren.

Tabelle 5.5   *Lernstände im Fachenglischtest und Frauenanteil nach Berufen*

Beruf	Fachenglisch Mittelwert	Anteil weiblich	N
Anlagenmechaniker/-in (**m**)	83,4	1	130
Zahnmedizinische/-r Fachangestellte/-r (**w**)	85,6	100	195
Tischler/-in (**m**)	86,4	17	54
Medizinische/-r Fachangestellte/-r (**w**)	89,8	100	201
Rechtsanwalts-/ Notarfachangestellte/-r (**w**)	90,7	99	80
Friseur/-in (**w**)	90,7	92	81
Elektroinstallateur/-in (**m**)	92,3	1	73
Industriekaufmann/-frau*	92,8	55	141
Kaufmann / Kauffrau im Einzelhandel	93,4	59	291
Bürokaufmann/-frau (**w**)	96,4	83	146
Fluggerätemechaniker/-in (**m**)	101,8	10	91
Hotelfachmann/-frau	107,7	74	118
Speditionskaufmann/-frau	111,1	40	98
Fachinformatiker/-in (**m**)	119,7	14	85
Industriemechaniker/-in (**m**)	122,8	7	48
Werbekaufmann/-frau	125,5	74	121
Bankkaufmann/-frau	127,8	60	189
insgesamt	*100,0*	*59*	*2142*

(w) überwieg. weiblicher Beruf   **(m)** überwieg. männlicher Beruf

5.3.3   *Zur besonderen Lage der Jugendlichen aus Migrantenfamilien*

Auch bei den Ergebnissen des Fachenglischtests ist es von Interesse, welche Zusammenhänge mit dem Migrationsstatus und der Herkunftssprache der Jugendlichen festzustellen sind. Dabei kann hier nicht die sich in der einschlägigen Literatur durchsetzende Unterscheidung zwischen ,Generationen' von Migranten, ermittelt über die Geburtsorte der Familienmitglieder (Ramm, Prenzel, Heidemeier & Walter, 2004, 254ff.) nachvollzogen werden, sondern stattdessen soll die im LAU-/ULME-Längsschnitt durchgängig verwendete Differenzierung

- Deutsche ohne Migrationshintergrund,

- Deutsche mit Migrationshintergrund, ausweislich der Familiensprache, und

•   Jugendliche mit ausländischer Staatsbürgerschaft

maßgeblich bleiben. Unter Bezug auf diese Kategorisierung befanden sich in den früheren Untersuchungen die deutschen Kinder und Jugendlichen mit nichtdeutscher Herkunftssprache zumeist in einer Mittelposition zwischen den beiden anderen Gruppen. In der frühen Sekundarstufe I waren sie sogar der ersten Gruppe ähnlicher als der dritten. Unter den Auszubildenden gegen Ende der Ausbildung ist dies nun eindeutig nicht mehr der Fall (vgl. Tabelle 5.6).

Tabelle 5.6   *Lernstände im Fachenglischtest nach Migrationsstatus*

Migrationsstatus	Mittelwert	Standardabweichung	N
deutsch ohne Migrationshintergrund	103,8	24,6	1.599
deutsch mit Migrationshintergrund	88,0	23,4	223
ausländisch	*90,5*	*22,1*	*154*
insgesamt	*101,0*	*25,0*	*1.976*

Nach diesen Ergebnissen erscheint eine Unterscheidung zwischen den beiden Migrantengruppen im Grunde nicht mehr gerechtfertigt. Die mit der vorliegenden Dreiteilung verbundene Varianzaufklärung (Eta^2 = 0,054) lässt sich auch mit der Unterscheidung zwischen deutscher und nichtdeutscher Herkunftssprache oder deutscher und nichtdeutscher Staatsbürgerschaft jeweils allein erzielen. Wenn trotzdem hier an der Dreiereinteilung festgehalten wird, so geschieht dies nur um der Vergleichbarkeit über die Erhebungswellen hinweg willen.

*Abbildung 5.8   Erreichte Kompetenzstufen des Gemeinsamen europäischen
Referenzrahmens nach Migrationsstatus*

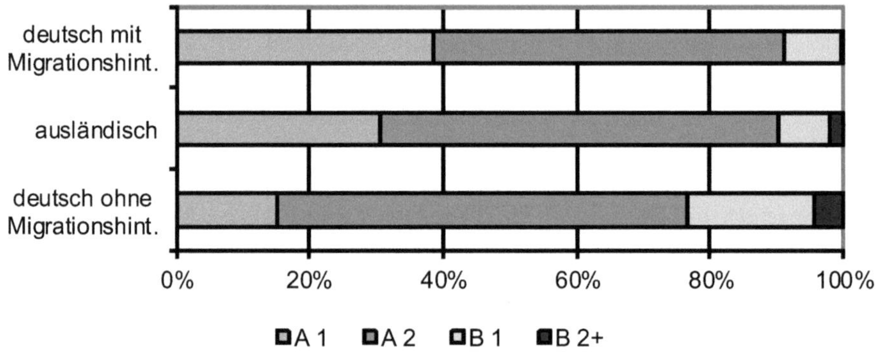

Besser als die numerische Darstellung zeigt die grafische Auffächerung des Leistungsspektrums nach Migrationsstatus, dass es unter den Auszubildenden mit Migrationshintergrund je nach staatsbürgerlichem Status immerhin eine interessante Verschiebung zwischen den beiden Gruppen gibt: Waren in den früheren Erhebungen stets die ausländischen Schülerinnen und Schüler die leistungsschwächste Gruppe, so ist dies im Bereich Fachenglisch – anders als im Test „Texte und Tabellen" – nicht der Fall. Mögen die jeweiligen Unterschiede auch vergleichsweise gering sein, so ist es vielleicht nicht völlig abwegig, hier Anzeichen für Transfereffekte im Fremdspracherwerb unter den ausländischen Jugendlichen zu sehen. Leider reichen die Fallzahlen hier nicht aus, möglicherweise intervenierende Einflüsse der Migrationsgeschichte selbst zu rekonstruieren. Geboten ist es aber, die an der Berufszugehörigkeit der Migrantengruppen ablesbaren sozialen Implikationen wenigstens zu skizzieren (Tabelle 5.7).

Tabelle 5.7   *Lernstände im Fachenglischtest und Ausländeranteil nach Berufen*

Beruf	Mittel-wert	Anteil deutsch	Anteil nicht-deutsch	N
Anlagenmechaniker/-in	83,4	82	18	130
Zahnmedizinische/-r Fachangestellte/-r #	85,6	67	33	195
Tischler/-in	86,4	77	23	54
Medizinische/-r Fachangestellte/-r #	89,8	72	28	201
Rechtsanwalts- u. Notarfachangestellte/-r #	90,7	75	25	80
Friseur/-in #	90,7	75	25	81
Elektroinstallateur/-in	92,3	90	10	73
Industriekaufmann/-frau	92,8	85	15	141
Kaufmann/Kauffrau im Einzelhandel #	93,4	72	28	291
Bürokaufmann/-frau #	96,4	72	28	146
Fluggerätemechaniker/-in	101,8	94	6	91
Hotelfachmann/-fachfrau	107,7	79	21	118
Speditionskaufmann/-frau	111,1	78	22	98
Fachinformatiker/-in	119,7	91	9	85
Industriemechaniker/-in	122,8	77	23	48
Werbekaufmann/-frau	125,5	95	5	121
Bankkaufmann/-frau	127,8	94	6	189
insgesamt	*100,0*	*80*	*20*	*2142*

 # > 20 Prozent Ausländer

Hieran wird nämlich ersichtlich, dass sich in Hamburg wie auch sonst (vgl. Bundesministerium für Bildung und Forschung, 2005, 98ff.) ausländische Jugendliche in den vergleichsweise wenig selektiven freien Berufen und einigen kaufmännischen Sparten konzentrieren, die kaum erhebliche Chancen für den sozialen Aufstieg bergen dürften, sondern namentlich in den einfachen kaufmännischen Berufen (Einzelhandels- und Bürokaufleute) mit einiger Wahrscheinlichkeit auch Optionen zum Eintritt in Firmen des Herkunftsmilieus eröffnen. Dass hier, in der Wahl eines Berufs an der so genannten ‚ersten Schwelle', ein hoch wirksamer Mechanismus der

Reproduktion vorhandener Schichtungen in der Gesellschaft gegenwärtig ist, ist generell sicher schwer zu bestreiten, bedarf aber weiterer Untersuchung.

5.3.4   *Leistungsunterschiede nach dem Herkunftsbundesland*

Wie im Falle des Untertests zu den Grundqualifikationen „Texte und Tabellen" soll auch für die Kompetenzmessung „Fachenglisch" der Frage nachgegangen werden, ob zum Ende der Ausbildung spezifische Unterschiede zwischen Jugendlichen, die ihren Schulabschluss in Hamburg erworben haben, und solchen von außerhalb bestanden. Die aus ULME I bekannten Leistungsdifferenzen an der Schwelle zur Berufsausbildung (vgl. Lehmann, Ivanov, Hunger & Gänsfuß, 2005, 114ff.) gilt es wegen der unterschiedlichen Zuwanderungsraten in den einzelnen Berufen auch hier zu berücksichtigen.

Verglichen mit dem in ULME I für die allgemeine Fachleistung (Deutsch, Englisch, Mathematik) ermittelten Varianzanteil von 3,4 Prozent waren die Differenzen zwischen den Herkunfts-Bundesländern im Fachenglischtest, der zum Ausbildungsende vorgelegt wurde, recht deutlich: Das Eta^2 betrug hier 6,1 Prozent (vgl. Tabelle 5.8).

Tabelle 5.8   *Leistungen im Fachenglischtest nach Bundesland, in dem der höchste Schulabschluss erworben wurde*

Bundesland der zuletzt besuchten Schule	Mittelwert	Standardabweichung	Effektstärke d	N*
Hamburg	96,4	24,2	-0,17	1.112
Niedersachsen	109,5	24,2	0,35	195
Schleswig-Holstein	112,5	24,5	0,47	290
Mecklenburg-Vorpommern	99,2	20,9	-0,06	231
sonstige Bundesländer	101,0	29,1	0,01	169
insgesamt	*100,7*	*25,1*	--	*1.997*

* Es konnten hier nur die Jugendlichen berücksichtigt werden, die Angaben im Schülerfragebogen zum Bundesland der zuletzt besuchten Schule machten.

Wie der Vergleich mit der Tabelle 4.2 zeigt, ist die relative Position der Hamburger Jugendlichen im Bereich Fachenglisch praktisch identisch mit derjenigen im Test „Texte und Tabellen". Das im Bereich Fachenglisch erhöhte Eta^2 von 0,061 im reinen Querschnitt ULME III gegenüber 0,042 in den „Texten und Tabellen" beruht also auf den Unterschieden zwischen den Herkunftsländern außerhalb Hamburgs. Tendenziell ähnlich ist das Bild für die Substichprobe des Längsschnitts für die 17 Ausbildungsberufe, d. h. ohne die Jugendlichen mit verkürzter Ausbildung: Hier betrug $Eta^2 = 0,046$ für Fachengleich gegenüber $Eta^2 = 0,026$ in den „Texten und Tabellen". Allerdings gilt auch hier, dass eine sachgerechte Interpretation der Befunde nicht möglich ist, ohne die differenzierenden Effekte der Eingangsselektion zu berücksichtigen. Aus diesem Grunde werden wieder, analog zu den Unterschieden zwischen Hamburg und anderen Herkunftsländern bei den Grundqualifikationen, die Ergebnisse mehrerer Regressionsanalysen vergleichend einander gegenübergestellt. Damit wird überprüft, ob der am Ende der Ausbildungszeit bestehende Leistungsvorteil der Jugendlichen aus dem Umland sowie aus anderen Bundesländern auch dann noch festzustellen ist, wenn analytisch unterstellt wird, es gäbe keine differenten Lernausgangslagen bzw. Kompositionen unterschiedlicher biografischer und Persönlichkeitsmerkmale.

In einem ersten Schritt wurden dazu wieder ausschließlich demografische Variablen einschließlich des höchsten erreichten Schulabschlusses berücksichtigt, deshalb konnten in diese Analyse alle Jugendlichen einbezogen werden, die am Fachenglischtest teilgenommen und die entsprechenden Angaben im Schülerfragebogen ausgefüllt hatten (N = 1.944). Sodann wurde ermittelt, inwiefern sich die Prädiktoren des ersten Modells verändern, wenn sich die Analyse auf den vollständigen Längsschnitt zwischen ULME I und ULME III beschränkt (N = 1.120). Abschließend wurden außerdem die kognitiven Eingangsvoraussetzungen berücksichtigt, die in ULME I über den allgemeinen Fachleistungsindex und die Fähigkeit zum schlussfolgernden Denken (CFT 20) erfasst worden waren (vgl. Tabelle 5.9).

Tabelle 5.9   *Ergebnisse der Regressionsanalysen zum Einfluss der regionalen Herkunft auf die Leistungen im Fachenglischtest*

Prädiktoren	Standardisierter Regressionskoeffizient Beta		
	Modell 1 **ULME III**	**Modell 2** **Längsschnitt** **ULME I - ULME III**	**Modell 3** **Längsschnitt** **ULME I - ULME III**
höchster Schulabschluss	0,60 #	0,32 #	0,08 **
Muttersprache deutsch	0,12 #	0,15 #	0,01 (n.s.)
Geschlecht	-0,09 #	-0,08 #	-0,01 (n.s.)
Umland (0-Hamburg, 1-Umland)	0,04 *	0,06 *	-0,02 (n.s.)
Allgemeiner Fachleistungsindex ULME I	-	-	0,62 #
CFT 20	-	-	-0,06 *
R^2	*0,42*	*0,17*	*0,40*

* p<0,05, ** p<0,005, # p<0,001

Anders als im Falle der Grundqualifikationen („Texte und Tabellen") ist im Bereich Fachenglisch die Überlegenheit der Jugendlichen aus dem Umland und aus anderen Bundesländern nach Kontrolle der demografischen Merkmale (Modelle 1 und 2) zwar noch statistisch signifikant; die Stärke des Effekts liegt jedoch mit $\beta \approx 0{,}05$ unterhalb dessen, was üblicherweise als pädagogisch relevant gilt ($\beta \geq 0{,}10$). Die Überlegenheit der Jugendlichen aus dem Umland verschwindet zudem völlig, wenn die unterschiedlichen kognitiven Lernvoraussetzungen einschließlich der allgemeinen Fachleistung zu Beginn der Ausbildung berücksichtigt werden (Modell 3). Das überragende Gewicht des zuletzt genannten Merkmals unterstreicht indessen die Notwendigkeit, durch Verbesserung der Qualität an den allgemein bildenden Sekundarschulen in Hamburg Standortnachteile für die hier lebenden Jugendlichen schon vor Eintritt in die Berufsbildung zu vermeiden.

6 Berufsspezifische Fachleistungen in ausgewählten Berufen des Bereichs Wirtschaft und Verwaltung am Ende der Berufsausbildung

Susan Seeber

6.1 Methodische Vorüberlegungen

In diesem Kapitel werden die Tests für die sieben kaufmännischen Ausbildungsberufe Bankkaufmann/-frau, Bürokaufmann/-frau, Kaufmann/-frau im Einzelhandel, Industriekaufmann/-frau, Speditionskaufmann/-frau, Werbekaufmann/-frau und Rechtsanwalts- und Notarfachangestellte/-r ausgewertet. Alle sieben Fachleistungstests beinhalten ein relativ breit gefächertes Anforderungsspektrum, das an das schulische Curriculum des jeweiligen Ausbildungsberufs angelehnt ist.

Trotz der recht unterschiedlichen kognitiven Anforderungen konnten die jeweiligen Tests auf der Grundlage der probabilistischen Testtheorie unter Nutzung des einparametrischen Rasch-Modells skaliert werden. Mit Ausnahme des Ausbildungsberufs des Speditionskaufmanns / der Speditionskauffrau erfolgte die Skalierung gemeinsam mit den Fachleistungsdaten aus den Berliner Piloterhebungen. Die gemeinsame Skalierung der Hamburger und Berliner Daten über die in beiden Testversionen identischen Aufgaben (jeweils ca. 50 bis 80 Prozent) hatte den Vorteil, auch bei den zum Teil relativ kleinen Stichproben der Hamburger Hauptuntersuchung die Interpretierbarkeit der Testergebnisse auf Basis probabilistischer Testmodelle zu ermöglichen. Bei den Speditionskaufleuten musste auf eine gemeinsame Skalierung verzichtet werden, da der Test für die Hauptuntersuchung im Vergleich zur Pilotversion umfassend verändert wurde und damit die gemeinsame Aufgabenbasis relativ schmal wurde. Darüber hinaus standen in Berlin für die Pilotierung nur zwei Klassen zur Verfügung, so dass der Gewinn größerer Fallzahlen für die Skalierung in diesem konkreten Fall nicht sehr hoch lag.

Weiterhin wurden beim Ausbildungsberuf des Bürokaufmanns/der Bürokauffrau exemplarisch Dimensionsanalysen zur Struktur des Tests durchgeführt; es wurde also geprüft, ob den Testauswertungen eine eindimensionale Struktur zugrunde gelegt werden soll oder ob ein mehrdimensionales Rasch-Modell eine bessere Anpassung an die empirischen Daten liefert. Um auszuschließen, dass es sich um Methodeneffekte handelt, wurden die Modelle durch Strukturgleichungsanalysen im Sinne einer Kreuzvalidierung geprüft.

6.2 Berufliche Fachleistungen im Ausbildungsberuf „Bürokaufmann/ Bürokauffrau"

6.2.1 Zur Struktur des beruflichen Fachleistungstests

Der Fachleistungstest für das Berufsfeld der Bürokaufleute umfasste 51 Aufgaben mit insgesamt 112 Einzelitems. Die Aufgaben waren im Multiple-Choice-Format, als Wahr-Falsch-Aufgaben, in Form von Zuordnungsaufgaben sowie als Aufgaben mit offenem Antwortformat konzipiert. Offene Aufgaben bezogen sich – ähnlich wie bei den Bankkaufleuten und einer Reihe weiterer kaufmännischer Berufe – ausschließlich auf die Berechnung ökonomischer Größen.

Ziel der Testentwicklung war es, fachspezifische Ausbildungsinhalte der berufsbezogenen Fächer bzw. Lernfelder des jeweiligen Ausbildungsberufs möglichst breit abzubilden. Anders als beispielsweise bei den Tests „Texte und Tabellen" oder „Fachenglisch" spielte daher die curriculare Validität der Aufgabensätze bereits bei der Testkonstruktion eine erhebliche Rolle. Die curriculare Validität des beruflichen Fachleistungstest für den Ausbildungsberuf Bürokaufmann/ Bürokauffrau wurde – wie bei allen übrigen eingesetzten berufliche Fachtests – über zwei Strategien gesichert: Zum einen wurde durch die Fachdidaktik-Experten des IBW die curriculare Validität anhand der vorliegenden Rahmenlehrpläne und der Hamburger Bildungspläne für den jeweiligen Ausbildungsberuf überprüft, zum anderen waren – wie bereits im Kapitel 2 dargelegt – Lehrende aus Hamburger Berufsschulen sowie Fachreferenten aus der Schulbehörde maßgeblich an der Itementwicklung und der Beurteilung der Tests beteiligt. Überregionale curriculare Validität ergab sich insofern als in einer Reihe von Ausbildungsberufen die von der KMK verabschiedeten Rahmenlehrpläne für einzelne Ausbildungsberufe kaum durch landesbezogene Spezifika modifiziert wurden. Eine Ausnahme stellte der Rahmenlehrplan für den hier diskutierten Beruf des Bürokaufmanns dar, da für diesen Beruf im Ausbildungsjahr 2002/03 tentativ eine lernfeldorientierte Struktur eingeführt wurde. Der Hamburger Bildungsplan für den Bürokaufmann unterscheidet – abweichend vom KMK-Rahmenlehrplan in der gültigen Fassung von 1991 – im berufsbezogenen Lernbereich elf Lernfelder. Diese werden wiederum zu den drei folgenden, auch in den Zeugnissen dokumentierten Fächern zusammengefasst:

- Organisation und Personalmanagement: 260 Stunden,

- Auftragsbearbeitung: 260 Stunden und

- Leistungsprozesse und Controlling: 360 Stunden.

In inhaltlich-formaler Hinsicht dominierten bei diesem Test Aufgaben, die konzeptuelles Wissen und algorithmisches prozedurales Wissen erfordern. In formaler Hinsicht enthielt der Test dominant Items, die auf Wissensanwendung bzw. Verstehen zielen. Positiv hervorzuheben ist, dass nur in geringem Umfang Aufgaben mit reproduktivem Charakter vertreten waren (zur Kritik an dieser Art der Aufgaben, die vor allem in den KMK-Prüfungen eingesetzt wurden, vgl. z.B. Straka, 2003). Allerdings enthielt der Test auch nur wenige Aufgaben, die eine kritische Auseinandersetzung und Reflexion mit ökonomischen Inhalten und Gegenständen erforderten, also stärker auf ein eigenständiges Umgehen mit ökonomischen Konzepten und Zusammenhängen gerichtet waren.

Insgesamt handelte es sich um einen anspruchsvollen, die inhaltliche Breite des Ausbildungsberufs gut repräsentierenden Test, der es gestattete, Kompetenzprofile der Jugendlichen herauszuarbeiten und damit spezifische Stärken und Schwächen darzustellen.

An der Hamburger Leistungsstudie ULME III nahmen 160 künftige Bürokaufleute aus neun Abschlussklassen der beiden Hamburger Berufsschulen teil. Den beruflichen Kompetenztest absolvierten 156 Jugendliche. Für 135 Schülerinnen und Schüler dieses Ausbildungsberufs liegen Daten aus dem Längsschnitt vor, d. h. hier ist es prinzipiell möglich, die Lernentwicklung abzubilden und den Zusammenhängen zwischen den Eingangsleistungen in den allgemein bildenden Domänen und der beruflichen Fach- und Methodenkompetenz am Ende der Ausbildung nachzugehen.

Der Gesamttest erreicht – basierend auf 95 Items – eine hohe interne Konsistenz mit einer WLE-Reliabilität von 0,87. Die Diskriminanzwerte der Items liegen – bis auf wenige Ausnahmen – zwischen 0,18 und 0,49.

6.2.2   Zur Dimensionalität des Fachleistungstests

Die beruflichen Aufgabenanforderungen im Test für die Bürokaufleute bezogen sich, wie bereits im vorangegangenen Abschnitt ausgeführt, auf unterschiedliche Inhaltsbereiche, denen wiederum jeweils bestimmte Prinzipien, Begriffe, Strukturen etc. zugrunde lagen. Ihre erfolgreiche Bewältigung erforderte spezifische inhaltsbezogene Fähigkeiten und Fertigkeiten. Insofern erschien es geboten, die Interpretierbarkeit eines Gesamttestwertes für den beruflichen Leistungstest kritisch zu prüfen.

Modellprüfung unter Nutzung des einparametrischen Rasch-Modells

Unter Verwendung des Computerprogramms *ConQuest* wurden über das einparametrische logistische Modell zwei Modellvarianten geprüft und deren Anpassungen an die empirischen Daten mit Hilfe von sog. Informationsindizes verglichen (vgl. zu einem ähnlichen im Rahmen der Testanalysen zu TIMSS III Klieme, 2000). Die Modellprüfung erfolgte auf der Grundlage gemeinsamer Skalierungen der Daten der Hamburger (N_{HH} = 156) und Berliner Stichprobe (N_B = 128) und damit abweichend von bereits vorgenommenen Analysen auf der Basis von Strukturgleichungsmodellen, die ausschließlich auf dem Hamburger Datensatz basierten (vgl. dazu Tramm & Seeber, 2006).

Der *eindimensionale Ansatz* wies bei 95 Items zufrieden stellende Eigenschaften auf, insbesondere eine hohe interne Konsistenz. Jedoch wurde eine bessere Passung zwischen empirischen Daten und Testmodell bei einem *zweidimensionalen Ansatz* erreicht, bei dem insgesamt 56 Items den betriebs- und volkswirtschaftlichen sowie rechtlichen Aspekten beruflichen Handelns zugeordnet wurden und demgemäß 39 Items auf das ökonomische Modellieren, Aufbereiten und Umgehen mit Daten unter Anwendung weitgehend normierter Instrumente und Regeln des Rechnungswesens entfielen. Beide Dimensionen erlangten eine noch zufrieden stellende interne Konsistenz, erfasst anhand der WLE-Reliabilität von 0,81 bzw. von 0,79. Die Information über die Güte der Modellanpassung kann der Chi^2-verteilten Differenz aus den beiden Informationsindizes im Verhältnis zu den Freiheitsgraden entnommen werden. Die Differenz von 38,08 bei 2 Freiheitsgraden zeigt eine höchst signifikante Modellverbesserung bei der Annahme der zweidimensionalen Variante (vgl. Tabelle 6.1). Die messfehlerbereinigte Interkorrelation von 0,78 zwischen den beiden Konstrukten bzw. Subtests deutet darauf hin, dass die Ausdifferenzierung einer eigenständigen Rechnungswesen-Komponente zusätzliche substanzielle Einsichten ermöglichen kann, ungeachtet eines nicht unerheblichen gemeinsamen Varianzanteils von ca. 60 Prozent.

Tabelle 6.1   Anpassungsindizes der Dimensionsanalysen des beruflichen
Fachtests für den Ausbildungsberuf „Bürokaufmann/-frau"

	Ein-Faktoren-Modell	Zwei-Faktoren-Modell
final deviance	26.681,926	26.643,850
geschätzte Parameterzahl	96	98
Differenz	38,08 bei 2 df	

Fasst man die Befunde zu den Dimensionsanalysen des beruflichen Fachleistungstests der Bürokaufleute zusammen, so stellt der Gesamttestwert ein durchaus zu rechtfertigendes Maß für die Beurteilung kaufmännischer Fachkompetenz und für die Analyse von Mittelwertdifferenzen dar, gleichwohl sind differenzielle Befunde in den Untertests möglich und – wie im Folgenden noch dargelegt wird – liefern sie aufschlussreiche Informationen über die Umsetzung der Curricula und über spezifische Stärken und Schwächen in den Kompetenzprofilen der Auszubildenden.

Auf der Grundlage der Hamburger Stichprobe wurde die zweidimensionale Struktur – wie bereits erwähnt – auch anhand von Strukturgleichungsmodellen mittels des Computerprogramms Amos 4.0 geprüft, in deren Ergebnis eindeutige Indizien für domänenspezifische Verständnisfaktoren geliefert wurden (zu den ausführlichen Ergebnissen der Prüfung vgl. Tramm & Seeber, 2006). Dessen ungeachtet stehen dennoch die hier berichteten Ergebnisse zu den Strukturanalysen kaufmännischer Kompetenz unter der Einschränkung einer relativ kleinen, regional beschränkten Stichprobe (Hamburg, Berlin). Insofern ist eine zufallskritisch breiter abgesicherte Überprüfung der hier diskutierten Modelle sinnvoll.

6.2.3   Befunde zu den beruflichen Fachleistungen im Ausbildungsberuf „Bürokaufmann/Bürokauffrau"

6.2.3.1 Ergebnisse im Gesamttest

Testanforderungen und Leistungsverteilung

In einem ersten Schritt werden die Leistungen im Gesamttest dargestellt und interpretiert, da im vorangegangenen Kapitel über die Strukturanalysen aufgezeigt wurde, dass sowohl über den Gesamttestwert aussagekräftige Befunde zu den kognitiven beruflichen Fachleistungen des Bürokaufmanns/der Bürokauffrau erwartet werden können, aber auch die beiden herausgearbeiteten Inhaltsbereiche bei einer getrennten Betrachtung zusätzliche, differenzielle Aussagen über die Kompetenzstrukturen der Jugendlichen am Ende der Ausbildung zulassen (vgl. dazu Abschnitt 6.2.3.2).

Auch in diesem Test wurde – ähnlich wie in allen anderen Fachleistungstests – der Gesamttestwert der Hamburger Stichprobe über eine lineare Transformation der Personenlogits auf einen Mittelwert von 100 und eine Standardabweichung von 25 festgelegt.

Der Fachleistungstest für die angehenden Bürokaufleute erwies sich mit einer mittleren Itemschwierigkeit von 129 Skalenpunkten zwar als anspruchsvoll im Vergleich zu den durchschnittlichen Leistungen der Hamburger Schülerinnen und Schüler, ermöglichte aber eine gute Differenzierung auch im unteren Leistungsbereich. Die Aufgaben deckten ein relativ breites Anforderungsspektrum ab (Schwierigkeitskennwerte zwischen -13 und 222 Skalenpunkten), was sich zum einen auf die Inhalte und zum anderen auf die kognitiven Anforderungen des Tests bezog. Rund ein Drittel der Aufgaben konnte von den Jugendlichen relativ souverän gelöst werden, während ca. zwei Drittel der Aufgaben den Auszubildenden größere, teils erhebliche Probleme bereiteten (vgl. Abbildung 6.1).

Zu den leichtesten Items zählte jene Aufgabe, bei der es zu entscheiden galt, welche Merkmale eines Büroarbeitsplatzes den ergonomischen Standards entsprechen. Es handelte sich hierbei um eine Aufgabe, bei deren Lösung durchaus auf berufliche Alltagserfahrungen zurückgegriffen werden konnte, deren Inhalt jedoch auch explizit curricularer Bestandteil der schulischen Ausbildung war. Die Aufgabe verlangte die Reproduktion von Wissen zu Aspekten der Ergonomie und die Anwendung dieses Wissens auf konkrete Arbeitsplatzausstattungsmerkmale.

Abbildung 6.1   Schwierigkeitskennwerte der Testaufgaben im beruflichen Fachleistungstest für den Ausbildungsberuf „Bürokaufmann/-frau"

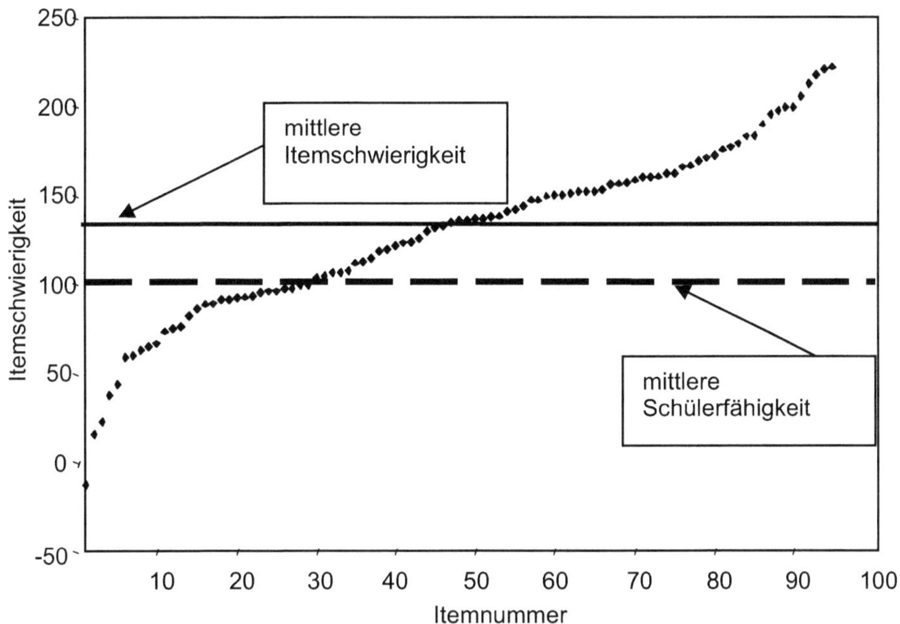

Relativ sicher konnten die Jugendlichen auch mit einschlägigen Fachbegriffen auf dem Gebiet der Liefer- und Transportkosten umgehen. Jene Aufgabe, bei der zu entscheiden war, welche mit dem Versand von Waren anfallende Kostenart bei „unfreier" Lieferung dennoch vom Lieferanten zu tragen sei, wurde von den meisten Jugendlichen korrekt gelöst. Um diese Aufgaben zu bewältigen, musste der Begriff „unfrei" reproduziert werden und anschließend war zu entscheiden, welche konkreten Kosten auf den Lieferanten entfallen. Diese Aufgabe wurde von den Fachdidaktik-Experten der kognitiven Leistung „Reproduktion" zugeordnet, verlangte jedoch auch deduktive Leistungen, indem allgemeine Merkmale des Begriffs „unfrei" auf die in der Aufgabe konkret beschriebene Situation anzuwenden waren. Damit verweist die Aufgabe auch auf Aspekte von Anwendungs- und Verstehensleistungen.

Auch zwei der vier Wahr-Falsch-Aufgaben mit Aussagen zu den gesetzlichen Sozialversicherungen wurden souverän von den Jugendlichen bearbeitet. Hier kann davon ausgegangen werden, dass die Jugendlichen durch die aktuellen politischen Diskussionen in den Medien mit diesem Thema häufig konfrontiert wurden, so dass Vorstellungen über das Konzept der Sozialversicherung nicht ausschließlich auf einen systematischen im Fachunterricht zurückzuführen sind, sondern auch aus einem Alltagsverständnis heraus entwickelt werden konnten. Zu den leichteren Anforderungen gehörte ebenfalls jene Aufgabe, bei der Schriftgut dem geeigneten betrieblichen Standort zuzuordnen war, ein Aufgabenbereich, der sowohl in der berufsschulischen Ausbildung eine Rolle spielt, als auch wichtiger Bestandteil des betrieblichen Ausbildungsrahmenplans ist. Unabhängig vom Ausbildungskontext konnten auch durch Plausibilitätsüberlegungen und alltagsnahe Schlussfolgerungen die erforderlichen Zuordnungen vorgenommen werden.

Ein sehr unterschiedliches Anforderungsniveau der einzelnen Items zeigte sich bei der Zuordnungsaufgabe von Zahlungsbedingungen und konkreter wirtschaftlicher Situation. Von den Jugendlichen waren bei dieser Aufgabe die Konzepte verschiedene Zahlungsbedingungen wie Raten- oder Barzahlung, Skonto und Zielkauf zu reproduzieren, um abschließend deren Angemessenheit in verschiedenen wirtschaftlichen Situationen zu prüfen. Neben dem konzeptionellen Vorwissen zu den einzelnen Zahlungsarten verlangte die Bearbeitung der Aufgabe eine konstruktive Auseinandersetzung mit den beschriebenen Wirtschaftssituationen, um aus Unternehmerperspektive Vor- und Nachteile unterschiedlicher Zahlungsmodalitäten sowie damit verbundene ökonomische Risiken abwägen zu können. Während die Auszubildenden relativ mühelos die korrekte Zuordnung der Barzahlung bei „unbekanntem Kunden" vornehmen konnten, fiel es ihnen schon deutlich schwerer, die übrigen Situationen mit einer adäquaten Zahlungsweise in Zusammenhang zu bringen (z.B. Ratenkauf bei teuren Produkten). Dass die Zuordnung der geeigneten Zahlungsmodalität bei der erst genannten Situation im Unterschied zu den übrigen drei Sachlagen offenbar sehr leicht fiel, dürfte auch mit einschlägigen Berufs- und Alltagserfahrungen der Auszubildenden zusammenhängen. Fast jeder Jugendliche war schon in der Situation, erstmalig einen Kauf bei einem Anbieter/Händler zu tätigen, bei dem – als neuer, unbekannter Kunde – eine Voraus- oder Barzahlung zu leisten war. Diese Aufgabe knüpft an individuelle Erfahrungen der Jugendlichen als Konsumenten an und es konnte somit eine Entscheidung auch ohne vertieftes Verständnis des Zusammenhangs von Zahlungsart und wirtschaftlicher, unternehmerischer Abwägung getroffen werden. Die übrigen drei Situationen kamen den Merkmalen eines Problemlöseprozesses recht nahe, weil sie die Modellierung der hinter den Zahlungsmodalitäten stehenden ökonomischen Interessen von Wirtschaftsunternehmen, das Abwägen von möglichen Interessenskonflikten zwischen Umsatz- und Gewinnstreben sowie Marktanteilen einerseits und den mit bestimmten Zahlungsarten verbundenen Risiken für die Liquidität der Unternehmung andererseits notwendig machten. Dementsprechend haben diese Items einen deutlich höheren Schwierigkeitsparameter. Im Rahmen der fachdidaktischen Klassifikation der Items in der Phase der Testentwicklung wurden alle Teilaufgaben dem Konzeptwissen zugeordnet und als Anwendungsaufgaben im Sinne einfacher Assimilation klassifiziert (vgl. die Klassifikationsergebnisse des IBW der Universität Hamburg, vorliegend in der Behörde für Schule und Sport Hamburg); d.h. an dieser Stelle deutet sich bereits an, dass das vorliegende, auf fachdidaktischen Vorstellungen beruhende Klassifikationsschema für die Definition schwierigkeitsbestimmender Aufgabeneigenschaften noch einer weiteren Ausdifferenzierung bedarf (vgl. dazu ausführlicher Abschnitt 6.4.2).

Zusammenfassend bleibt festzuhalten, dass es sich bei den Aufgaben auf unterem Kompetenzniveau um relativ vertraute Inhalte handelte, bei denen größtenteils auf Alltags- und Betriebserfahrungen zurückgegriffen werden konnte. Darüber hinaus waren die Aufgaben im unteren Schwierigkeitsbereich durch einfache Reproduktionsleistungen zentraler Ausbildungsinhalte und durch die Übertragung einfacher ökonomischer Zusammenhänge und Konzepte auf weitgehend bekannte Situationen mit eher wenigen Parametern gekennzeichnet.

Als deutlich schwieriger erwiesen sich Aufgaben, die nicht ausschließlich mit Hilfe von Erfahrungs- und Routinewissen erfolgreich bearbeitet werden konnten. Es handelte sich um Aufgaben, bei denen nicht alltägliche komplexe Probleme zu definieren und zu lösen waren und die den Einsatz von ‚Professionswissen' erforderten. Dazu zählte beispielsweise eine sog. Ankeraufgabe mit volkswirtschaftlichem Bezug, die in die beruflichen Fachtests von unterschiedlichen kaufmännischen Berufen aufgenommen wurde. Konkret waren verschiedene Aussagen zur Konjunktur und zum Wirtschaftswachstum vorgegeben, aus denen eine nicht zutreffende Antwort herauszufiltern war. Die Tatsache, dass sich die Aussagen in den Antwortalternativen auf sehr unterschiedliche Wirtschaftsaspekte und Systemebenen wirtschaftlichen Handelns beziehen, könnte einen schwierigkeitsinduzierenden Aspekt darstellen. So betraf eine Aussage den Zusammenhang zwischen dem Außenwert des Euro im Verhältnis zum Dollar und den Exportaufträgen und hatte damit einen volkswirtschaftlichen Bezug. Ein weiterer Distraktor bezog sich auf einzelbetriebliche und volkswirtschaftliche Beziehungen, nämlich die Auftragseingänge in der Industrie und den dahinter stehenden Wirkungen auf die Konjunktur. In einer nächsten Antwortmöglichkeit wurde das Verhältnis von privatem Konsum, betrieblicher Investitionsbereitschaft und Wirtschaftslage eines Landes aufgegriffen. Die vierte Antwortalternative schließlich enthielt Aussagen zum Stabilitäts- und Wachstumsgesetz und den in diesem Zusammenhang vier wichtigsten Zielsetzungen. Es waren folglich sehr unterschiedliche betriebs- und volkswirtschaftliche Begriffe und Konzepte zueinander in Beziehung zu setzen, um den Wahrheitsgehalt der Aussagen prüfen zu können. Die zu identifizierende falsche Aussage betraf die Antwortmöglichkeit zum Stabilitäts- und Wachstumsgesetz und den vier zentralen Unterzielen, die auch als ‚magisches Viereck' bezeichnet werden. Hier wurde anstelle des ‚stetigen und angemessenen Wirtschaftswachstums' der ‚Schutz der Umwelt' als eines der vier zentralen Unterziele genannt. Diese Aufgabe konnte gelöst werden, wenn die vier bedeutsamsten Unterziele eines gesamtwirtschaftlichen Gleichgewichts sicher reproduziert werden konnten oder die drei Distraktoren, in diesem Fall korrekte Aussagen, sicher beurteilt werden konnten, so dass über das Ausschlussverfahren die falsche Aussage erkannt werden konnte ohne die vier Komponenten des magischen Vierecks genau reproduzieren zu müssen.

Schwierigkeiten bereitete den Auszubildenden auch eine dem Bereich des Wirtschaftsrechts entlehnte Aufgabe, bei der Überlegungen zur Umwandlung einer OHG in eine GmbH zu prüfen waren. Es galt hier jene Aussage herauszufinden, die *kein* zutreffendes Argument für eine solche Umwandlung darstellt. Um diese Anforderung erfolgreich zu lösen, waren die Unterschiede zwischen verschiedenen Gesellschaftsformen in Bezug auf Gesellschafter, Haftungsfragen und Kreditwürdigkeit abzuwägen und zwischen den beiden Gesellschaftsformen zu vergleichen.

Als anspruchsvoll erwiesen sich die aus dem Rechnungswesen stammenden Aufgaben zur Buchung von Geschäftsvorfällen. Hier waren übergreifende Buchungsregeln (Soll- oder Habenbuchungen auf einem Aufwands- oder Ertragskonto) und Wirtschaftsaktivitäten vorgegeben, die einander zuzuordnen waren. Nur ein kleiner Teil der Auszubildenden konnte mit hinreichender Sicherheit eine korrekte Zuordnung der Buchungen vornehmen.

Erstaunlicherweise fiel es den Jugendlichen auch sehr schwer aus vier Antwortalternativen die treffende Beschreibung des ökonomischen Hintergrunds der ABC-Analyse zu identifizieren. Hier waren das Konzept der ABC-Analyse als Ordnungsverfahren zur Klassifizierung von Daten zu vergegenwärtigen und nach korrekter

Analyse der notwendigen und hinreichenden Voraussetzungen anzuwenden (vgl. Abbildung 6.2, Aufgabe oben rechts).

In der Abbildung 6.2 ist die Verteilung der Leistungen im Gesamttest den Aufgabenanforderungen gegenübergestellt. Die Leistungen der Jugendlichen wiesen eine Normalverteilung auf und reichten von durchschnittlich 40 bis zu 180 Skalenpunkten. Während die in der Grafik unten stehende Aufgabe von rund 76 Prozent der Schülerinnen und Schüler mit einer Lösungswahrscheinlichkeit von p = 0,65 korrekt bearbeitet wurde, waren nur noch 28 Prozent der Auszubildenden bei der oben stehenden Aufgabe mit ausreichender Sicherheit erfolgreich. Die zweite Aufgabe von oben wurde von ca. der Hälfte der Jugendlichen (52 Prozent) aussichtsreich bewältigt; angesichts der Tatsache, dass es sich bei dieser Aufgabe um einen Inhaltsbereich handelt, der den Jugendlichen nicht nur explizit aus dem Ausbildungskontext, sondern auch aus den aktuellen wirtschafts- und sozialpolitischen Diskussionen bekannt sein dürfte, könnten hier auch Fehlvorstellungen das Gelingen der Aufgabenbearbeitung eingeschränkt haben.

Eine Schülerin bzw. ein Schüler mit einem durchschnittlichen Leistungsscore von 175 Skalenpunkten im Test war mit einer Wahrscheinlichkeit von p = 0,65 in der Lage, die ganz oben stehende Aufgabe der Grafik richtig zu lösen; lag der Testwert der Person niedriger, so fiel die Wahrscheinlichkeit, war er höher, so stieg die Wahrscheinlichkeit der erfolgreichen Aufgabenbewältigung.

Abbildung 6.2　Verteilung der Schülerleistungen im beruflichen Fachtest für den Ausbildungsberuf „Bürokaufmann/-frau" im Vergleich mit den Schwierigkeiten der Testaufgaben

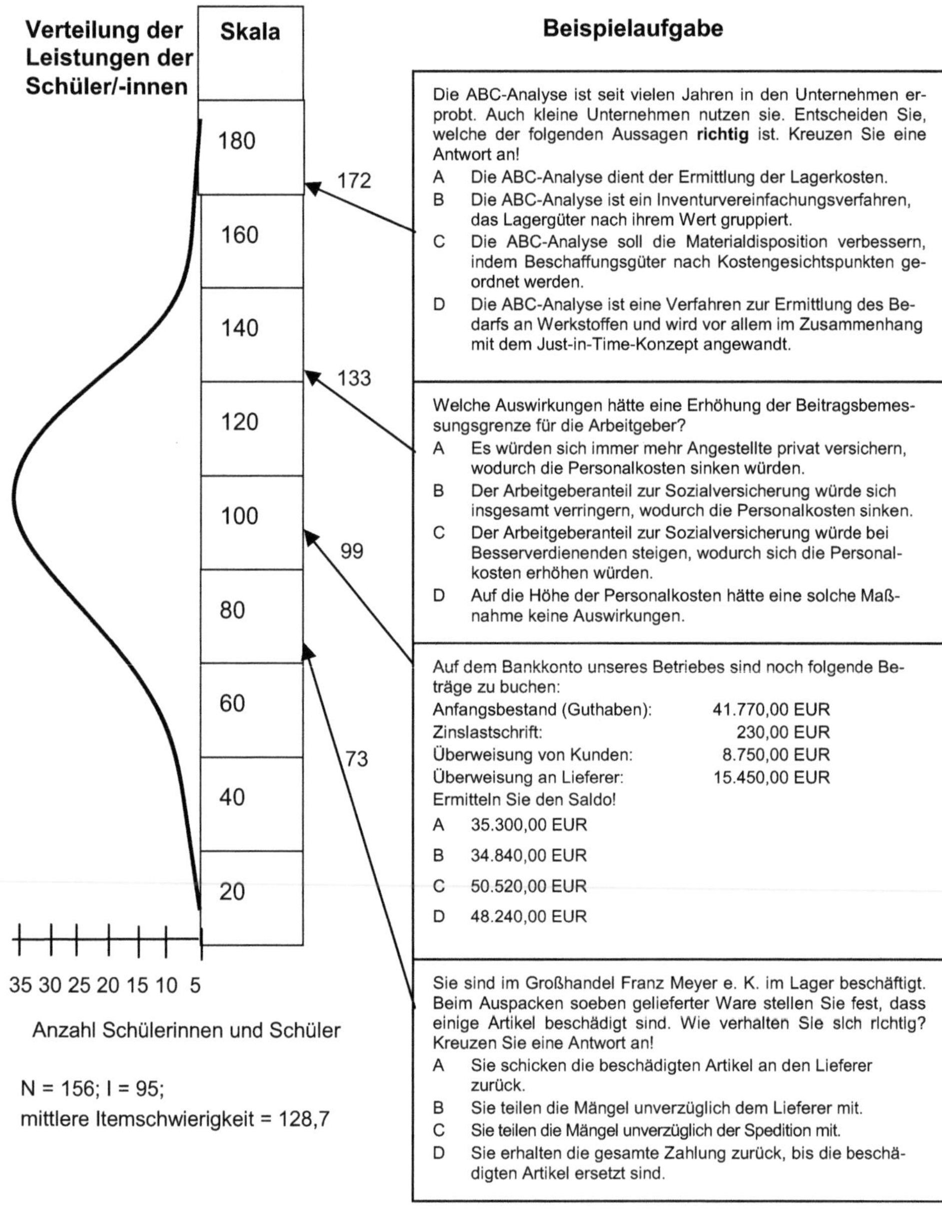

*Ergebnisse im beruflichen Fachleistungstest des Ausbildungsberufs Bürokaufmann/-
kauffrau*

Es wurde bereits eingangs darauf verwiesen, dass der Fachleistungstest für die Bürokaufleute relativ hohe Anforderungen an die Auszubildenden stellte. Lediglich
acht Prozent der Teilnehmerinnen und Teilnehmer erlangten einen über der durchschnittlichen Itemschwierigkeit von ca. 129 Skalenpunkten liegenden Leistungsscore.

Relativ sicher konnten die Jugendlichen Aufgaben lösen, bei denen sie auf Alltags-
und zum Teil betriebliches Erfahrungswissen zurückgreifen konnten. In der Regel
handelte es sich um Aufgaben, bei denen zwar Vorstellungen über den ökonomischen Gegenstand und/oder die zugrunde liegenden wirtschaftlichen Zusammenhänge erforderlich waren, für deren Lösung jedoch nicht explizit kaufmännisches ‚Expertenwissen' generiert werden musste. Aufgaben dieses Typs sind in der Regel in
einer allgemein verständlichen Sprache verfasst und verzichten weitgehend auf spezifische ökonomische Termini und eine bezugswissenschaftliche Fachsprache bzw.
sind die dabei verwendeten spezifischen Fachbegriffe bereits zum Bestandteil der
Alltagssprache geworden.

Den Jugendlichen bereiteten insbesondere jene Aufgaben Schwierigkeiten, die eine
differenzierte Kenntnis ökonomischer Konzepte verlangten und/oder bei denen
Zusammenhänge auf verschiedenen Systemebenen (volkswirtschaftliche Aspekte
und einzelbetriebliche Belange) in ihrer Wechselwirkung zu modellieren und zu
betrachten waren. Ebenso zeigten sich deutliche Unsicherheiten im Umgang mit den
normierten Instrumenten, Regeln und Prozeduren des Rechnungswesens. Das
Modellieren, Aufbereiten und Interpretieren von Daten, auch in weniger vertrauten
funktionalen Kontexten, bereitete den Hamburger Jugendlichen erhebliche Probleme.

Differenzielle Analysen

Aufgrund der Heterogenität in den Lernausgangslagen bei den Bürokaufleuten
waren sowohl Unterschiede im beruflichen Kompetenztest zwischen den Klassen
sowie zwischen verschiedenen sozialen Gruppen zu erwarten.

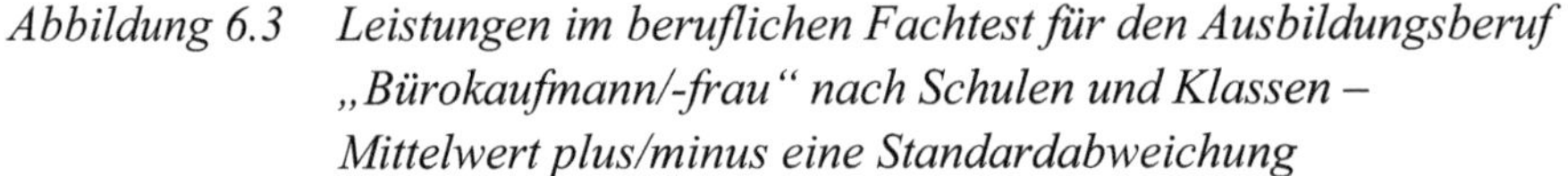

*Abbildung 6.3   Leistungen im beruflichen Fachtest für den Ausbildungsberuf
„Bürokaufmann/-frau" nach Schulen und Klassen –
Mittelwert plus/minus eine Standardabweichung*

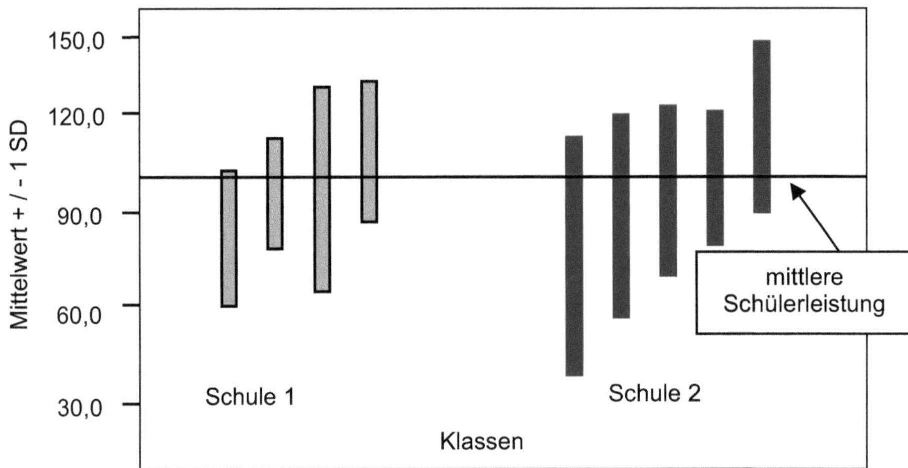

Die Fachleistungen auf Klassenebene zeigten eine Bandbreite von MW = 83,5
(SD = 17,6; N = 21) bis MW = 111,6 (SD = 19,6; N = 19). Die leistungsschwächste
Gruppe lag damit rund zwei Drittel einer Standardabweichung unterhalb des Gesamtdurchschnitts, während die leistungsstärkste Klasse den Gesamtdurchschnitt um
knapp eine halbe Standardabweichung übertraf. Die auf die Unterschiede zwischen
den Klassen zurückgehende Varianz in den Testleistungen liegt bei 14,6 Prozent.

Wie Abbildung 6.3 illustriert, variierten nicht nur die mittleren Fachleistungen zwischen den Klassen, sondern auch die Leistungsstreuungen innerhalb der Lernver-
bände. Klassen mit relativ hohen Streuungen fanden sich vornehmlich in Schule 2,
aber auch die Klasse 3 der Schule 1 wies eine beachtliche Bandbreite in den beruflichen Fachleistungen auf.

Es wurde darüber hinaus geprüft, inwiefern sich Leistungsdifferenzen zwischen
Jugendlichen deutscher und nichtdeutscher Herkunft ergaben. Im Ergebnis der Analysen wurden zwar Mittelwertsdifferenzen erkennbar, die jedoch keine systematische Struktur aufwiesen, also auch durch Artefakte bzw. Messfehler bedingt sein
konnten.

Ebenso waren zwischen männlichen und weiblichen Jugendlichen keine Leistungsunterschiede festzustellen; allerdings sei an dieser Stelle nochmals darauf verwiesen, dass der Anteil männlicher Jugendlicher mit 15 Prozent bei den Bürokaufleuten sehr niedrig lag.

Hintergründe der Testleistungen

Mittels Regressionsanalyse wurde abschließend geprüft, welche Merkmale einen eigenständigen Erklärungsbeitrag zu den Leistungen im beruflichen Kompetenztest liefern. Die Ergebnisse im Fachleistungstest für Bürokaufleute wurden dabei als abhängige Variable in ein erweitertes Regressionsmodell aufgenommen. Die unabhängigen Variablen gingen mit ihren Skalenwerten als Prädiktoren in die Analyse ein.

Folgende Faktoren stellten die unabhängigen Variablen im Regressionsmodell dar:

- Deutsch-Leseverständnis am Beginn der Ausbildung (ULME I),

- Mathematik I am Beginn der Ausbildung (ULME I),

- metakognitives Wissen über Textverarbeitung am Ende der Ausbildung (ULME III) und

- Texte und Tabellen am Ende der Ausbildung (ULME III).

Tabelle 6.2 enthält die standardisierten Regressionskoeffizienten der im Modell spezifizierten Faktoren, die in der Reihenfolge ihrer Bedeutsamkeit aufgenommen wurden. Die Leistungen im Test „Texte und Tabellen", die mathematischen Fachleistungen zu Beginn der Ausbildung sowie die verfügbaren metakognitiven Strategien zur Texterschließung wiesen die stärkste Erklärungskraft auf. Darüber hinaus beeinflusste offensichtlich das Leseverständnis die in diesem kognitiven Fachleistungstest erfassten Kompetenzen.

Tabelle 6.2   Determinanten der Leistungen im beruflichen Fachtest für den
Ausbildungsberuf „Bürokaufmann/-frau"

Prädiktoren: kognitive Merkmale	Standardisierter Regressionskoeffizient Beta
Texte und Tabellen, Ende BA	0,24
Mathematik I, Beginn BA	0,23
Metakognitives Wissen über Textverarbeitung, Ende BA	0,23
Deutsch-Leseverständnis, Beginn BA	0,18
R^2	*0,35*

Selbsteinschätzungen zur Ausbildungsmotivation, zur Wahrnehmung des Unterrichts und dessen Beitrag zur beruflichen Kompetenzentwicklung stellten – über die aufgenommen Variablen hinaus – keinen eigenständigen Beitrag zur Varianzaufklärung der Testleistungen dar. Ebenso zeigte sich kein eigenständiger signifikanter Einfluss von sozio-kulturellen Merkmalen, was vermutlich mit den Homogenisierungsprozessen bei der Eingangsselektion in Zusammenhang stehen dürfte.

6.2.3.2 Spezifische Ergebnisse zu den Teilgebieten

Auf der Grundlage der Dimensionsanalysen kristallisierten sich zwei Inhaltsbereiche (betriebs- und volkswirtschaftliche sowie rechtliche Aspekte als eine und Rechnungswesen als weitere Dimension) heraus, die offenbar durch domänenspezifische Verständnisleistungen beeinflusst werden. Die Ergebnisse in den Sub-Tests werden in diesem Abschnitt gesondert analysiert und interpretiert. Dabei können interessante und fachdidaktisch aufschlussreiche Ergebnisse sichtbar gemacht werden, die ohne eine solche spezifische Akzentsetzung unberücksichtigt geblieben wären.

Auf der Grundlage der zweidimensionalen Rasch-Skalierung wird es möglich, die beiden Subdimensionen auf einer Metrik zu verankern und damit die Fachleistungen für die beiden Subtests im unmittelbaren Vergleich zueinander zu diskutieren. Im konkreten Fall wurde die Dimension „Rechnungswesen" auf einen Mittelwert von 100 und eine Standardabweichung von 25 transformiert; über eine weitere lineare Transformation wurden entsprechend die Personenlogits der zweiten Dimension „BWL, VWL, Recht" auf derselben Metrik abgebildet, deren Mittelwert dann 128 Skalenpunkte bei einer Standardabweichung von 22,9 betrug.

In der nachfolgenden Grafik sind die Itemparameter getrennt nach den beiden Dimensionen dargestellt. Wie aus der Abbildung hervorgeht, waren die Aufgaben in beiden Bereichen recht anspruchsvoll. Allerdings konnten die Auszubildenden mit den inhaltlichen Anforderungen in den betrieblichen, volkswirtschaftlichen und rechtlichen Bereichen auffällig besser umgehen als mit den Anforderungen auf dem Gebiet des Rechnungswesens. Während für das Umgehen mit betriebs- und volkswirtschaftlichen Fragestellungen die Differenz zwischen Aufgabenanspruch und durchschnittlicher Schülerleistung verhalten ausgefallen ist, wurde ein erheblicher Unterschied zwischen Leistungen und Anforderungen bei jenen Aufgaben nachweisbar, die ein spezifisch ökonomisches Modellieren auf der Basis von Kategorien, Instrumenten, Prinzipien und Regeln des Rechnungswesens erforderten; hier zeigten die Jugendlichen markant unterhalb der mittleren Itemschwierigkeit liegende Kompetenzausprägungen.

Abbildung 6.4 unterstreicht nachdrücklich, dass die berufsfachlichen Anforderungen im Bereich des Rechnungswesens erkennbar oberhalb der durchschnittlichen Schülerfähigkeit liegen; rund drei Viertel der Aufgaben implizieren offenkundig Ansprüche an den Umgang mit einschlägigen Fachkonzepten, denen nur noch die leistungsstärksten Schülerinnen und Schüler gewachsen sind. Diese Tatsache wiegt umso schwerer, als davon auszugehen ist, dass bei der Itemkonstruktion durch die Beteiligung der Fachlehrer der Berufsschulen das implementierte Curriculum der Aufgabenkonstruktion zugrunde lag.

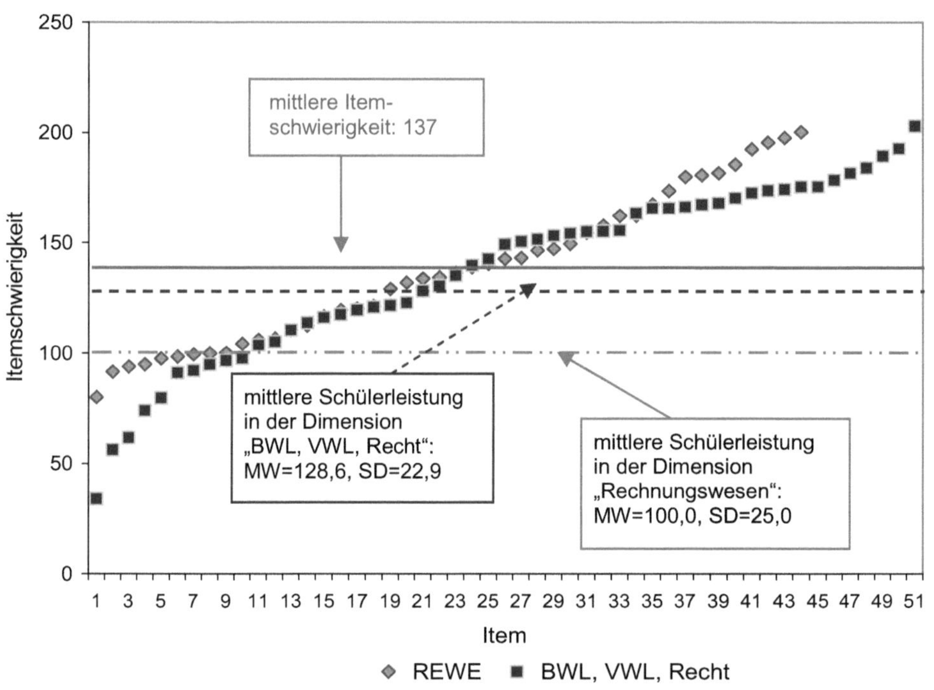

Die nachfolgenden beiden Verteilungskurven unterstreichen die Leistungsdifferenzen zwischen den beiden Teilgebieten (vgl. Abbildung 6.5). Bei der Verteilung der
Schülerleistungen für den Subtest des Rechnungswesens zeigte sich ein kleiner Ne-
bengipfel am linken Rand. Hierbei handelte es sich um 47 Fälle, die nochmals
gesondert betrachtet wurden: Diejenigen Jugendlichen, deren Fachleistungen am unteren Rand im Rechnungswesens lagen, wiesen gleichfalls erhebliche Schwächen im
Umgang mit kontinuierlichen und diskontinuierlichen Texten sowie im Wissen zur
Texterschließung auf (Leistungsdifferenz im Test „Texte und Tabellen": d = -0,45
im Vergleich zur Gesamtgruppe der Bürokaufleute; in den metakognitiven Strategien: d = -0,46). Es handelt sich hierbei um Schülerinnen und Schüler, die auch in
den allgemeinen kognitiven Grundkompetenzen eher im unteren Leistungsspektrum
dieser Berufsgruppe zu finden waren. Sie lernten in unterschiedlichen Klassenver-
bänden, wenngleich ein größerer Anteil einer Klasse angehörte.

Abbildung 6.5   Leistungsverteilung im Fachtest für den Ausbildungsberuf
„Bürokaufmann/-frau" nach Subdimensionen

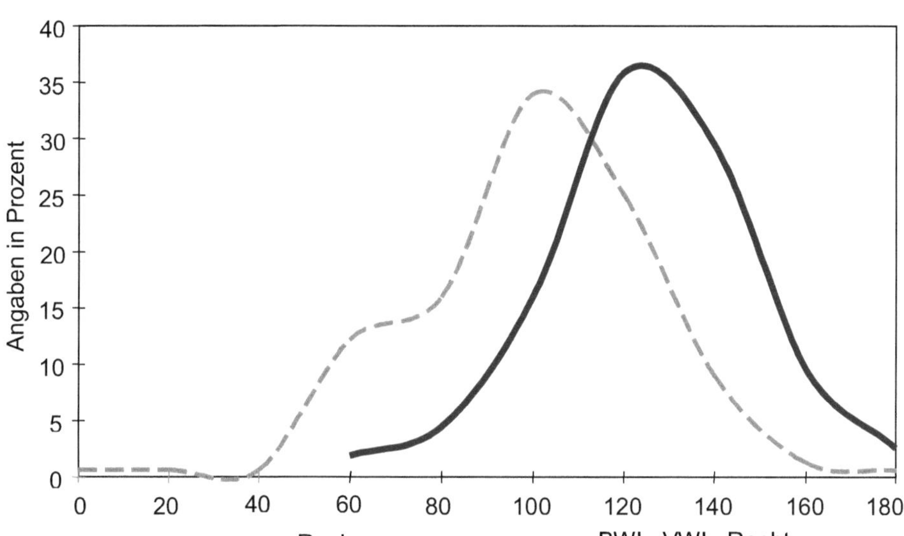

Neben den generellen Unterschieden zwischen den beiden Teilgebieten kaufmänni-scher Fachkompetenz war zu vermuten, dass individuelle Lernausgangslagen, aber auch curriculare und unterrichtliche Schwerpunktsetzungen sich auch auf die Kom-petenzprofile der Jugendlichen zwischen den Schulen und Klassen auswirken kön-nen. Die Schulen schienen insofern eine interessante Analyseeinheit zu sein, da auf-grund des neu strukturierten lernfeldorientierten Rahmenlehrplans eine verstärkte innerschulische didaktische und diagnostische Arbeit der Lehrer untereinander erwartet werden konnte, die zu spezifischen Schwerpunktsetzungen in der unter-richtlichen Arbeit führen kann. Dies gilt natürlich nur unter der Voraussetzung, dass die im wissenschaftlichen Diskurs zur Implementation von Lernfeldern gesetzten Annahmen einer inhaltlichen und didaktisch-methodischen Differenzierung der cur-ricularen Vorgaben im Rahmen von Bildungsgangskonferenzen und didaktischen Jahresplanungen zuträfen (vgl. dazu z.B. Pätzold, 2000, 81ff.) und damit indirekt ein Prozess der Umsetzung von Standards in Gang gesetzt würde. Eine solche curricula-re wie auch didaktisch-methodische Umsetzungsstrategie müsste eine Verringerung der Leistungsvarianz zwischen den Klassen einer Schule zur Folge haben. Wenn-gleich mit dem Forschungsdesign dieser Studie einer solchen Fragestellung nicht differenziert nachgegangen werden konnte, so erschien dennoch eine Prüfung der Kompetenzprofile auf Schul- und Klassenebene aufschlussreich für erste Hinweise.

Zwischen den beiden Schulen waren keine signifikanten Leistungsunterschiede festzustellen, allerdings fiel die Leistungsstreuung im Teilgebiet „Rechnungswesen" für Schule 2 beträchtlich höher als für Schule 1 aus (vgl. Tabelle 6.3).

Tabelle 6.3   Mittelwerte der beiden Subskalen „Rechnungswesen" und „BWL, VWL, Recht" im Ausbildungsberuf „Bürokaufmann/ -frau" nach Schulen

Schule	Sub-Skala „Rechnungswesen"		Sub-Skala „Betriebliche, volkswirtschaftliche, rechtliche Aspekte"		
	Mittelwert	Standardabweichung	Mittelwert	Standardabweichung	N
1	99,0	22,2	125,2	21,9	80
2	101,1	27,8	126,0	22,7	76
gesamt	*100,0*	*25,0*	*125,6*	*22,2*	*156*

Es wurde nachfolgend geprüft, ob die höheren Leistungsstreuungen in Schule 2 primär durch Unterschiede in den Kompetenzständen zwischen den Klassen oder durch erhebliche Varianzen innerhalb der Lerngruppen bzw. beide bedingt waren. Die nachfolgende Abbildung veranschaulicht nochmals die Differenzen in den mittleren Leistungen zwischen den beiden Subtests auf der Klassenebene. Gleichzeitig vermittelt die Abbildung einen optischen Eindruck von den Leistungsstreuungen innerhalb der Klassen.

Anhand der Grafik wird zunächst deutlich, dass in beiden Schulen in allen Klassen durchgängig der Subtest „Rechnungswesen" ungünstiger ausfällt als die Leistungen bei den betriebs- und volkswirtschaftlichen Inhalten. Während in einigen Klassen eine gravierende Differenz zwischen den beiden spezifischen Bereichen festzustellen ist (z.B. Klasse 3 in Schule 1), gibt es in einigen Lerngruppen auch homogenere Profile zwischen den beiden Dimensionen wie dies beispielsweise für die zweite Gruppe von Schule 2 gilt. Weiterhin verdeutlicht die Abbildung, dass in Schule 2 zwei Klassen zu finden sind, die ein relativ breites Leistungsspektrum vor allem im Subtest „Rechnungswesen" aufwiesen.

Abbildung 6.6   *Leistungen in den Subdimensionen des beruflichen Fachtests für den Ausbildungsberuf „Bürokaufmann/-frau" nach Schulen und Klassen – Mittelwert plus/minus eine Standardabweichung*

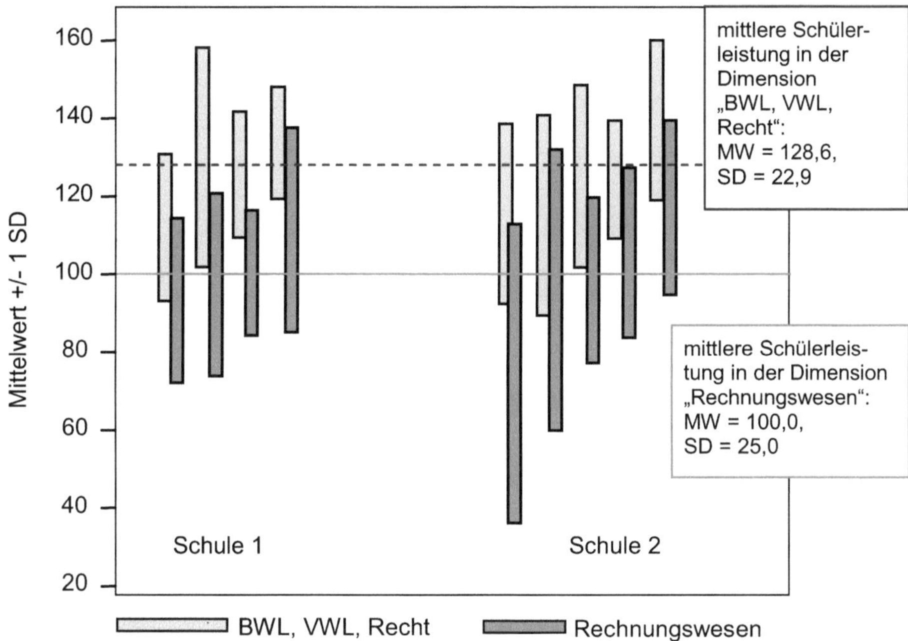

Zusammenfassend bleibt festzuhalten, dass die künftigen Bürokaufleute mit Aufgabenstellungen aus dem Bereich der Büroorganisation, der Betriebs- und Volkswirtschaft sowie dem Wirtschaftsrecht besser vertraut sind als mit den instrumentellen Aspekten kaufmännischen Handelns. Während sie Aufgaben mit Alltagsbezug und mit bekannten wirtschaftlichen Situationen relativ sicher bearbeiten konnten, scheiterten sie zumeist an Handlungssituationen, die aufwändigere kognitive Verarbeitungsprozesse erforderten, bei denen kaufmännisches Fachwissen zu generieren und auf neue, bisher ungewohnte Situationen zu übertragen war. Besonders große Schwierigkeiten bereiteten Aufgabenstellungen mit mathematischem Bezug, d. h. wirtschaftliche Fragestellungen, die auf der Grundlage mathematischer Strukturen, Prinzipien und Operationen zu bearbeiten waren. Diese Anforderungen waren im Besonderen bei Aufgabenstellungen anzutreffen, die dem Gebiet des Rechnungswesens und damit der quantitativen Erfassung von Güter- und Geldströmen zugeordnet werden konnten.

Ebenso zeigten sich deutliche Schwächen überall dort, wo elaborierte Verstehensleistungen in Form von Verallgemeinerungen und Abstraktionen der zugrunde liegenden wirtschaftlichen Beziehungen und Strukturen gefordert wurden: Waren
Sachverhalte auf Basis von wissenschaftlich begründetem deklarativen, prozeduralen und konditionalen Wissen zu bearbeiten, so offenbarten sich eher problematische
Kompetenzstände; die Bearbeitung von Aufgaben hingegen mit in der Praxis
‚bewährtem‘ Wissen zählte zweifelsfrei zu den Stärken der hier untersuchten Gruppe.

Hintergründe der Testleistungen differenziert nach Teilgebieten

Wie bereits im Abschnitt 6.2.3.1 herausgearbeitet, erwiesen sich die mathematischen
Kompetenzen zu Beginn der Ausbildung, das Leseverständnis und die Selbsteinschätzungen zu den eingesetzten metakognitiven Strategien im Umgang mit Texten
sowie die Fähigkeiten, Informationen aus Grafiken, Tabellen und anderen diskonti-
nuierlichem Texten zu entnehmen einschließlich grundlegender Rechenfertigkeiten
(Tests „Texte und Tabellen“) als bedeutsame Prädiktoren für die Erklärung von
Varianz in den Leistungen des Gesamttests. Nunmehr wird hier im Rahmen einer
Kommunalitätenanalyse geprüft, welchen spezifischen Beitrag die einzelnen Merkmale, aber auch deren Kombination zur Varianzaufklärung in den beiden untersuchten Subdimensionen leisten. Die Kommunalitätenanalyse ermöglicht folglich eine
Zerlegung der Varianz in prädiktorspezifische Anteile und in konfundierte Varianz-
komponenten. Es wurde mit dem Verfahren der blockweisen Regression gearbeitet,
wobei zuerst der „CFT“ (Ende), als nächster Block „Mathematik I“ (Beginn) und
„Texte und Tabellen“ (Ende) und als dritter Block „Leseverständnis“ (Beginn) und
„Wissen zur Texterschließung“ (Ende) in das Regressionsmodell aufgenommen
wurden.

Das Ergebnis der Analyse zeigt, dass für die Testleistungen im Teilbereich allgemeiner betriebs- und volkswirtschaftlicher Überlegungen und Anwendungen rund
38 Prozent der Varianz anhand der genannten Merkmale aufgeklärt werden konnten
(vgl. Abbildung 6.7).

Insbesondere erwiesen sich dabei die mathematischen Leistungen zu Beginn der
Ausbildung und das Verständnis kontinuierlicher und diskontinuierlicher Texte am
Ende der Ausbildung, aber auch die Kombination aus „Mathematik/Texte und
Tabellen“ einerseits und „Leseverständnis/Metakognitionen im Bereich der Texter-

schließung" andererseits als besonders erklärungsmächtig. Rund 8,9 Prozent der Varianz in den Testleistungen der Dimension „BWL, VWL, Recht" konnten auf die prädiktorspezifische Varianzkomponente „Leseverständnis und Wissen zur Texterschließung (Metakognition)" zurückgeführt werden.

In Bezug auf den Subtest *Rechnungswesen* besitzen die beiden zuletzt genannten Merkmale die höchste Erklärungskraft (Leseverständnis und Wissen zur Texterschließung), ebenso tragen die Testleistungen in Mathematik am Ausbildungsbeginn und die kognitiven Grundqualifikationen erfasst über den Test „Texte und Tabellen", aber auch die Kombination aus „Mathematik I"/„Texte und Tabellen" einerseits mit „Leseverständnis"/„Wissen zur Texterschließung" andererseits zur Variabilität in den Testleistungen bei, freilich mit deutlich niedrigerem Anteil im Vergleich zu deren Erklärungsbeitrag für den betriebswirtschaftlich orientierten Subtest.

Abbildung 6.7   Kommunalitätenanalyse für die Determinanten der Leistungen in den Subdimensionen des Tests für den Ausbildungsberuf „Bürokaufmann/-frau"

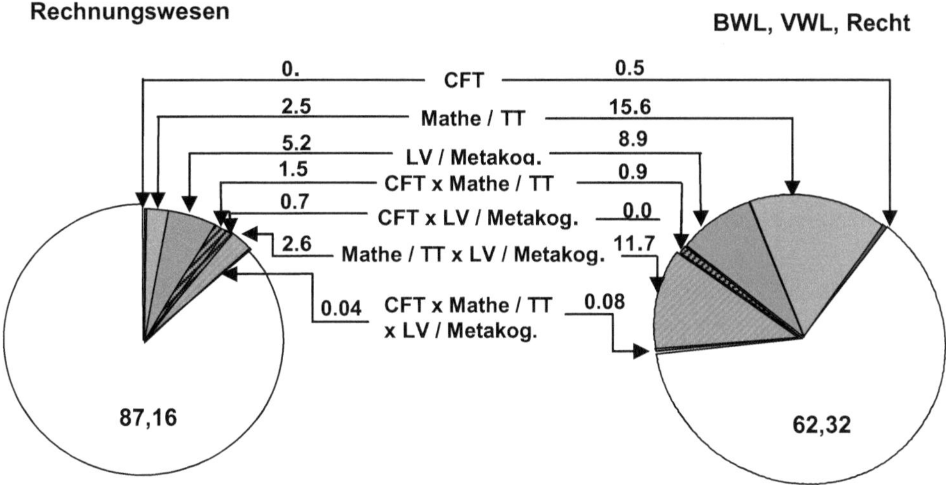

Zusammenfassend ist festzustellen, dass etwa 38 Prozent der Varianz in den Leistungen des Subtests „BWL, VWL und Recht" durch allgemeine kognitive Grundfähigkeiten, mathematische Fähigkeiten und Lesekompetenz erklärt werden kann. Deutlich niedriger fällt mit rund 13 Prozent der Anteil erklärter Varianz durch diese Merkmale für den Teilbereich des Rechnungswesens aus. Hier besitzen offenbar das fachspezifische Vorwissen und die Nutzung von fachspezifischen Konzepten, Begriffssystemen und Prozeduren eine vergleichsweise hohe Bedeutung und können nur bedingt auf allgemeine kognitive Leistungen wie schlussfolgerndes Denken oder die Beherrschung mathematischer Prinzipien, Regeln und Konzepte zurückgeführt werden. Damit steigt gleichzeitig für diesen Teilbereich die Bedeutsamkeit der Qualität unterrichtlicher Lehr-Lern-Angebote und didaktisch strukturierter Entwicklungsräume.

6.3 Berufliche Fachleistungen im Ausbildungsberuf „Bankkaufmann/Bankkauffrau"

6.3.1 Zur Struktur des beruflichen Fachleistungstests

Der berufsbezogene Fachleistungstest für Bankkaufleute umfasst – wie in Abschnitt 2.2.7.1 näher erläutert – insgesamt 72 Aufgaben. Da einige Aufgaben aus mehreren Einzelaufgaben bestanden (z.B. vier Wahr-Falsch-Aufgaben zu einem Themenbereich mit jedoch jeweils unterschiedlichem kognitivem Anspruchsniveau), wurde der Test in insgesamt 112 Einzelitems zerlegt.

Die Testitems verteilen sich auf die drei Lernfeldkomplexe „Beratung und Service", „Unternehmensprozesse dokumentieren und beurteilen" und „Rahmenbedingungen bankbetrieblichen Handelns". Bei der Testkonstruktion wurde Wert darauf gelegt, dass die einzelnen Lernfelder repräsentativ vertreten sind.

Die Items erreichen überwiegend eine zufrieden stellende bis gute Diskriminanz, einige wenige Items auch sehr hohe Diskriminanzwerte. Letztlich gingen 106 von 112 Items in die Testauswertung ein, d. h. es wurden lediglich sechs Items aufgrund mangelnder interner Konsistenz ausgeschlossen. Hiervon war ein Item aus dem Bereich des Handelsrechts betroffen, ein Item einer Zuordnungsaufgabe im Themenbereich Zahlungsverkehr und ein Item zur Gewinnermittlung bei gegebenen Informationen zur Summe des Vermögens und der Schulden am Jahresanfang und Jahresende. Darüber hinaus erwiesen sich zwei Items einer Aufgabe aus dem Bereich der Kreditfinanzierung und eine Ankeraufgabe zum Tarifvertragsrecht als nicht reliabel und konnten in den Auswertungen nicht berücksichtigt werden. Insgesamt erlangt der Test damit eine gute curriculare Validität und deckt ein breites kognitives Anforderungsspektrum des Ausbildungsberufs ab.

Der Test erlangt bei der eindimensionalen Skalierung – trotz unterschiedlichster inhaltlicher und kognitiver Anforderungen – eine sehr hohe interne Konsistenz mit einer WLE-Reliabilität von 0,89.

6.3.2 Befunde zu den beruflichen Fachleistungen im Ausbildungsberuf „Bankkaufmann/Bankkauffrau"

Testanforderungen und Leistungsverteilung

Die mittlere Itemschwierigkeit liegt bei 104 Skalenpunkten; die durchschnittlichen Leistungen der Hamburger Schülerinnen und Schüler im Fachleistungstest für Bankkaufleute wurden – wie bei den anderen Fachleistungstests auch – auf 100 Skalenpunkte mit einer Standardabweichung von 25 Punkten festgelegt (zur Verteilung der Schwierigkeitskennwerte vgl. Abbildung 6.8).

Abbildung 6.8   Schwierigkeitskennwerte der Testaufgaben im beruflichen Fachtest für den Ausbildungsberuf „Bankkaufmann/-frau"

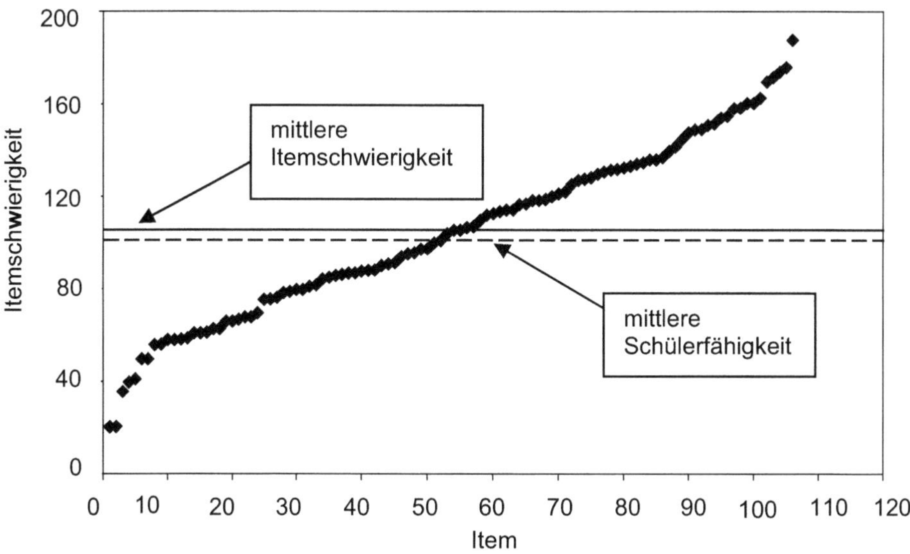

Erlangt eine Testperson einen durchschnittlichen Leistungsscore von beispielsweise 137 Punkten, so wird sie mit einer Wahrscheinlichkeit von p = 0,65 in der Lage sein, die in der Abbildung 6.9 (nächste Seite) zweite Aufgaben von oben (Ermittlung einer Preisobergrenze einer Festgeldanlage) zu lösen. Liegt die Testleistung der Testperson darunter, so sinkt entsprechend die Lösungswahrscheinlichkeit, im umgekehrten Fall steigt die Wahrscheinlichkeit des erfolgreichen Umgangs mit den entsprechenden Anforderungen.

In der nachfolgenden Grafik sind die Verteilung der Aufgabenschwierigkeiten des Fachleistungstests für Bankkaufleute und die Schülerfähigkeiten auf einer Skala abgebildet und grafisch dargestellt. Abbildung 6.9 zeigt auf der linken Seite der Skala die Leistungsverteilungen, auf der rechten Seite befinden sich Beispielaufgaben des Tests mit dem zugehörigen Skalenwert.

Als relativ einfache Aufgaben erwiesen sich wiederum jene, bei denen auf Alltagserfahrungen zurückgegriffen werden konnte. Dies betrifft beispielsweise die in der Abbildung 6.9 unten dargestellte Aufgabe, die sich auf die Einkommenssteuer bezieht und bei der einzelne Ausgabearten übergeordneten Ausgabegruppen zuzuordnen waren.

Auch die aus dem Bereich des Rechnungswesens stammende Aufgabe, bei der Geschäftsvorfälle auf einen übergeordneten buchhalterischen Vorgang zu beziehen waren, bereitete den meisten Schülern wenig Schwierigkeiten. In diesem Falle handelte es sich um eine Aufgabe, die strukturgleich zu einem Item aus dem Fachtest für Bürokaufleute konzipiert war; lediglich die Geschäftsvorfälle wurden dem jeweiligen Wirtschaftsbereich (Bankwesen vs. Industrie, Handwerk und Dienstleistungsbereich) angepasst. Im Unterschied zu den Bürokaufleuten zählte bei den Bankkaufleuten dieses Item jedoch zu den leichteren Aufgaben. Hier steht eine gesonderte Prüfung beispielsweise unter Nutzung des Konzepts des Differential Item Functioning (DIF) noch aus, das den Vergleich von relativen Lösungshäufigkeiten bei Konstanthaltung der Personen- und damit Gruppenfähigkeit erlaubt. Es wird vermutet, dass es solche differenziellen Itemfunktionen bei den sog. Ankeraufgaben (vgl. Abschnitt 2.2.7.1) gibt, die mit einer berufsspezifischen Relevanz dieser Aufgaben bei den einzelnen kaufmännischen Berufen korrespondieren.

Abbildung 6.9   Verteilung der Schülerleistungen im beruflichen Fachtest für den Ausbildungsberuf „Bankkaufmann/-frau" im Vergleich mit den Schwierigkeiten der Testaufgaben

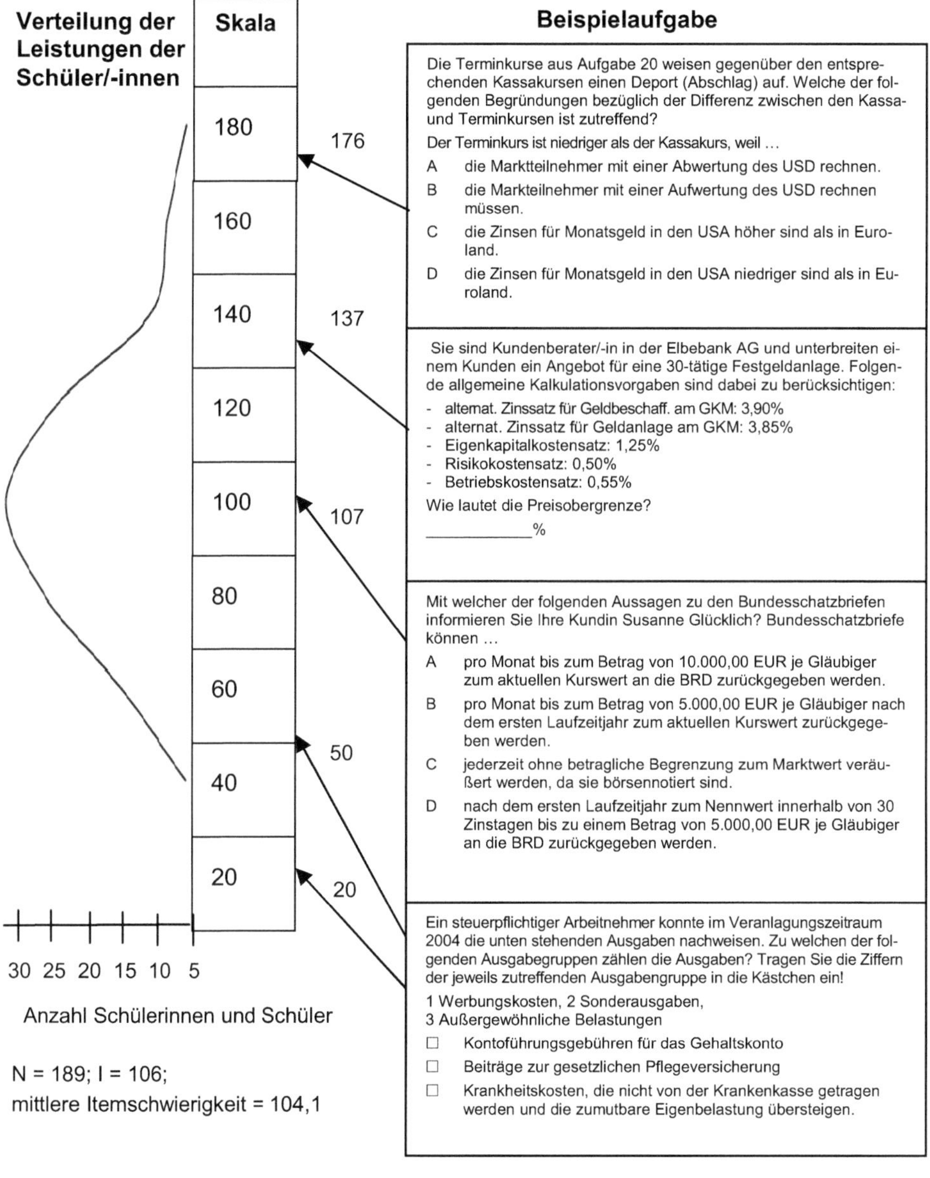

Als deutlich schwieriger erwiesen sich Aufgaben, die bankspezifisches Expertenwissen erforderten, wie beispielsweise jenes Item, bei dem die korrekte Begründung für die Differenz zwischen Kassa- und Terminkursen aus vier möglichen alternativen Antworten auszuwählen war. Als generell schwieriger erwiesen sich auch die Aufgaben mit offenem Antwortformat – unabhängig davon, ob sich diese auf die Domäne des Rechnungswesens oder auf den Bereich der Geldanlage bezogen. Eine gesonderte Prüfung des Einflusses des Testformats auf die Aufgabenschwierigkeit wurde jedoch – aufgrund der zu geringen Anzahl offener Aufgaben – nicht durchgeführt.

Ergebnisse im beruflichen Fachleistungstest des Ausbildungsberufs
„Bankkaufmann/Bankkauffrau"

Etwas mehr als zwei Fünftel der Jugendlichen (rund 43 Prozent) erreichten eine durchschnittliche Fachleistung, die oberhalb der mittleren Itemschwierigkeit der Testaufgaben lag. Die Testleistungen der Bankkaufleute erfassten insgesamt ein Leistungsspektrum von 42 bis 186 Skalenpunkten.

Während drei Viertel der Auszubildenden relativ sicher Aufgaben bewältigten wie beispielsweise die Ermittlung des Cash-Flow anhand von Auszügen einer aufbereiteten Erfolgsrechung oder die Prüfung von Aussagen über Merkmale eines Ratendarlehens bzw. Kontokorrentkredits, verfügte rund ein Viertel der Jugendlichen nicht über die hinreichende Fachexpertise, um sicher mit grundlegenden finanzwirtschaftlichen Kennzahlen oder Merkmalen bankwirtschaftlicher Produkte umzugehen.

Größere Schwierigkeiten als erwartet hatten die Jugendlichen auch mit der Interpretation grafischer Darstellungen volkswirtschaftlicher Daten. Hier wurde aufgrund der relativ günstigen Befunde im Test „Texte und Tabellen" insbesondere im Subtest „Diskontinuierliche Texte" ein souveräner Umgang in der Interpretation von Grafiken erwartet, zumal gerade im Bereich der Anlageberatung, einem der Kerngeschäfte von Banken, derartige grafische Präsentation in der Produktwerbung und im Kundengespräch zur Anwendung kommen. Zwar hat etwa die Hälfte der Jugendlichen, zum Teil jedoch auch weniger, die Inhalte der vier Wahr-Falsch-Aussagen dieser Aufgabe korrekt prüfen können, aber die andere Hälfte wies mehr oder minder auffällige Unsicherheiten im Umgang mit derartigen grafischen Präsentationen wirtschaftlicher Kennzahlen auf.

Überraschend musste auch festgestellt werden, dass die Jugendlichen nicht zweifelsfrei mit Haftungsfragen der Rechtsform GmbH umgehen konnten. Nur wenig mehr als zwei Fünftel der Jugendlichen waren in der Lage, das erforderliche Wissen zur Haftung einer GmbH im Falle der Nichterfüllung von Zahlungsverpflichtungen zu reproduzieren und auf die konkrete Situationsbeschreibung anzuwenden, während mehr als die Hälfte der Auszubildenden eine derartige Fragestellung nicht mit hinlänglicher Sicherheit bearbeiten konnte. Angesichts der Beratungsaufgaben von Banken für Existenzgründer und Firmen, bei denen Haftungsfragen nicht nur im Rahmen von Kreditgeschäften eine Rolle spielen dürften, kann diese Aufgabenstellung als beruflich hoch relevant eingestuft werden. Umso nachdenklicher stimmt es dann, wenn die Auszubildenden hier offenbar weniger professionell agieren konnten. Probleme bereiteten auch jene Aufgaben, bei denen Expertenwissen zu Betriebsmittelkrediten abgeprüft wurde.

Zusammenfassend gilt auch hier, dass Aufgaben mit Affinitäten zum betrieblichen und auch außerbetrieblichen Alltagsbereich (z.B. Merkmale eines Bauspardarlehens, juristische Schritte bei nicht mehr bedienbaren Ratendarlehen, Merkmale von Lastschriften und Daueraufträgen etc.) sowie Anforderungen, bei denen klare Regeln und Algorithmen anzuwenden waren (z.B. einfache Buchungsvorgänge) oder aus der schulischen und betrieblichen Erfahrungswelt vertraute (bank-)wirtschaftliche Sachverhalte zu reproduzieren waren (z.B. Widerrufsfristen von Darlehensverträgen), von den Jugendlichen recht sicher gelöst werden.

Aufgaben, die jedoch spezifische Expertise erforderten und bei denen in der Regel nur begrenzt auf Alltagserfahrungen zurückgegriffen werden konnte, aber auch Aufgaben, die die Modellierung komplexer wirtschaftlicher Zusammenhänge erforderten, wurden von den Jugendlichen mit zum Teil erheblichen Unsicherheiten bearbeitet.

Differenzielle Analysen

Zwar lagen für die Gruppe der Bankkaufleute keine Informationen zu den Anfangslernständen vor, da aufgrund der verkürzten Ausbildungszeit nicht mehr der Jahrgang 2002/03 aus ULME I erreicht werden konnte, sondern ausschließlich Jugendliche, die zu einem späteren Zeitpunkt ihre Ausbildung aufnahmen, jedoch konnten anhand der Ergebnisse der Tests „Texte und Tabellen" und „CFT 20" sowie „Wissen zur Texterschließung", die eine Schätzung allgemeiner kognitiver Leistungsdispositionen zuließen, insbesondere Analysen etwaiger Differenzen zwischen den Klassen oder sozialen Gruppen unter Nutzung dieser Hintergrundvariablen interpretiert werden.

Die Ergebnisse auf Klassenebene verdeutlichen, dass insgesamt ein relativ homogenes Leistungsprofil erkennbar ist, obwohl die Ergebnisse zwischen der leistungsschwächsten und der leistungsstärksten Gruppe bedeutsam variierten (vgl. Abbildung 6.10).

Abbildung 6.10 Leistungen im beruflichen Fachtest für den Ausbildungsberuf „Bankkaufmann/-frau" nach Klassen – Mittelwert plus/minus eine Standardabweichung

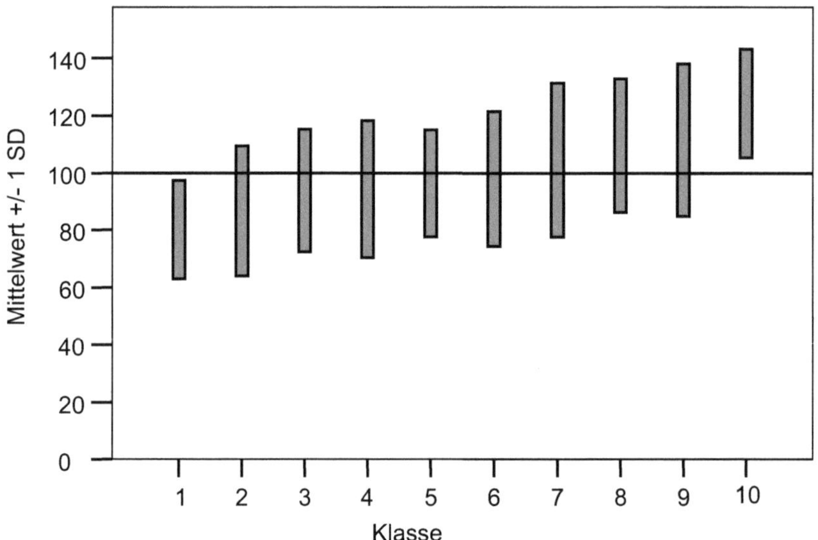

Überdurchschnittliche Leistungen erreichte insbesondere Klasse 10, markant unterdurchschnittliche Leistungen waren für Klasse 1 erkennbar. Klasse 1 lag mit rund vier Fünfteln einer Standardabweichung unterhalb des Durchschnitts aller Klassen; Klasse 10 hingegen erlangte mit einem Mittelwert von 124,2 (SD=18,9, N=16) einen Leistungsvorsprung, der fast einer ganzen Standardabweichung entsprach und damit einen äußerst auffälligen Leistungsvorsprung markierte. Der nachdrückliche Leistungsvorteil von Klasse 10 war auch im Test „Texte und Tabellen" mit mehr als einer halben Standardabweichung gegenüber dem Leistungsdurchschnitt aller Bankkaufleute erkennbar. Klasse 1 hingegen positionierte sich mit rund einem Drittel einer Standardabweichung unterhalb der Testleistungen im Bereich der allgemeinen kulturellen Grundbildung, was zwar noch weitere Klassen betraf, die jedoch – im Gegensatz zu Klasse 1 – günstigere Leistungen im beruflichen Fachleistungstest auf wiesen. In der Fähigkeit zum schlussfolgernden Denken sind die Leistungsdifferenzen zwischen den Klassen nicht signifikant, gleichwohl fiel auf, dass Klasse 10 im Unterschied zu den übrigen Lerngruppen einen überdurchschnittlich hohen Wert aufwies.

Ausgeprägte Fachleistungsdifferenzen wurden zwischen Jugendlichen mit deutscher und nicht deutscher Herkunftssprache erkennbar. Jugendliche mit nichtdeutscher Herkunftssprache lagen rund eine halbe Standardabweichung unterhalb der Testleistungen von Jugendlichen, die mit deutscher Familiensprache aufwuchsen. Allerdings war die Gruppe von Auszubildenden nichtdeutscher Herkunftssprache so klein (5 Prozent), so dass aufgrund von messfehlerbedingten Effekten auf weitergehende Analysen bei dieser Berufsgruppe verzichtet werden musste.

Zwischen männlichen und weiblichen Jugendlichen waren ebenfalls beträchtliche Leistungsunterschiede feststellbar (vgl. auch Abbildung 6.11).

Abbildung 6.11 Leistungsverteilung im Fachtest für den Ausbildungsberuf „Bankkaufmann/-frau" nach Geschlecht

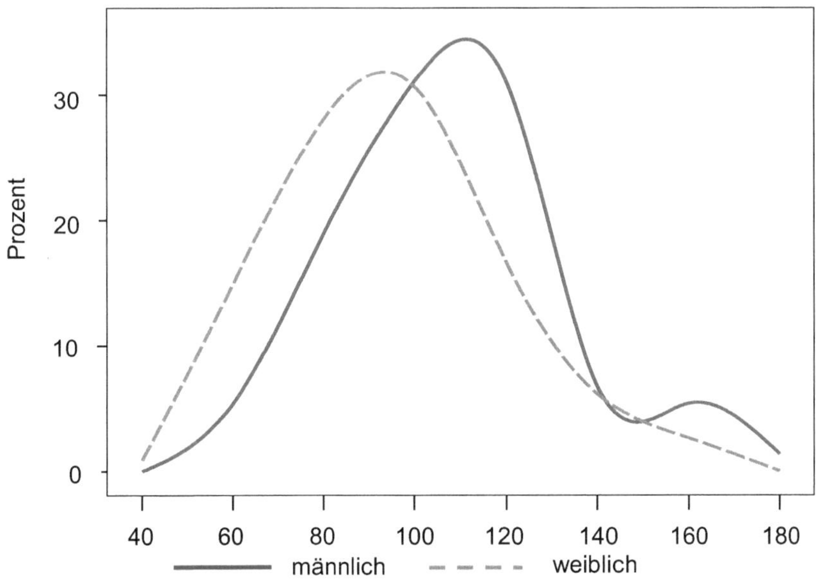

So erlangten die männlichen Jugendlichen im Test rund 106,6 Skalenpunkte (SD_m = 25,2, N_m = 74), während die weiblichen Auszubildenden mit 96,0 Punkten (SD_w = 24,0, N_w = 114) ein deutlich niedrigeres Leistungsergebnis (d_w = -0,42) erzielten.

6.4   Berufliche Fachleistungen im Ausbildungsberuf „Kaufmann/Kauffrau im Einzelhandel"

6.4.1   Zur Struktur des beruflichen Fachleistungstests

Der berufliche Fachleistungstest für den Ausbildungsberuf „Kaufmann/Kauffrau im Einzelhandel" bestand aus 60 Aufgaben, die aus logischen Gründen in 97 Einzelitems zerlegt wurden. 14 Items innerhalb einer offenen Aufgabe stellten jedoch analytisch voneinander abhängige Items dar, sodass in diesem Fall nur die Endergebnisse in die Auswertungen eingingen und damit letztlich 85 Items in die Testanalysen einbezogen werden konnten. Von diesen 85 Items erwiesen sich 76 Items aus der Sicht von Testgütekriterien als hinreichend stabil und konnten den Auswertungen zugrunde gelegt werden.

Die neun Items, die aufgrund sehr niedriger Diskriminanzwerte ausgeschlossen werden mussten, bezogen sich vornehmlich auf den curricularen Schwerpunkt „Rechnungswesen". Die Lösungsquoten dieser Items lagen zwischen 2 und 10 Prozent, wodurch kaum eine hinreichende Differenzierung zwischen leistungsstärkeren und leistungsschwächeren Auszubildenden vorlag. Bei weiterer Verwendung dieses Fachleistungstests wird in jedem Fall eine curriculare Prüfung, insbesondere der ausgeschlossenen Items aus dem Gebiet des Rechnungswesens, empfohlen; desgleichen erscheint es geboten, den Test um Aufgaben aus dem Gebiet des Rechnungswesens anzureichern, um diesen wichtigen curricularen Teilbereich des Berufsbildes ebenfalls angemessen zu erfassen. Es ist jedoch auch denkbar, dass die in den ausgeschlossenen Aufgaben verkörperten Sichtweisen auf das Rechnungswesen, wie sie der Konstruktion von Aufgaben zugrunde lagen, so im Unterricht nicht umgesetzt worden waren, sondern dass im Rechnungswesen-Unterricht bei den Einzelhandelskaufleuten nach wie vor Aspekte der „klassischen Buchhaltung" dominierten, während neuere, integrative Konzepte, die eine stärker prozessorientierte wie auch systemische Sichtweise befördern, in den Unterricht (noch) keinen Eingang fanden bzw. finden konnten (zum Ansatz des instrumentellen Rechnungswesens vgl. Preiß & Tramm, 1996).

Gleichwohl schätzten die beteiligten Experten der Berufsschulen und die Fachdidaktik-Experten des IBW der Universität Hamburg den Test als ausreichend curricular valide ein. Die Inhaltsbereiche „Organisation, Verkauf, Personal", „Dispositives Handeln", „Warenprozesse" und „Leistungsprozesse und Controlling" seien repräsentativ in den Aufgaben vertreten. Die Beurteilungen des Tests aus der Sicht der zur Aufgabenlösung geforderten Wissensstrukturen und kognitiven Ansprüche belegten indessen, dass in nur geringem Umfang Aufgaben enthalten waren, die prozedurales Wissen erforderten (16 Prozent), während Aufgaben aus dem Bereich des Faktenwissens (30 Prozent) und mit 54 Prozent das Konzeptwissen überproportional hoch repräsentiert waren.

Im Zentrum der kognitiven Anforderungen des Tests standen Wissensanwendung und Verstehen. Positiv hervorzuheben ist, dass einfache reproduktive Anforderungen im Sinne des Abfragens von Wissen auf wenige Aufgaben begrenzt blieben. Allerdings konnten auch keine Aufgaben der kritischen Bewertung und Reflexion zugeordnet werden. Im Hinblick auf das Anspruchsniveau dominierte hinsichtlich der kognitiven Anforderungen die Anwendung von Begriffen, Begriffssystemen, Konzepten und wirtschaftlichen Zusammenhängen; nur einige wenige Aufgaben erforderten ein spezifisch ökonomisches Modellieren.

Der Test erwies sich auf der Grundlage des einparametrischen Rasch-Modells skalierbar und erreichte mit den 76 nutzbaren Testitems eine hohe WLE-Reliabilität von 0,87. Die Skalierung wurde gemeinsam mit den Berliner Pilotdaten vorgenommen, wobei die Transformation der Personenlogits so erfolgte, dass der Mittelwert für die Hamburger Auszubildenden bei 100 und die Standardabweichung bei 25 lagen. Der Test umfasste – trotz der zuvor geäußerten Einschränkungen – ein breites Anforderungsspektrum; die Itemschwierigkeiten variierten zwischen 51 und 205 Skalenpunkten, wobei eine Konzentration der Items im mittleren Leistungsbereich zu erkennen war. Es lag folglich mit dem Test ein gut differenzierendes Instrument zur Erfassung kognitiver beruflicher Fachleistungen für den Kaufmann/die Kauffrau im Einzelhandel vor (vgl. auch die weiter unten diskutierte Abbildung 6.12).

Den beruflichen Fachleistungstest für den Ausbildungsberuf „Einzelhandelskaufmann/-kauffrau" absolvierten 308 Jugendliche aus vier verschiedenen Handelsschulen.

6.4.2   A priori vorgegebene und empirisch ermittelte Testanforderungen im beruflichen Fachtest für „den Kaufmann/die Kauffrau im Einzelhandel"

Testanforderungen und Leistungsverteilung

Die durchschnittliche Itemschwierigkeit lag bei 113 Skalenpunkten und überschritt damit knapp die mittlere Schülerfähigkeit. Wie der Verteilung der Testaufgaben entnommen werden kann, ermöglichte der Test eine gute Differenzierung im mittleren Leistungsbereich, aber auch im oberen und unteren Fähigkeitsspektrum (vgl. Abbildung 6.12). Die Itemschwierigkeit wurde analog zu den übrigen Fachleistungstests durch den Wert auf der latenten Fähigkeitsdimension definiert, bei dem die Wahrscheinlichkeit eine Aufgabe zu lösen p = 0,65 beträgt.

Abbildung 6.12 Schwierigkeitskennwerte der Testaufgaben im beruflichen Fachtest für den Ausbildungsberuf „Kaufmann/Kauffrau im Einzelhandel"

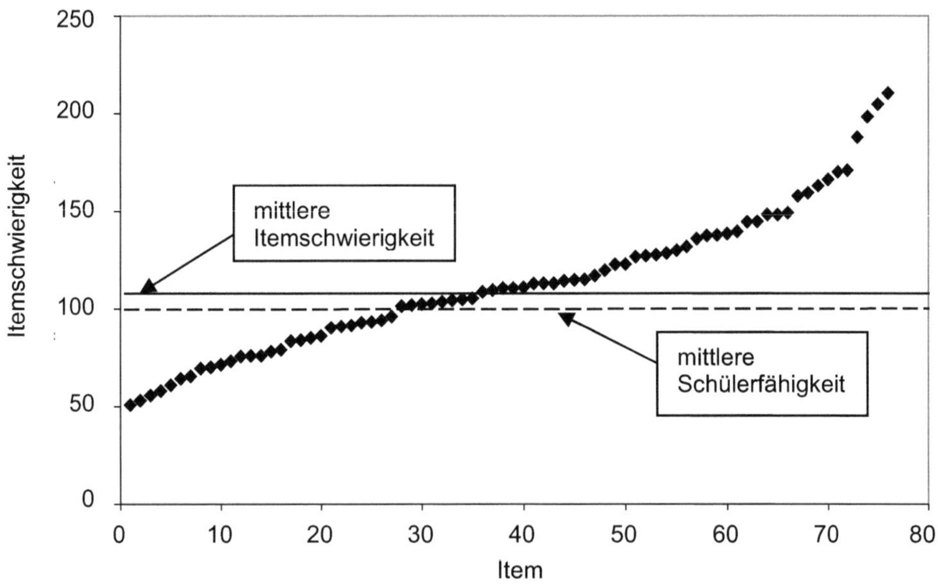

Die Fähigkeitsverteilung und Testanforderungen wurden – entsprechend den übrigen Fachleistungstests – auf derselben Metrik einander gegenüber gestellt. Aus Abbildung 6.13 geht hervor, dass die Schülerleistungen (Verteilungsfunktion links der Skala) einen Wertebereich von 40 bis ca. 200 Skalenpunkten umfassten. Somit muss in jedem Fall von erheblichen Kompetenzunterschieden zwischen den Probanden ausgegangen werden.

Knapp 60 Prozent der Testaufgaben lagen im mittleren Anforderungsbereich zwischen 70 und 130 Skalenpunkten; 30 Prozent der Aufgaben stellten relativ hohe Anforderungen an die Jugendlichen, wobei die Lösungen elaborierte Verstehensleistungen der zugrunde liegenden ökonomischen Konzepte und Zusammenhänge erforderten; etwa 10 Prozent der Testaufgaben wurden von einer Mehrheit der Auszubildenden erfolgreich bearbeitet. Vornehmlich handelte es sich hierbei um Aufgaben, die durch einfache Analogiebildung und Schlussfolgerungen zu lösen waren, wobei spezifisch ökonomisches Fachwissen in der Regel nicht zwingend einzusetzen war.

Generell ist festzustellen, dass eine Reihe von Aufgaben, insbesondere aus den Bereichen gesamtwirtschaftlicher Betrachtungen, aber auch aus den Gebieten Verkauf, Service und Kundenbetreuung, anhand alltagsnaher Überlegungen und durch Bezug auf eigene Erfahrungen als wirtschaftlich handelndes Subjekt sowie gestützt auf betriebliches Erfahrungswissen, das während der Ausbildung erworben wurde, gelöst werden konnten.

Bei den Aufgaben mit mittlerem Schwierigkeitsindex war es hingegen erforderlich, ökonomische Begriffe, Konzepte und Zusammenhänge explizit zu berücksichtigen und auf die jeweils in den Aufgaben beschriebenen Situationen zu transferieren.

Aufgaben, die für die getesteten Jugendlichen ein sehr hohes Anspruchsniveau markierten, erforderten die Verknüpfung von Verständnis- und Begründungswissen; zusätzlich waren bei einigen Aufgaben dieses Typs Wissens- und Könnensbestände aus anderen Fachgebieten wie dem der Mathematik zu berücksichtigen, wobei in der Regel ein mathematisches Modellieren erforderlich war, das eine flexible Verfügbarkeit mathematischer Algorithmen voraussetzte.

*Abbildung 6.13   Verteilung der Schülerleistungen im beruflichen Fachtest für den
Ausbildungsberuf „Kaufmann/Kauffrau im Einzelhandel"
im Vergleich mit den Schwierigkeiten der Testaufgaben*

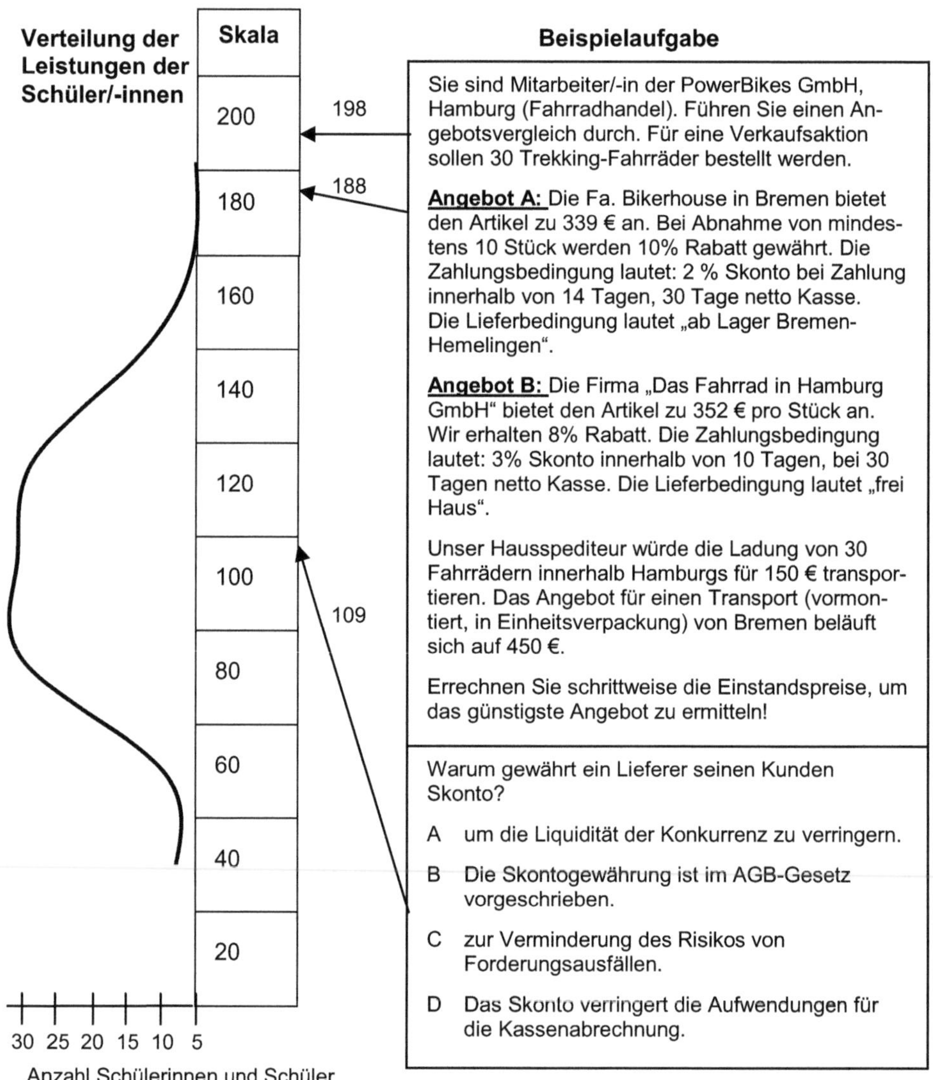

N = 308; I = 76;
mittlere Itemschwierigkeit: 113,1

Die beiden auf der rechten Seite der Abbildung 6.13 befindlichen Aufgaben markieren exemplarisch die recht unterschiedlichen Leistungsanforderungen des Tests. Die oben stehende Aufgabe gehörte zu den anspruchsvollsten Aufgaben. Um diese Aufgaben lösen zu können, musste eine klare Vorstellung des Begriffs „Einstandspreis" vorhanden sein, d. h. der Auszubildende hatte zu entscheiden, welche der gegebenen Informationen für die Ermittlung des Einstandspreises relevant waren. Ferner war prozedurales Wissen erforderlich, um schrittweise die beiden Einstandspreise zu ermitteln, indem die zugrunde liegenden analytischen Zusammenhänge einwandfrei in eine Folge notwendiger Arbeitsschritte transformiert werden mussten und zwar unter Nutzung sowohl elementarer als auch anspruchsvollerer mathematischer Operationen (Grundrechenoperationen; Prozentrechnung). Die erfolgreiche Lösung der Aufgabe erforderte demnach die Kombination von Konzeptwissen und prozeduralem Wissen bei Anwendung vorhandener kognitiver Schemata auf eine neue Handlungssituation, deren Elemente zu bestimmen und in Beziehung zueinander zu setzen waren.

Für die Lösung der ebenfalls aus diesem Inhaltsbereich stammende leichtere Aufgabe unten in der Grafik hingegen, waren lediglich korrekte Vorstellungen des ökonomischen Konzepts des Skontos zu reproduzieren; hier musste dem/der Auszubildenden klar sein, dass mit der Einräumung von Skonto spezifische ökonomische Interessen verbunden sind, und zwar vorrangig die Sicherstellung der Liquidität der Unternehmung durch Vermeidung von Zahlungsverzögerungen und auch Zahlungsausfällen. Da die Jugendlichen als Konsumenten und Verbraucher vermutlich in der Regel über Erfahrungen im Umgang mit dem Skonto und den Bedingungen der Gewährung von Skonto verfügten, ist diese Aufgabe in vielen Fällen auch durch solche Alltagserfahrungen und plausible Überlegungen lösbar.

Zum Zusammenhang von Aufgabenschwierigkeit und a priori
Aufgaben-Klassifikation

Bereits im Abschnitt 2.2.7 wurde dargelegt, dass den Testaufgaben ein Klassifikationsraster zugrunde liegt, das von den Fachdidaktik-Experten des IBW der Universität Hamburg entwickelt wurde. Damit sollten die unterschiedlichen inhaltlichen und formalen Anforderungen an das berufsbezogene Wissen und Können angemessene Berücksichtigung finden. Dieses Raster ist – wie bereits erwähnt – in Anlehnung an die von Anderson & Krathwohl (2001) revidierte und erweiterte Bloomsche Taxonomie entwickelt worden und unterscheidet die Testaufgaben einerseits nach der

Wissensart, die beim Lösen einer entsprechenden Aufgabe abgefordert wird (deklaratives Fakten- und Konzeptwissen vs. prozedurales Wissen), und andererseits nach der angesprochenen kognitiven Anforderung (Reproduktion vs. Anwenden/Verstehen vs. Reflexion/Kritik) (vgl. Brand, Hofmeister & Tramm, 2005, 10ff.).

Diese Matrix ist gedacht als ein theoretisches Analyseinstrument zur Identifikation des in den Testaufgaben repräsentierten Anspruchsniveaus. Indem das Klassifikationsraster die Testaufgaben auf primär (fach-)didaktische Heuristiken bezieht, stellte es hier einen wichtigen Ausgangspunkt für die Konstruktion der Testaufgaben dar.

Mit der aufwändigen Analyse pädagogischer und psychologischer Testverfahren verbindet sich nicht nur der Anspruch, Erkenntnisse über die dimensionale Struktur untersuchter (latenter) Fähigkeiten zu gewinnen. Vielmehr sollen auch theoretisch begründbare Unterscheidungen von Graden der Kompetenz, hier der kaufmännischen Fachkompetenz der Einzelhandelskaufleute, generiert werden. Um nun Auskünfte über die qualitative Bedeutung von Leistungsunterschieden zwischen den Jugendlichen zu bekommen, lag es nahe sodann zu prüfen, inwieweit die a priori vorgenommene Klassifikation nach Wissensart und Anforderungsniveau einen Beitrag zur Erklärung der Aufgabenschwierigkeit zu leisten vermag.

Über die Rasch-Skalierung war für jedes Testitem j ein Schwierigkeitsparameter σj ermittelt worden, der die Verortung der Aufgabe auf der Kompetenzskala festlegt. Die 76 Schwierigkeitsparameter der Testitems wurden für die nachfolgende Analyse im Datensatz als ‚Fälle‘ behandelt. Im Ergebnis zeigte sich, dass die ‚Verhaltensklassen‘, als Anforderungsniveaus verstanden, nur wenig Aufschluss über den realen Schwierigkeitsgrad einer Aufgabe geben; geringfügig höher fällt der Erklärungsbeitrag für die Wissensarten bzw. die Kombination aus Wissensart und kognitivem Anspruch aus (vgl. Abbildung 6.14).

Abbildung 6.14 Schwierigkeitsindizes der Testaufgaben nach Wissensarten
und kognitiven Anforderungen beim Ausbildungsberuf
„Kaufmann/ Kauffrau im Einzelhandel"

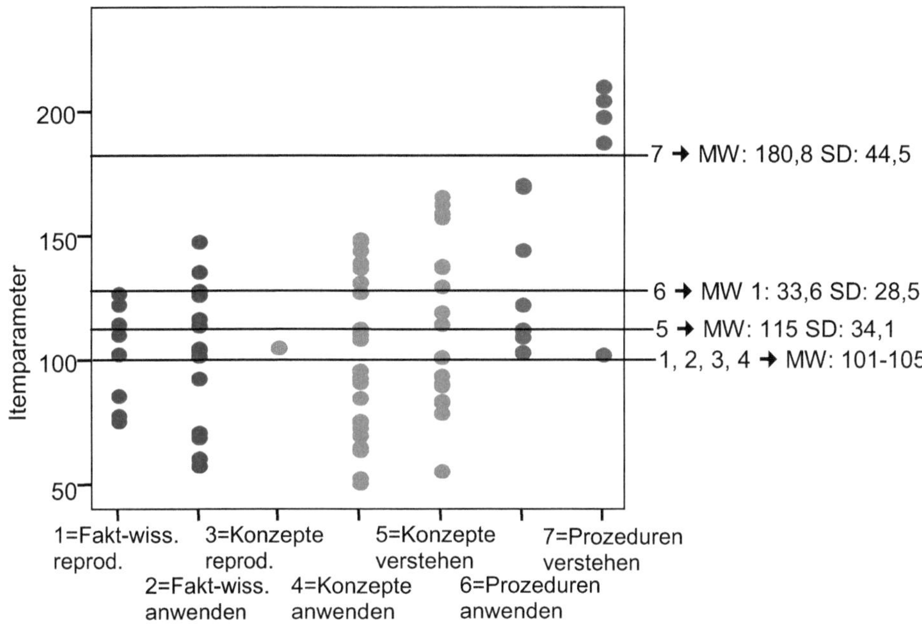

Diese Analyse zeigt, dass die vorgegebenen Klassifikationsmerkmale die empirisch ermittelten Aufgabenschwierigkeiten nur unvollkommen bestimmten – allenfalls mit Ausnahme der Unterscheidung zwischen deklarativem und prozeduralem Wissen ($\beta = 0{,}51$). Aus der Abbildung 6.14 ist erkennbar, dass die unterschiedlichen kognitiven Anforderungen (Reproduzieren, Anwenden, Verstehen) jeweils breit über die Itemparameter streuen.

Lediglich jene Aufgaben, die Verstehensleistungen im Sinne eines tieferen Durchdringens des Gegenstands in Kombination mit der Erstellung eines mehrschrittigen Handlungsplans erfordern, liegen also – bis auf einen Sonderfall – im oberen Anforderungsbereich und weisen niedrigere Streuungen in den Itemparametern auf als die übrigen Kombinationen aus Wissensart und kognitiver Leistung.

Die hier berichteten Befunde decken sich weitgehend mit Ergebnissen aus der Erprobung des **Wirtschaftskundlichen Bildungs-Tests** (vgl. Beck, Krumm & Dubs, 1998), bei dem – entgegen den Annahmen – die älteren Lernzieltaxonomien (vgl. Bloom, 1956) in der Kategorie ‚Anwendung' günstigere Testwerte erreicht wurden als in der Kategorie ‚Verstehen' und bei der ‚Evaluation' bessere Werte als bei der ‚Analyse' (vgl. Witt, 2006, 407ff., sowie die Befunde von Seeber, 2005a). Noch in der TIMS-Studie, so mag man sich hier erinnern, war jedenfalls im Grundsatz ansatzweise auf die Bloomsche Taxonomie zurückgegriffen, jedoch die Struktur hierarchisch geordneter kognitiver Operationen zu Gunsten eines kategorialen Rasters typischer Verhaltenserwartungen bei der Lösung von Testaufgaben aufgegeben worden (Baumert, Köller, Lehrke & Brockmann, 2000, 46ff.).

Es muss demnach weitere Kriterien geben, die im Kern die Aufgabenschwierigkeit determinieren. Dies können sehr verschiedene Anforderungsmerkmale sein, die sich auf das vorausgesetzte Fachwissen, erforderliche Bearbeitungsstrategien, die Komplexität der gegebenen Situationsbeschreibungen und/oder der zur Lösung der Aufgabe erforderlichen Denkprozesse, die Repräsentationen der benötigten Inhalte u. a. m. beziehen (vgl. Seeber, 2007). Für ein besseres Verständnis der Aufgabenschwierigkeiten wäre es daher sehr hilfreich, mehr darüber zu wissen, welche Anforderungsmerkmale in diesem Sinne bedeutsam sind und welche einen eher randständigen Einfluss haben. In jedem Fall sind hier weitere Forschungsanstrengungen zu unternehmen, da vielfältige fachdidaktisch und lernpsychologisch bedeutsame Aufschlüsse zu erwarten sind.

Die Testanalyse macht jedoch auch deutlich, dass mit der Entwicklung des hier vorliegenden Leistungstests immerhin eine erste Grundlage zur Analyse von kognitiven berufsbezogenen Kompetenzstrukturen geschaffen wurde. Will man zu differenzierteren Aussagen über fach- oder domänenspezifische Kompetenzniveaus der Jugendlichen gelangen, so sind sowohl eine Weiterentwicklung und Ausdifferenzierung der hier verwendeten beruflichen Fachleistungstests zwingend erforderlich, als auch der Einsatz derartiger Tests an größeren, überregionalen Stichproben.

6.4.3 Befunde zu den beruflichen Fachleistungen im Ausbildungsberuf „Kaufmann/ Kauffrau im Einzelhandel"

Gesamtergebnisse im beruflichen Fachleistungstest des Ausbildungsberufs „Kaufmann/Kauffrau im Einzelhandel"

Relative Stärken zeigen sich bei den Schülerinnen und Schülern im Bereich der Reproduktion basaler kaufmännischer Begriffe und Zusammenhänge aus dem betrieblichen Alltag von Einzelhändlern. Sie waren in der Lage, einfache ökonomische Konzepte, bekannte Schemata und Strukturen auf hinreichend vertraute Situationen anzuwenden. Wurden jedoch elaborierte Verstehensleistungen und die Planung komplexerer Handlungsabläufe gefordert, so waren deutlich Schwächen in der Kompetenzausstattung der Auszubildenden erkennbar.

Die beruflichen Fachleistungen im Ausbildungsberuf des Kaufmanns/der Kauffrau im Einzelhandel erstreckten sich über ein Leistungsspektrum zwischen 40 und 180 Skalenpunkten. Rund die Hälfte der Jugendlichen überschritt jedoch nur ansatzweise das Kompetenzniveau einfacher alltagsnaher Schlussfolgerungen, Plausibilitätserwägungen und des simplen Transfers von allgemeinen wirtschaftlichen Zusammenhängen auf bekannte Situationen bzw. Situationsmuster.

Aufgaben, die mathematische Routinen im Bereich der Grundrechenarten und einfache Prozentrechnung erforderten, wurden von den Jugendlichen, die unterhalb der durchschnittlichen Fachleistung von 100 Skalenpunkten lagen, nicht mit hinreichender Sicherheit gelöst. War mit der Lösung derartiger Aufgaben die Modellierung des ökonomischen Zusammenhangs und anschließend die Darstellung der Beziehung/ -en mittels mathematischer Konzepte notwendig, so konnte damit nur noch eine kleine Gruppe der leistungsstärksten Schülerinnen und Schüler erfolgreich umgehen.

Differenzielle Analysen

Zwischen den vier beteiligten Schulen waren markante Leistungsdifferenzen festzustellen. Tabelle 6.4 enthält die Mittelwerte auf Schulebene, aus denen hervorgeht, dass in den Schulen 1 und 2 ungünstigere Testwerte erlangt wurden, während in den Schulen 3 und 4 die Leistungen sich deutlich oberhalb des Mittelwerts lagen. Die auf die Einzelschule zurückzuführende Varianz in den Testleistungen lag bei sieben

Prozent. Ein deutlich höherer Erklärungsbeitrag von 12 Prozent zeichnete sich durch die Zugehörigkeit zu einer bestimmten Klasse ab.

Tabelle 6.4   Mittelwerte im Fachtest für den Ausbildungsberuf „Kaufmann/Kauffrau im Einzelhandel" nach Schulen

Schule-Nr.	Mittelwert	Standardabweichung	N
Schule 1	95,0	23,3	110
Schule 2	92,5	21,8	61
Schule 3	106,7	24,1	70
Schule 4	108,1	27,7	67
insgesamt	*100,0*	*25,0*	*308*

Abbildung 6.15 vermittelt einen optischen Eindruck von der zum Teil erheblichen Variationsbreite der Testleistungen innerhalb und zwischen den Klassen.

Abbildung 6.15 Leistungen im beruflichen Fachtest für den Ausbildungsberuf „Kaufmann/ Kauffrau im Einzelhandel" nach Klassen – Mittelwert plus/minus eine Standardabweichung

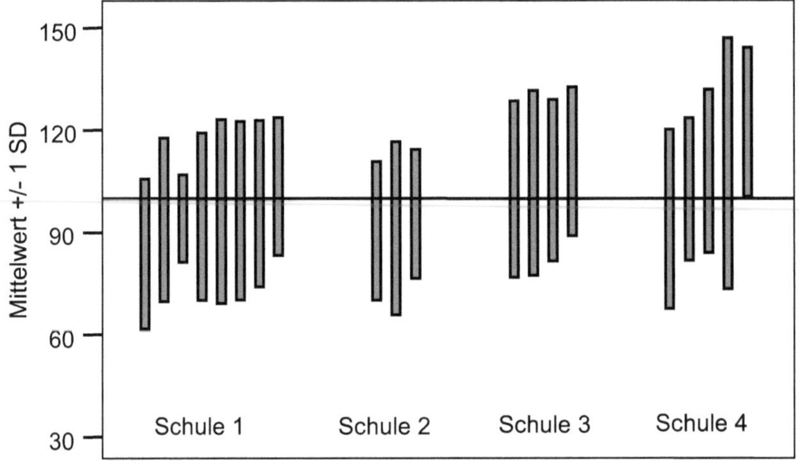

Die Mittelwerte auf Klassenebene reichten von 84 bis zu 122 Skalenpunkten. Die leistungsstärkste Klasse lag mit einer Effektstärke von d = 0,91 Standardabweichungen oberhalb des Gesamtmittelwertes, während die leistungsschwächste Klasse durchschnittliche Testleistungen erlangte, die sich um knapp zwei Drittel einer Standardabweichung unterhalb des allgemeinen Mittelwertes befanden.

Beträchtliche Unterschiede in den beruflichen Fachleistungen ließen sich auch in Abhängigkeit vom Migrationsstatus feststellen. Die deutschen Jugendlichen ohne Migrationshintergrund erlangten eine um knapp eine halbe Standardabweichung (d = 0,46) höhere Testleistung als Auszubildende mit Migrationsgeschichte.

Tabelle 6.5   Mittelwerte im Fachtest für den Ausbildungsberuf „Kaufmann/ Kauffrau im Einzelhandel" in Abhängigkeit vom Migrationshintergrund

Muttersprache	Mittelwert	Standardabweichung	N
Nichtdeutsch	91,8	25,1	75
Deutsch	103,3	23,2	209
insgesamt	*100,2*	*24,2*	*284*

* Da nicht alle Schülerinnen und Schüler den Fragebogen vollständig bearbeitet haben, liegen nur von 284 (Soll: 308) Jugendlichen Angaben zum kulturellen Hintergrund vor, die in diesen Analysen berücksichtigt werden konnten.

Jugendliche, bei denen eine nicht deutsche Familiensprache gesprochen wird und die eine ausländische Staatsbürgerschaft haben, weisen nochmals niedrigere Testleistungen im Vergleich zur Gruppe der deutschen Jugendlichen mit Migrationshintergrund auf (MW = 87,3; SD = 26,5; N = 25). Allerdings macht diese Gruppe, bestehend aus nur 25 Jugendlichen, nur einen geringen Anteil an den Auszubildenden des Einzelhandels aus (vgl. auch Abbildung 6.16).

*Abbildung 6.16   Leistungsverteilung im Fachtest für den Ausbildungsberuf „Kauf-
mann/Kauffrau im Einzelhandel" nach Migrationshintergrund*

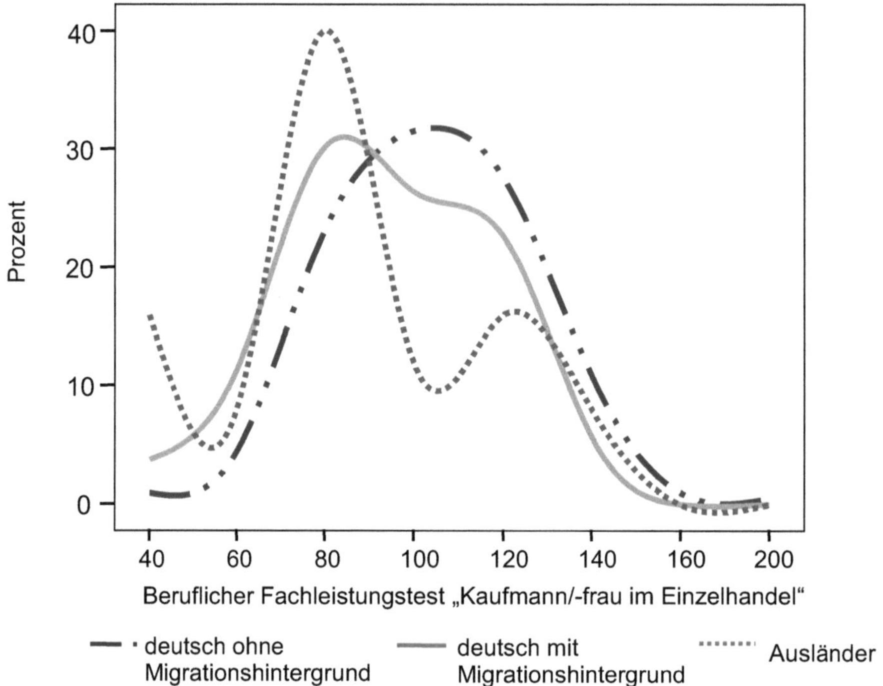

Von den 557 Jugendlichen, die eine Ausbildung zum Einzelhandelskaufmann/zur
Einzelhandelskauffrau im Schuljahr 2002/2003 aufnahmen, konnte in 488 Fällen auf
Basis der Angaben im Schülerfragebogen zum Bundesland, in dem der Schulabschluss erworben wurde, der Frage nachgegangen werden, inwiefern sich die Aus-
gangsleistungen und die Leistungen am Ende der beruflichen Ausbildung zwischen
Hamburger und Nicht-Hamburger Jugendlichen unterscheiden. Von den 488 Fällen,
für die Angaben zum Bundesland der zuletzt besuchten Schulen und Ergebnisse aus
den allgemeinen Fachleistungstests vorlagen, nahmen 220 Jugendliche am beruflichen Fachleistungstest im Rahmen von ULME III teil. Für diese Jugendlichen also,
die zu beiden Erhebungszeitpunkten getestet werden konnten, zeigte sich ein Leistungsvorteil der Schülerinnen und Schüler aus dem Umland zu Ausbildungsbeginn
im allgemeinen Fachleistungsindex von mehr als einem Drittel einer Standardabweichung. Gegen Ende der Ausbildung konnte ebenfalls ein Leistungsvorsprung dieser
Gruppe für die beruflichen Fachleistungen festgestellt werden, allerdings fiel dieser
mit rund 24 Prozent einer Standardabweichung niedriger aus als bei den allgemeinen

Fachleistungen zu Ausbildungsbeginn ($MW_{HH} = 97,3$, $SD_{HH} = 25,1$, $N_{HH} = 131$; $MW_{UL} = 102,9$, $SD_{UL} = 102,9$, $N_{UL} = 93$; $d = 0,24$). Hier hat demnach eine Angleichung im Leistungsniveau zwischen Hamburger Schülerinnen und Schülern und Auszubildenden aus dem Umland stattgefunden, vermutlich durch den gemeinsamen Unterricht.

Hintergründe der Testleistungen

Wie in den anderen Ausbildungsberufen, so wurde auch bei den Einzelhandelskaufleuten über das Verfahren der Regressionsanalyse geprüft, inwiefern allgemeine kognitive sowie soziale und sozio-kulturelle Merkmale einen eigenständigen Erklärungsbeitrag zur Varianzaufklärung im beruflichen Fachleistungstest liefern. Die Leistungen im Fachtest für Einzelhandelskaufleute wurden dabei als abhängige Variable definiert; als unabhängige Variablen, als Prädiktoren also, gingen in das Modell ein:

- Mathematik I am Beginn der Ausbildung (Beginn der Ausbildung),
- Deutsch-Leseverständnis am Beginn der Ausbildung (Beginn),
- metakognitives Wissen über Textverarbeitung (Ende der Ausbildung) und
- allgemeine Fähigkeiten im schlussfolgernden Denken, erfasst über den CFT20 (Ende).

Darüber hinaus wurde auch geprüft, inwiefern sonstige Variablen wie die Leistungen im Test „Texte und Tabellen" und die Muttersprache einen Beitrag zur Erklärung der Varianz im beruflichen Fachleistungstest zu liefern vermochten. Die genannten Merkmale wiesen jedoch keinen signifikanten Einfluss auf. Tabelle 6.6 enthält die standardisierten Regressionskoeffizienten der schließlich ausgewählten Prädiktoren.

Tabelle 6.6   Determinanten der Leistungen im beruflichen Fachtest für den Ausbildungsberuf „Kaufmann/Kauffrau im Einzelhandel"

Prädiktoren: kognitive Merkmale	Standardisierter Regressionskoeffizient Beta
Mathematik I, Beginn BS	0,31
Deutsch-Leseverständnis, Beginn BS	0,23
Metakognitives Wissen über Textverarbeitung, Ende BS	0,14
CFT 20, Ende BS	0,13
R^2	*0,30*

Die mathematischen Fachleistungen zu Beginn der Ausbildung sowie das Leseverständnis bei Eintritt in die Ausbildung waren hiernach die besten Prädiktoren für die beruflichen Fachleistungen. Darüber hinaus besaßen auch das Wissen zur Texterschließung und die allgemeinen Fähigkeiten im schlussfolgernden Denken am Ende der Ausbildung weitere Erklärungswerte. Für den Ausbildungsberuf des Kaufmanns/der Kauffrau im Einzelhandel wird damit die Bedeutung der mathematischen Grundqualifikationen zu Beginn der Ausbildung, also jener mathematischen Kompetenzen, die im allgemein bildenden Schulsystem erworben wurde, für den erfolgreichen Ausbildungsabschluss unterstrichen. Für die Bearbeitung des Fachleistungstests zeigte sich daneben jedoch auch ein beachtlicher spezifischer Effekt der Fähigkeiten im Umgang mit Texten wie am Ausbildungsbeginn gemessen.

6.5   Berufliche Fachleistungen im Ausbildungsberuf „Industriekaufmann/Industriekauffrau"

6.5.1   Zur Struktur des beruflichen Fachleistungstests

Die im Test enthaltenen 67 Aufgaben für den Ausbildungsberuf „Industriekaufmann/Industriekauffrau" stellten eine repräsentative Auswahl hinsichtlich des schulischen Curriculums dar. Der Test zeichnete sich durch hohe Anteile anwendungsbezogener Aufgaben aus, in Bezug auf die unterschiedlichen Wissensarten wurde eine ausgewogene Verteilung in den zugrunde liegenden Kategorien erlangt. Diese Testaufgaben wurden datentechnisch in 135 Einzelitems zerlegt; 12 Items wurden aufgrund einer unmittelbaren analytischen Abhängigkeit ausgeschlossen (schrittweise

Erarbeitung von zwei Einstandspreisen für zwei Angebote; hier gingen nur die End-ergebnisse, nicht jedoch die Zwischenschritte ein), sodass für die Skalierung letzt-lich 123 Items zur Verfügung standen. Von diesen 123 Items wiederum konnten aufgrund ihrer statistischen Gütekriterien 100 in die Testauswertungen einbezogen werden. Die für die Testauswertung verwendeten Items wiesen – bis auf wenige Ausnahmen – Trennschärfekoeffizienten von mindesten 0,20 bis 0,73 auf. Die WLE-Reliabilität von 0,91 zeugte von einer zuverlässigen Messqualität des Tests.

Am Fachleistungstest für den Industriekaufmann/die Industriekauffrau nahmen 58 Jugendliche, die an einer Schule in drei Klassen ausgebildet wurden, teil. Der proba-bilistischen Skalierung der Items lagen die Daten aus der Berliner Piloterhebung mit den 75 Fällen und der hier betrachteten Hamburger Gruppe zugrunde; die Veranke-rung erfolgte wiederum über die in beiden Testversionen enthaltenen gemeinsamen Aufgaben. Die lineare Transformation der so geschätzten Logits erfolgte analog den anderen gemeinsam mit Berliner Pilotdaten skalierten Fachleistungstests, indem der Mittelwert für die Hamburger Gruppe auf 100 und die Standardabweichung auf 25 transformiert wurden. Eine Schülerin/ein Schüler mit einem Mittelwert von 100 besitzt – bezogen auf die Hamburger Stichprobe – ein genau durchschnittliches Leis-tungsniveau. Eine Schülerin/ein Schüler mit einem Testwert von 125 Punkten läge genau eine Standardabweichung oberhalb des Hamburger Durchschnitts.

Insgesamt ermöglichte der berufliche Fachleistungstest für die Industriekaufleute mit einer mittleren Itemschwierigkeit von ca. 118 Skalenpunkten und einer Variation der Itemparameter zwischen 9 und 177 Punkten eine gute Differenzierung für das ganze Leistungsspektrum. Die Hälfte der Items lag im mittleren Anforderungsbe-reich zwischen 80 und 120 Skalenpunkten (vgl. Abbildung 6.17). Insgesamt aber stellte der Test vergleichsweise hohe Anforderungen an die Auszubildenden, wie die positive Differenz zwischen mittlerer Itemschwierigkeit und Personenfähigkeit be-legt.

Abbildung 6.17   Schwierigkeitskennwerte der Testaufgaben im beruflichen Fachtest
für den Ausbildungsberuf „Industriekaufmann/-frau"

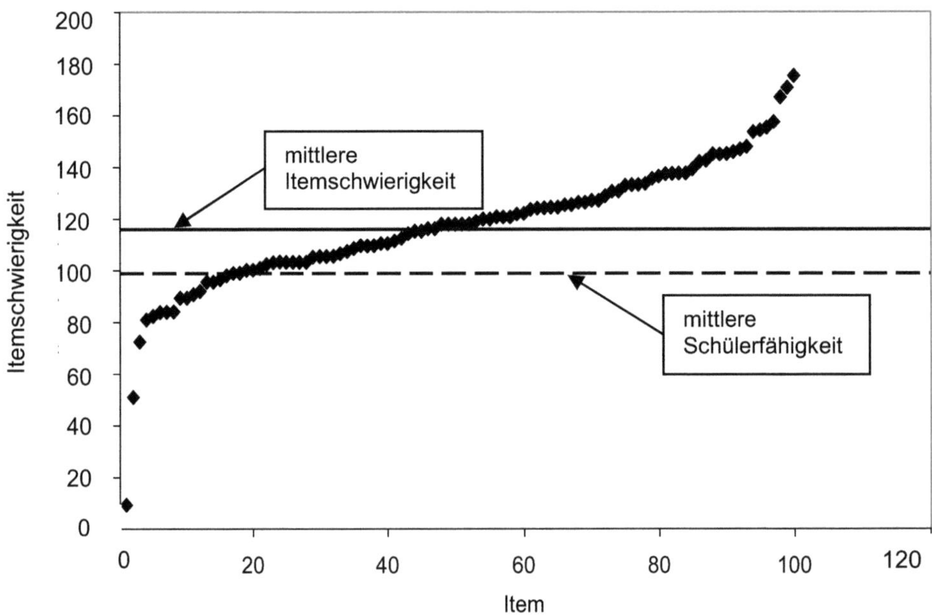

6.5.2   Befunde zu den beruflichen Fachleistungen im Ausbildungsberuf
„Industriekaufmann/Industriekauffrau"

Die Kurve der linken Seite in Abbildung 6.18 stellt die Leistungsverteilung für die
Gruppe der Industriekaufleute dar. Dabei zeigt sich eine tendenziell bimodale Ver-
teilungsstruktur mit einem Gipfel im unteren Leistungsbereich und einer flacher ver-
laufenden Kurve vom mittleren zum oberen Spektrum.

Abbildung 6.18 Verteilung der Schülerleistungen im beruflichen Fachtest für den Ausbildungsberuf „Industriekaufmann/-frau" im Vergleich mit den Schwierigkeiten der Testaufgaben

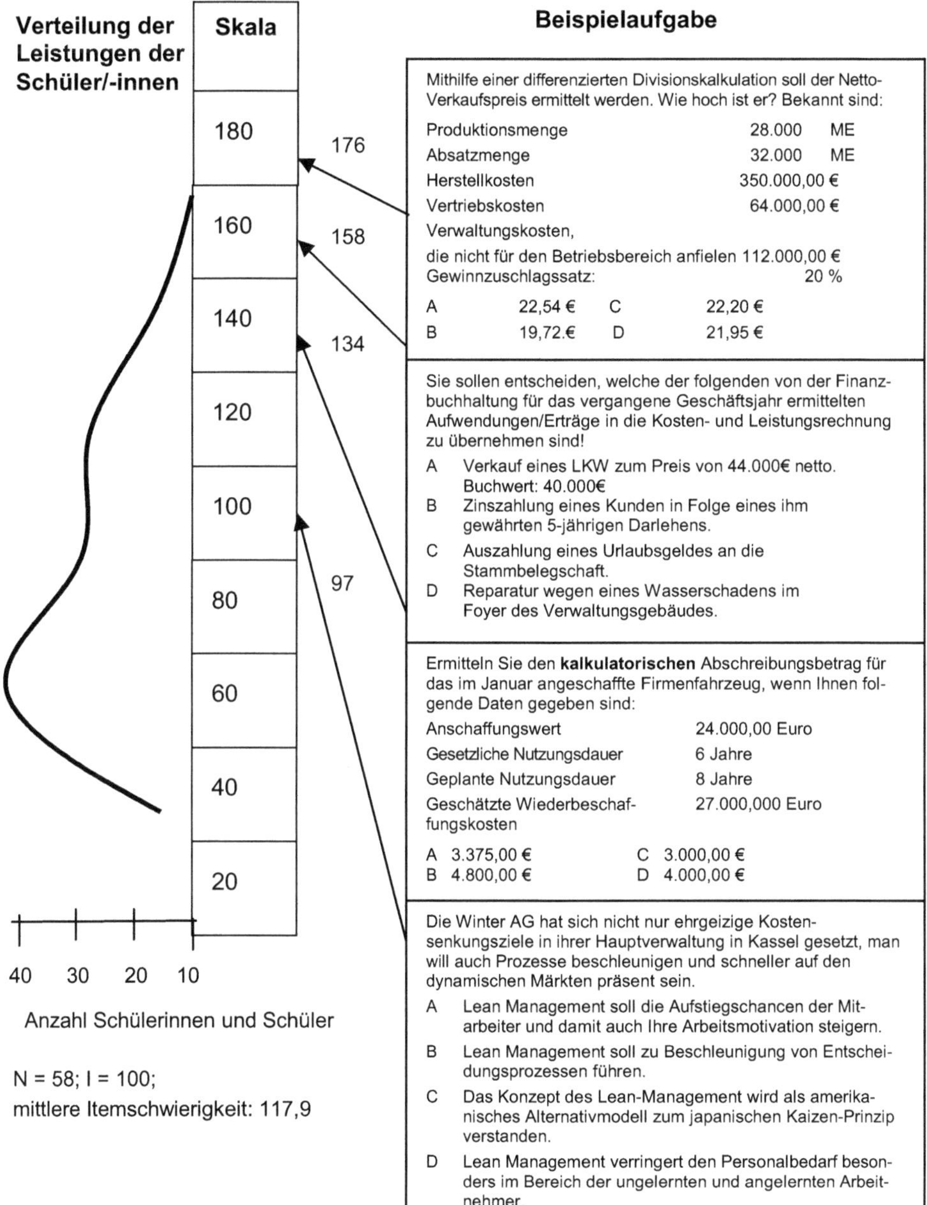

Mit hoher Souveränität bearbeiteten die Jugendlichen Items, die gesamtwirtschaftliche und gesellschaftliche Zusammenhänge thematisierten, d.h. Fragen, die aus dem alltäglichen Politikgeschehen und der Medienberichterstattung vertraut gewesen sein dürften. Hierzu zählten beispielsweise die Aufgaben aus dem Gebiet der gesetzlichen Sozialversicherung, bei denen die Beziehungen zwischen Arbeitslosenquote und Zuschüssen des Bundes zur gesetzlichen Sozialversicherung herzustellen waren (Itemparameter: 9,4). Als anspruchsvoller erwies sich eine ebenfalls zu diesem thematischen Feld gehörende Aufgabe, bei der jedoch komplexere Zusammenhänge modelliert werden mussten, und zwar die Relationen zwischen Wirtschaftswachstum und Alterung der Gesellschaft einerseits und Beitragsanstieg und Finanzierungsproblemen der gesetzlichen Sozialversicherungen andererseits (Itemparameter: 51,0). Zwar wies diese Aufgabe einen deutlich höheren Schwierigkeitsparameter im Vergleich zum zuvor dargestellten Item auf, jedoch konnte auch diese Aufgabe von den Auszubildenden sehr erfolgreich bearbeitet werden.

Relativ sicher konnten die Jugendlichen auch Kerngedanken von Konzepten aus der Betriebswirtschaft anwenden. Die in der Abbildung 6.18 unten rechts stehende Aufgabe mit einem Schwierigkeitsparameter von 91 ist einem solchen Aufgabentyp zuzuordnen.

Als anspruchsvoller erwiesen sich – wie in anderen kaufmännischen Berufen auch – Aufgaben, die dem Teilgebiet des Rechnungswesens entlehnt waren. Im Quantifizieren ökonomischer Beziehungen zeigten sich auch bei der relativ leistungsstarken Gruppe wie der der Industriekaufleute mehr oder minder ausgeprägte Defizite (vgl. die beiden oberen Aufgaben aus Abbildung 6.18 und deren zugehörige Schwierigkeitsparameter).

Differenzielle Analysen

Wie bei anderen kaufmännischen Berufen auch, so wurden auch bei den Industriekaufleuten Niveauunterschiede in der beruflichen Fachkompetenz auf Klassenebene erwartet. Tabelle 6.7 gibt Auskunft über die Mittelwerte und die Streuungen im beruflichen Fachtest.

Tabelle 6.7 Mittelwerte im Fachtest für den Ausbildungsberuf „Industriekaufmann/-frau" nach Klassen

Schulklassennummer	Mittelwert	Standardabweichung	N
592332	79,7	16,3	20
592331	103,4	20,5	20
592341	118,8	21,4	18
insgesamt	*100,0*	*25,0*	*58*

Wie die durchschnittlichen Leistungsscores auf Klassenebene zeigen, erreichten die drei Lerngruppen im beruflichen Test unterschiedliche Fachleistungsniveaus. Während die leistungsstärkste Gruppe ein um drei Viertel einer Standardabweichung über dem mittleren Niveau der Gesamtgruppe liegendes Testergebnis erzielte, fielen die Testwerte der leistungsschwächsten Klasse um vier Fünftel einer Standardabweichung niedriger als die durchschnittlichen Leistungen aller aus. Die auf die Klassenzugehörigkeit zurückzuführende Varianz mit einem Eta^2 von 0,42 (p < 0,0001) zeigt einen ungewöhnlich hohen Zusammenhang zwischen Testleistung und Klassenzugehörigkeit.

Analysen hinsichtlich der Lage besonderer Schülergruppen waren aufgrund der niedrigen Fallzahlen in dieser Berufsgruppe nicht möglich. Da dieser Beruf ausschließlich von Abiturienten belegt wurde, standen für Analysen zum Einfluss von Merkmalen allgemeiner Kompetenzausstattung zu Beginn der beruflichen Ausbildung keine Daten zur Verfügung. Es wurde jedoch geprüft, inwiefern die allgemeinen Grundqualifikationen im Umgang mit Texten sowie grundlegende Rechenfertigkeiten erfasst über den Test „Texte und Tabellen", die Fähigkeiten im schlussfolgernden Denken (CFT 20) und die metakognitiven Strategien zur Texterschließung am Ende der Ausbildung einen Beitrag zur Varianzaufklärung in den beruflichen Fachleistungen lieferten. Darüber hinaus wurde auch möglichen Effekten affektiver Merkmale, erfasst über den Schülerfragebogen, nachgegangen. Tabelle 6.8 enthält die standardisierten Regressionskoeffizienten für die im Modell spezifizierten Prädiktoren.

Tabelle 6.8   *Determinanten der Leistungen im beruflichen Fachtest für den*
                   Ausbildungsberuf „Industriekaufmann/-frau"

Prädiktoren: kognitive und affektive Merkmale	Standardisierter Regressionskoeffizient Beta
Texte und Tabellen, Ende BS	0,35 (p < 0,05)
subjektive Einschätzungen zum Kompetenzaufbau in der Berufsschule	0,21 n.s.
CFT 20, Ende BS	0,14 n.s.
R^2	*0,26*

Wie der Tabelle 6.8 zu entnehmen ist, konnte lediglich der Einfluss von Fähigkeiten
im Umgang mit Texten zufallskritisch abgesichert werden. Vor dem Hintergrund der
Befunde aus den anderen kaufmännischen Tests, aber auch der Ergebnisse z.B. aus
nationalen Erhebungen, ist gleichwohl von einem relevanten Zusammenhang zwischen der im vorliegenden Design unberücksichtigten mathematischen Grundbildung und der beruflichen Fachleistung bei den Industriekaufleuten auszugehen (vgl.
die Befunde aus TIMSS III zum Zusammenhang von Bildungsgang und mathematischen Fähigkeiten in Watermann & Baumert, 2000, 227ff., auch 239ff.).

6.6   Berufliche Fachleistungen im Ausbildungsberuf „Speditionskaufmann/Speditionskauffrau"

6.6.1   *Zur Struktur des beruflichen Fachleistungstests*

Der berufliche Fachleistungstest für den Ausbildungsberuf „Speditionskaufmann/
-kauffrau" bestand aus 55 Testaufgaben, die überwiegend im Multiple-Choice-Format konzipiert wurden; fünf Aufgaben enthielten jeweils vier Wahr-Falsch-Antwort-
paare und eine Aufgabe erforderte offene Antworten. Insgesamt enthielt der Test
somit 72 Items, von denen 65 Items aufgrund hinreichender statistischer Gütekriterien in die Testauswertung einbezogen werden konnten.

Die WLE-Reliabilität des Tests von 0,82 bescheinigt eine akzeptable Messqualität.
Der Test erwies sich mit einer mittleren Itemschwierigkeit von rund 123 Skalenpunkten gegenüber einer durchschnittlichen Personenfähigkeit von 100 Punkten als

recht anspruchsvoll. Das Aufgabenniveau lag offenkundig über den von den Testkonstrukteuren erwarteten Leistungen der Schülerinnen und Schüler. Die Schwierigkeitsparameter variierten zwischen 52 und 205 Punkten.

Der Test setzte sich aus Aufgaben aus den curricularen Bereichen „Ausbildung und Betrieb in der Gesamtwirtschaft", „Finanzwirtschaft und Controlling" und „Leistungsprozesse der Spedition" zusammen und wies – nach Auskunft der in die Testentwicklung einbezogenen Lehrer – eine hohe Repräsentativität der Inhaltsbereiche für den Hamburger Bildungsplan für den Speditionskaufmann auf. Die Proportionen des zeitlichen Umfangs der Lernfelder spiegelten sich angemessen in der inhaltlichen Struktur der Testaufgaben wider.

Hinsichtlich der Wissensarten und der kognitiven Anforderungen konnte ebenfalls die angestrebte Verteilung in guter Näherung erreicht werden: Etwas mehr als die Hälfte der Testaufgaben konnte von den Fachdidaktikexperten dem Konzeptwissen, 21 Prozent dem Faktenwissen und rund 26 Prozent der Aufgaben dem prozeduralen Wissen zugeordnet werden. Bei diesem Test dominierten anwendungsbezogene Anforderungsstrukturen, während die Wiedergabe spezifischer Inhalte und die Reflexion von ökonomischen Zusammenhängen in deutlich geringerem Umfang vertreten waren. Während die Minimierung reproduktiver Anforderungen von den Experten als ein durchaus wünschenswerter Effekt eingestuft wurde, wurde die Vernachlässigung der Reflexionsdimension als problematisch angesehen (vgl. Abschnitt 2.2.7.1).

6.6.2 Testanforderungen und Befunde zu den beruflichen Fachleistungen im Ausbildungsberuf „Speditionskaufmann/Speditionskauffrau"

Wie bereits im vorangegangenen Abschnitt angedeutet, handelt es sich beim beruflichen Leistungstest für die Speditionskaufleute um einen recht anspruchsvollen Test.

Zu den nahezu schwierigsten Aufgaben gehörte jenes Item aus dem Bereich des Rechnungswesens, bei dem der Buchwert eines zwei Jahre und zwei Monate zuvor angeschafften Fahrzeugs zum Zeitpunkt des Verkaufs zu ermitteln war, wobei neben den erforderlichen Informationen zusätzlich Angaben zum Bruttoverkaufspreis gemacht wurden, die für die Ermittlung des Buchwerts des Fahrzeugs zum Verkaufszeitpunkt vorerst keine Relevanz hatten, sondern erst für nachfolgende buchhalterische Erfassungsvorgänge bedeutsam werden (vgl. Abbildung 6.19). Diese Aufgabe, die auch in anderen kaufmännischen Tests enthalten war, erwies sich beispielsweise bei den Bürokaufleuten gleichfalls als ausgesprochen schwierig und zählte auch dort zu den Aufgaben mit den höchsten Schwierigkeitsparametern.

Einen relativ hohen Lösungsanteil hat beispielsweise ein Item, bei dem Faktenwissen zum Themenbereich der Ausfuhranmeldung für Exportsendungen anzuwenden war. Die Aufgabe enthält eine knappe Situationsbeschreibung zu Inhalt und Preis der versendeten Ware und die Auszubildenden hatten zu entscheiden, ob eine Ausfuhranmeldung für Ersatzteile im Warenwert von 350,00 EUR erforderlich sei. Hier musste lediglich das Wissen über eine der zentralen Regelungen der Ausfuhranmeldung reproduziert werden, nämlich dass Waren unter einem Wert von 1.000 EUR ohne Ausfuhranmeldung versendet werden können. Es handelt sich hier folglich um eine einfache Anwendungsaufgabe, bei der keine anspruchsvollen Abstraktions- oder Verknüpfungsleistungen erforderlich waren.

Jene Aufgabe, bei der über das anzuwendende Zollverfahren zur Verschiffung von Rohdiamanten aus Südafrika zu entscheiden war, ist ebenfalls dem Bereich der einfachen Anwendung von gesetzlichen Bestimmungen und Verfahrensregeln zuzuordnen und besitzt eine ähnliche inhaltliche Struktur wie die zuvor diskutierte Aufgabe mit deutlich niedrigerem Itemparameter; dennoch stellt sie für die Jugendlichen eine erkennbar höhere Anforderung dar. Mit einem Itemparameter von 96 Skalenpunkten liegt sie im mittleren Anspruchsbereich des Tests.

Wird die Situationsbeschreibung der beiden Aufgaben verglichen, so fällt auf, dass bei der zuvor dargestellten Aufgabe lediglich drei Informationen zu kombinieren und zu prüfen waren, und zwar die Tatsache, dass es sich *um eine Exports*endung von *Ersatzteilen* handelt und die Angaben zum *Warenwert* als Kriterium für eine erforderliche Ausfuhranmeldung.

Abbildung 6.19 Verteilung der Schülerleistungen im beruflichen Fachtest für den Ausbildungsberuf „Speditionskaufmann/-frau" im Vergleich mit den Schwierigkeiten der Testaufgaben

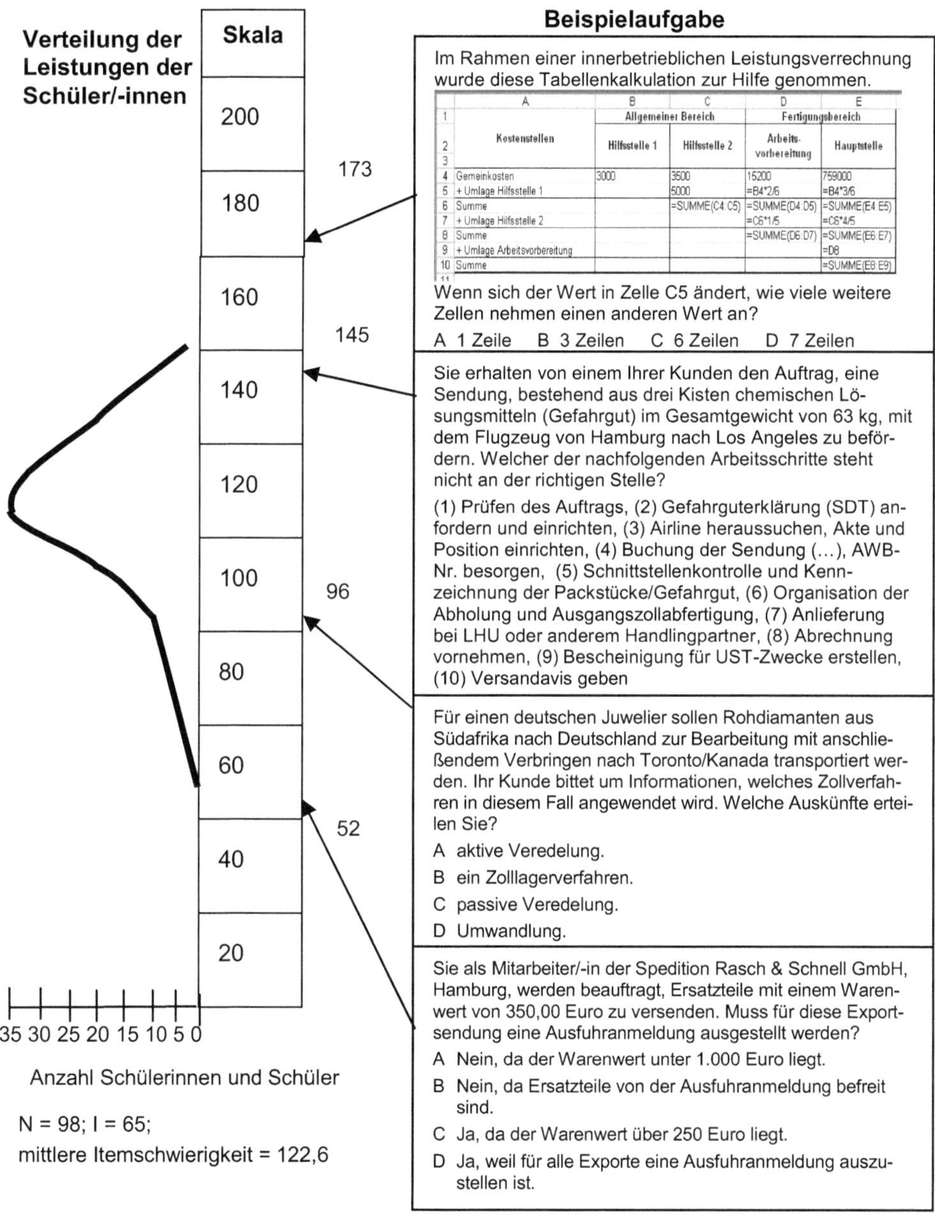

Bei der anschließend beschriebenen anspruchsvolleren Aufgabe sind die Informationen komplexer: Es werden Auskünfte zur *Ware* selbst (Rohdiamanten), zum *Herkunftsland* (Südafrika), zum *Durchgangsland* der *Weiterbearbeitung* (Deutschland) und zum *Endziel* der Transportkette (Toronto/Kanada) gegeben. Darüber hinaus enthält die Situationsbeschreibung Informationen zum *Auftraggeber* (deutscher Juwelier). Bei der Lösung dieser Aufgabe mussten die Auszubildenden eine Reihe von Bedingungen miteinander verknüpfen, um sodann zu entscheiden, welches Zollverfahren in einem solchen Fall angewendet wird. Die Entscheidung für eine Lösung setzte vergleichsweise genaue Sachkenntnisse über die Zollverfahren der aktiven und passiven Veredelung, des Zolllagerverfahrens und der Umwandlung voraus.

Neben der Komplexität der jeweiligen Situation könnte auch die Vertrautheit mit den Inhalten zu einem unterschiedlichen Schwierigkeitsgehalt der Aufgaben beigetragen haben. Während die allgemeinen Gepflogenheiten zur Ausfuhranmeldung in vielen Fällen aus der betrieblichen Ausbildung bekannt sein dürften, sodass bei der Lösung der Aufgabe unmittelbar an betriebliches Erfahrungswissen angeknüpft werden konnte, dürfte dies bei der zweiten Aufgabe weit weniger zutreffen.

Die Kurve auf der linken Seite der Abbildung 6.19 repräsentiert die Verteilung der Schülerleistungen, die von ca. 40 bis zu 140 Skalenpunkten reicht. Auf der rechten Seite der Skala sind einige ausgewählte Aufgaben mit ihrem jeweiligen Schwierigkeitsparameter dargestellt.

Die Speditionskaufleute besitzen ihre beruflichen Stärken vor allem im Bereich einfacher Anwendungsaufgaben, bei deren Lösung Alltagsroutinen und betriebliches Erfahrungswissen genutzt werden konnten. Größere Probleme bereiteten hingegen Aufgaben, bei denen mehrere Informationen aus Situationsbeschreibungen zu entnehmen und zueinander in Beziehung zu setzen waren. Zu den schwierigen Aufgaben gehörten vor allem jene, die prozedurales Wissen ansprachen, wie beispielsweise die in der Abbildung enthaltene zweite Aufgabe, bei der aus einer Folge von Handlungsschritten für einen konkreten Geschäftsvorgang ein falsch platzierter Arbeitsgang herauszufinden war.

Auffällige Schwierigkeiten hatten die Auszubildenden mit Aufgaben, aus den Bereichen der Kosten- und Leistungsrechnung und der wertmäßigen Erfassung von Geschäftsvorgängen. D. h. ähnlich wie bei den Bürokaufleuten und den Kaufleuten im Einzelhandel zeigen sich auch für diese Berufsgruppe Probleme im ökonomischen Modellieren wirtschaftlicher Zusammenhänge unter Nutzung von Instrumenten und

Ansätzen des Rechnungswesens. Diese Aufgaben liegen bei den Speditionskaufleuten ausschließlich im oberen Anforderungsspektrum (vgl. auch Abbildung 6.20 zu den Itemparametern des Tests).

Abbildung 6.20 Schwierigkeitskennwerte der Testaufgaben im beruflichen Fachtest für den Ausbildungsberuf „Speditionskaufmann/-frau"

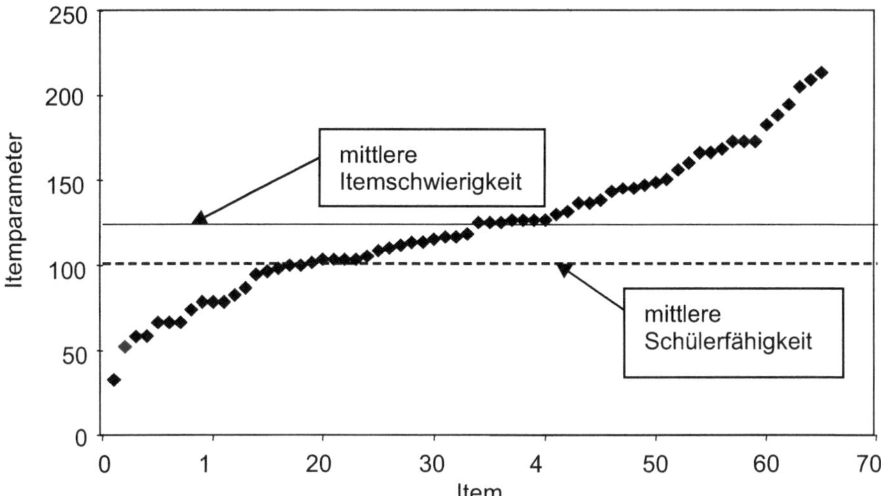

Die Leistungen der Schülerinnen und Schüler lagen mehrheitlich unterhalb der dem Test zugrunde liegenden Anforderungen. Auch hier gilt ähnliches wie für die anderen bereits analysierten kaufmännischen Berufe, nämlich dass eine genauere Prüfung der curricularen Validität des Tests wünschenswert gewesen wäre und gleichfalls bei künftigen Untersuchungen erfolgen muss, insbesondere auch im Hinblick auf das durch den Unterricht abgedeckte Curriculum. Zwar kann davon ausgegangen werden, dass die Lehrenden mit der Itemkonstruktion überwiegend Aufgaben vorschlugen, deren Inhalte auch Gegenstand des Unterrichts waren. De facto wurden die Jugendlichen jedoch in unterschiedlichen Klassen von verschiedenen Lehrern ausgebildet, sodass hinsichtlich des implementierten Curriculums zwischen den getesteten Klassen auffälligeren Differenzen zu rechnen war.

Differenzielle Analysen

Die Speditionskaufleute wurden in Hamburg – anders als die Bürokaufleute und die Kaufleute im Einzelhandel – sämtlich an einer Schule ausgebildet. Die Prüfung der durchschnittlichen Fachleistungen auf Klassenebene ergab markante Leistungsdifferenzen zwischen den Klassen. Die leistungsschwächste Klasse erreichte einen Mittelwert von 92,2, die leistungsstärkste Gruppe eine Durchschnitt von 112,8 Punkten (vgl. Tabelle 6.9).

Tabelle 6.9   Mittelwerte im Fachtest für den Ausbildungsberuf
„Speditionskaufmann/-frau" nach Klassen

Schulklassennummer	Mittelwert	Standardabweichung	N
593427	92,2	20,8	19
593401	92,5	18,2	17
593428*	96,6	19,1	8
593425	104,7	24,4	20
593426	105,2	20,3	16
593402	112,8	28,7	17
insgesamt	*100,0*	*25,0*	*98*

* Aus dieser Klasse wurde ein Schüler mit extrem niedrigen Testleistungen in den Analysen auf Klassenebene ausgeschlossen; bei Betrachtungen bezogen auf die Gesamtgruppe blieb dieser Fall berücksichtigt.

Es ergibt sich insgesamt ein Bild von drei leistungsschwächeren Klassen mit Testleistungen unterhalb des Mittelwertes und drei leistungsstärkeren Gruppen, von denen eine Klasse mit besonders hohen Testergebnissen auffällt. Diese lag mit rund einer halben Standardabweichung oberhalb des Mittelwertes der Gesamtgruppe, wies allerdings auch eine relativ hohe Leistungsstreuung auf. Anders als im Fall aus Klasse Nr. 593428, der aus den klassenbezogenen Analysen ausgeschlossen wurde, war hier die Varianz in den Testleistungen vor allem durch zwei extrem leistungsstarke Jugendliche bedingt.

Der Anteil Jugendlicher mit Migrationshintergrund war bei den Speditionskaufleuten relativ klein, rund 21 Prozent der Auszubildenden sprachen nach eigenen Angaben eine nichtdeutsche Familiensprache. Eine Unterscheidung zwischen ausländischen Jugendlichen und deutschen Jugendlichen mit Migrationshintergrund wurde hier nicht vorgenommen, da sich in der erstgenannten Gruppe lediglich acht Schüler befanden. Beide Gruppen wurden deshalb anhand des muttersprachlichen Merkmals (nichtdeutsche Muttersprache) zusammengefasst.

Die beruflichen Fachleistungen der Jugendlichen mit Migrationshintergrund lagen rund vier Fünftel einer Standardabweichung unterhalb der Leistungen der Schülerinnen und Schüler ohne Migrationsgeschichte (d = -0,82).

Abbildung 6.21 Leistungsverteilung im Fachtest für den Ausbildungsberuf "Speditionskaufmann/-frau" nach Migrationshintergrund

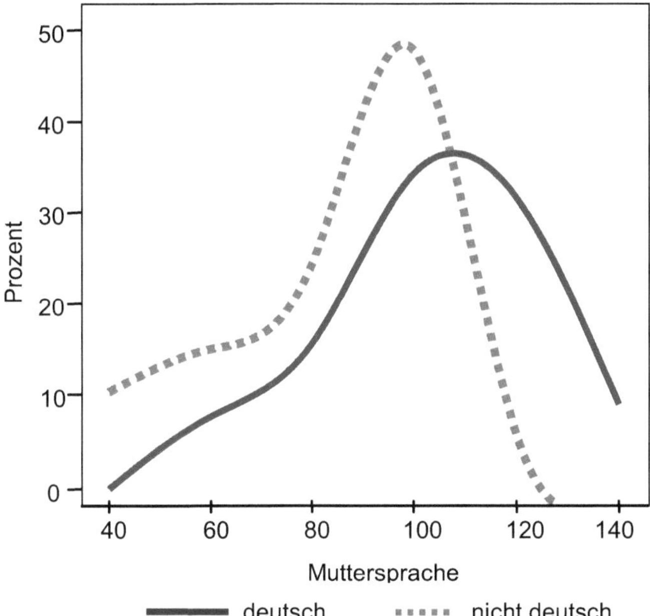

Abbildung 6.21 zeigt die Leistungsverteilung der Schüler mit deutscher und mit nicht deutscher Familiensprache. Es wird deutlich, dass in der Gruppe der Jugendlichen mit Migrationsgeschichte der Anteil an Schülern mit unterdurchschnittlichen Leistungen erheblich, im extrem niedrigen Leistungsbereich sogar um ein mehrfaches höher liegt als in der Gruppe deutschsprachig aufgewachsener Jugendlicher.

Bei den leistungsstarken Auszubildenden sind kaum noch Schülerinnen und Schüler mit Migrationshintergrund zu finden, ihr Anteil ist dort verschwindend gering.

Hintergründe der Testleistungen

Die Frage, inwiefern allgemeine kognitive Fähigkeiten und Grundqualifikationen Erklärungsfaktoren für die Leistungen im beruflichen Fachtest darstellen, konnte nicht hinreichend beantwortet werden. Es lagen für nur rund ein Drittel der Schülerinnen und Schüler Daten im längsschnittlichen Design vor. Im Rahmen der Abschlusserhebung wurden zwar über den CFT 20 die Fähigkeiten im schlussfolgernden Denken und für den Test „Wissen zur Texterschließung" ausgewählte Aspekte metakognitiver Fähigkeiten erhoben, jedoch lieferten beide Merkmale keinen eigenständigen Beitrag zur Erklärung der Varianz in den beruflichen Fachleistungen am Ende der Ausbildung, was auch durch die relativ homogene Leistungsstruktur der Gruppe bedingt sein könnte. Ein substanzieller Zusammenhang war zwischen den Leistungen im Test „Texte und Tabellen" und im beruflichen Fachtest erkennbar: Schülerinnen mit günstigeren Kompetenzausprägungen im Umgang mit kontinuierlichen und diskontinuierlichen Texten schnitten auch besser im Fachtest ab und umgekehrt (r = 0,30).

6.7 Berufliche Fachleistungen im Ausbildungsberuf „Werbekaufmann/Werbekauffrau"

6.7.1 Zur Struktur des beruflichen Fachleistungstests

Der aus 64 Aufgaben bestehende Fachleistungstest für den Ausbildungsberuf „Werbekaufmann/-kauffrau" wurde in Anlehnung an den traditionellen Fächerkanon der Ausbildungsrahmenordnung und des gültigen Ausbildungsrahmenplans konzipiert. Mit der Teststruktur wurde eine repräsentative Verteilung der Items auf die Fächer „Werbelehre", „Rechnungswesen" und „Wirtschafts- und Sozialkunde" erreicht. Im Zuge der Datenverarbeitung wurden die 64 Aufgaben partiell in Teilleistungen zerlegt, sodass 86 Einzelitems zur Analyse bereitstanden.

In Bezug auf die Repräsentanz unterschiedlicher Wissensarten konnte eine gleichmäßige Verteilung auf die drei Kategorien „Faktenwissen", „Konzeptwissen" und „Prozedurales Wissen" festgestellt werden. Im Unterschied zu anderen kaufmännischen Tests wies dieser einen etwas höheren Anteil an Aufgaben im Bereich des Faktenwissens auf, was zu Lasten des Konzeptwissens ging. Es ist jedoch positiv hervorzuheben, dass es in diesem Test gelungen ist, einen relativ hohen Anteil an Aufgaben zu konzipieren, die prozedurales Wissen verlangten. Unter der kognitiven Perspektive dominierten Anwendungsaufgaben mit dementsprechend geringen Anteilen an Reproduktions- und Reflexionsaufgaben.

Abbildung 6.22 Schwierigkeitskennwerte der Testaufgaben im beruflichen Fachtest für den Ausbildungsberuf „Werbekaufmann/-frau"

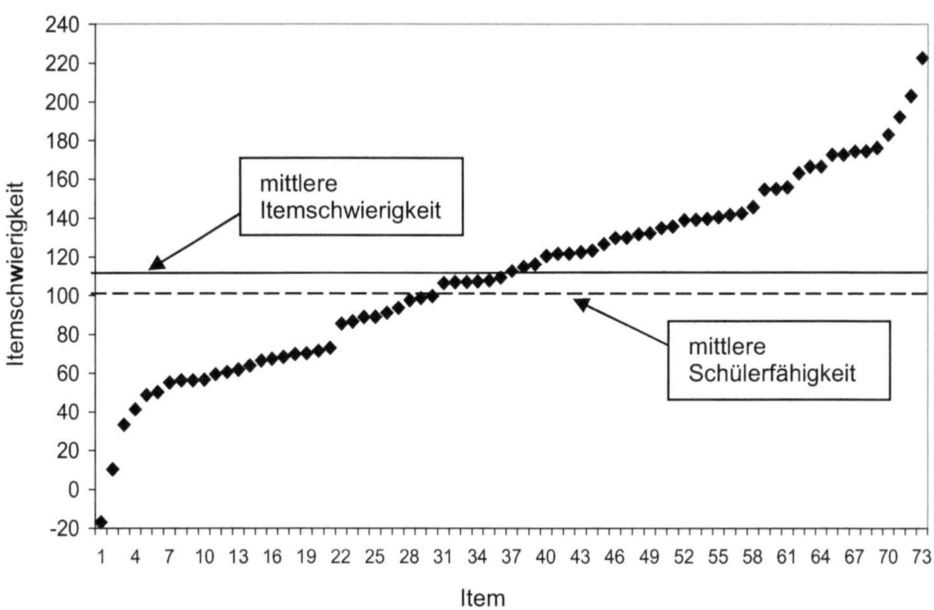

Der Test erreichte eine mittlere Itemschwierigkeit von ca. 111 Skalenpunkten und lag damit etwas oberhalb der mittleren Schülerfähigkeit von 100 Punkten (vgl. Abbildung 6.22). Die oben stehende Abbildung spiegelt die ausgewogene Verteilung der Itemschwierigkeiten bei einer Konzentration von Items im mittleren Schwierigkeitsbereich zwischen 75 und 125 Punkten wider. Die Aufgaben deckten insgesamt ein breites Schwierigkeitsspektrum ab. Die Itemparameter waren auf den Wertebereich von -16 bis 223 Skalenpunkten verteilt; die Leistungen der Schülerinnen und Schüler wiesen eine Variationsbreite von 13 bis 161 Punkten auf. Die WLE-Reliabilität zeigte mit 0,87 eine hohe Zuverlässigkeit der Messung; 73 Testitems konnten aufgrund guter bis sehr guter Trennschärfekoeffizienten der Skalierung und Auswertung zugrunde gelegt werden.

6.7.2 Befunde zu den beruflichen Fachleistungen im Ausbildungsberuf „Werbekaufmann/ Werbekauffrau"

Gesamtergebnisse im beruflichen Fachleistungstest des Ausbildungsberufs „Werbekaufmann/ Werbekauffrau"

In der Grafik 6.23 ist wiederum links der Skala die Verteilung der Schülerleistungen abgebildet, während rechts der Skala exemplarisch Aufgaben mit ihrem zugehörigen Itemparameter wiedergegeben sind.

Die Aufgabe oben rechts gehörte erkennbar zu jener Gruppe von Items, die sich als sehr anspruchsvoll erwiesen und von keinem der getesteten Schülerinnen und Schüler mit der hinreichenden Sicherheit von $p = 0,65$ gelöst werden konnte. Diese Aufgabe erforderte, dass die Auszubildenden die Begriffe „Briefing" und „Zielgruppe (in der Werbung)" präsent haben und den relativ abstrakten Begriffen „soziodemografisch", „psychografisch", „geografisch" und „verhaltensorientiert" konkrete Personenmerkmale zuordnen und miteinander kombinieren, um prüfen zu können, welche Beschreibung auf die im Briefing avisierte Zielgruppe zutrifft. Damit wurden offenbar vergleichsweise komplexe deduktive Leistungen angesprochen.

Weiterhin stellten drei Aufgaben aus dem Inhaltsbereich des Rechnungswesens hohe Ansprüche an das Professionswissen der Jugendlichen: Dazu gehörte eine Aufgabe, bei der der Buchwert eines zum Verkauf stehenden KfZ zu ermitteln war (Itemschwierigkeit 223), ein Item, das sich auch für andere Berufsgruppen als sehr schwierig erwies. Die Aufgabe zur Festlegung der Arbeitsschritte einer Gehaltsabrechnung, die in eine korrekte Reihenfolge zu bringen waren (Itemparameter 166), erforderte vor allem prozedurales Wissen. Eine dritte Aufgabe, die im selben Inhaltsbereich lag, bezog sich auf die innerbetriebliche Leistungsverrechnung (Itemparameter 203). Allerdings konnte diese Aufgabe auch ohne konzeptionelles und prozedurales Wissen aus dem Gegenstandsbereich gelöst werden, wenn die Testpersonen anhand der vorgegebenen Struktur einer Tabellenkalkulation mit Excel erkannten, welche konkreten Leistungspositionen sich verändern würden, wenn die Summe aus Gemein- und Umlagekosten der Hilfsstelle 1 durch die Veränderung einer Kostenposition abgewandelt würde.

Abbildung 6.23 Verteilung der Schülerleistungen im beruflichen Fachtest für den Ausbildungsberuf „ Werbekaufmann/-frau " im Vergleich mit den Schwierigkeiten der Testaufgaben

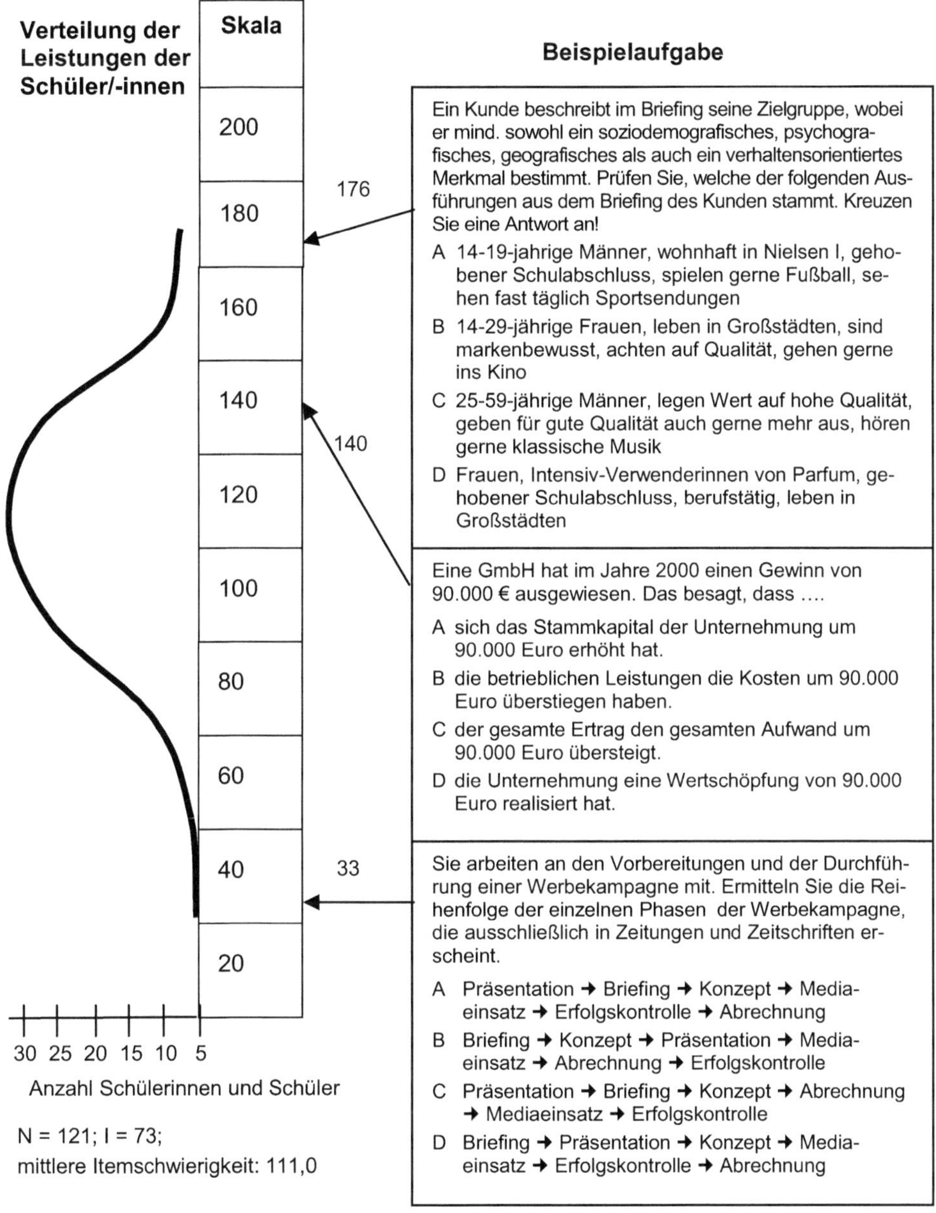

Damit knüpfte diese Aufgabe unmittelbar an das Thema der Informationsentnahme aus diskontinuierlichen Texten an: Es war eine komplexe Informationsstruktur auf wechselseitige Abhängigkeiten und Bedingtheiten anhand vorgegebener mathematischer Operationen zu prüfen. Dass an der letzten Aufgabe relativ viele Jugendliche scheiterten, ist erstaunlich, da die Werbekaufleute zu den leistungsstärksten Auszubildenden im Test „Texte und Tabellen, Untertest: Diskontinuierliche Texte", zählten. Allenfalls kann einschränkend geltend gemacht werden, dass auch bei dieser Berufsgruppe nur ein geringer Anteil die Niveaustufe 3 des Tests überstieg (vgl. Abschnitt 4.4).

Verhältnismäßig sicher wurden von den Auszubildenden Aufgabenstellungen aus dem Bereich der Wirtschafts- und Sozialkunde gelöst. Bei arbeitsrechtlichen Fragestellungen variierten die Anforderungen: Aufgaben mit unmittelbaren Erfahrungsbezug und individueller Betroffenheit, beispielsweise zum Ausbildungsvertrag oder zur vorzeitigen Beendigung der Ausbildung, konnten relativ sicher bewältigt werden, während andere, ebenfalls auf rechtliche Aspekte kaufmännischen Handelns bezogene Aufgaben wie solche einer betriebsbedingten Kündigung weniger erfolgreich bearbeitet wurden. Letzteres hing vermutlich damit zusammen, dass keine intensive Auseinandersetzung mit diesen Fragestellungen im Unterricht und in der betrieblichen Praxis erfolgt war und somit kaum aktive Wissensbestände vorausgesetzt werden können. Relative Stärken der Jugendlichen liegen bei einfachen Anwendungsaufgaben mit vertrauten Handlungskontexten.

Differenzielle Analysen

Wie nicht anders zu erwarten, unterschieden sich die Kompetenzstände der Jugendlichen – trotz relativ homogener Eingangsleistungen – gegen Ende der Ausbildung in den beruflichen Fachleistungen auf Klassenebene. Die mit der Klasse assoziierte Varianz in den Testleistungen liegt bei 12 Prozent. Tabelle 6.10 enthält die Mittelwerte und Standardabweichungen für die einzelnen Lerngruppen.

Tabelle 6.10   Mittelwerte im Fachtest für den Ausbildungsberuf
*   „Werbekaufmann/-frau" nach Klassen*

Schulklassennummer	Mittelwert	Standardabweichung	N
592802	87,9	32,5	18
592801	93,2	24,9	19
592805	98,6	22,9	22
592806	99,9	23,9	16
592804	101,1	15,7	24
592803	116,1	23,2	22
insgesamt	*100,0*	*25,0*	*121*

Während Klasse 592802 einen um knapp eine halbe Standardabweichung unterhalb des Mittelwertes liegende durchschnittliche Testleistung aufwies – wiederum ähnlich wie bei der leistungsschwächsten Gruppe der Speditionskaufleute mit einer beträchtlichen Streuung[9] – lag die leistungsstärkste Gruppe mit knapp zwei Dritteln einer Standardabweichung oberhalb des Gesamtmittelwertes. Für drei Gruppen ließen sich ganz ähnliche, dicht am Mittelwert befindliche Leistungsscores bei annähernd gleich großer Varianz in den Testleistungen belegen.

Differenzielle Analysen in Bezug auf den Bildungshintergrund des Elternhauses und soziokulturelle Herkunftsmerkmale waren aufgrund der Homogenität der Gruppe und des geringen Anteils an Jugendlichen mit Migrationshintergrund nicht möglich. Hinsichtlich geschlechtsspezifischer Kompetenzmuster konnten ebenfalls keine signifikanten Unterschiede in den mittleren Leistungen festgestellt werden, lediglich die Leistungsstreuungen der männlichen Jugendlichen liegen höher als der weiblichen Auszubildenden, was vor allem durch eine kleine Gruppe leistungsstärkerer, aber auch durch eine kleine Gruppe leistungsschwächerer Jugendlicher verursacht wird (vgl. Abbildung 6.24).

---

9   Die niedrigen Testleistungen in Klasse 59802 werden vor allem durch neun Jugendliche verursacht, die stark unterdurchschnittliche Leistungen aufwiesen, in einem Fall einen unteren Extremwert. Durch Ausschluss dieses Einzelfalls stiege zwar der Leistungsdurchschnitt der Klasse um vier Skalenpunkte bei gleichzeitiger Reduktion der Streuung auf 27,4, jedoch bleibt dadurch die Gesamtposition der Klasse im unterdurchschnittlichen Leistungsspektrum unberührt. Aus diesem Grund schließen die Analysen auch diesen Fall ein.

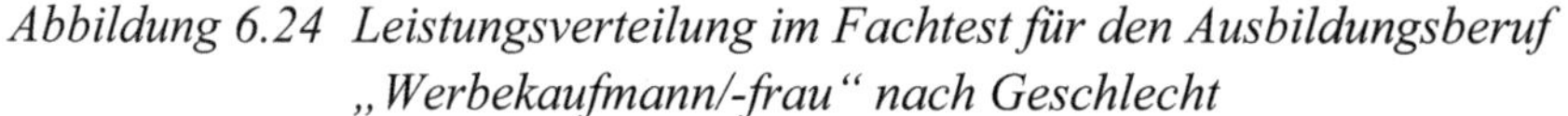

Abbildung 6.24   Leistungsverteilung im Fachtest für den Ausbildungsberuf
„Werbekaufmann/-frau" nach Geschlecht

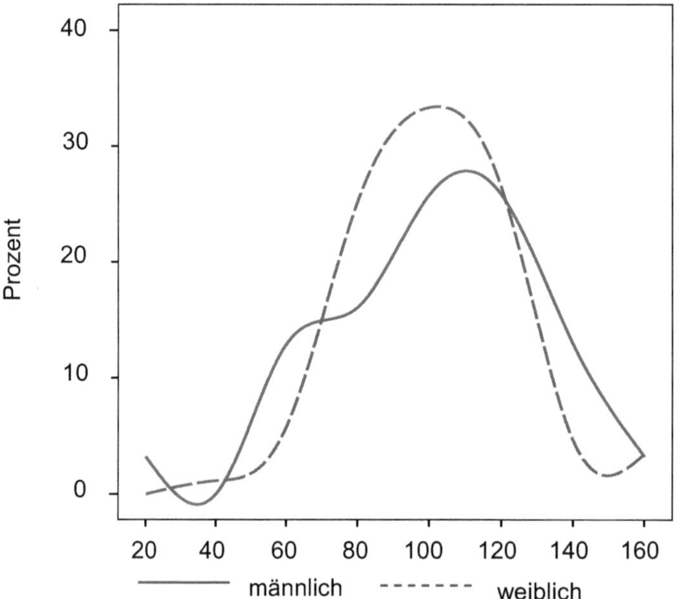

Ein höchst signifikanter und substanzieller korrelativer Zusammenhang zeigte sich zwischen den Leistungen im beruflichen Fachtest und den Ergebnissen im Test „Texte und Tabellen" ($r = 0,46$, $p < 0,001$). Inwiefern kognitive und metakognitive Hintergrundmerkmale, die zu Beginn der Ausbildung hätten festgestellt werden müssen, einen Einfluss auf die Ausprägung der beruflichen Fachleistungen am Ende der Ausbildung haben, konnte aufgrund des fehlenden Längsschnitts bei den Werbekaufleuten wie auch in einigen anderen Berufen nicht ermittelt werden.

6.8   Berufliche Fachleistungen im Ausbildungsberuf „Rechtsanwalts- und Notarfachangestellte/-fachangestellter"

6.8.1   *Zur Struktur und Dimensionalität des beruflichen Fachleistungstests*

Der Fachleistungstest für die angehenden Rechtsanwalts- und Notarfachangestellten umfasste 82 Multiple-Choice-Aufgaben, von denen letztlich 73 Items in die Skalierung und Auswertung einbezogen werden konnten. Der Test spiegelte annähernd repräsentativ die im schulischen Curriculum enthaltenen Ausbildungsinhalte wider. Inwiefern dies auch für das Anspruchsniveau der Testaufgaben galt, muss offen bleiben. Hier könnten nur eine bereits mehrfach vorgeschlagene und bei künftigen Untersuchungen unbedingt einzubeziehende Validierungsstudie nähere Auskünfte bringen. Aus der Sicht der Fachdidaktikexperten des IBW lag der Test im Schwerpunkt auf einfacher Anwendung und dem Verstehen entsprechender fachlicher Konzepte; in zu geringem Umfang würden prozedurale Wissensinhalte erfasst. Hinsichtlich des Anforderungsniveaus käme insbesondere der Anteil kritischer Reflexion zu kurz, so die Einschätzung der Fachdidaktiker, hingegen könnten reproduktive Aufgabeninhalte bei einer Testüberarbeitung zugunsten anderer kognitiver Leistungen zurückgestellt werden.

Bei den Rechtsanwalts- und Notarfachangestellten wurde – ähnlich wie bei den Büro- und Einzelhandelskaufleuten – geprüft, ob die Annahmen einer eindimensionalen Struktur den empirischen Daten hinreichend angenähert entspricht oder ob nicht spezifische Fähigkeitsstrukturen aus einzelnen Sub-Bereichen für die Leistungen im Test maßgeblich sind.

Die Prüfung erfolgte wie in analogen Fällen über eine mehrdimensionale Raschmodellierung (zum Verfahren vgl. Abschnitt 6.2.2). Dieser wurde eine zweidimensionale Struktur zugrunde gelegt, bei der die Items aus den Bereichen Rechtliche Grundlagen, Verfahrens- und Vergütungsrecht der ersten Dimension und die Items zu den Wirtschaftlichen Grundlagen des Handelns der zweiten Dimension zugeordnet wurden. Die Anpassung der Modellgüte erfolgte wiederum über die im Programm ConQuest verfügbaren Informationsindizes und über die messfehlerbereinigten Korrelationen. Die Prüfung ergab zwar eine signifikante Modellverbesserung bei der zweidimensionalen Version, jedoch sprach die hohe messfehlerbereinigte Korrelation von 0,85 nicht zwingend für eine Unterscheidung zweier eigenständig interpretierbarer Kompetenzhierarchien.

Von einer ebenfalls statistisch begründbaren dreidimensionalen Version, bei der zwischen den Bereichen „Rechtliche Grundlagen", „Verfahrens- und Vergütungsrecht" sowie „Wirtschaftliche Grundlagen" unterschieden wurde, wären erst recht nur begrenzt interpretierbare Aufschlüsse zu erwarten; denn die hohe Korrelationen von 0,89 zwischen den „Rechtlichen Grundlagen" und dem „Verfahrens- und Vergütungsrecht" verweist eher auf die in zweidimensionalen Modell getroffene Grundunterscheidung zwischen juristischen und ökonomischen Aspekten, den bei den gegebenen Fallzahlen nicht näher nachgegangen werden kann. Die nachfolgenden Ausführungen beschränken sich daher auf die Diskussion von Ergebnissen des eindimensionalen Skalierungsmodells.

6.8.2 *Befunde zu den beruflichen Fachleistungen im Ausbildungsberuf „Rechtsanwalts- und Notarfachangestellte/-fachangestellter"*

Die Schwierigkeitsparameter der Items variieren zwischen 65 und 160 Skalenpunkten (vgl. Abbildung 6.25), lediglich ein Item ist mit einen Parameter von 190 Punkten deutlich abgehoben von allen übrigen; der höchste Skalenwert, der von Schülern erreicht wurde, betrug 140 Punkte.

Abbildung 6.25 Schwierigkeitskennwerte der Testaufgaben im beruflichen Fachtest für den Ausbildungsberuf „Rechtsanwalts- und Notarfachangestellte/-r"

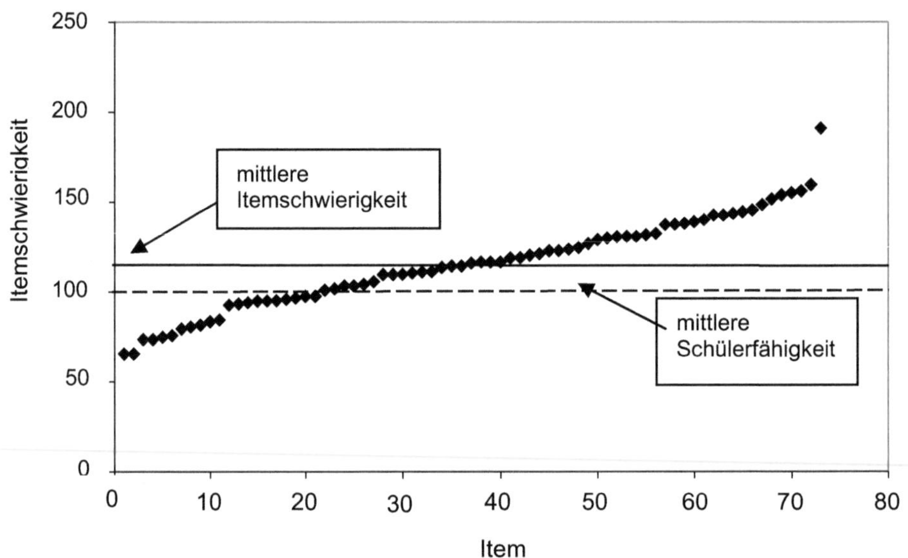

Die Abbildung 6.26 gibt wieder einen Überblick über die Verteilung der Schülerleistungen, die zwischen 40 und 140 Punkten liegt. Auf der rechten Seite der Grafik sind wie gewohnt exemplarisch Aufgaben aus dem Test mit ihren jeweiligen Schwierigkeitsparametern dargestellt, wobei sich übrigens ökonomisch und juris-

Abbildung 6.26   Verteilung der Schülerleistungen im beruflichen Fachtest für den Ausbildungsberuf „Rechtsanwalts- und Notarfachangestellte/-r" im Vergleich mit den Schwierigkeiten der Testaufgaben

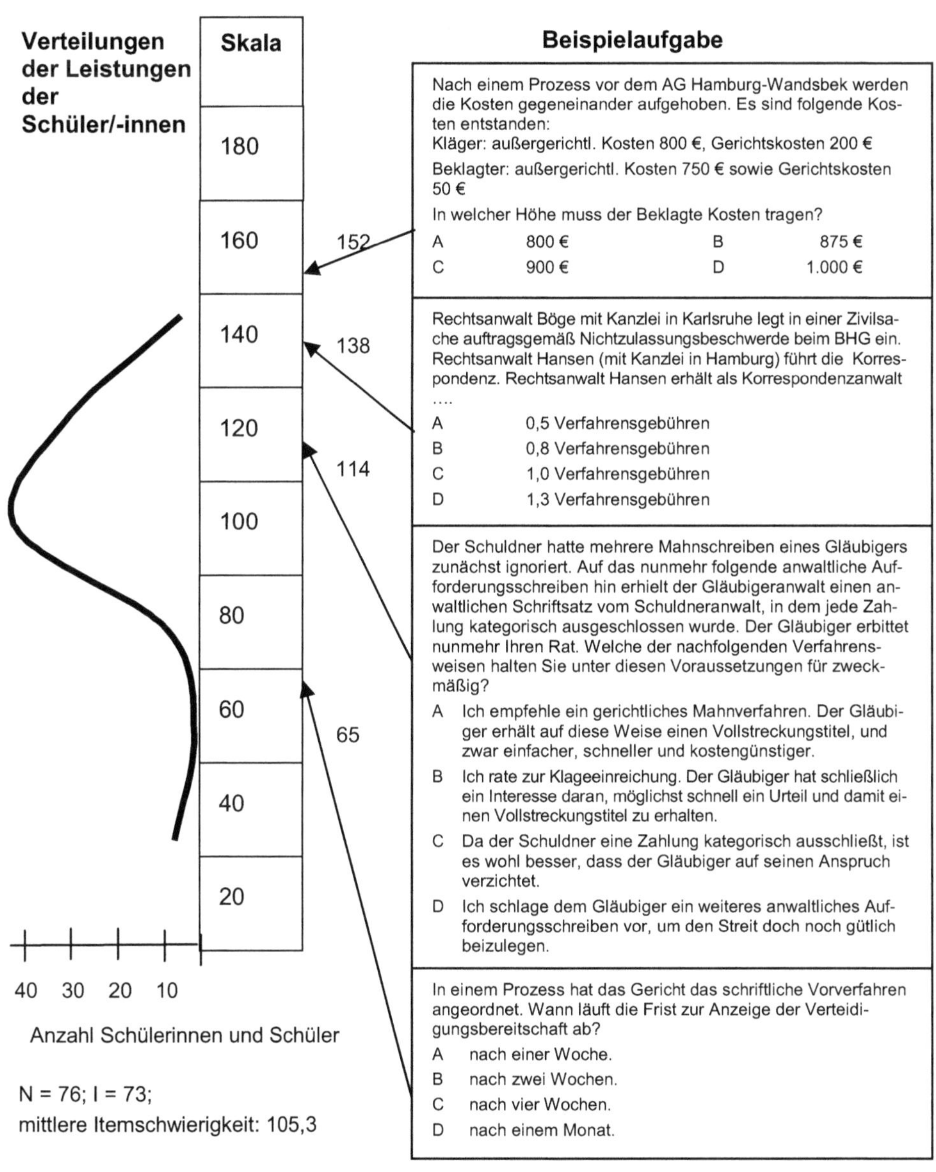

tisch akzentuierte Aufgaben fast gleichermaßen über den gesamten Schwierigkeitsbereich verteilen.

Fachsystematische Erklärungen für die Schwierigkeitsunterschiede zwischen den
Items lassen sich daher nicht geltend machen. Schwierigkeitsbestimmende Merkmalen scheinen die Komplexität der Aufgabenstruktur und der Umfang der zu verarbei-
tenden Informationen zu sein.

Differenzielle Analysen

Zwischen den Klassen wurden beträchtliche Leistungsdifferenzen erkennbar, so lagen die Leistungen der leistungsstärksten Gruppe um ca. ein Drittel einer Standardabweichung oberhalb des Gesamtdurchschnitts, während sich die leistungsschwächste Lerngruppe um mehr als zwei Drittel einer Standardabweichung unterhalb des Durchschnitts befand. Darüber hinaus fiel diese Klasse (vgl. Tabelle 6.11,
Klasse 593904) durch eine sehr hohe Streuung auf, die vor allem durch acht Schülerinnen und Schüler am untersten Rand des Leistungsspektrum verursacht wurde.

Tabelle 6.11   *Mittelwerte im Fachtest für den Ausbildungsberuf*
„Rechtsanwalts- und Notarfachangestellte/-r" nach Klassen

Schulklassennummer	Mittelwert	Standardabweichung	N
593904	82,7	38,4	19
593908	98,4	15,6	7
593907	102,3	19,2	16
593906	106,7	15,5	18
593909	108,2	10,3	6
593905	109,0	16,0	15
insgesamt	*100,0*	*25,0*	*81*

Bei der Interpretation der Befunde ist zu bedenken, dass sich in der ULME III eine
leistungsmäßig andere Zusammensetzung der Gruppe zeigte als bei den Erhebungen
zu ULME I. Beispielsweise verfügten 42 Prozent der Jugendlichen zu Beginn der
Ausbildung (ULME I) über einen Fachhochschulabschluss oder die Hochschulreife;
54 Prozent besaßen die mittlere Reife und nur ein kleiner Anteil von ca. 4 Prozent

besaß nicht mindestens einen mittleren Abschluss. Werden nur die Jugendlichen aus dem Längsschnitt ULME I-III betrachtet, so waren bei ULME III nur noch 8 Prozent der Schülerinnen und Schüler mit Fachhochschul- und Hochschulreife anzutreffen, 88 Prozent mit Realschulabschluss und ca. 4 Prozent mit Hauptschulabschluss. Entsprechend den Regelungen für eine vorzeitige Abschlussprüfung waren die leistungsstärksten Jugendlichen bei den Erhebungen zu ULME III nicht mehr in den Abschlussklassen. Werden jene Jugendlichen einbezogen, die *nach* 2002 ihre Ausbildung in diesem Beruf aufnahmen und sich zum Zeitpunkt von ULME III in den Abschlussklassen befanden, also mit erfasst wurden, so ändert sich die Verteilung zugunsten der Schüler mit Fachhochschul- und Hochschulreife auf 30 Prozent gegenüber 67 Prozent mit Realschul- und 3 Prozent mit Hauptschulabschluss. Trotz solcher Anpassungen wurde die ursprüngliche Verteilung zugunsten höherer Schulabschlüsse, wie sie bei den Erhebungen zu ULME I für diesen Beruf vorlag, bei ULME III nicht erreicht, was mit der vorzeitigen Beendigung von Ausbildungsverhältnissen in Zusammenhang stehen dürfte.

Analysen in Abhängigkeit von den schulischen Eingangsvoraussetzungen lieferten wegen der die vorgezogenen Abschlussprüfungen leistungsstarker Jugendlicher folglich eher erwartungswidrige und überraschende Befunde (vgl. Tabelle 6.12).

Tabelle 6.12   Mittelwerte im Fachtest für den Ausbildungsberuf „Rechtsanwalts- und Notarfachangestellte/-r" nach Schulabschluss

höchster Schulabschluss	Mittelwert	Standardabweichung	N
Hauptschulabschluss oder vergleichbarer Abschluss	108,8	2,4	2
Realschulabschluss oder vergleichbarer Abschluss	105,0	17,2	51
Fachhochschulreife	98,0	31,6	10
Allgemeine Hochschulreife/Abitur	79,7	39,7	13
insgesamt	*99,9*	*25,7*	*76*

Wie die oben stehende Tabelle hervorhebt, war das Kompetenzprofil gegenläufig zu den Schulabschlüssen ausgeprägt. Ein Erklärungsmuster dafür können nur die bereits angesprochenen vorzeitigen Ausbildungsabschlüsse durch die leistungsstärksten Jugendlichen mit Realschulabschluss und höher sein, während diejenigen, die nicht zu vorgezogenen Prüfungen zugelassen wurden, eine Negativauswahl darstellen.

Differenzielle Analysen zwischen männlichen und weiblichen Jugendlichen waren nicht möglich, da es sich um einen vorrangig von jungen Frauen besetzten Ausbildungsberuf handelt.

Der Anteil an Jugendlichen mit Migrationsgeschichte, erfasst über das Merkmal der in der Familie gesprochenen Sprache und/oder der Staatsangehörigkeit, lag bei 25 Prozent (bei 76 von 81 Angaben im Schülerfragebogen). Somit handelte es sich um eine relativ kleine Gruppe an Jugendlichen, die sich durch ihren sozio-kulturellen Status von der Mehrheit der Auszubildenden in diesem Beruf unterschieden. Im Gegensatz zu den Befunden anderer Berufe lagen die Leistungen der kleinen Gruppe deutscher Jugendlicher mit Migrationsgeschichte markant höher als die der Deutschen ohne Migrationshintergrund; sogar die Gruppe der Ausländer erzielte noch geringfügig bessere Leistungen als die deutschen Jugendlichen (vgl. Tabelle 6.13). Auch für diese Anomalie könnte der vorzeitige Ausbildungsabschluss bei guten Leistungen verantwortlich sein.

Tabelle 6.13   Mittelwerte im Fachtest für den Ausbildungsberuf
„Rechtsanwalts- und Notarfachangestellte/-r"
nach Migrationshintergrund

Migrationshintergrund	Mittelwert	Standardabweichung	N
deutsch ohne Migrationshintergrund	98,7	27,9	57
deutsch mit Migrationshintergrund	114,8	10,6	7
Ausländer	101,5	11,1	11
insgesamt	*100,6*	*25,2*	*75*

6.9 Diskussion der Befunde zu den Ausbildungsberufen des Berufsfelds Wirtschaft und Verwaltung

Stärken und Schwächen in den Kompetenzprofilen der Jugendlichen

Die relativen Stärken der Jugendlichen in den hier diskutierten Berufen des Berufsfelds Wirtschaft und Verwaltung lagen vor allem in solchen Anforderungen, die anhand von persönlichem und betrieblichem Erfahrungswissen bearbeitet werden konnten. Das Routinewissen in grundlegenden berufsspezifischen Handlungsanforderungen war relativ stark ausgeprägt und konnte flexibel auf unterschiedliche Anforderungssituationen von den Jugendlichen angewendet werden. Gingen die Anforderungen über einfache, weitgehend standardisierte ökonomische Handlungssituationen hinaus und wurden Verstehensleistungen im Sinne einer intensiven Auseinandersetzung mit dem Handlungsgegenstand gefordert, so waren in den jeweiligen Berufen nur noch geringe Schüleranteile in der Lage, souverän und erfolgreich Aufgaben dieser Art zu bearbeiten. Erhebliche Schwierigkeiten bereiteten den Jugendlichen Aufgaben, die die Modellierung komplexerer Zusammenhänge erforderten, die also vertiefte Verstehensleistungen auch im Sinne von kognitiven Prozessen der Dekontextualisierung und der Kontextualisierung erforderten.

Besonders große Probleme zeigten sich im Kernbereich wirtschaftsberuflicher Bildung bei der Quantifizierung ökonomischer Sachverhalte, namentlich bei deren Interpretation und Bearbeitung. Die Modellierung ökonomischer Zusammenhänge auf der Basis mathematischer Konzepte, Prinzipien, Algorithmen und Operationen markiert offensichtlich eine Schwäche in den kaufmännischen Kompetenzprofilen der Jugendlichen. Dieser Befund gilt weitgehend für alle Berufsgruppen, wenngleich die Anteile an Jugendlichen, die ein bestimmtes Anforderungsniveau bearbeiten konnten, zwischen den Berufen variierten. Differenziertere Analysen anhand der sog. ‚Ankeraufgaben' aus diesem Bereich versprechen hierzu weitere Aufschlüsse, würden jedoch den Rahmen des Berichts überschreiten und bleiben somit weiteren wissenschaftlichen Analysen vorbehalten.

Versteht man das Rechnungswesen in Anlehnung an Preiß (1999, 2) als einen Kernbereich kaufmännischer Bildung, der die Grundlage für das Erfassen und Verstehen betriebswirtschaftlicher Zusammenhänge und damit für den Aufbau ökonomischer Kompetenz darstellt und auf dem mithin jegliche weitere wirtschaftliche Bildung aufbaut (Achtenhagen, 1996; Seifried & Sembill, 2005, 4f.; Kornmilch-Bienengräber, 2006, 325), so stimmen die vorliegenden Befunde zu diesem Gebiet kaufmännischen Handelns nachdenklich.

Zusammenfassend bleibt festzuhalten, dass die Stärke der Jugendlichen, Alltagsroutinen zur Bearbeitung eng geführter kaufmännischer Anforderungssituationen entwickelt zu haben, einhergeht mit eine Fixierung von Wissen im situativen Kontext, was wiederum Transferleistungen auf neue Situationen fraglich erscheinen lässt, zumindest für die Gruppe der Jugendlichen im mittleren und unteren Kompetenzspektrum.

Weiterführende Überlegungen für künftige Untersuchungen

Die Analyse der beruflichen Fachleistungstest für die hier diskutierten Ausbildungsberufe aus dem Berufsfeld Wirtschaft und Verwaltung bestätigen die Notwendigkeit, aussagekräftige Messinstrumente zur Erfassung von fachlichen und überfachlichen Kompetenzen zu konzipieren. Erst auf deren Basis ist es möglich, empirisch gehaltvolle Taxonomien zur Klassifikation von Aufgaben zu entwickeln und die hinter den Aufgabenlösungen stehenden kognitiven Fähigkeiten und Verständnisleistungen systematisch herauszuarbeiten. Mit den vorliegenden Testinstrumenten liegen bereits erste Ansätze vor, die jedoch einer weiteren Ausdifferenzierung bedürften, und zwar nicht nur im Hinblick auf die inhaltliche und kognitive Aspekte, sondern auch im Hinblick auf konkrete Messverfahren und Methoden der Kompetenzerfassung.

Die vorliegenden Klassifikationen der Testitems – vernehmlich auf didaktischen Kategorien aufbauend – bieten in deren gegenwärtigem Entwicklungsstadium nur partiellen Aufschluss hinsichtlich der Aufgabenschwierigkeiten. Exemplarisch wurde dieser Frage im vorliegenden Bericht für den Ausbildungsberuf „Kaufmann/Kauffrau im Einzelhandel" nachgegangen (vgl. Abschnitt 6.4.2), wobei im Wesentlichen Befunde zum Fachtest „Wirtschaft und Verwaltung" für die teilqualifizierende Berufsfachschule repliziert werden konnten (dazu vgl. Seeber, 2005a). Es muss demnach andere bzw. weitere Kriterien geben, die im Kern die Aufgabenschwierigkeit determinieren. Dies können sehr verschiedene Anforderungsmerkmale sein, die sich auf das vorausgesetzte Fachwissen, erforderliche Bearbeitungsstrategien, die Komplexität der gegebenen Situationsbeschreibungen und / oder der zur Lösung der Aufgabe erforderlichen Denkprozesse, die Repräsentationen der benötigten Inhalte u. a. m. beziehen (für die Bestimmung von Anforderungsmerkmalen in

Fachtests im allgemein bildenden Bereich vgl. z.B. Klieme, 2000). Es wäre daher ausgesprochen hilfreich, mehr darüber zu wissen, welche Anforderungsmerkmale in diesem Sinne bedeutsam sind und welche einen randständigen Einfluss haben (vgl. auch Seeber, 2007).

Ebenso ist eine breiter abgesicherte Dimensionierung kaufmännischer Kompetenz erforderlich, und zwar nicht zuletzt in den Bemühungen um solide fundierte Bildungsstandards (vgl. dazu auch Sloane & Dilger, 2005). Anhand der vorliegenden Testdaten konnte diese Fragen nur ansatzweise bei den beiden Fachtests für die Berufe „Bürokaufmann/Bürokauffrau" und „Kaufmann/Kauffrau im Einzelhandel" erarbeitet werden; obzwar sie in ULME III die quantitativ am stärksten besetzten Ausbildungsberufe darstellten und die beiden Fachtests ein breites Anforderungsprofil abdeckten, zeigten sich dennoch klare Grenzen hinsichtlich gegenwärtig verfügbarer Strategien und Methoden der Kompetenzerfassung. Künftige Studien legen folglich eine Strategie nahe, bei der zum einen breitere Stichproben in den Berufen einbezogen werden und zum anderen die in den Tests erfassten Kompetenzspektren differenzierter herausgearbeitet und mit Testaufgaben untersetzt werden. Von fachdidaktisch besonderem Interesse ist die so eröffnete Bestimmung des Verhältnisses von Testperformanz und didaktischen Angeboten, wozu es für den Ausbildungsberuf des Bürokaufmanns/der Bürokauffrau erste Hinweise gibt (vgl. Abschnitt 6.2.3.2). Sollen die Ergebnisse von Leistungsstudien auch differenziertere Aufschlüsse über den Erfolg curricularer und fachdidaktischer Kalküle bieten, so ist die Integration curricularer Analysen, insbesondere Untersuchungen zum intendierten Curriculum, zwingend erforderlich. Mit Blick auf die breite Einführung lernfeldstrukturierter Curricula stellt sich die Frage nach der Effektivität und Effizienz umso deutlicher: Lernfeldorientierte Ausbildung erfordert die curriculare Verknüpfung von Alltagswissen und wissenschaftliches Wissen als Schlüssel für den Aufbau beruflicher Professionalität (Pätzold, 2000, 80), steht damit jedoch in der Gefahr einer Überbetonung des fallbezogenen Lernens, einer vordergründigen Orientierung an der Struktur der betrieblichen Alltagserfahrung und des betrieblichen Alltagswissens. Es wird Aufgabe künftiger Forschungen sein, übergreifende Lernstandserhebungen im beruflichen Bereich auch mit solchen Fragestellungen zu verbinden.

7 Berufsspezifische Fachleistungen in gewerblich-technischen und handwerklichen Berufen am Ende der Ausbildung

Ellen Hoffmann und Rainer Lehmann

7.1 Einleitung

Das vorliegende Kapitel folgt in wesentlichen methodischen Zügen dem Vorbild des vorangegangenen. Es werden für jeden Ausbildungsberuf jeweils zunächst die Besonderheiten des eingesetzten Fachleistungstests einschließlich spezifischer Fragen der Skalierung diskutiert. Daran schließen sich differenzielle Befunde zu den wichtigsten Teilgruppen der vorliegenden Studie an – weibliche vs. männliche Jugendliche, Jugendliche mit und ohne Migrationshintergrund, gelegentlich Teilgruppen mit unterschiedlichen Abschlüssen allgemein bildender Schulen. Multiple Regressionsanalysen runden jeweils die Untersuchungen zu einem bestimmten Ausbildungsberuf ab. Hier wird der erreichte, durch das Ergebnis in einem berufsspezifischen Test belegte, Fachleistungsstand in Beziehung gesetzt zu den Befunden zu anderen (meta-)kognitiven Tests, aus denen auf die mentalen Ressourcen geschlossen wird, die den Jugendlichen zwischen Beginn und Abschluss ihrer Ausbildung zu Gebote standen. Dabei handelt es sich um folgende Merkmale:

- „Deutsch: Leseverständnis" zu Beginn der Ausbildung (Quelle: ULME I),

- „Mathematik: Curriculumnaher Test" zu Beginn der Ausbildung (Quellen: LAU 11, ULME I),

- „Metakognitives Wissen zur Texterschließung" zum Ende der Ausbildung (Quellen: LAU 11, ULME I) und

- „Texte und Tabellen" zum Ende der Ausbildung (Quelle: neu in den Längsschnitt aufgenommen).

Diese Analysen sollen zusätzliche Erkenntnisse über die Beziehungen zwischen allgemeiner und beruflicher Bildung eröffnen.

7.2 Berufliche Fachleistungen im Ausbildungsberuf „Anlagenmechaniker/-in"

7.2.1 Zur Struktur des beruflichen Fachleistungstests

Für die Messung der fachlichen Kompetenzen und Wissensstände der angehenden Hamburger Anlagenmechaniker und Anlagenmechanikerinnen wurde ein berufsbezogener Test entwickelt, der 93 Aufgaben beinhaltet. Da sich drei der Aufgaben in mehrere Teilaufgaben untergliedern, besteht der Fachtest aus insgesamt 100 Einzelitems. Die Antwortmöglichkeiten sind überwiegend im Multiple-Choice-Format vorgegeben, in geringerer Anzahl auch als Wahr-Falsch-Entscheidungen oder Zuordnungsaufgaben.

Wie in Kapitel 2.2.7.2 beschrieben, bezieht sich der Test inhaltlich auf die Lernfelder „Installation von Trinkwasser- und Entwässerungsanlagen", „Installation von Wärmeerzeugungs- und -verteilungsanlagen" sowie „Anlagen zur Trinkwassererwärmung". Bezüglich der zweidimensionalen Klassifikationsmatrix, die einerseits nach Wissensarten, andererseits nach kognitiven Anforderungsniveaus unterscheidet, wurde den Vorgaben für die Testzusammenstellung im Großen und Ganzen Rechnung getragen, wenngleich, wie oben bereits angemerkt, im Endergebnis eine gewisse Überbetonung des Faktenwissens und des Reproduzierens gelernter Inhalte nicht zu leugnen war.

Von den 100 Einzelitems des eingesetzten Tests konnten 90 Items in die Auswertung des Tests einbezogen werden. Diese Items wiesen überwiegend zufrieden stellende bis gute Diskriminanzwerte auf. Die Items, die wegen mangelnder Modellanpassung bei der Auswertung letztlich nicht berücksichtigt werden konnten, stammten aus allen drei Inhaltsbereichen. Effekte des Aufgabenformats wurden bei dieser Nachbearbeitung, die eine Verringerung des Messfehlers zum Ziel hatte, nicht beobachtet. Trotz des insgesamt hohen Anforderungsniveaus der Aufgaben, das leicht einen so genannten „Bodeneffekt" hätte zur Folge haben können, bei dem aus Gründen der Überforderung wesentliche Leistungsdifferenzen ausgeblendet worden wären, erreichte der Fachtest eine ausreichend hohe interne Konsistenz von 0,85 (WLE-Reliabilität) und erfüllte damit eine notwendige Voraussetzung für die hier benötigte aussagenkräftige und berufsspezifische Lernstandsermittlung.

7.2.2 Befunde zu den beruflichen Fachleistungen im Ausbildungsberuf "Anlagenmechaniker/-in"

Testanforderungen und Leistungsverteilung

In der nachfolgenden Grafik (Abbildung 7.1) sind die Schwierigkeitsparameter der Testaufgaben zum durchschnittlichen Leistungsstand der Jugendlichen in Beziehung gesetzt.

Abbildung 7.1 Schwierigkeitskennwerte der Testaufgaben im beruflichen Fachtest für den Ausbildungsberuf "Anlagenmechaniker/-in"

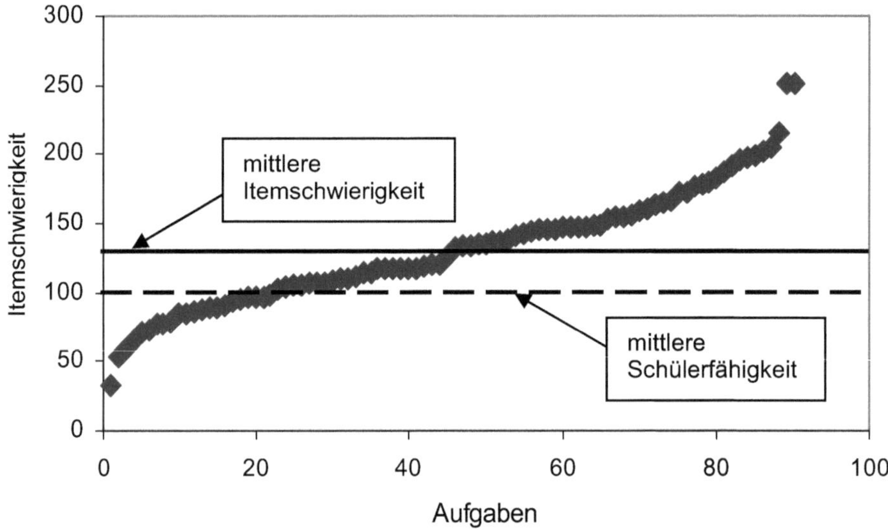

Der Wert für die durchschnittlichen Personenfähigkeiten ist in der Grafik durch die Gerade markiert, die den konventionell als Durchschnitt gewählten Skalenpunkt 100 schneidet. Die Standardabweichung der Personenfähigkeiten wurde mit 25 Skalenpunkten festgelegt. Daraus wird ersichtlich, dass eine überwiegende Mehrzahl der Aufgaben des Fachtests für die meisten Auszubildenden im Ausbildungsberuf "Anlagenmechaniker/-in" so anspruchsvoll war, dass diese die Items im typischen Falle nicht mit der geforderten Sicherheit (d. h., mit einer Wahrscheinlichkeit von $p \geq 0{,}65$) haben lösen können. Die Abbildung demonstriert, dass 75,6 Prozent der Aufgaben über dem Mittelwert der Schülerfähigkeiten lagen: Von den 90 Einzelitems, die in die Auswertung eingingen, überstiegen 68 Aufgaben die durchschnittliche Leistungsfähigkeit der Jugendlichen. Dennoch befand sich damit immer noch ein Großteil der Aufgaben im Bereich des Schülermittelwerts ± eine Standardabweichung, sodass der Messfehler jedenfalls in diesem Kern des empirischen Leistungsspektrums hinnehmbar sein dürfte.

Dass bei einer mittleren Itemschwierigkeit von 131,0 Skalenpunkten die Testanforderungen im Durchschnitt mehr als eine Standardabweichung über den durchschnittlichen Schülerfähigkeiten lagen, hatte vor allem zur Folge, dass die Diskriminanz des Tests im oberen Leistungsbereich am besten war. Dies mag man so deuten, dass er vielleicht – dank der engen Kooperation mit Fachreferenten, Fachleitern und Prüfungsexperten bei der Konstruktion der Aufgaben – im Hinblick auf das intendierte Curriculum Validität beanspruchen konnte, erkennbar weniger aber bezogen auf das implementierte.

In der nachfolgenden Abbildung ist wie gewohnt auf der linken Seite die Verteilung der Schülerfähigkeiten abgetragen, während auf der rechten zur Konkretisierung der Testanforderungen vier Beispielaufgaben aus unterschiedlichen Leistungsbereichen gegeben sind. Der Mittelwert der Einzelitems wurde in der Skala mit einem schwarzen Balken gekennzeichnet.

Bei näherer Betrachtung der Beispielaufgaben in der Abbildung fällt auf, dass für die Lösung der leichtesten Aufgabe, die einer durchschnittlichen Personenfähigkeit von 53 Skalenpunkten entsprach, lediglich das einfache Wiedererkennen eines Bauteiles (hier aus dem Lernfeld „Installation von Wärmeerzeugungs- und –verteilungsanlagen") erforderlich war. Diejenigen Auszubildenden, die einen durchschnittlichen Leistungsscore von 53 Punkten oder darüber erreichten, konnten diese Aufgabe mit einer Wahrscheinlichkeit von $p \geq 65$ lösen. Mit steigender Aufgabenschwierigkeit sank dann, den Annahmen probabilistischer Testtheorie entsprechend, vergleichsweise rasch die Wahrscheinlichkeit, mit welcher diese Berufsschülerinnen und Berufsschüler die Aufgaben korrekt lösen konnten.

Die Aufgabe, die einem durchschnittlichen Leistungsscore von 154 entspricht, wurde nur noch von einem kleinen Teil der Testpersonen mit der geforderten Wahrscheinlichkeit gelöst. Für die Lösung dieser Aufgabe aus dem Lernfeld „Anlagen zur Trinkwassererwärmung" mussten sich die Auszubildenden zunächst vergegenwärtigen, was zu beachten ist, wenn ein neu installierter Trinkwasserspeicher *erstmalig* aufgeheizt wird, und dann diese Information mit den in der Aufgabe angegebenen Werten mathematisch korrekt verknüpfen. Gesprochen in der Terminologie der hier

Abbildung 7.2   Verteilung der Schülerleistungen im beruflichen Fachtest für den Ausbildungsberuf „Anlagenmechaniker/-in" im Vergleich mit den Schwierigkeiten der Testaufgaben

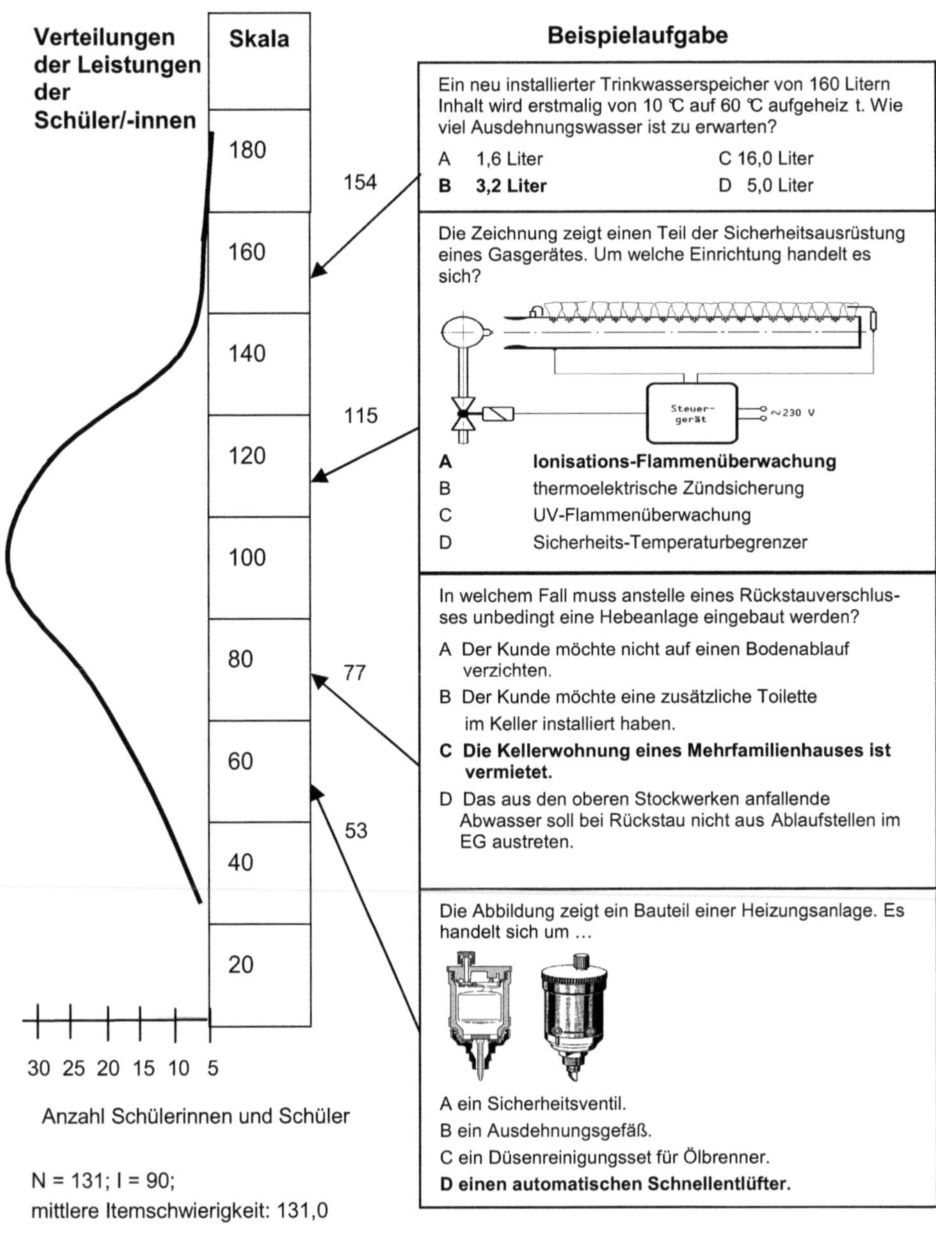

durchgängig zu Grunde liegenden Klassifikationsmatrix zur Entwicklung der Aufgaben, mussten zur Lösung dieser Aufgabe nicht nur Informationen reproduziert, sondern auch verarbeitet werden.

Ergebnisse im beruflichen Fachleistungstest des Ausbildungsberufs
„Anlagenmechaniker/-in"

Die durchschnittlichen Testergebnisse im beruflichen Fachleistungstest des Ausbildungsberufs „Anlagenmechaniker/Anlagenmechanikerin" reichten von 44 bis 182 Skalenpunkten. Bezogen auf den Durchschnitt wurde bereits darauf hingewiesen, dass der Fachtest für die kurz vor dem Ende ihrer Ausbildung stehenden Jugendlichen recht schwierig war. Nur rund 8 Prozent der Auszubildenden erreichten oder überschritten mit ihren Testleistungen den Durchschnitt der Itemschwierigkeiten.

Der durchschnittlichen Leistungsfähigkeit der Auszubildenden entsprechen beispielsweise Aufgaben zum Arbeits- und Personenschutz, die erfragen, wodurch verhindert wird, dass beim Gasbrennen der Brennstoff ungezündet in die Brennkammer ausströmt (97,9 Skalenpunkte) oder welche Funktion die Sicherung in einem Stromkreis erfüllt (102,9 Skalenpunkte). Von drei Vierteln der Auszubildenden konnten Aufgaben relativ sicher gelöst werden, die Grundlagen der Ausbildung betrafen und sich eher auf Erfahrungswissen bezogen. Es bereitete den Berufsschülerinnen und Berufsschülern geringe Schwierigkeiten, Bauteile wie den in der Abbildung 7.2 gezeigten automatischen Schnellentlüfter wieder zu erkennen oder Abkürzungen wie „HT-Rohre" zu verstehen. Auch die Informationsentnahme aus einer Grafik, die sich auf die Strommessung in einem Stromkreis bezog, wurde von über 80 Prozent der Schüler richtig gelöst. Dagegen vermochte es weniger als ein Viertel der Jugendlichen, mit der Mindestwahrscheinlichkeit von p = 0,65 die Fragen richtig zu beantworten, welche Funktion einem Magnesiumstab in einem Warmwasserspeicher zukommt (117,0 Skalenpunkte) oder warum in einer Nische die Wärmeabgabe eines Heizkörpers gemindert wird (117,9 Skalenpunkte). Eine Aufgabe, die dem Bereich „Informationen reflektieren und beurteilen" zuzuordnen war und sich auf die Beurteilung der Installation eines Regenfallrohres aus Edelstahl bezog, konnte schließlich nur noch von knapp einem Prozent der Jugendlichen sicher gelöst werden.

Differenzielle Analysen

Für knapp die Hälfte der Berufsschülerinnen und Berufsschüler (für 65 von 131 Schülern), die am Ende ihrer beruflichen Ausbildung getestet wurden, standen Vergleichsdaten aus ULME I zur Verfügung. Wie in Kapitel 3.1.2 bereits dargestellt wurde, lagen die *allgemeinen Fachleistungen* der angehenden Anlagenmechanikerinnen und Anlagenmechaniker – aus den Testergebnissen für deutschsprachiges Leseverständnis, Mathematik und Englisch ermittelt – zu Beginn ihrer beruflichen Ausbildung mit einem Mittelwert von 46,3 und einer Standardabweichung von 7,7 um mehr als eine halbe Standardabweichung unter dem Durchschnitt der zusammengefassten 17 Ausbildungsberufe, die in ULME III erfasst wurden (MW = 51,6; SD = 9,3). Bis zum Ende der Ausbildung hatte sich diese Kluft gegenüber den übrigen Berufen, wie oben in den Abschnitten 4.3 und 5.3.1 gezeigt worden ist, noch erheblich erweitert (ca. 1,0 SD in „Texte und Tabellen", 0,7 SD im Fachenglischtest).

Die folgende Grafik zeigt nun die Unterschiede zwischen den sechs nach ihren Durchschnittsleistungen geordneten Klassen der Hamburger Berufsschule, die den Ausbildungsberuf Anlagenmechaniker/Anlagenmechanikerin anbietet. Anhand der Balken, die jeweils für eine Klasse den Mittelwert plus/minus eine Standardabweichung zeigen, wird beispielsweise ersichtlich, dass die Lernenden der ersten und diejenigen der sechsten Klasse eine Leistungsdifferenz von 19,7 Skalenpunkten aufwiesen. Diese Leistungsdifferenz entspricht rund vier Fünfteln einer Standardabweichung. Auch die Leistungsstreuungen innerhalb der Klassen variierte beträchtlich, und zwar von 18,9 Skalenpunkten in Klasse 3 bis hin zu 33,42 Skalenpunkten in Klasse 2. In der besonders heterogenen Klasse 2 wurden also sowohl Jugendliche unterrichtet, deren fachbezogener Lernstand über eine Standardabweichung unter den durchschnittlichen Leistungen der Anlagenmechanikerinnen und Anlagenmechaniker insgesamt lag, als auch solche, die zu den besten Auszubildenden ihres Faches gehören.

Abbildung 7.3   Leistungen im beruflichen Fachtest für den Ausbildungsberuf
„Anlagenmechaniker/-in" nach Klassen –
Mittelwert plus/minus eine Standardabweichung

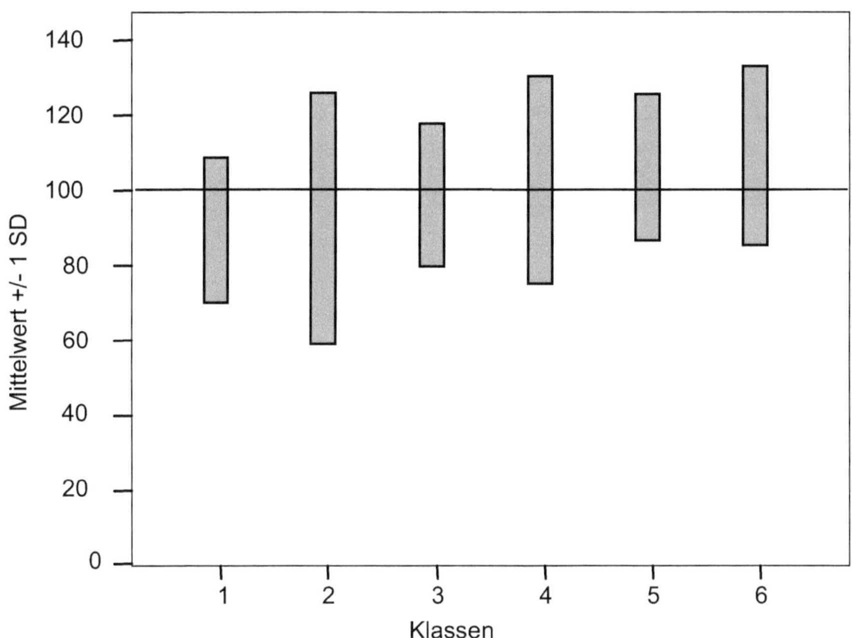

Der berufsspezifischen Spitzenposition der leistungsstärksten Klasse (Klasse 6) entsprachen sowohl die, bezogen auf die Gesamtgruppe der angehenden Anlagenmechaniker, überdurchschnittlichen allgemeinen Fachleistungen zu Beginn der Ausbildungszeit, als auch die relativ guten Resultate in den eingesetzten überfachlichen Kompetenztests von ULME III. Dies unterstreicht einerseits die fundamentale Bedeutung solider Grundqualifikationen vor- und überfachlicher Art, legt andererseits aber auch die – hier nicht zu überprüfende – Vermutung der Existenz von Wechselwirkungen zwischen Komposition der Lerngruppen und berufsspezifischem Lernerfolg nahe.

Geschlechterspezifische Fachleistungsdifferenzen lassen sich nicht sinnvoll berechnen, da überhaupt nur eine Schulabsolventin diesen Ausbildungsberuf gewählt hat. Dagegen lassen sich Differenzen zwischen Auszubildenden unterschiedlicher Herkunft erkennen. Deutsche Jugendliche mit Migrationshintergrund, d.h. Auszubildende deutscher Staatsangehörigkeit, aber nichtdeutscher Herkunftssprache, haben Testergebnisse erzielt, die rund eine halbe Standardabweichung unter den durchschnittlichen Fachleistungsergebnissen der deutschen Jugendlichen ohne Migrationshintergrund lagen. Auszubildende, die nicht die deutsche Staatsangehörigkeit besitzen, haben im Durchschnitt berufsbezogene Fachleistungen gezeigt, die noch niedriger waren. Sie lagen um etwa drei Viertel einer Standardabweichung unter dem Mittelwert der deutschen Berufsschülerinnen und Berufsschüler ohne Migrationshintergrund. Dieser Befund ist besonders beunruhigend, weil die in ULME I beschriebene Benachteiligung von Jugendlichen mit Migrationshintergrund beim Eintritt in eine duale Ausbildung eigentlich eine *Überlegenheit* in diesem Segment hätte erwarten lassen.

Hintergründe der Testleistungen

Die unterschiedlichen Leistungsspektren in den einzelnen Berufsschulklassen wurden bereits beschrieben. Nachfolgend soll nun geprüft werden, welche weiteren Merkmale der ULME-I- und ULME-III-Tests zur Erklärung der Differenzen im Fachleistungs-test beigetragen haben. Analog zu der Auswertung der Leistungen im Bürokaufleutefachtest werden hierbei die Fachleistungen der Auszubildenden im Beruf „Anlagenmechaniker/-in" als abhängige Variable in ein erweitertes Regressionsmodell aufgenommen. Als unabhängige Variablen bzw. Prädiktoren gehen die Ergebnisse der fachübergreifenden Tests Deutsch-Leseverständnis und Mathematik I am Beginn der Ausbildung (ULME I) sowie der Tests zum metakognitiven Wissen zur Texterschließung und „Texte und Tabellen" am Ende der beruflichen Ausbildung (ULME III) in das Modell ein.

Tabelle 7.1 Determinanten der Leistungen im beruflichen Fachtest für den Ausbildungsberuf „Anlagenmechaniker/-in"

Prädiktoren: kognitive Merkmale	Standardisierter Regressionskoeffizient Beta
Deutsch-Leseverständnis, Beginn BS	0,13 (n.s.)
Mathematik I, Beginn BS	0,33
Metakognitives Wissen über Textverarbeitung, Ende BS	0,02 (n.s.)
Texte und Tabellen, Ende BS	0,28
R^2	*0,27*

Die Tabelle enthält die Regressionskoeffizienten der unabhängigen Variablen. Zwar tragen die Leistungswerte des Tests Deutsch-Leseverständnis (gemessen zu Beginn der beruflichen Ausbildung) und des Tests zur Erfassung metakognitiver Texterschließungsstrategien (erhoben am Ende der beruflichen Ausbildung) nicht statistisch signifikant zur Erklärung der Leistungsdifferenzen im ULME-III-Fachtest bei. Doch zumindest für das Leseverständnis wird man dafür eher die zu geringe Zahl untersuchter Jugendlicher als einen zu geringen Effekt verantwortlich machen. Dagegen wird deutlich, dass die Leistungen im Mathematiktest zu Beginn der beruflichen Ausbildung und im Test „Texte und Tabellen" am Ende der Ausbildung jeweils einen wichtigen Beitrag zur Aufklärung der Leistungsvarianz leisten. Damit wird die konstitutive Bedeutung allgemeiner Grundqualifikationen für den Erfolg einer beruflichen Ausbildung nochmals unterstrichen.

7.3 Berufliche Fachleistungen im Ausbildungsberuf „Industriemechaniker/ -in"

7.3.1 Zur Struktur des beruflichen Fachleistungstests

Wie in den anderen untersuchten Ausbildungsberufen wurden die fachlichen Lernstände der angehenden Industriemechaniker und Industriemechanikerinnen am Ende ihrer beruflichen Ausbildung mit einem berufsbezogenen Test erhoben. Die dafür in Kooperation mit fachdidaktischen Experten des Ausbildungsganges entwickelten 45 Testaufgaben (hier gleichbedeutend mit 45 Einzelitems) hatten ausschließlich Multiple-Choice-Antwortformat. Die Auszubildenden hatten dabei jeweils zwischen vier Distraktoren auszuwählen.

Auf der Basis der Wissensarten und kognitiven Anforderungen unterscheidenden Klassifikationsmatrix waren die Aufgaben hauptsächlich als anwendungs- und verständnisbezogene Items anzusprechen, die eher die Wissensarten „Fakten- und Konzeptwissen" als „prozedurales Wissen" prüften. Wie in anderen technisch-handwerklichen Fachtests wurde wiederum keine der Aufgaben dem kognitiven Anspruch der „Reflexion" gerecht.

Inhaltlich bildeten die Aufgaben die curriculare Vielfalt des Ausbildungsberufs jedoch relativ gut ab und bezogen sich sowohl auf berufsübergreifende Kernqualifikationen wie „Sicherheit und Gesundheitsschutz" als auch auf spezifische Fachqualifikationen, beispielsweise aus dem Lernfeld „Aufbauen, erweitern und prüfen von elektrotechnischen Komponenten und Steuerungstechnik".

Fast 90 Prozent der Aufgaben (40 von 45 Aufgaben) konnten nach der testanalytischen Prüfung in die Skalierung des Fachtestes aufgenommen werden. Die einbezogenen Items wiesen befriedigende bis gute Diskriminanzwerte auf. Die fünf Aufgaben, die aufgrund ihrer zu geringen Trennschärfe keine Aufnahme in die Skala fanden, waren thematisch auf mehrere Themenbereiche verteilt und umfassten vielfältige Anforderungen vom einfachen Wiedererkennen eines Gefahrenschildes aus der Alltagswelt der Jugendlichen bis zum fachlich anspruchsvollen Erklären der Besonderheiten beim „Fräsen mit gedrallten Walzenfräsern". Insgesamt erreichte dieser Test eine noch zufriedenstellende interne Konsistenz von 0,77.

7.3.2 Befunde zu den beruflichen Fachleistungen im Ausbildungsberuf „Industriemechaniker/-in"

Testanforderungen und Leistungsverteilung

Die aufgrund ausreichend hoher Fallzahlen mögliche gemeinsame Skalierung der Testwerte der Berliner Auszubildenden und der angehenden Hamburger Industriemechaniker und Industriemechanikerinnen umfasste wie gewohnt die simultane Schätzung der Aufgabenschwierigkeiten und der Personenfähigkeiten. Der Mittelwert der Hamburger Testleistungen wurde analog zu den Skalierungen der übrigen Fachtests auf 100 Skalenpunkte festgelegt; die Standardabweichung betrug nach diesen Konventionen wiederum 25 Skalenpunkte. Die folgende Abbildung veranschaulicht das Verhältnis der Aufgabenschwierigkeiten zu den mittleren Schülerfähigkeiten.

Abbildung 7.4   Schwierigkeitskennwerte der Testaufgaben im beruflichen Fachtest
für den Ausbildungsberuf „Industriemechaniker/-in"

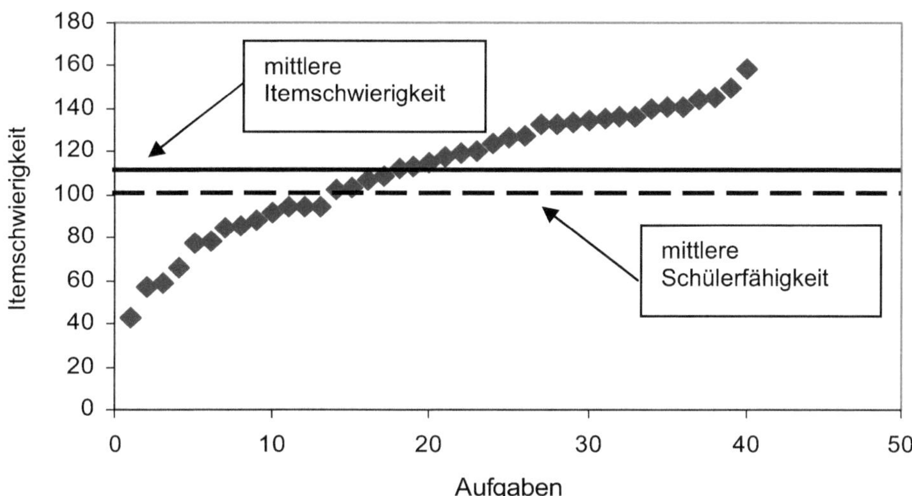

Ähnlich wie beim Test für die Anlagenmechaniker waren mehr als zwei Drittel der Testaufgaben für die Industriemechaniker (67,5 Prozent) schwieriger, als es dem Mittelwert ihrer Fähigkeiten entsprach. 16 Testaufgaben konnten bei einem Skalenwert von über 125 Punkten nur noch von besonders guten Berufsschülerinnen und Berufsschülern mit der geforderten Sicherheit ($p \geq 0,65$) richtig gelöst werden. Demgegenüber befanden sich vier Aufgaben mit weniger als 75 Skalenpunkten am unteren Ende des Schwierigkeitsspektrums; sie wurden von der überwiegenden Mehrheit der Jugendlichen richtig beantwortet.

In Abbildung 7.5 sind wie gewohnt links die Verteilung der Schülerleistungen und rechts vier Beispielaufgaben aus unterschiedlichen Leistungsbereichen des Fachtests wiedergegeben. Der Mittelwert der Aufgabenschwierigkeiten wurde zur besseren Orientierung bei circa 111 Skalenpunkten mit einem schwarzen Balken markiert. Einige Hinweise zu diesen Beispielaufgaben mögen die Testanforderungen charakterisieren.

Abbildung 7.5   Verteilung der Schülerleistungen im beruflichen Fachtest für den
Ausbildungsberuf „Industriemechaniker/-in" im Vergleich mit den
Schwierigkeiten der Testaufgaben

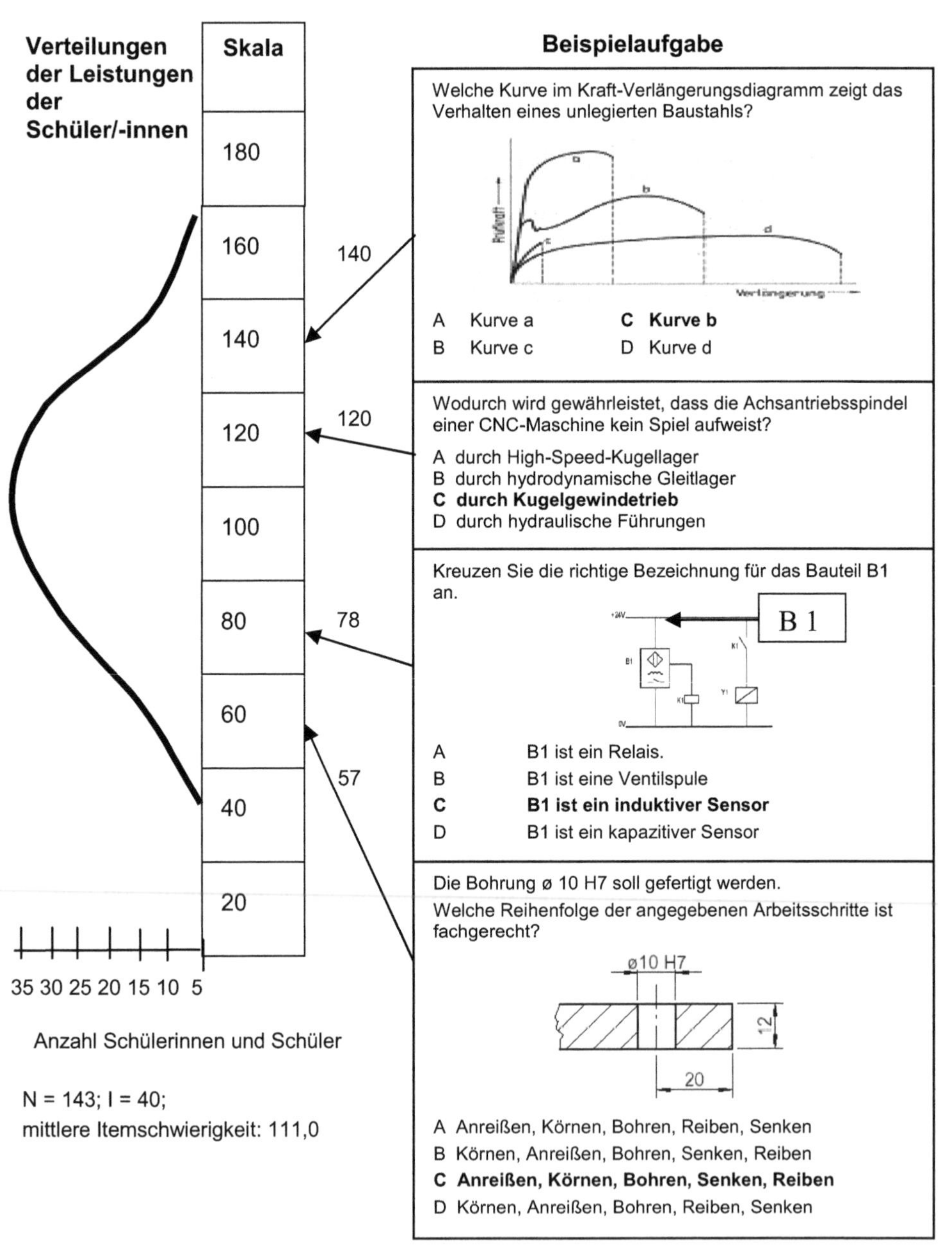

Die leichteste der Beispielaufgaben mit einem Kennwert von 57 lässt sich unter Bezug auf das Alltagswissen relativ leicht nach dem Ausschlussverfahren lösen: Bei der Beschreibung der Arbeitsschritte zum Bohren, die dem Lernfeld „Herstellen von Bauteilen und Baugruppen" zugeordnet werden kann, entfielen die Distraktoren B und D, sobald die Auszubildenden gelernt hatten, dass der erste Arbeitsschritt beim Bohren in der Regel das Anreißen ist. Das Benennen des Bauteils „B1" der nächstschwierigeren Aufgabe (Skalenwert 78) erforderte lediglich die Reproduktion von (terminologischem) Faktenwissen und konnte ebenfalls von der Mehrheit der Berufsschülerinnen und Berufsschüler mit der nötigen Sicherheit richtig gelöst werden, obwohl spezielle Fachbegriffe wie „induktiver" bzw. „kapazitativer Sensor" für die Lösung präsent sein mussten. Die beiden Beispielaufgaben am oberen Ende der Skala konnten dagegen nur von Jugendlichen mit überdurchschnittlichen Fähigkeitswerten korrekt und sicher bearbeitet werden, wie der Verlauf der Leistungskurve in nachstehender Abbildung verdeutlicht.

Die dritte Beispielaufgabe wurde hinsichtlich ihres Anforderungsniveaus in die Kategorie „Verstehen: aufwändigere Assimilation" eingeordnet und bezogen auf ihre Wissensart dem „Konzeptwissen: Theorien und Modelle" zugeschriebenen. Die richtige Antwort auf diese bzw. ähnlich schwierige Aufgaben konnte nur denjenigen Berufsschülerinnen und Berufsschülern zugetraut werden, die auf der Skala einen Fähigkeitswert etwa eine Standardabweichung oberhalb vom Mittelwert und damit bereits deutlich überdurchschnittliche Testergebnisse erreicht hatten. Für die Lösung der schwersten Beispielaufgabe (Skalenwert 140) mussten die Jugendlichen sowohl über spezielles fachliches Wissen aus dem Lernfeld „Unterscheiden, Zuordnen und Handhaben von Werk- und Hilfsstoffen" verfügen als auch in der Lage sein, die Kurven des abgebildeten Kraft-Verlängerungsdia-gramms richtig zu interpretieren, also eine durchaus anspruchsvolle Verstehensleistung erbringen. Die Nähe dieser Aufgabe zu den Kompetenzen, die der Test „Texte und Tabellen" misst, ist hier klar ersichtlich. Angesichts der allgemeinen Leistungsverteilung sowie des sehr großen Wertebereichs für die unter den Jugendlichen angetroffenen Fähigkeitsparameter – sie variierten zwischen 39,0 bis 161,7 Skalenpunkten – wurde deutlich, dass die allermeisten Auszubildenden bei derartigen Aufgaben überfordert waren.

Differenzielle Analysen

Knapp zwei Drittel (95 von 144 Jugendlichen) der Berufsschülerinnen und Berufsschüler dieses Ausbildungsganges hatten bereits an der Eingangserhebung ULME I zu Beginn ihrer beruflichen Ausbildung teilgenommen. Die Vergleichsdaten für den Index „Allgemeine Fachleistung" in der Eingangserhebung (zusammengesetzt aus den Mathematik-, Deutsch- und Englischtestergebnissen) zeigen, dass die Industriemechaniker, die die Ausbildung bis zum Ende durchlaufen haben, mit einem Durchschnitt von 51,6 Punkten weder bezogen auf die Gruppe der Anfänger in einer dualen Ausbildung überhaupt (Mittelwert 50,0) noch bezogen auf die Ausbildungsanfänger *in diesem Beruf* (Mittelwert 51,5) eine besonders ausgelesene Teilgruppe dargestellt hatten. Auffällig ist allerdings die relativ homogene Lernausgangslage der Schülerschaft in diesem Beruf (SD = 5,7 Skalenpunkte im Vergleich zu 9,3 Skalenpunkten für alle Berufsschülerinnen und Berufsschüler zu Beginn und 7,8 Skalenpunkten zum Ende der Ausbildung).

Die Abbildung 7.6 repräsentiert die nach durchschnittlichen fachlichen Fähigkeiten geordneten sieben Klassen des Ausbildungsganges, die sich an zwei Berufsschulen befanden. Die Analyse der zusammengefassten fünf Klassen der ersten Berufsschule im Vergleich zu den Leistungen der aggregierten zwei Klassen der zweiten Berufsschule ergab keine signifikanten Unterschiede. Dennoch lassen sich insgesamt zwischen den Klassen erhebliche Differenzen feststellen: Die Klassenmittelwerte reichten von 79,4 Skalenpunkten (SD = 23,5) in der leistungsschwächsten Klasse 1 bis zu den mittleren Ergebnissen der leistungsstärksten Klasse 7, deren Schülerinnen und Schüler einen Mittelwert von 119,9 (SD = 16,4) erreichten. Die Mittelwerte dieser beiden Klassen derselben Berufsschule liegen demnach 1,6 Standardabweichungen auseinander und verdeutlichen die Leistungsspanne, die innerhalb ein und derselben Berufsschule zu beobachten war. Ob dahinter bewusst steuernde Eingriffe der Schulleitung bei der Komposition der Lerngruppen stehen, lässt sich – wie schon in den anderen untersuchten Berufen – hier nicht ermitteln, bedürfte aber angesichts der Diskussionen um schulinterne Optimierungsbemühungen dringend der Aufklärung.

In eine einfaktorielle Varianzanalyse, die das Ziel hatte, die oberen Grenzen für klassenbezogene Leistungseinflüsse zu bestimmen, gingen als abhängige Variable die Testleistungen im ULME-III-Fachtest und als Faktor die kombinierte Variable „Schul- und Klassennummer" ein. Die Auswertung der Analyse ergab, dass 26,8 Prozent der Leistungsvarianz mit der Zugehörigkeit zu einer bestimmten Klasse assoziiert sind; dies muss aber, wie angedeutet, nicht gleichbedeutend sein mit Unterschieden in der Effektivität des Unterrichts.

Abbildung 7.6   Leistungen im beruflichen Fachtest für den Ausbildungsberuf
"Industriemechaniker/-in" nach Klassen –
Mittelwert plus/minus eine Standardabweichung

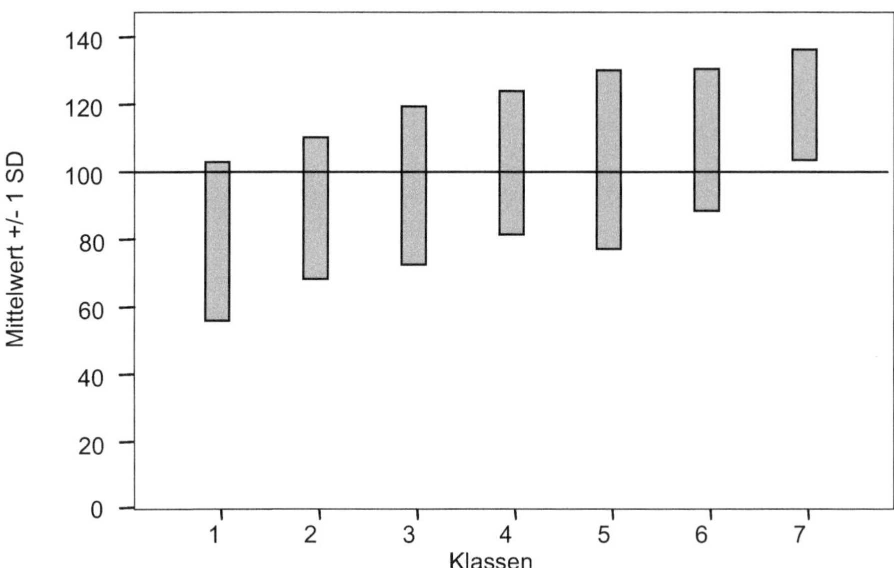

Neben den klassenspezifischen Unterschieden wurden Geschlechter- und Herkunfts-effekte routinemäßig geprüft. Da nur sechs junge Frauen den Ausbildungsberuf der Industriemechanikerin gewählt hatten, wurden die Unterschiede in den Fachleistun-gen nicht signifikant. Auch die Unterschiede zwischen den nach deutscher bzw. nicht deutscher Staatsangehörigkeit und Muttersprache unterschiedenen Herkunfts-gruppen ergaben für diesen Ausbildungsgang keine statistisch signifikanten Grup-pendifferenzen, wohl aber solche, die praktisch erhebliche Relevanz beanspruchen können. Von denjenigen Jugendlichen, für die Angaben zur Staatsangehörigkeit und zur Muttersprache vorlagen, besaßen 14 Auszubildende die deutsche Staatsangehö-rigkeit, aber einen an der nichtdeutschen Muttersprache erkennbaren Migrationshin-tergrund. Sieben Jugendliche hatten nicht die deutsche Staatsangehörigkeit. Beide Gruppen von Jugendlichen, deren Migrationshintergrund entweder durch die nicht-deutsche Staatsangehörigkeit oder durch eine andere Muttersprache erkennbar war, erzielten Testergebnisse, die knapp um zwei Drittel einer Standardabweichung unter den durchschnittlichen Testergebnissen der Auszubildenden ohne Migrationshintergrund lagen. Erneut bleibt offen, warum angesichts der Benachteiligung der Migranten in der Eingangsselektion kein *positiver* Effekt zur Geltung kommt.

Hintergründe der Testleistungen

Abschließend sollen die zu Beginn und zum Ende der beruflichen Ausbildungszeit anderweitig ermittelten ‚kognitiven Ressourcen' der Jugendlichen auf ihre Erklärungsbeiträge für die Testergebnisse im ULME-III-Fachtest geprüft werden.

Tabelle 7.2   Determinanten der Leistungen im beruflichen Fachtest für den Ausbildungsberuf „Industriemechaniker/-in "

Prädiktoren: kognitive Merkmale	Standardisierter Regressionskoeffizient Beta
Deutsch-Leseverständnis, Beginn BS	-0,01 (n.s.)
Mathematik I, Beginn BS	0,26
Metakognitives Wissen über Textverarbeitung, Ende BS	-0,09 (n.s.)
Texte und Tabellen, Ende BS	0,38
R^2	*0,26*

In ein Regressionsmodell wurden dazu analog zu den Analysen für den Fachtest „Anlagenmechaniker/Anlagenmechanikerin" die Testleistungen aus den ULME-I-Tests „Deutsch-Leseverständnis" und „Mathematik I" als Prädiktoren des Leistungsstands am Ende der Ausbildung aufgenommen, ferner die skalierten Testergebnisse des Tests „Metakognitives Wissen zur Texterschließung" und „Texte und Tabellen" aus der ULME-III-Erhebung (vgl. Tabelle 7.2).

Anhand der standardisierten Regressionskoeffizienten wird deutlich, dass hier nur diejenigen ausbildungsgangübergreifenden Tests einen nachweisbaren Beitrag zur Aufklärung der Leistungsunterschiede lieferten, die mathematische und analytische Kompetenzen und Wissensstände messen. Die Testergebnisse des ULME-III-Tests „Texte und Tabellen" erwiesen sich mit $\beta = 0,38$ als mit Abstand stärkster Prädiktor, gefolgt von den Ergebnissen im Mathematiktest zu Beginn der beruflichen Ausbildung. Mag auch überraschend erscheinen, dass die Ergebnisse aus den textbezogenen Tests „Deutsch-Leseverständnis" und „Metakognitives Wissen zur Texterschließung" daneben wenig zur Aufklärung der Fachleistungsdifferenzen am Ende der beruflichen Ausbildung beitragen, so verstößt doch der Vorrang schematischer und mathematischer Grundqualifikationen auf diesem technischen Felde nicht wirklich gegen die Erwartungen.

7.4 Berufliche Fachleistungen im Ausbildungsberuf „Fluggerätemechaniker/-in"

7.4.1 Zur Struktur des beruflichen Fachleistungstests

Der Fachtest, mit dem der berufsbezogene Wissensstand der angehenden Fluggerätemechaniker und Fluggerätemechanikerinnen gemessen wurde, bestand aus insgesamt 90 Aufgaben, für deren Bearbeitung jeweils vier Lösungsvorschläge im Multiple-Choice-Format vorgegeben waren.

Thematisch bezogen sich die Aufgaben auf allgemeine, berufsübergreifende Ausbildungsinhalte wie beispielsweise auf die „Grundlagen der Elektro- und Messtechnik", aber auch auf die berufliche Fachbildung im engeren Sinne, hier die Fachrichtungen „Triebwerkstechnik", „Instandhaltungstechnik" und „Fertigungstechnik". Das Spektrum an Fähigkeiten, die für eine korrekte Lösung der Aufgaben vorausgesetzt wurden, reichte inhaltlich vom Vermögen, die Mindestfluggeschwindigkeit eines Sportflugzeuges beim Horizontalflug in Bodennähe zu berechnen, bis zur Interpretation eines englischsprachigen Diagramms zu den Eigenschaften eines Blechs mit „kaltverfestigtem Bohrloch". Die Auszubildenden mussten sowohl einzelne Informationen ihres Fachgebiets reproduzieren als auch komplexere Sachverhalte oder Diagramme interpretieren können.

Von den ursprünglich 90 Aufgaben konnten nach Prüfung ihrer Trennschärfe 79 Items der Testskala berücksichtigt werden. Diese Items wiesen befriedigende bis gute Diskriminanzwerte auf: Nach Ausschluss der unscharf trennenden Items erreichte der Fachtest eine gute interne Konsistenz von $\alpha_{wle} = 0{,}87$.

Die elf ausgeschlossenen Items waren verschiedenen Inhaltsbereichen des Lehrplans zuzurechnen und besaßen durchaus unterschiedliche Lösungshäufigkeiten. Diese Beobachtungen sind hier insoweit von Belang, als der psychometrische Prozess der Testoptimierung keine nennenswerten curricularen oder anforderungsmäßigen Verschiebungen hatte. Die kognitiven Anforderungsniveaus bezogen sich auf die relativ einfache Reproduktion gelernter Inhalte bis hin zur präzisen Deutung komplexer, hochgradig fachspezifischer Diagramme. Mit Abstand am schwersten fiel den Auszubildenden die Antwort auf eine Frage nach der Größe der Schubspannung in der Klebung. Nur rund vier Prozent der Jugendlichen waren in der Lage, die richtige Antwort dieser – letztlich nicht in die Testauswertung einbezogenen – Aufgabe im multiple-choice-Schema zu identifizieren.

7.4.2 Befunde zu den beruflichen Fachleistungen im Ausbildungsberuf „Fluggerätemechaniker/Fluggerätemechanikerin"

Testanforderungen und Leistungsverteilung

Die Testaufgaben für diesen Ausbildungsgang wurden wie in den meisten parallelen Fällen unter Verwendung des einparametrischen Raschmodells skaliert, weswegen Aussagen über die Schwierigkeitskennwerte der Aufgaben sowie die Fähigkeitswerte der Jugendlichen anhand des Vergleichs auf einer gemeinsamen Skala getroffen und einander gegenübergestellt werden können. In Abbildung 7.7 sind zunächst die entsprechenden Kennwerte der Aufgaben grafisch dargestellt. Bei Skalenpunkt 100 ist die durchschnittliche Leistung der Auszubildenden markiert.

Von den 79 Aufgaben, die in die Auswertung einbezogen wurden, besaßen 44,3 Prozent einen Schwierigkeitskennwert unterhalb des Mittelwerts der Schülerleistungen (MW = 100, SD = 25), während 55,7 Prozent der Aufgaben darüber lagen. Mit einem Durchschnitt von 101,9 Skalenpunkten (SD = 40,3) entsprachen die Aufgabenschwierigkeiten sehr gut den Schülerfähigkeiten. Drei Aufgaben erreichten Kennwerte, die in den Skalenbereich 0 oder darunter fallen: Bei diesen Aufgaben handelte es sich um sehr leichte, für die Zielgruppe offenbar triviale Aufgaben, die von über 96 Prozent der Auszubilden richtig gelöst wurden. Hier mussten die Jugendlichen lediglich entweder ein gezeichnetes Bauteil wiedererkennen, ein abgebildetes Verstärkungselement benennen oder den dargestellten Bereich eines Flugzeuges richtig bezeichnen können.

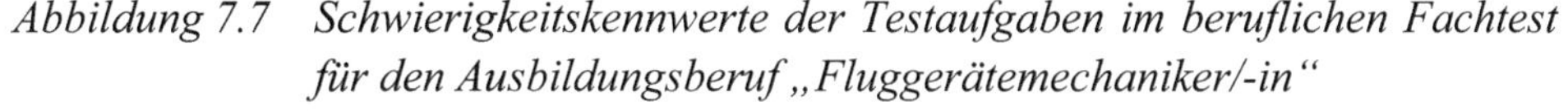

Abbildung 7.7   Schwierigkeitskennwerte der Testaufgaben im beruflichen Fachtest für den Ausbildungsberuf „Fluggerätemechaniker/-in"

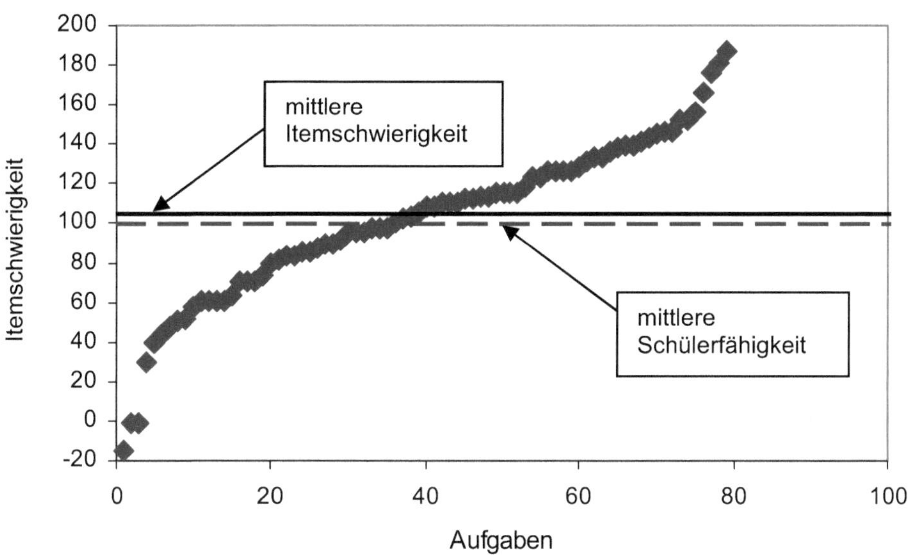

Diese leichten Aufgaben repräsentieren Grundlagenwissen, das die Auszubildenden jederzeit mit hoher Sicherheit abrufen können (müssen). In der Abbildung 7.8 werden der Verteilungskurve der Schülerfähigkeiten vier Beispielaufgaben aus verschiedenen Leistungsbereichen gegenübergestellt.

Die Fähigkeiten der Auszubildenden liegen im Skalenbereich von 21,2 bis 159,3 Skalenpunkten. Die fast symmetrische Verteilung ist nahezu eine Normalverteilung mit der einzigen Einschränkung einer ganz schwachen zusätzlichen Verdichtung im unteren Leistungsbereich. Dieser ‚Normalität' entsprechen auch die Prozentränge ausgewählter Skalenpunkte: Von den 93 getesteten Fluggerätemechanikern und Fluggerätemechanikerinnen erreichten 48,4 Prozent mindestens durchschnittliche Fähigkeitsscores. Geringe Fähigkeitswerte von unter 75 Skalenpunkten (Mittelwert minus eine Standardabweichung) zeigten 17,2 Prozent der Auszubildenden, während 12,9 Prozent der künftigen Fachleute im Fluggerätebau gute Fähigkeitswerte von über 125 Skalenpunkten (Mittelwert plus eine Standardabweichung) erzielten.

Abbildung 7.8   Verteilung der Schülerleistungen im beruflichen Fachtest für den Ausbildungsberuf „Fluggerätemechaniker/-in" im Vergleich mit den Schwierigkeiten der Testaufgaben

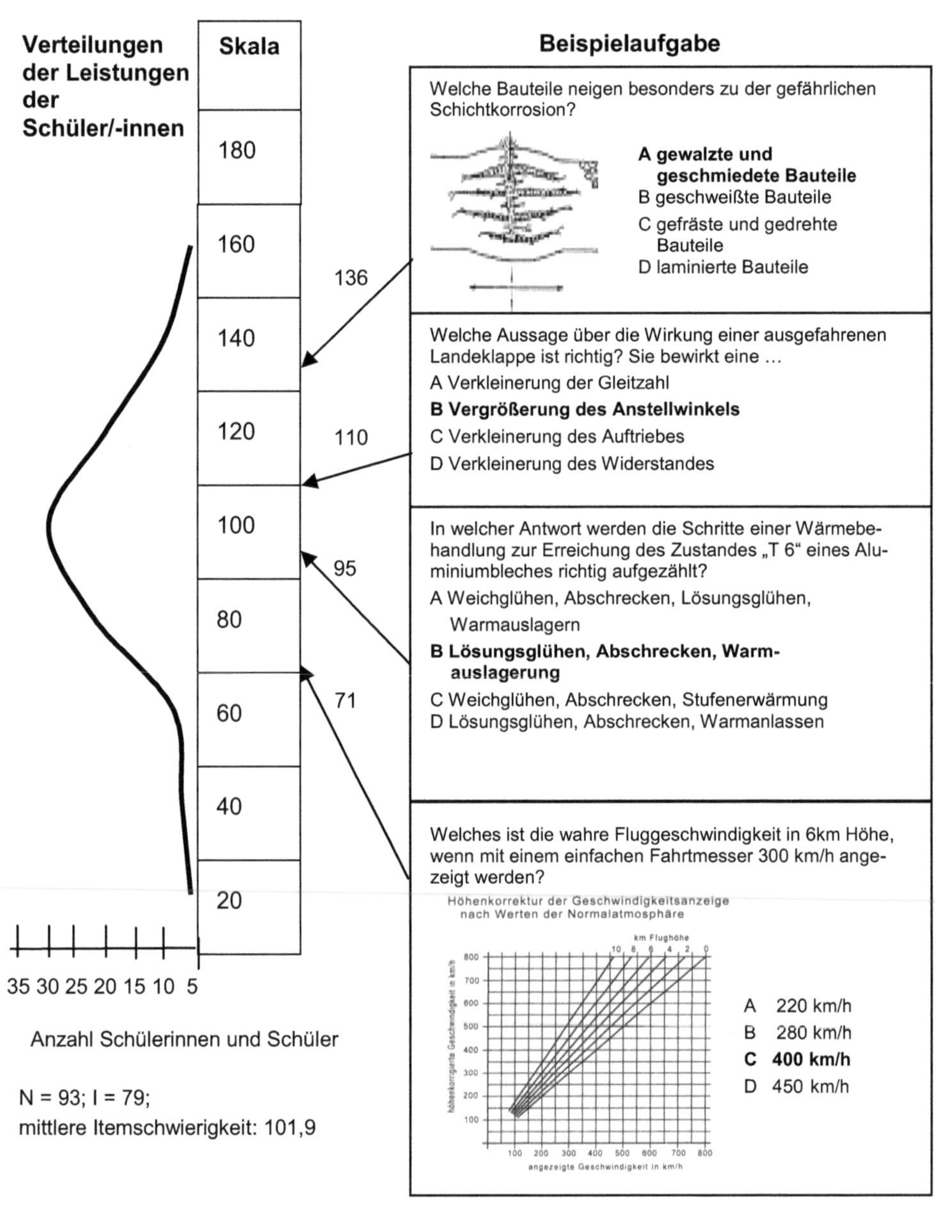

Die erste Beispielaufgabe in Abbildung 7.8, deren Schwierigkeitsparameter 71 Skalenpunkte betrug, stammte aus den allgemeinen „Grundlagen der Elektro- und Messtechnik" und verlangte die richtige Bestimmung der Ordinate der Geraden für die höhenkorrigierte Geschwindigkeit in sechs Kilometern Flughöhe bei einer angezeigten Geschwindigkeit von 300 Kilometern pro Stunde. Über 90 Prozent der Auszubildenden konnten diese Aufgabe mit einer Wahrscheinlichkeit von mindestens $p = 0{,}65$ richtig lösen. Die nächst schwierigere Beispielaufgabe bezog sich auf die Wärmebehandlung eines Aluminiumbleches und wurde noch von 60 Prozent der Auszubildenden mit der gebotenen Wahrscheinlichkeit richtig gelöst. Die Lösung dieser Aufgabe aus dem Lernbereich „Be- und Verarbeiten von Werkstoffen" erforderte sowohl den Abruf des Fachterminus „T 6" als auch die Wiedergabe des Prozesswissens zur richtigen Wärmebehandlung. Deutlich überdurchschnittliche Fähigkeiten wurden hingegen denjenigen Auszubildenden zugemessen, welche die Aufgabe zur Wirkung einer ausgefahrenen Landeklappe richtig benennen konnten. Ein solches Kompetenzniveau wurde von etwas mehr als einem Drittel der Jugendlichen mit einer geschätzten Wahrscheinlichkeit von $p \geq 0{,}65$ für die richtige Antwort „Vergrößerung des Anstellwinkels α" demonstriert. Am schwersten fiel den Auszubildenden demgegenüber die Beantwortung der vierten Beispielaufgabe, die dem Ausbildungsteilbereich „Fertigen oder Instandhalten von Fluggeräteteilen/Korrosionskon-trollverfahren anwenden" angehörte und von allenfalls 7,5 Prozent der Auszubildenden mit einer Wahrscheinlichkeit von $p \geq 0{,}65$ richtig gelöst werden konnte.

Differenzielle Analysen

Die Jugendlichen dieses Ausbildungsganges wurden in vier Klassen einer Hamburger Berufsschule unterrichtet. Die durchschnittlichen Klassenleistungen sind in der folgenden Abbildung dargestellt. Jeder Balken steht für eine der nach Leistung geordneten Klassen und umfasst den Bereich des Klassenmittelwertes plus/minus eine Standardabweichung.

Die Leistungsunterschiede zwischen den Klassen sind beträchtlich: Rund ein Drittel der Leistungsvarianz (Eta^2 = 33,2) geht auf die Zugehörigkeit zu einer bestimmten Klasse zurück. Während nur wenige Schülerinnen und Schüler der Klasse 1 den für die Gesamtgruppe errechneten Durchschnitt erreichten, gab es in der leistungsstarken Klasse 4 nur wenige Auszubildende, die den Gesamtmittelwert *nicht* erreicht haben.

Abbildung 7.9   Leistungen im beruflichen Fachtest für den Ausbildungsberuf
„Fluggerätemechaniker/-in" nach Klassen –
Mittelwert plus/minus eine Standardabweichung

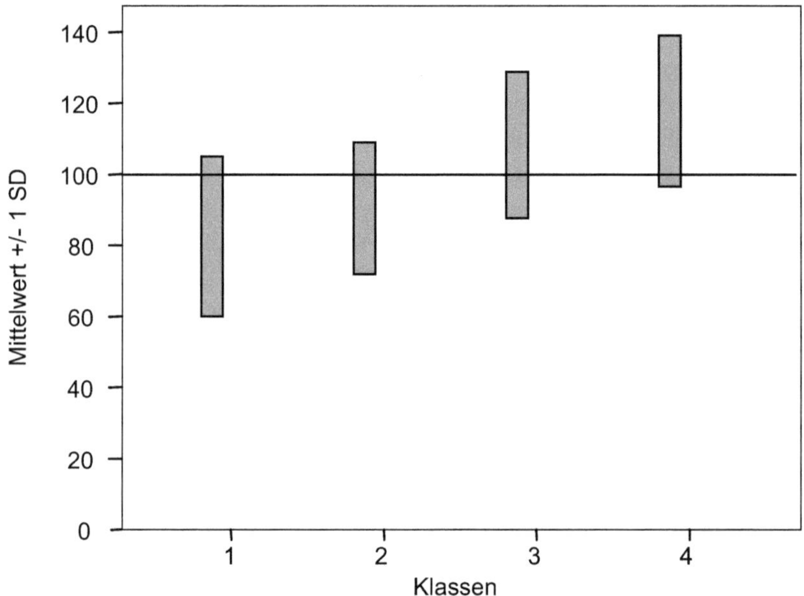

Die Berufsschülerinnen und Berufsschüler der leistungsschwächsten Klasse 1 mit einem Mittelwert von 82,5 Skalenpunkten (SD = 22,5; N = 23) und die Auszubildenden der leistungsstärksten Klasse 4 mit einem Mittelwert von 117,8 Skalenpunkten (SD = 21,2; N = 27) lagen um 1,4 Standardabweichungen auseinander. Die Auszubildenden der Klasse 2 haben ein durchschnittliches Testergebnis von 90,4 Punkten erzielt (SD = 18,5; N = 24); die meisten von ihnen sind also hinter dem Gesamtmittelwert zurückgeblieben; die Jugendlichen der Klasse 3 haben hingegen Leistungen erbracht, die im Mittel (108,1 Skalenpunkte; SD = 21,2; N = 19) wie auch in den meisten Einzelfällen überdurchschnittlich sind.

Ein möglicher Erklärungsansatz für diese Klassenunterschiede bezieht sich auf die Differenzen in den Eingangsvoraussetzungen bei Eintritt in die berufliche Ausbildung. Von den in ULME III getesteten 93 Jugendlichen dieses Ausbildungsganges lagen Vergleichsdaten für 87 Jugendliche aus ULME I vor. Eine Prüfung der Eingangsvoraussetzungen anhand des aus den Deutsch-, Mathematik- und Englischleistungen zu Beginn der beruflichen Ausbildung gebildeten Fachleistungsindex ergab, dass die Auszubildenden der leistungsstärksten Klasse schon zu Beginn der Ausbildung bei einem Durchschnitt von rund 60 Punkten Leistungen erbracht hatten, die mit der beachtlichen Effektstärke von $d = 1,22$ über dem Ergebnis der leistungsschwächsten Klasse (Mittelwert: 54 Skalenpunkte) lagen.

Den Ausbildungsberuf des Fluggerätemechanikers/der Fluggerätemechanikerin hatten nur neun Frauen gewählt, weswegen die vergleichsweise geringen Fachleistungsunterschiede zwischen den Geschlechtern nicht signifikant waren. Auch die gegebenen Unterschiede zwischen den nach Migrationshintergrund unterschiedenen Gruppen waren nicht signifikant, da sich am Ende der beruflichen Ausbildung nur vier Jugendliche mit nichtdeutscher Staatsangehörigkeit und ein Auszubildender deutscher Nationalität, aber nichtdeutscher Muttersprache in der Auswertungsgruppe befanden.

Bei den Fluggerätemechanikern wurden zu hohen Anteilen auch Jugendliche aus dem Umland vom ansässigen Flugzeughersteller rekrutiert. Etwa vier Fünftel der Jugendlichen, die ihre Ausbildung im Schuljahr 2002/03 aufnahmen, erlangten ihren Schulabschluss außerhalb Hamburgs, lediglich ein Fünftel der Jugendlichen kam aus der Stadt Hamburg selbst. Es wurde bereits im Kapitel 3 darauf verwiesen, dass die künftigen Fluggerätemechaniker eine ausgesprochen leistungshomogene Gruppe darstellen, was vermutlich auch mit den standardisierten Auswahlverfahren vor Ausbildungsbeginn in Zusammenhang steht. Demzufolge zeigten sich auch keine signifikanten Unterschiede in den allgemeinen Fachleistungen zwischen den Hamburger Jugendlichen und Auszubildenden aus dem Umland. Für die beruflichen Fachleistungen am Ende der Ausbildung konnten gleichfalls keine signifikanten Differenzen festgestellt werden.

Hintergründe der Testleistungen

Zu der Frage nach Hintergründen der Differenzen in den Fachtestleistungen sollen abschließend kognitive Merkmale aus der Erhebung ULME I zu Beginn der beruflichen Ausbildung und aus den ausbildungsgangübergreifenden Leistungstests von ULME III am Ende der beruflichen Ausbildung betrachtet werden.

Tabelle 7.3   *Determinanten der Leistungen im beruflichen Fachtest für den Ausbildungsberuf „Fluggerätemechaniker/-in"*

Prädiktoren: kognitive Merkmale	Standardisierter Regressionskoeffizient Beta
Deutsch-Leseverständnis, Beginn BS	0,06 n.s.
Mathematik I, Beginn BS	0,22 n.s.
Metakognitives Wissen über Textverarbeitung, Ende BS	-0,07 n.s.
Texte und Tabellen, Ende BS	0,32
R^2	*0,22*

Als unabhängige Variable gehen wieder die Ergebnisse des Deutsch-Leseverständnis-Tests, des Mathematik-I-Test, des Tests „Metakognitives Wissen über Textverarbeitung" sowie das Ergebnis des Tests „Texte und Tabellen" in eine multiple Regressionsanalyse ein. Die Tabelle 7.3 enthält die standardisierten Regressionskoeffizienten der unabhängigen Variablen.

Analog zu den Befunden bei den Anlagen- und Industriemechanikern tragen die Ergebnisse der Tests „Deutsch-Leseverständnis" zu Beginn der beruflichen Ausbildung und des Tests „Metakognitives Wissen über Textverarbeitung" am Ende der beruflichen Ausbildung nicht signifikant zur Erklärung der Leistungsdifferenzen im Fachtest von ULME III bei. Anders als bei den beiden anderen handwerklich-technischen Fachleistungstests wird der standardisierte Regressionskoeffizient für „Mathematik I" ebenfalls nicht signifikant, ist aber zumindest von der Effektstärke her betrachtet nicht unbeträchtlich. Den größten Beitrag zur Erklärung der Leistungsdifferenzen leistet wiederum das Ergebnis im Test „Texte und Tabellen", der in ULME III eingesetzt wurde.

7.5   Berufliche Fachleistungen im Ausbildungsberuf „Elektroinstallateur/ -in"

7.5.1   *Zur Struktur des beruflichen Fachleistungstests*

Der Fachtest für die angehenden Elektroinstallateure bestand aus 31 Aufgaben. Davon waren 25 Aufgaben im Multiple-Choice-Format mit vier Alternativen konzipiert, während für die Lösung der übrigen sechs Aufgaben verschiedene Zuordnungen verlangt wurden, sodass deren Zerlegung in Einzelitems erforderlich wurde. Wie bereits in Kapitel 2.4 erläutert, konnten die Testergebnisse in diesem Fachleistungstest aufgrund zu geringer Fallzahlen nicht auf der Grundlage der probabilistischen Testtheorie skaliert werden. Die Analyse der Testleistungen erfolgt daher auf der Basis von Rohpunkten mit klassischen Auswertungsverfahren.

Von den 51 Einzelitems des Tests konnten 46 in die schließlich gebildeten Summenscores einbezogen werden. Die ausgeschlossenen Items hatten sämtlich Multiple-Choice-Format. Sie waren ausnahmslos der Kategorie „Konzeptwissen" zugeordnet. Eines, das sich thematisch auf die „Duoschaltung" bezog, hatte sich als zu einfach erwiesen, während die restlichen vier Items für die Auszubildenden zu schwierig waren.

Insgesamt erreichte der Fachtest in seiner endgültig verrechneten Form eine gute interne Konsistenz von Cronbachs $\alpha = 0{,}83$. Die Zusammensetzung der Aufgaben zeigte hinsichtlich der kognitiven Anforderungsniveaus – ähnlich wie die anderen handwerklich orientierten Fachtests – eine Unterbetonung von Reflexionsaufgaben zu Gunsten reiner Anwendungsaufgaben.

7.5.2 Befunde zu den beruflichen Fachleistungen im Ausbildungsberuf „Elektroinstallateur/-in"

Testanforderungen und Leistungsverteilung

Die Spanne der relativen Lösungshäufigkeiten der einbezogenen Items reichte von 15 bis 70 Prozent. Die geringste Anzahl richtiger Antworten verzeichnete eine Aufgabe, die dem Teilbereich „Messen und Analysieren von elektrischen Funktionen und Systemen" angehörte. Für die Lösung dieser Aufgabe mussten die Jugendlichen den Steuerstromkreis eines Kübelaufzugs lesen und die Funktion verschiedener Schalter in Bezug auf die Reaktion des Kübels beurteilen können. In einer vierspaltigen Tabelle sollte jeweils angekreuzt werden, ob der Aufzug unten oder oben hält bzw. aufwärts oder abwärts fährt, wenn der entsprechende Schalter betätigt wird. Eine dieser Teilaufgaben, die nach ihren kognitiven Anforderungen dem Typus einer Problemlöseaufgabe nahe kommen, konnte nur von einem Fünftel der Auszubildenden richtig gelöst werden. Vergleichsweise einfach dagegen war beispielsweise eine Aufgabe aus dem Teilbereich „Beraten und Betreuen von Kunden, Erbringen von Serviceleistungen". Für diese Aufgabe sollten sich die angehenden Elektroinstallateure vorstellen, in einem Kundengespräch anhand vorgegebener Kundenwünschen eine passende Lampenart für eine Beleuchtungsanlage zu finden. Über zwei Drittel der Auszubildenden entschieden sich nach Bewertung der Kundenwünsche richtig für eine „Leuchtstofflampe mit EVG".

Die Abbildung 7.10 zeigt, dass die Leistungen der Auszubildenden angenähert normalverteilt waren, wenngleich sich im Bereich 35 bis 37 Rohpunkte der Ansatz zu einem sekundären Maximum zeigte. Die durchschnittlichen Einzelergebnisse der Jugendlichen offenbarten ein breites Leistungsband und reichten von 4 bis zu 43 Rohpunkten.

Abbildung 7.10 Verteilung der Schülerleistungen im beruflichen Fachtest für den Ausbildungsberuf „Elektroinstallateur/-in"

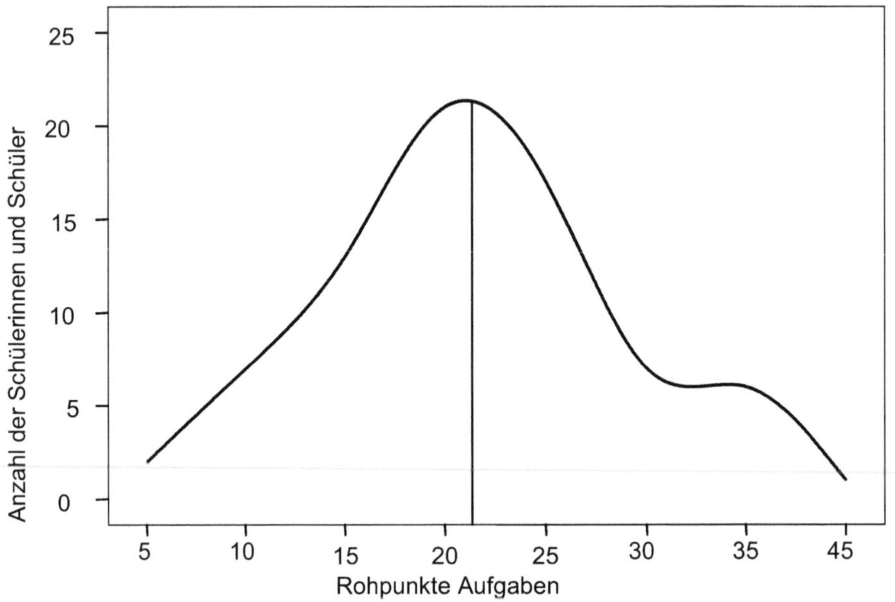

Der Mittelwert aller Testergebnisse lag bei 21,3 Rohpunkten, während die Standardabweichung 7,5 Rohpunkte betrug. Der Anteil an Jugendlichen, die durchschnittliche oder darunter liegende Testergebnisse erreichten, war infolge der angesprochenen Asymmetrie der Verteilung mit 56,8 Prozent relativ hoch. Knapp ein Fünftel der Auszubildenden war nicht in der Lage, ein Viertel der Testaufgaben bzw. der Teilaufgaben richtig zu beantworten. Demgegenüber erzielten rund elf Prozent der Jugendlichen relativ hohe Ergebnisse von 30 oder mehr Rohpunkten.

Die Auszubildenden im Beruf „Elektroinstallateur/-in" stammten aus vier Klassen zweier Berufsschulen. Die Schulmittelwerte unterschieden sich signifikant und betrugen 14,4 bzw. 23,1 Rohpunkte. Die durchschnittlichen Testleistungen auf Klassenebene reichten von 14,4 bis 24,8 Rohpunkten. Die Leistungsvarianzen, die sich aus der Zugehörigkeit zu einer bestimmten Klasse ergaben, waren mit rund 26 Prozent beträchtlich.

Differenzielle Analysen

Jugendliche mit einem an nichtdeutscher Muttersprache oder fremder Staatsangehörigkeit erkennbaren Migrationshintergrund lagen in diesem Fachtest wie auch in anderen Ausbildungsberufen deutlich unter dem Mittelwert der Jugendlichen ohne Migrationshintergrund. Der Mittelwert der Auszubildenden mit Migrationshintergrund befand sich eine Standardabweichung unter dem Gesamtmittelwert dieser Ausbildungsgruppe. Aufgrund des geringen Anteils von Jugendlichen mit Migrationshintergrund waren diese Mittelwertsunterschiede allerdings statistisch nicht signifikant.

Auch ein Vergleich der Testergebnisse in Abhängigkeit des Geschlechts der Auszubildenden lohnt für diese Gruppe nicht, da auch in diesem handwerklich-technischen Beruf nur noch eine Frau am Ende der Ausbildung erfasst wurde.

Das Balkendiagramm in Abbildung 7.11 stellt die Klassenmittelwerte plus/minus eine Standardabweichung für die nach Testleistungen geordneten vier Klassen des Ausbildungsberufs dar. Der Mittelwert für die gesamte Ausbildungsgruppe ist wiederum mit einer schwarzen horizontalen Linie markiert. Unterhalb dieser Linie befindet sich die leistungsschwächste Klasse 1 (N = 15), die mit einem Mittelwert von 14,4 (SD = 6,0 Skalenpunkte) deutlich niedrigere Ergebnisse erzielt hat, als es dem Gesamtdurchschnitt entsprochen hätte. Klasse 2 hat ebenfalls Leistungen gezeigt, die unterhalb des Durchschnitts lagen (MW = 20,4; SD = 7,0; N = 18).

Abbildung 7.11   Leistungen im beruflichen Fachtest für den Ausbildungsberuf
"Elektroinstallateur/-in" nach Klassen –
Mittelwert plus/minus eine Standardabweichung

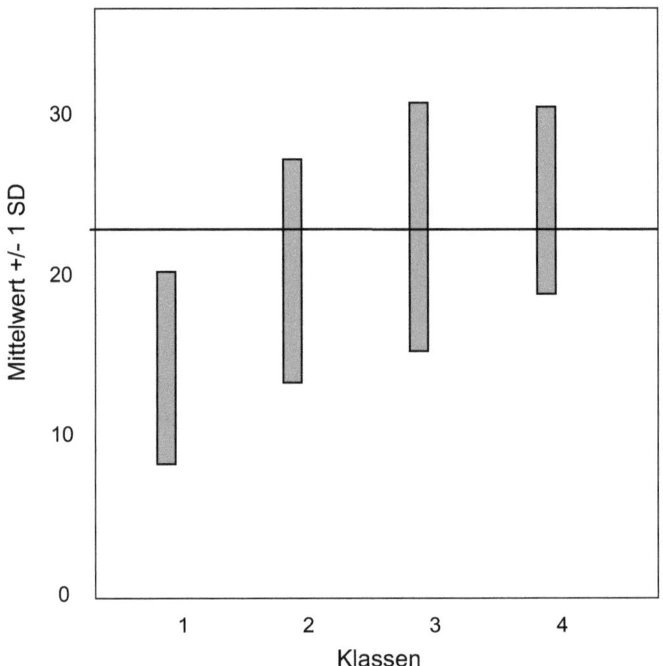

Hervorzuheben sind demgegenüber die überdurchschnittlichen Testergebnisse der Klassen 3 und 4. Während in Klasse 3 die Streuung mit 7,7 Rohpunkten im Klassenvergleich am höchsten ausfiel (MW = 23,2; N = 16), lag in Klasse 4 sowohl das beste Gesamtergebnis (MW = 24,8) als auch die kleinste Streuung (SD = 5,9; N = 25), also ein homogen hohes Leistungsniveau vor. Zwischen den Leistungen der schwächsten und stärksten Klasse lagen demnach 10,4 Rohpunkte. Dieser Unterschied von rund 1,4 Standardabweichungen ist beträchtlich und lässt sich mit Erwartungen in Verbindung bringen , die sich aus den Eingangsvoraussetzungen der Klassen zu Beginn der beruflichen Ausbildung ergeben hatten, unterschieden sich doch in den beiden Extremklassen die allgemeinen Fachleistungen (zusammengesetzt aus den Testleistungen im Mathematik-, Deutsch- und Englischtest) bereits zu Beginn der beruflichen Ausbildung in statistisch hoch signifikantem Maße: Diejenigen Auszubildenden, die am Ende der beruflichen Ausbildung der leistungsstärksten Klasse angehörten, hatten schon zu Beginn der Ausbildung generelle Fachleistungen demonstriert, die 1,3 Standardabweichungen über dem Mittelwert der leistungs-schwächsten Klasse lagen.

Hintergründe der Testleistungen

Für insgesamt 68 der 74 in ULME III erfassten Auszubildenden standen Vergleichs-daten aus der ersten Erhebung zur Verfügung. Im Folgenden sollen die allgemeinen Fachleistungen in Teilkompetenzen ausdifferenziert und zusammen mit ausgewähl-ten übergreifenden Tests der ULME-III-Erhebung zur Erklärung der Fachleistungs-differenzen herangezogen werden.

Tabelle 7.4   Determinanten der Leistungen im beruflichen Fachtest für den Ausbildungsberuf „Elektroinstallateur/-in"

Prädiktoren: kognitive Merkmale	Standardisierter Regressionskoeffizient Beta
Deutsch-Leseverständnis, Beginn BS	0,13 (n.s.)
Mathematik I, Beginn BS	0,33
Metakognitives Wissen über Texterschließung, Ende BS	0,16 (n.s.)
Texte und Tabellen, Ende BS	0,36
R^2	*0,53*

Wiederum wurden als unabhängige Variablen die Testleistungen im Deutsch-Leseverständnis und Mathematik I zu Beginn der Ausbildung sowie die Ergebnisse der skalierten Tests „Metakognitives Wissen über Textverarbeitung" und „Texte und Tabellen" am Ende der Ausbildung in eine multiple Regressionsrechnung einge-bracht. Die Tabelle 7.4 gibt die standardisierten Regressionskoeffizienten für jede unabhängige Variable wieder. Die Befunde der multiplen Regression bestätigen das Bild, das bereits für die anderen gewerblich-technischen Berufe – die Anlagen-, die Fluggeräte- und die Industriemechaniker – erkennbar geworden war: Während die Testleistungen in Mathematik zu Beginn der beruflichen Ausbildung und die Ergeb-nisse im Test „Texte und Tabellen" am Ende der beruflichen Ausbildung erhebliche signifikante Erklärungsbeiträge zu den Fachleistungsdifferenzen am Ende der beruf-lichen Ausbildung leisten, erbringen die Ergebnisse in Deutsch-Leseverständnis zu Beginn und das Wissen zur Texterschließung am Ende der beruflichen Ausbildung keine signifikanten Beiträge zur Aufklärung der Leistungsdifferenzen.

7.6   Berufliche Fachleistungen im Ausbildungsberuf „Tischler/-in"

7.6.1   Zur Struktur des beruflichen Fachleistungstests

Der berufsbezogene Fachleistungstest, der für die Erfassung der beruflichen Kompetenzen der Tischlerinnen und Tischler entwickelt wurde, hatte 94 Aufgaben, die teilweise in Teilaufgaben gegliedert waren. Insgesamt enthielt der Test 130 Einzelitems. Überwiegend handelte es sich um Aufgaben im Multiple-Choice-Format; in einigen Aufgaben mussten die Auszubildenden auch Arbeitsschritte in die richtige Reihenfolge bringen oder arbeitsrelevante Entscheidungen unter Vorgabe von zwei Alternativen treffen.

Mit den Testaufgaben wurde versucht, ein möglichst breites Spektrum innerhalb des oben im Abschnitt 2.2.7 beschriebenen Klassifikationsrahmens abzudecken. Von den dort angesprochenen kognitiven Anforderungsniveaus wurden Aufgaben zum reproduzierenden, anwendungsbezogenen und verstehenden Denken gestellt. Ebenso wurden die Wissenskategorien „Faktenwissen", „Konzeptwissen" und „Prozesswissen" berücksichtigt. Aufgaben, die reflexive bzw. kritisch-beurteilende Kompetenzen der Schülerinnen und Schüler erfordert hätten, waren dagegen in diesem handwerklichen Fachtest nicht enthalten. Inhaltlich bezog dieser sich auf die in den curricularen Rahmenrichtlinien aufgeführten Lernbereiche für den Ausbildungsberuf „Tischler/-in". Daher beinhaltete er beispielsweise Aufgaben zur Werkzeughandhabung, zur Holzauswahl und -bearbeitung, zur Planung und Ausführung von Werkstücken sowie zum Umweltschutz am Arbeitsplatz.

Mit Ausnahme von zehn Einzelitems, die den Anforderungen an eine ausreichende Trennschärfe nicht genügten, konnten 120 Einzelitems in die inhaltliche Auswertung des Fachleistungstests einbezogen werden. Die einbezogenen Items variierten zwischen noch befriedigenden bis guten Trennschärfen. Beispielsweise bezog sich eine Aufgabe, die gut zwischen unterschiedlich leistungsstarken Schülerinnen und Schülern differenzierte ($r_{pbis} = 0{,}57$), darauf, welche Dämmstoffe ausschließlich aus „nachwachsenden Rohstoffen" hergestellt werden. Diese Aufgabe, die einem mittleren Anforderungsniveau entsprach, konnte von Schülern durchschnittlicher Fachkompetenz mit einer Wahrscheinlichkeit von $p = 0{,}65$ richtig beantwortet werden, nämlich mit der Nennung von „Cellulose-Faserplatten".

Die aufgrund ihrer mangelnden Modellanpassung ausgeschlossenen Items umfassten sowohl Multiple-Choice-Formate als auch Zuordnungsaufgaben und bezogen sich auf unterschiedliche Inhaltsbereiche der Ausbildung. Somit hat die Optimierung der internen Konsistenz zu keiner nennenswerten Verschiebung der inneren Austarierung des Tests nach Aufgabenformat oder curricularer Gewichtung geführt. Insgesamt wies der Fachtest eine hohe interne Konsistenz von 0,92 auf.

7.6.2 Befunde zu den beruflichen Fachleistungen im Ausbildungsberuf „Tischler/-in"

Testanforderungen und Leistungsverteilung

Der Vergleich der Aufgabenschwierigkeiten mit den Personenfähigkeiten zeigt, dass der berufliche Fachleistungstest für die angehenden Tischlerinnen und Tischler insgesamt ziemlich anspruchsvoll war. Die folgende Abbildung zeigt die Ordnung der Aufgaben nach ihrem Schwierigkeitskennwert. Der Mittelwert der Aufgabenschwierigkeiten lag bei 116,2 Skalenpunkten, die Standardabweichung betrug 27,4 Skalenpunkte. Der Mittelwert der Fachleistungen der 65 erfassten Hamburger Auszubildenden wurde wiederum auf 100 Skalenpunkte (SD = 25) festgelegt und ist in der Abbildung eingezeichnet.

Die Grafik illustriert, dass 75,6 Prozent der Aufgaben bzw. Teilaufgaben eine Schwierigkeit oberhalb der durchschnittlichen Schülerfähigkeit besaßen. Außerhalb des Bereichs, in dem sich etwa 65 Prozent der Auszubilden mit ihren durchschnittlichen Testleistungen (Mittelwert plus/minus eine Standardabweichung: Skalenpunkte 75 bis 125) befanden, erwiesen sich 45 Items (= 37,5 Prozent) als hoch anspruchsvoll und 10 Items (= 0,8 Prozent) als besonders einfach.

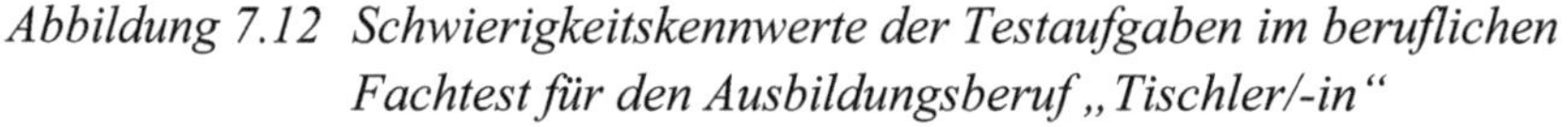

Abbildung 7.12   Schwierigkeitskennwerte der Testaufgaben im beruflichen
Fachtest für den Ausbildungsberuf „Tischler/-in"

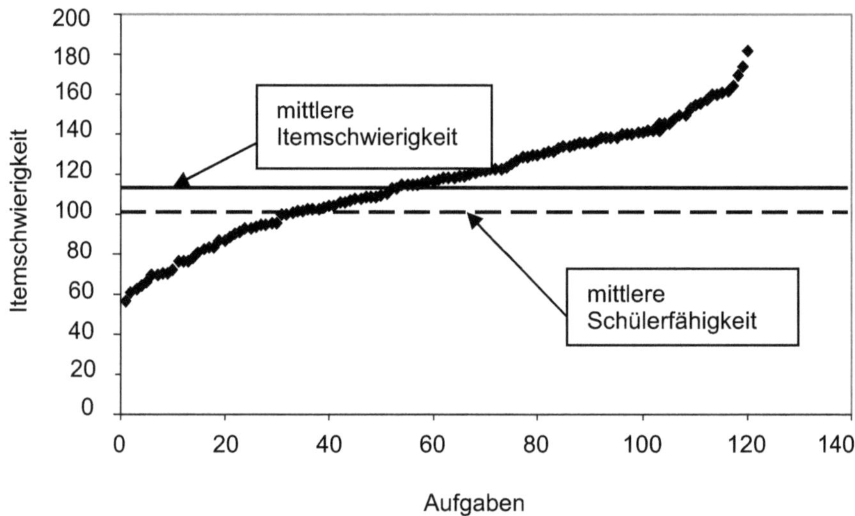

Die folgende Grafik (Abbildung 7.13) zeigt wie gewohnt die auf eine gemeinsame Metrik projizierten Verteilungen der Kennwerte für die Personenfähigkeiten und die Aufgabenschwierigkeiten. Die Leistungen der angehenden Tischlerinnen und Tischler reichten in dieser Darstellung von 42,4 bis zu 152,1 Skalenpunkten, während die Kennwerte der Aufgaben zwischen Skalenpunkten 56,7 bis 181,7 variierten. Wiederum wie gewohnt stehen der Verteilungskurve der Fachleistungen der Berufsschülerinnen und Berufsschüler auf der linken Seite auf der rechten Seite fünf Beispielaufgaben aus verschiedenen Leistungsniveaubereichen gegenüber.

Auffällig ist in hier vor allem die bimodale Verteilung der Schülerleistungen. Indem man die Verteilung über den Sattelpunkt zwischen den beiden Maxima dichotomisiert, kann man die Gesamtgruppe der Auszubildenden dieses Ausbildungsganges in zwei diskrete Teilgruppen zerlegen. Hiervon hat die leistungsschwächere Teilgruppe Fachleistungen erbracht, die mit durchschnittlich 81,1 Skalenpunkten im Schwerpunkt deutlich, nämlich um drei Viertel einer Standardabweichung, unter dem Gesamtmittelwert lagen, während die Auszubildenden der leistungsstarken Teilgruppe einen Mittelwert von 123,4 Skalenpunkten erreicht hatten, also einen Wert, der fast eine ganze Standardabweichung höher als der Gesamtdurchschnitt war.

Abbildung 7.13 Verteilung der Schülerleistungen im beruflichen Fachtest für den Ausbildungsberuf „Tischler/-in" im Vergleich mit den Schwierigkeiten der Testaufgaben

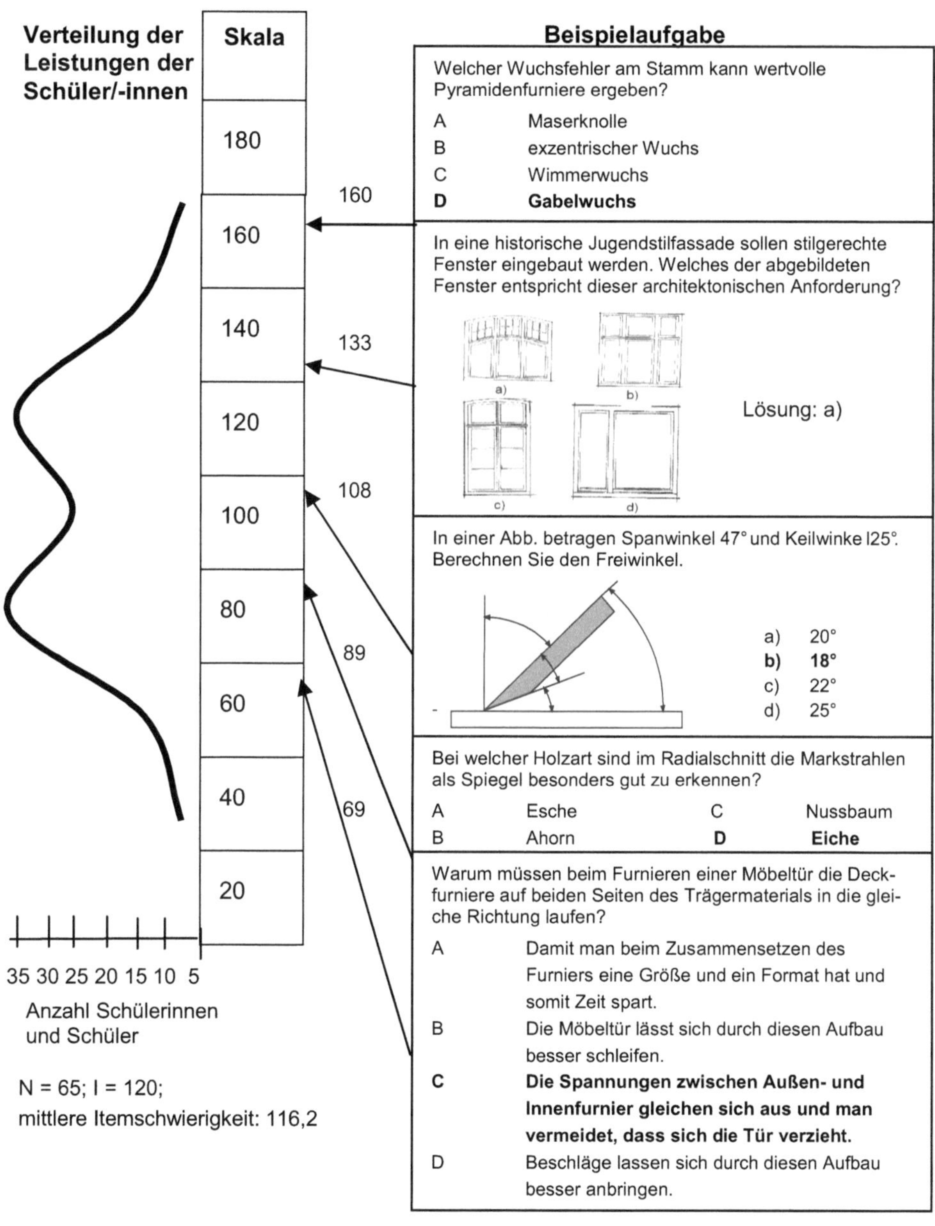

Es liegt nahe, hier einen Zusammenhang mit der Bildungsbiografie im Vorfeld, namentlich mit dem höchsten bisher erreichten Schulabschluss, zu vermuten. Diese mögliche Beziehung wird unten zu diskutieren sein

Der Gesamtmittelwert der Aufgabenschwierigkeiten ist mit einem schwarzen Balken markiert. Die Beispielaufgabe, die sich am unteren Ende der Skala befindet und mit 69 Skalenpunkten eine recht niedrige Schwierigkeit markiert, wurde von fast allen Schülerinnen und Schülern mit Wahrscheinlichkeit $p \geq 0{,}65$ richtig gelöst. Der Inhalt dieser Aufgabe kann nach dem Ausbildungsrahmenplan dem Lernfeld „Be- und Verarbeiten von Holz, Holzwerk- und sonstigen Werkstoffen sowie von Halbwerkzeugen" zugeordnet werden. Bezogen auf die vorgegebene zweidimensionale didaktische Klassifikationsmatrix lässt sich die Aufgabe in den Bereich „anwendungsbezogenes Anforderungsniveau" und „Prinzipien verstehen (Konzeptwissen)" einordnen. Die nächst schwierigere Beispielaufgabe bezog sich ebenfalls auf das „Be- und Verarbeiten von Holz", und zwar auf eine der bis zum Ende der Ausbildung sicher zu beherrschenden Kernkompetenzen angehender Tischlerinnen und Tischler, nämlich die Fähigkeit, die Holzarten und deren Eigenschaften zu identifizieren bzw. richtig zu beurteilen. Auch diese Aufgabe wurde nach ihrem Anforderungsniveau als „anwendungsbezogen" eingeordnet; sie entsprach der Wissenskategorie „empirisches Faktenwissen". Berufsschülerinnen und Berufsschüler, die in diesem Test einen Personenfähigkeitswert von 89 Skalenpunkten oder darüber erreicht haben, können diese oder eine äquivalente Aufgabe mit einer Mindestwahrscheinlichkeit von $p = 0{,}65$ richtig lösen. In diesem Kontext mag es zunächst überraschen, dass die schwierigste hier präsentierte Beispielaufgabe (Skalenwert 160) angesichts der ermittelten Fähigkeitsschätzungen offenbar von keiner Testperson mit einer solchen Mindestwahrscheinlichkeit richtig gelöst werden würde. Da diese Aufgabe ebenfalls als „anwendungsbezogen" klassifiziert und dem gleichen Thema „Holzarten" zugeordnet wurde, ist es am ehesten plausibel anzunehmen, dass den Berufsschülerinnen und Berufsschülern die in der Fragestellung vorkommenden spezifischen Fachtermini nicht bekannt waren. Diejenigen Auszubildenden, die zu der leistungsstarken Teilgruppe ihres Ausbildungsganges gehörten, konnten mit der hier durchgängig gebotenen Mindestwahrscheinlichkeit allenfalls die dritte Beispielaufgabe (Skalenwert 108) richtig lösen. Sie verfügten über die fachliche Expertise, die abgebildete Grafik zu verstehen und das Prinzip der Freiwinkelberechnung anzuwenden. Nur noch rund 10 Prozent aller Jugendlichen des Ausbildungsganges entsprachen allerdings mit ihren Fachleistungen den Anforderungen, die die Lösung der Aufgabe zur Jugendstilfassade (Skalenpunkt 133) stellt. Für diese Aufgabenlösung musste sehr spezielles Faktenwissen präsent sein, eine Anforderungsart, die in dem Klassifikationsschema, das dem Itemfindungsprozess vorangestellt worden war, kaum eigenständig berücksichtigt ist.

Insgesamt spricht nichts gegen die Annahme, dass der Test zumindest für die Mehrzahl der angehenden Tischlerinnen und Tischler als valide in Bezug auf das implementierte Curriculum angesehen werden kann. Aufgaben, die die durchschnittlichen Fachleistungswerte der Auszubildenden repräsentieren, erfordern vor allem die Fähigkeit, einfache Informationen zu reproduzieren und dieses Faktenwissen sachgerecht zur Lösung entsprechender Aufgaben einzusetzen, beispielsweise bei der Beantwortung von Fragen nach den Vorteilen von hartmetallbestückten Maschinenwerkzeugen (Skalenwert 102,2) oder nach der Form und Bezeichnung eines Winkeldübels in einer Holzverbindung (Skalenwert 101,8).

Differenzielle Analysen

Von 49 Jugendlichen des Ausbildungsganges „Tischler/Tischlerin", die an ULME III teilgenommen haben, liegen Vergleichsdaten aus der Erhebung ULME I zu Beginn der beruflichen Ausbildung vor. Die Abbildungen 3.2 und 3.3 in Kapitel 3.1.2 hatten bereits unterdurchschnittliche Erfolge dieser Schülerpopulation in der Bearbeitung des allgemeinen Fachleistungstests von ULME I gezeigt. Der Mittelwert der 49 Auszubildenden, die zu beiden Erhebungszeitpunkten erfasst wurden, betrug in ULME I für den Allgemeinen Fachleistungsindex 43,1 Skalenpunkte und lag damit um mehr als zwei Drittel einer Standardabweichung unter dem Gesamtmittelwert der Zielgruppen an den beruflichen Schulen. Auffällig war auch die große Streuung der Fachleistungen in dieser Ausbildungsgruppe zu Beginn der beruflichen Ausbildung (SD = 9,8). Das letztgenannte Detail ließ sich bereits als Hinweis darauf deuten, dass sich in diesem Ausbildungsgang zumindest zu Beginn auch einige besonders leistungsfähige Jugendliche befanden, die freilich wegen der Möglichkeit der Ausbildungsverkürzung nur ausnahmsweise im Längsschnitt enthalten sein würden.

Leistungsdifferenzen zeigten sich auch im Klassenvergleich. Die folgende Abbildung illustriert die Mittelwerte der nach ihrer Leistung aufsteigend geordneten sieben Klassen der Berufsschule, an der die Hamburger Tischler und Tischlerinnen ausgebildet werden, sowie die jeweilige Leistungsstreuung (für jede Klasse des Ausbildungsganges wurde wieder der Bereich Mittelwert plus/minus eine Standardabweichung berechnet und als kombiniertes Maß für Leistungshöhe und -streuung grafisch repräsentiert). Die Schülerinnen und Schüler der leistungsschwächsten Klasse 1 lagen mit ihren durchschnittlichen Leistungen (MW = 61,7, SD = 10,2) über zwei Standardabweichungen unter dem Mittelwert der leistungsstärksten Klasse 7 (MW = 113,5, SD = 21,8). Damit blieben die beruflichen Fachleistungen der besten Auszubildenden der Klasse 1 noch hinter den schwächsten der Klasse 7 zurück.

Die Leistungsstreuungen innerhalb der Klassen variierten ebenfalls beträchtlich: In der zweitstärksten Klasse (Klasse 6) erzielten die Jugendlichen zwar im Durchschnitt vergleichsweise gute fachliche Leistungen (MW = 106,2); die Zusammensetzung der Klasse muss aber bei einer Streuung von 30,3 Skalenpunkten als ungewöhnlich heterogen beschrieben werden. Hier müsste in Einzelanalysen, die allerdings den gegenwärtigen Rahmen sprengen würden, untersucht werden, ob der vergleichsweise hohe Durchschnitt dieser Klasse auf die Anwesenheit einiger Jugendlicher zurückzuführen ist, die sich nach ihrer Lernausgangslage in besonders günstiger Position befunden hatten, und/oder auf die differenzielle Förderung Einzelner zurückgeht. Gleichsam das Gegenbild zeigte sich in Klasse 3: Hier lag der Mittelwert mit 93,8 Skalenpunkten deutlich unter dem Durchschnitt der Gesamtgruppe und gleichzeitig war die Streuung innerhalb der Klasse mit 16,9 Skalenpunkten im Vergleich zu den leistungsstarken Ausbildungsklassen relativ niedrig. Dies ist ein homogenes Leistungsspektrum auf niedrigem Niveau – neben dem noch ungünstigeren Bild in Klasse 1 (s. u.) der pädagogisch am wenigsten zielgemäße Fall.

Freilich sollten die erheblichen Leistungsunterschiede zwischen den Einzelklassen angesichts der teilweise sehr geringen Fallzahlen in ihrer Bedeutung nicht überschätzt werden. In der leistungsschwächsten Klasse 1 lagen nur von vier Jugendlichen die Leistungsdaten des Fachtests vor, während in der zweitstärksten Klasse 6 immerhin 12 Schülerinnen und Schüler erfasst werden konnten.

Abbildung 7.14 Leistungen im beruflichen Fachtest für den Ausbildungsberuf
„Tischler/-in" nach Klassen –
Mittelwert plus/minus eine Standardabweichung

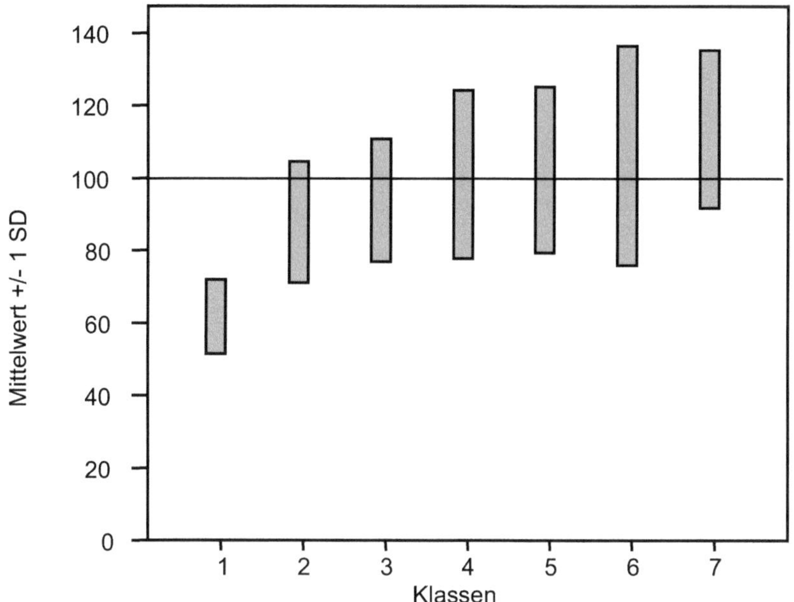

Innerhalb der Gruppe der handwerklichen bzw. gewerblich-technischen Berufe der Metall-, Holz- und Elektrotechnik, soweit sie in ULME III erfasst wurden, ist der Ausbildungsberuf „Tischler/-in" mit einem Anteil von 18 Prozent der von Frauen am häufigsten gewählte Beruf. Die Berechnung der Fachleistungsdifferenzen in Bezug auf die unabhängige Variable Geschlecht zeigt, dass die Frauen, die diesen Ausbildungsberuf gewählt haben, mit einem Mittelwert von 120,8 Skalenpunkten Ergebnisse erzielt hatten, die deutlich, nämlich um mehr als drei Viertel einer Standardabweichung, *über* dem Mittelwert der angehenden (männlichen) Tischler (MW = 100,6) lagen. Dieser Zusammenhang zwischen Fachleistung und Geschlecht war trotz der geringen Anzahl von neun Frauen gegenüber 45 Männern statistisch signifikant.

Die Differenzen, die sich in Hinblick auf den Migrationshintergrund der Testpersonen ergeben haben, hatten ein beträchtliches Ausmaß. Jugendliche ohne Migrationshintergrund haben einen Fachleistungsdurchschnitt erreicht, der rund eine Standardabweichung höher war als der Mittelwert der Jugendlichen mit einem an der nichtdeutschen Muttersprache erkennbaren Migrationshintergrund (MW ohne Migrationshintergrund = 110,7, SD = 22,8; MW mit Migrationshintergrund = 85,7, SD = 9,1). Der Mittelwert der Jugendlichen nichtdeutscher Staatsangehörigkeit lag mit 82,9 Skalenpunkten und einer Standardabweichung von 27,5 Skalenpunkten noch niedriger. Aufgrund der geringen Fallzahlen der einzelnen Untergruppen lassen sich diese Ergebnisse allerdings wiederum nicht genügend statistisch absichern. Sie unterstreichen aber nochmals die Notwendigkeit, in speziellen Untersuchungen der Frage nachzugehen, weshalb die Jugendlichen mit Migrationshintergrund, die an der so genannten „ersten Schwelle" der Berufsausbildung als benachteiligte Gruppe erschien (vgl. Lehmann, 2006), – entgegen den Oberflächenbefunden in den hier untersuchten Berufen – im Erfolgsfalle eigentlich besonders *starke* Leistungen in der berufsschulischen Entwicklung zeigen müssten.

Hintergründe der Testleistungen

Nachfolgend sollen noch die Leistungsdifferenzen im ULME-III-Fachtest für die Tischlerinnen/Tischler als abhängiges Kriterium auf mögliche Zusammenhänge mit anderen in ULME I und ULME III erhobenen Merkmalen geprüft werden. Dafür werden wieder als unabhängige Variablen die Leistungswerte der Jugendlichen aus den Tests „Deutsch-Leseverständnis" und „Mathematik I" zu Beginn der beruflichen Ausbildung und die Ergebnisse des Tests „Texte und Tabellen" sowie „Wissen zur Texterschließung" am Ende der beruflichen Ausbildung in eine multiple Regressionsanalyse einbezogen. Tabelle 7.5 enthält die standardisierten Regressionskoeffizienten der einzelnen Prädiktoren.

Tabelle 7.5   Determinanten der Leistungen im beruflichen Fachtest für den Ausbildungsberuf „Tischler/-in"

Prädiktoren: kognitive Merkmale	Standardisierter Regressionskoeffizient Beta
Deutsch-Leseverständnis, Beginn BS	0,08 (n.s.)
Mathematik I, Beginn BS	0,45
Metakognitives Wissen über Textverarbeitung, Ende BS	0,25 (n.s.)
Texte und Tabellen, Ende BS	0,20 (n.s.)
R^2	*0,55*

Den stärksten Erklärungsbeitrag verzeichnet die Leistung der Berufsschülerinnen und Berufsschüler im Mathematik-I-Test zu Beginn der beruflichen Ausbildung. Der Regressionskoeffizient der Deutschleseleistungen ist kaum beträchtlich. Hingegen sind die Koeffizienten für das „Wissen zur Texterschließung" und die Ergebnisse aus dem Test „Texte und Tabellen" zwar nicht statistisch signifikant, könnten und sollten aber mit guter Erfolgsaussicht in entsprechenden Analysen mit größerer Stichprobe Eingang finden.

Im Kontext der Bemerkungen zur zweigipfligen Leistungsverteilung in Abbildung 7.13 wurde bereits auf die mögliche Mischung zweier unterscheidbarer Leistungsgruppen innerhalb des Ausbildungsganges hingewiesen. Daher soll nun geklärt werden, ob die Schulbiografie der Auszubildenden hierzu Erklärungsansätze bietet. So ist die Korrelation zwischen dem höchsten an einer allgemein bildenden Schule erworbenen Abschluss der Auszubildenden und den Durchschnittsleistungen im ULME-3-Fachtest am Ende ihrer beruflichen Bildung mit $r = 0,58$ substanziell und statistisch hoch signifikant. Die folgende Tabelle gibt für die beiden beobachteten Leistungsgruppen die Mittelwerte und Standardabweichungen an, differenziert nach Hauptschulabschluss und Realschul- bzw. höherem Schulabschluss. In die Berechnung konnten selbstverständlich nur diejenigen Berufsschülerinnen und Berufsschüler einbezogen werden, von denen eine Angabe zum höchsten Schulabschluss vorlag.

Tabelle 7.6 *Ergebnisse im Fachtest des Ausbildungsberufs „Tischler/-in"*
nach Zugehörigkeit zu einer Leistungsgruppe und höchstem
Schulabschluss (Mittelwerte und Standardabweichungen)

höchster Schulabschluss	leistungsschwächere Gruppe mit Mittelwert unter 100		leistungsstärkere Gruppe mit Mittelwert über 100	
	MW	SD	MW	SD
Hauptschulabschluss oder vergleichbarer Abschluss	83,4 (N = 18)	12,2	113,1 (N = 5)	2,4
Realschulabschluss oder höherer Abschluss (Fachhochschulreife, Abitur)	84,9 (N = 7)	14,0	126,5 (N = 23)	12,5
insgesamt	*83,8*	*12,4*	*124,1*	*12,5*

Aus der Tabelle geht hervor, dass in der leistungsschwächeren Gruppe mit einem Anteil von 72 Prozent vor allem Auszubildende mit dem Hauptschulabschluss zu finden sind, während in der leistungsstärkeren Gruppe zu 82 Prozent Schülerinnen und Schüler vertreten sind, die entweder einen Realschulabschluss (N = 20), die Fachhochschulreife (N = 1) oder sogar das Abitur (N = 2) besaßen. Die von den Jugendlichen besuchte Schulform des allgemein bildenden Schulwesens hat damit noch am Ende der dreijährigen Ausbildungszeit einen erheblichen Einfluss auf die fachlichen Kompetenzen der angehenden Tischlerinnen und Tischler, wenngleich Effekte, die sich aus dem notwendig theoretisch orientierten Testkonzept ergeben haben, bei der Beurteilung dieser Befunde nicht vernachlässigt werden sollten.

7.7 Zusammenfassung: Berufsspezifische Fachleistung am Ende der Ausbildung in gewerblich-technischen und handwerklichen Berufen

7.7.1 Zum Verhältnis von kognitiven Anforderungen und Ergebnissen in den beruflichen Fachleistungstests

In allen fünf der hier untersuchten beruflichen Fachleistungstests entsprachen die Aufgaben zwar thematisch den curricularen Vorgaben, doch bei der Unterscheidung der Items nach angesprochener Wissensart – Faktenwissen vs. Konzeptwissen vs. prozedurales Wissen – und gleichzeitig nach kognitivem Anspruchsniveau – Reproduktion vs. Analyse/Verstehen vs. Reflexion/Kritik – waren fast durchgehend die niedrigeren Stufen überrepräsentiert. Gleichwohl waren die Tests insgesamt etwas schwieriger, als es dem durchschnittlichen Leistungsstand der Berufsschülerinnen und -schüler und damit einer optimalen diagnostischen Fokussierung entsprochen hätte. So ist der Schluss unvermeidlich, dass die an den untersuchten Hamburger Berufsschulen gegen Ende der Ausbildung angetroffenen Lernstände hinter den Erwartungen der beteiligten fachdidaktischen Experten einschließlich der Testkonstrukteure zurückblieben. Dies heißt nicht, dass sich die zur Überprüfung der Lernstände eingesetzten Instrumente trotz zumeist guter, mindestens aber zufrieden stellender Messeigenschaften letztlich als ungeeignet erwiesen hätten. Vielmehr ist wohl mit einigem Recht davon auszugehen, dass trotz der geringen Berücksichtigung mancher hoch normativer Aspekte des intendierten Curriculums (vor allem der „kritischen Reflexion"), jedoch angesichts der beobachteten Defizite auf den nachrangigen Anspruchsniveaus wenig für eine systematische Unterschätzung der Fähigkeiten der

Jugendlichen durch die vorliegende Untersuchung spricht. Auch wird man in Anbetracht des Umstands, dass die Tests in wesentlichen Teilen von erfahrenen und aktiven Lehrkräften entwickelt worden sind, von einer guten Übereinstimmung zwischen Testaufgaben und implementiertem Curriculum ausgehen dürfen, also um eine Deutung der von der Mehrheit der Jugendlichen tatsächlich erzielten Ergebnisse als Defizite im erreichten Curriculum nicht umhin kommen (zur Unterscheidung zwischen intendiertem, implementiertem und erreichtem Curriculum vgl. Baumert, Köller, Lehrke & Brockmann, 2000, 45ff.). Dass weitere Faktoren an diesen verbesserungswürdigen Ergebnissen beteiligt sein könnten, etwa lokal/temporal verminderte Teilnahmemotivation oder unklare Relevanzfragen im Spannungsfeld von schulischen Anforderungen und Kammerprüfungen, bleibt unbenommen.

Eines besonderen Hinweises wert sind aber Testaufgaben, die – wie etwa im Fachleistungstest für die Elektroinstallateure und Elektroinstallateurinnen Fragen nach den Konsequenzen vorgestellter praktischer Handlungen, hier der Betätigung von Schaltern – Anforderungen stellen, die sich mit den Kategorien herkömmlicher Lernzieltaxonomien schlecht beschreiben lassen und statt dessen auf Kompetenzen setzen, die praktische Erfahrungen und Fähigkeiten zur sequenziellen Bearbeitung von Problemen miteinander verbinden. Solche gelungenen Beispiele für klug formulierte und durchaus anspruchsvolle Testaufgaben mögen wegweisend sein für die Fortentwicklung einer Kultur pädagogischer Diagnostik an berufsbildenden Schulen und vielleicht nicht nur dort.

7.7.2 *Zum Verhältnis von Grundqualifikationen aus dem Bereich der allgemeinen Bildung und kognitiven Aspekten des Ausbildungserfolgs*

Die Suche nach den kognitiven Ressourcen, die den Erfolg bei der Bearbeitung der Fachleistungstests bedingen, ist in diesem Kapitel jeweils in der Weise erfolgt, dass ein einheitliches Modell für Regressionsanalysen mit dem Kriterium „Testscore berufliche Fachleistung" verwendet wurde. Die eingesetzten Prädiktoren waren in allen Fällen „Deutsch: Leseverständnis zu Beginn der Ausbildung", „Mathematik: curriculumnahe Messung zu Beginn der Ausbildung", „Metakognitives Wissen zur Texterschließung am Ende der Ausbildung" und „Testscore ‚Texte und Tabellen' am Ende der Ausbildung".

Die Befunde aus diesen Analysen waren bemerkenswert stabil. In den untersuchten Berufen aus dem gewerblich-technischen Bereich sowie bei den Tischlerinnen und

Tischlern erwies sich fast durchgängig die mathematische Kompetenz als bester Prädiktor, zumeist noch ergänzt durch die Fähigkeit zum Umgang mit schematischen Darstellungen (Test „Texte und Tabellen"). Das Leseverständnis einschließlich seiner metakognitiven Korrelate hingegen trug kaum *eigenständig* zur Erklärung der Fachleistung der Auszubildenden bei. Hierin liegt – im Hinblick auf diesen Beschäftigungssektor – einerseits ein gewichtiges Korrektiv gegenüber der starken Konzentration der aktuellen bildungspolitischen Diskurse auf sprachliche Kompetenzen, namentlich das Leseverständnis, die nicht zuletzt durch PISA 2000 mit seiner entsprechenden Schwerpunktsetzung initiiert worden ist. Der *indirekte* Beitrag des Leseverständnisses in seiner Vermittlung über den Erwerb anderer Kompetenzen ist damit freilich nicht bestritten, und zu beachten ist auch die gewichtige Rolle des kompetenten Umgangs mit schematischen Darstellungen, der in der Systematik von PISA auch als „Leseverständnis im Umgang mit diskontinuierlichen Texten" betrachtet und nicht etwa der Mathematik zugerechnet wird.

8 Berufsspezifische Fachleistungen in Ausbildungs- berufen der Bereiche Gesundheit und Körperpflege

Susan Seeber

8.1 Berufliche Fachleistungen im Ausbildungsberuf „Friseur/-in"

8.1.1 Zur Struktur des beruflichen Fachleistungstests

Der schriftliche Fachleistungstest für den Ausbildungsberuf „Friseur/-in" bezog sich auf die gültige Ausbildungsordnung und den Rahmenlehrplan von 1997. Er umfasst die wichtigsten curricularen Bereiche der beruflichen Grund- und Fachbildung, zu denen die Kundenberatung und -betreuung, die Beurteilung, Reinigung und Pflege der Kopfhaut, das Gestalten von Frisuren, farb- und formverändernde Haarbehandlungen und die Hautpflege sowie die dekorative Kosmetik gehören. Darüber hinaus wurden in den Test auch Themengebiete wie „Zeitgeist und Mode" integriert. Organisatorische, konzeptionelle und betriebswirtschaftliche Aspekte der Führung eines Friseursalons wurden in diesem Fachleistungstest nicht berücksichtigt, obschon sie in der berufstheoretischen Ausbildung einen wichtigen Inhaltsbereich darstellen.

Der berufliche Fachleistungstest enthielt 78 Aufgaben, die bei der Datenerfassung aufgrund der Aufgabenformate (Multiple-Choice-Format; Wahr-Falsch-Aufgaben, Zuordnungsaufgaben) in insgesamt 96 Einzelitems zerlegt wurden. Letztlich konnten auf der Grundlage von 93 Items die Skalierungs- und Auswertungsarbeiten vorgenommen werden. Der Test erreichte eine sehr hohe interne Konsistenz (WLE-Reliabilität = 0,92). Die Diskriminanzwerte der Items lagen zwischen 0,20 und 0,55.

8.1.2 Befunde zu den beruflichen Fachleistungen im Ausbildungsberuf „Friseur/-in"

Testanforderungen und Leistungsverteilung

Im vorliegenden Fachleistungstest konnte eine ausgewogene Verteilung der Items über die Schwierigkeits-/Fähigkeitsskala erreicht werden; die Itemparameter variierten zwischen 14 und 156 Skalenpunkten, wobei wie so häufig eine Konzentration der Items im mittleren Anforderungsbereich vorlag (vgl. Abbildung 8.1).

Abbildung 8.1 Schwierigkeitskennwerte der Testaufgaben im beruflichen Fachtest für den Ausbildungsberuf „Friseur/-in"

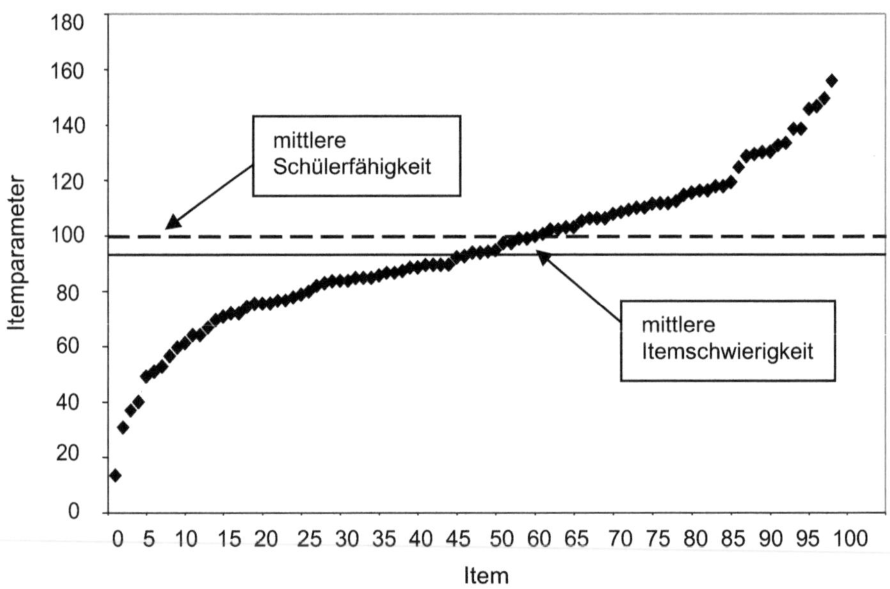

Im Unterschied zu allen anderen Berufen, die auf der Basis des einparametrischen Rasch-Modells skaliert werden konnten, war die mittlere Itemschwierigkeit des Fachleistungstests für die Friseure mit 94,2 Skalenpunkten etwas niedriger als die durchschnittliche Schülerfähigkeit, die bei der Normierung der Personenparameter analog zu den anderen beruflichen Fachleistungstests so festgesetzt wurde, dass sich für die Hamburger Stichprobe ein Mittelwert auf 100 und eine Standardabweichung von 25 ergaben. Das Verhältnis der beiden Mittelwerte ist jedoch keineswegs als ein

Indiz für zu geringe Testanforderungen zu interpretieren, da der Test auch im oberen Leistungsspektrum eine hinreichend stabile Leistungsdifferenzierung ermöglicht.

Die Aufgaben innerhalb der einzelnen Inhaltsbereiche umfassten ein breites Leistungsband, beginnend mit relativ niedrigen Anforderungen, die anhand von betrieblichem und außerbetrieblichem Erfahrungswissen, zum Teil durch einfaches Schlussfolgern und durch Plausibilitätsüberlegungen, gelöst werden konnten. Ein derartiger Bezug zur Alltäglichkeit war beispielsweise bei zwei Aufgaben aus dem Gebiet farbverändernder Haarbehandlungen gegeben. Im ersten Fall wurde nach dem Fehlergebnis durch zu kurze Einwirkzeit von Farblösungen gefragt. Bereits in der Fragestellung wurde dabei mit dem Stichwort „Fehlergebnis" ein wichtiger Hinweis für die Aufgabenlösung gegeben. Darüber hinaus dürfte aus dem individuellen Erfahrungsbereich der Jugendlichen im Umgang mit Tönungs- und Färbemitteln hinlänglich bekannt sein, dass bei Hellerfärbungen durch zu kurze Einwirkzeiten der gewünschte Aufhellungsgrad nicht erreicht wird (Itemparameter 13,5). Eine weitere Aufgabe dieses Gebiets betraf die Wirkungen der Wärmezufuhr beim Blondieren (vgl. die Abbildung 8.2; Aufgabe unten rechts). Hier ist gleichfalls anzunehmen, dass die Jugendlichen aus individueller und betrieblicher Alltagserfahrung wussten, dass Wärmezufuhr zwar die chemischen Prozesse beschleunigt, dies jedoch um den Preis, dass die Haare stärker geschädigt werden als ohne Wärmezugabe (Itemparameter 57). Auch die der beruflichen Fachbildung, speziell dem Gebiet der Frisurengestaltung zuzuordnende Beratungsaufgabe konnte von den Jugendlichen weitgehend souverän bearbeitet werden. Die Auswahl alternativer Frisurenvorschläge für die Kundin zum Ausgleich einer runden Gesichtsform fiel den angehenden Friseuren relativ leicht (Itemparameter 51); hier dürften einschlägige Ratgebermagazine ihr Übriges getan haben, um Routinewissen auf diesem Gebiet aufzubauen.

Vergleichsweise hohe Anforderungen stellten hingegen Aufgaben, die eine Verknüpfung von konzeptionellem und prozeduralem Wissen erforderten. Beispielsweise wurde nach einer geeigneten Rezeptur für das Zurückfärben blondierter Haare in die mittelblonde Ausgangsfarbe auf Wunsch einer Kundin gefragt. Hier waren neben Kenntnissen zu Färbe- und Blondierungspräparaten Behandlungsverfahren zu reproduzieren und auf ihre Angemessenheit zu prüfen, darüber hinaus musste die einzusetzende Konzentration von Wasserstoffperoxid bestimmt werden. Es handelte sich hier demnach um eine vergleichsweise komplexe Problemstellung, bei der über bestehende Behandlungsalternativen unter der Perspektive eines bestmöglichen Ergebnisses bei gleichzeitiger Minimierung von haarschädigenden Auswirkungen zu entscheiden war. Die konzeptionellen Überlegungen waren sodann in eine wohldefinierte Handlungssequenz zu transformieren. Zweifellos haben solche Anforderungen viel mit Aufgaben gemein, die in der Tradition des Problemlösens entwickelt worden sind.

Die Aufgabenschwierigkeit kann jedoch nicht nur durch Merkmale der Komplexität, sondern auch durch hochspezifisches Fachwissen bestimmt sein, namentlich aus dem Bereich der Chemie, wie die oberste, d. h. schwierigste, Musteraufgabe in der oberen Grafik veranschaulicht (vgl. Abbildung 8.2).

Auch die Aufgabe, bei der auf der Grundlage einer Farbtypkartei, die von einer Kundin durch eine „Kollegin" angefertigt wurde, über eine Kundenreklamation zu entscheiden war, stellt eine anspruchsvollere kognitive Leistung dar (Itemparameter 112). Es galt hier zu entscheiden, ob die ausgewählte Haarfarbe und die verwendeten Produkte aus dem Bereich der dekorativen Kosmetik, die der Kundin am Ende der Behandlung verkauft wurden, zu den in der Farbtypkartei erfassten Merkmalen passen. Die Jugendlichen mussten hier ihr Wissen über Farbtypen abrufen und auf eine konkrete Situation anwenden; in diesem Zusammenhang galt es auch, die Wirkungen nicht farbtypgerechter Produkte abzuschätzen. Insofern erforderte die Aufgabe über die einfache Anwendung fachspezifischer Konzepte hinaus die Verknüpfung dieses Wissens mit einer Abschätzung von Folgewirkungen möglicher Entscheidungen.

Der Abbildung 8.2 kann entnommen werden, dass die Leistungen der getesteten 85 Jugendlichen annähernd normalverteilt waren und eine Bandbreite von 25 bis 147 Skalenpunkten umfassten. Rechts des Skalenbalkens wurden exemplarisch Musteraufgaben aufgeführt, deren Parameter das für eine Lösungswahrscheinlichkeit von $p = 0{,}65$ erforderliche Fähigkeitsniveau angeben.

Für die rechts oben stehende Aufgabe gilt, dass keiner der Auszubildenden mit hinreichender Sicherheit in der Lage war, sie zu lösen. Die vier Schülerinnen und Schüler mit den höchsten Leistungsscores haben 147 Skalenpunkte erreicht und damit 9 Punkte weniger als den diesem Item entsprechenden Schwierigkeitswert. Die untere – leichteste – Aufgabe hingegen wurde von 87 Prozent der Jugendlichen bei der oben genannten Lösungswahrscheinlichkeit zutreffend bearbeitet.

Abbildung 8.2   Verteilung der Schülerleistungen im beruflichen Fachtest
für den Ausbildungsberuf „Friseur/-in" im Vergleich
mit den Schwierigkeiten der Testaufgaben

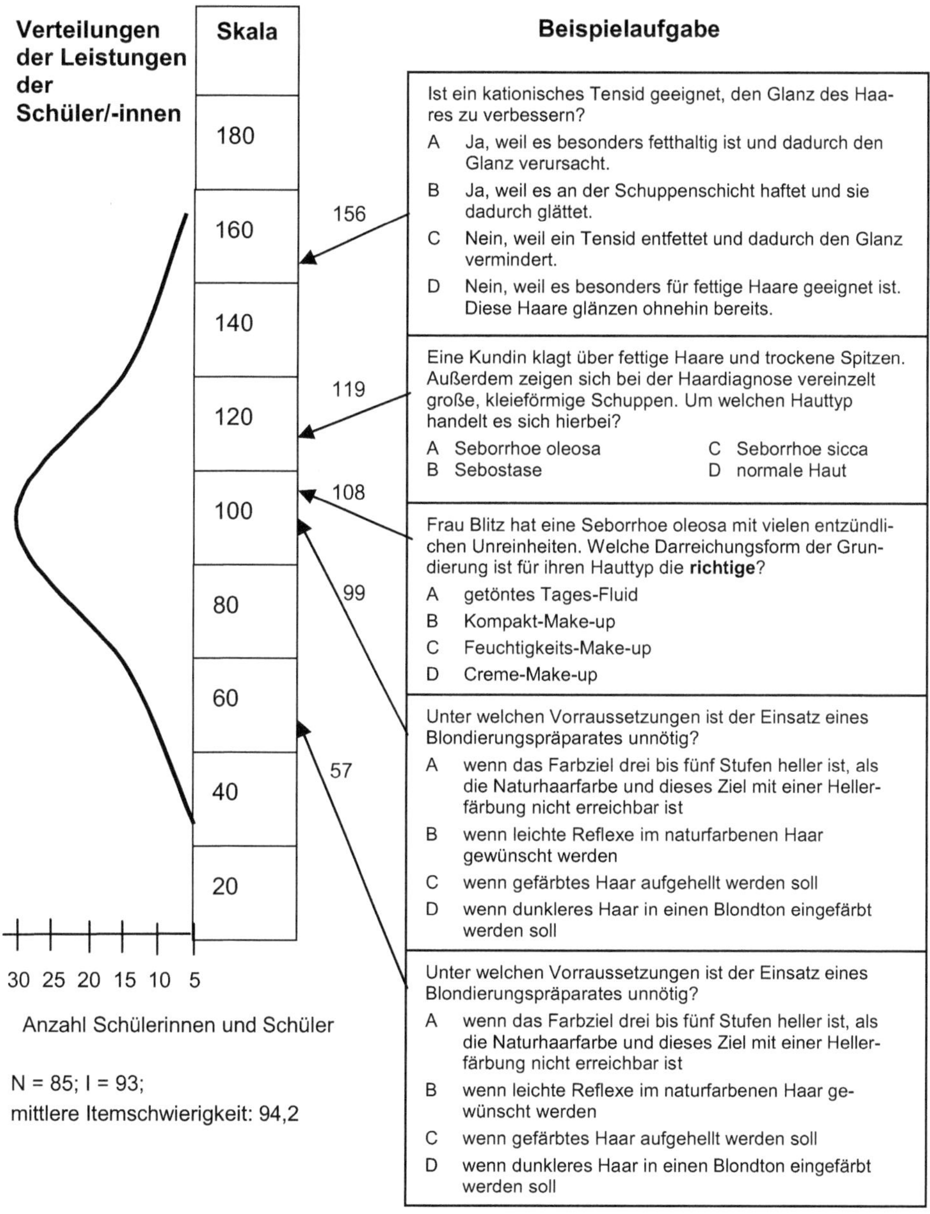

Differenzielle Analysen

Wie gewohnt wurden auch bei dieser Berufsgruppe Leistungsunterschiede zwischen den Klassen und die Lage besonderer Schülergruppen geprüft. Da es sich bei den Friseuren um eine ausgesprochen heterogene Schülerschaft hinsichtlich der Lernausgangslagen handelte, waren hier einige einfache zusätzliche Überprüfungen angezeigt.

Abbildung 8.3   Leistungen im beruflichen Fachtest für den Ausbildungsberuf
„Friseur/-in" nach Klassen –
Mittelwert plus/minus eine Standardabweichung

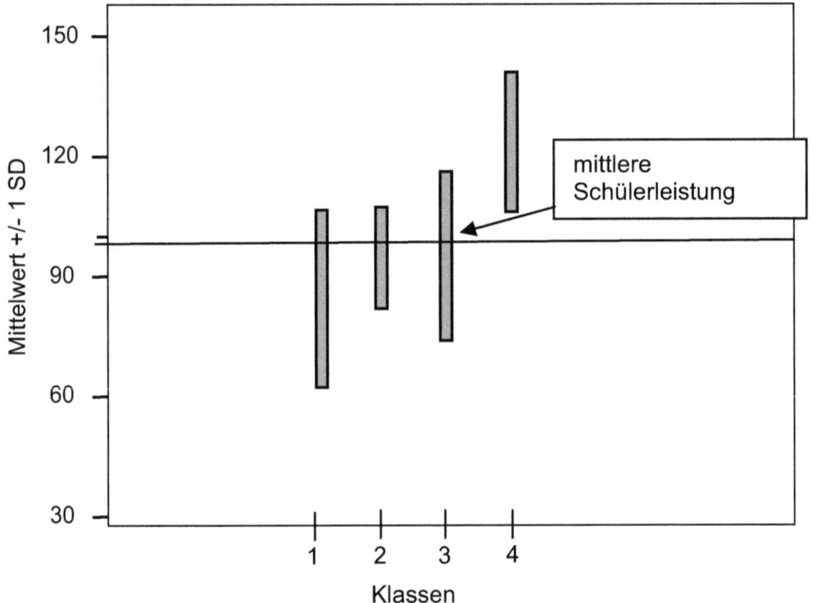

Bemerkenswert ist die relativ hohe durchschnittliche Fachleistung der Klasse 4, die mit einem Mittelwert von 123,5 Punkten fast eine Standardabweichung oberhalb der durchschnittlichen Schülerleistungen liegt. Die Mittelwertsunterschiede zwischen den Klassen erwiesen sich bei einer Varianzaufklärung durch die Klassenzugehörigkeit von 40 Prozent als statistisch höchst signifikant. Nun besagt der Vergleich nicht zwangsläufig, dass der Klasse 4 die günstigsten Entwicklungsmöglichkeiten angeboten wurden, sondern der starke Erklärungsbeitrag der Klassenzugehörigkeit kann auch durch unterschiedliche allgemeine Leistungsvoraussetzungen zwischen den Klassen verursacht sein.

Deshalb wurden die allgemeinen Eingangsvoraussetzungen in den zentralen kulturellen Kompetenzen zu Beginn der Ausbildung (Mathematik und Leseverständnis) sowie die allgemeinen Grundqualifikationen am Ende der Ausbildung (kontinuierliches und diskontinuierliches Textverständnis, Rechenfertigkeiten) auf Klassenebene nochmals geprüft. Hierbei wurde deutlich, dass Klasse 4 durchgängig in allen gemessenen Domänen sich als die leistungsstärkste Gruppe erwies, und zwar sowohl zu Beginn als auch am Ende der Ausbildung. Die Differenzen vom jeweiligen Durchschnitt der Berufsgruppe umfassten eine halbe bis zu vier Fünfteln einer Standardabweichung.

Abschließend wurde der Frage nachgegangen, wie stark sich die Jugendlichen in Abhängigkeit von den allgemeinen Schulabschlüssen unterscheiden; nachfolgende Tabelle gibt den entsprechenden Überblick über die durchschnittlichen Leistungen im beruflichen Fachleistungstest der Friseure.

Tabelle 8.1   *Durchschnittliche Schülerleistungen im beruflichen Fachtest für den Ausbildungsberuf „Friseur/-in" nach Schulabschluss*

höchster allgemein bildender Schulabschluss	Mittelwert	Standard-abweichung	N*
Hauptschulabschluss oder vergleichbar	88,8	23,9	34
Realschulabschluss oder vergleichbar	108,8	18,1	31
Fachhochschul-, Hochschulreife	132,4	10,3	6
insgesamt	*101,2*	*24,5*	*71*

* Es konnten nur die Schülerinnen und Schüler berücksichtigt werden, die im Schülerfragebogen Angaben zum höchsten erreichten Schulabschluss machten. Abweichungen zwischen den Kennwerten für die Eichstichprobe und den hier aufgeführten Werten sind daher möglich.

Bereits diese deskriptiven Statistiken liefern wichtige Indizien über die Relevanz der allgemeinen Grundqualifikationen bei der Bearbeitung des beruflichen Fachleistungstests der Friseure. Es ist anzunehmen, dass das erfasste berufliche Fachverständnis beträchtlich mit den grundlegenden Fähigkeiten im Umgang mit Texten, mit dem Sprachverständnis konfundiert ist. Die Leistungsdifferenzen zwischen den

Jugendlichen mit unterschiedlichem Abschlussniveau sind nicht unerheblich; allein zwischen den Haupt- und Realschülern werden Kompetenzunterschiede auffällig, die mehr als 85 Prozent einer Standardabweichung betragen.

Eine etwas andere Darstellung bietet Tabelle 8.2, in der die Schülerinnen und Schüler im oberen und unteren Leistungsviertel nach Schulabschlüssen gruppiert wurden. Während Hauptschüler im oberen Leistungsviertel erwartungsgemäß kaum vertreten sind, fallen ihre Anteile im unteren Leistungsviertel überproportional hoch aus. Im Hinblick auf die im Test angesprochenen *kognitiven* Kompetenzen hat sich also die bekannte Hierarchie der Schulabschüsse als völlig stabil erwiesen, unbeeinflusst von arbeitsbezogenen Verschiebungen motivationaler Art.

Tabelle 8.2   *Anteile an Schulabschlüssen im oberen und unteren Leistungsviertel im beruflichen Fachtest für den Ausbildungsberuf „Friseur/-in"*

Schulabschluss	Oberes Leistungsviertel (in Prozent)	Unteres Leistungsviertel (in Prozent)	Anteil des Schulabschlusses an der Gesamtgruppe der Friseure (in Prozent)
Hauptschulabschluss oder vergleichbar	10,0	87,5	47,2
Realschulabschluss oder vergleichbar	60,0	12,5	44,5
Fachhochschul-, Hochschulreife	30,0	---	8,3

Überraschenderweise lieferten die Daten zum Migrationshintergrund der Jugendlichen ein von früheren Vergleichen abweichendes Bild, nämlich positivere Lernstände bei den ausländischen Jugendlichen im Vergleich mit den deutschen Jugendlichen mit Migrationsgeschichte (erfasst über die Familiensprache). Gleichwohl stehen die beruflichen Fachleistungen für *beide* durch fremde kulturelle Kontexte mitgeprägten Schülergruppen deutlich hinter denen deutscher Jugendlicher ohne Migrationsgeschichte zurück, zusammen berechnet um fast eine Standardabweichung ($d = -0{,}96$).

Tabelle 8.3   Durchschnittliche Schülerleistungen im beruflichen Fachtest
für den Ausbildungsberuf „Friseur/-in" nach
Migrationshintergrund

Migrationshintergrund	Mittelwert	Standardabweichung	N
deutsch ohne Migrationshintergrund	107,7	22,1	53
deutsch mit Migrationshintergrund	78,4	15,1	8
Ausländer	89,5	25,5	10
insgesamt	*101,8*	*24,0*	*71*

Den Unterschieden zwischen männlichen und weiblichen Auszubildenden für das Friseurhandwerk konnte nicht nachgegangen werden, da dieser Zweig einen typischen ‚Frauenberuf' mit 93 Prozent weiblichen Auszubildenden repräsentiert.

Hintergründe der Testleistungen

Um auch für den Ausbildungsberuf „Friseur/-in" den jeweiligen Einfluss allgemeiner Fachleistungen und grundlegender kognitiver Fähigkeiten zu untersuchen, wurde deren Beitrag zur Erklärung der Varianz im beruflichen Fachtest regressionsanalytisch untersucht.

Tabelle 8.4   Determinanten der Leistungen im beruflichen Fachtest für den
Ausbildungsberuf „Friseur/-in"

Prädiktoren: kognitive Merkmale	Standardisierter Regressionskoeffizient Beta
Deutsch-Leseverständnis, Beginn BS	0,39
Texte und Tabellen, Ende BS	0,34
Muttersprache	0,22
R^2	*0,64*

Wie erwartet zeigen die Befunde zum beruflichen Fachleistungstest einen ausgesprochen engen Zusammenhang zu den allgemeinen Fähigkeiten im Bereich des Textverständnisses und des Umgangs mit diskontinuierlichen Informationen, d. h. zu einer „allgemeinen Komponente von Literalität, die in modernen Gesellschaften für eine befriedigende Lebensführung in persönlicher und wirtschaftlicher Hinsicht sowie für eine aktive Teilnahme am gesellschaftlichen Leben notwendig ist" (vgl. Schaffner, Schiefele, Drechsel & Artelt, 2004, 94). Zwar ist aus diesem Befund keinerlei Rückschluss auf die „handwerklichen" Fähigkeiten zu ziehen, die zumindest eine, wenn nicht *die* zentrale Komponente des Berufs darstellen, aber vor dem Hintergrund der Notwendigkeit kontinuierlichen Weiterlernens in beruflichen wie auch außerberuflichen Kontexten sind diese Ergebnisse von erheblicher Bedeutung.

8.2 Berufliche Fachleistungen im Ausbildungsberuf „Medizinische/-r Fachangestellte/-r"

8.2.1 Zur Struktur des beruflichen Fachleistungstests

Der Test für die Medizinischen Fachangestellten behandelte die curricularen Bereiche „medizinisch-biologische Grundlagen", „Abrechnung und Praxismanagement" sowie „Wirtschaft und Politik". Die Experten des IBW schätzten ein, dass die Unterrichtsfächer im Test ihrem Anteil am Gesamtcurriculum entsprechend vertreten seien. Der Konzeption des Tests lag der für den Jahrgang 2002 noch geltende fächerstrukturierte Rahmenlehrplan zugrunde. Es ist nicht bekannt, inwieweit die Unterrichtskonzeptionen für die untersuchten Klassen bereits die ein Jahr später eingeführte lernfeldstrukturierte Ausbildung aufgegriffen hatten.

Die Testaufgaben zeichneten sich durch einen starken Bezug zu deklarativem und konzeptuellem Wissen aus, während Aufgaben, deren Lösung prozedurales Wissen erforderte, deutlich unterrepräsentiert waren. Im Hinblick auf die kognitiven Anforderungsniveaus lag der Schwerpunkt bei den Anwendungs- und Reproduktionsaufgaben; keine der Testaufgaben erforderte ein kritisches Umgehen und Reflektieren der thematisierten Zusammenhänge.

Während bei vielen beruflichen Fachleistungstests den Entwicklungsteams eine angemessene realistisch-situative Einbindung der Aufgaben recht gut gelungen ist, zeigen sich für die Lernstandmessung in diesem Ausbildungsberuf – so die Fachdidaktik-Experten des IBW – noch Entwicklungsspielräume.

Von den 82 Testaufgaben, die in 90 Items zerlegt wurden, wiesen 81 Items zufrieden stellende statistische Gütekriterien auf und bildeten so die Grundlage für eine zuverlässige Skala. Der Test erreichte eine zufrieden stellende interne Konsistenz, wie der EAP/PV-Reliabilitätskoeffizient von 0,84 belegt (WLE Reliabilität nicht verfügbar).

8.2.2 Befunde zu den beruflichen Fachleistungen im Ausbildungsberuf „Medizinische/-r Fachangestellte/-r"

Testanforderungen und Leistungsverteilung

Die Testaufgaben der Medizinischen Fachangestellten erstrecken sich über ein ungewöhnlich breites Fähigkeits-/Schwierigkeitsspektrum, das bei einer normierten Streuung der Fähigkeitsschätzungen (25 Punkte für die Standardabweichung) von -6 bis 223 Skalenpunkte reichte. Der Mittelwert der Itemparameter lag bei 102,1 Skalenpunkten mit der hohen Streuung von 44,4 Punkten.

Abbildung 8.4   Schwierigkeitskennwerte der Testaufgaben im beruflichen Fachtest für den Ausbildungsberuf „Medizinische/-r Fachangestellte/-r"

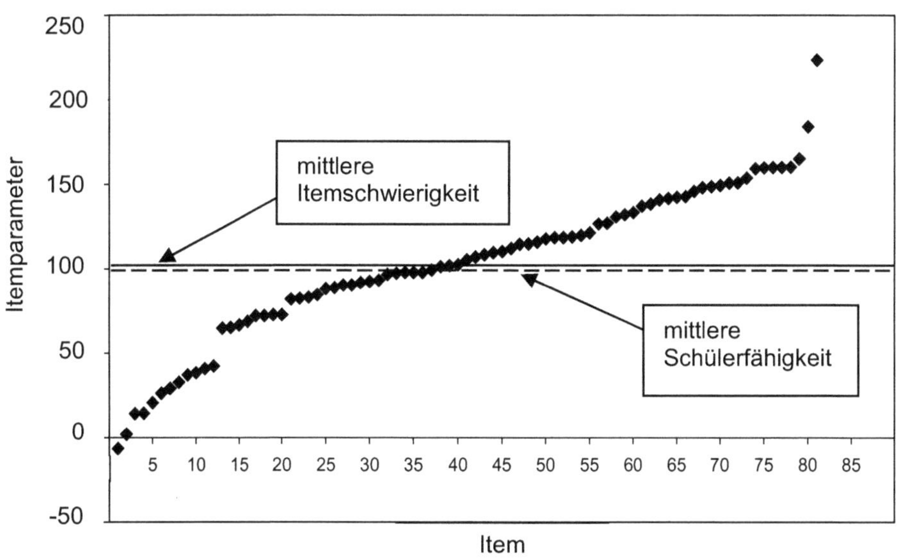

Diese hohe Streuung wurde durch einige sehr schwierige, aber auch einige sehr leichte Items verursacht, während insgesamt betrachtet die mittlere Itemschwierigkeit die durchschnittliche Schülerfähigkeit von 100 nur wenig übertraf.

Wie in anderen Berufen auch, so ist das in den Aufgaben erfasste Wissen und Können nicht nur ein spezifisches Professionswissen, sondern eine Reihe von Aufgaben ist schon mit der jedermann und jederzeit zugänglichen Information, also mit Alltagswissen, zur allgemeinen Gesundheitsvorsorge und Krankenversorgung lösbar. Aufgaben dieses Typs haben einen sehr niedrigen Itemindex. Ein Beispiel hierfür ist die Aufgabe 1 des Tests, bei der Bestandteile der Haut bestimmten Aussagen zugeordnet werden mussten. Ebenso gehört die Aufgabe, warum die Nasenatmung gesünder ist, zu den leichtesten Items. Die Frage zu den Auskunftspflichten einer Arztpraxis gegenüber dem Arbeitgeber eines Patienten bereitete ebenfalls keine Probleme und wurde von 90 Prozent der Auszubildenden fehlerfrei bearbeitet.

Aufgaben aus dem Gebiet der Abrechnung und des Praxismanagements zählten hingegen zu den deutlich anspruchsvolleren Aufgaben. Insbesondere den Abrechnungsaufgaben wurde beinahe durchgängig ein überdurchschnittlich hoher Schwierigkeitsparameter aus dem Bereich 137 bis 159 Skalenpunkte zugewiesen.

Desgleichen zählten Aufgaben, die sich auf spezielles medizinisches Fachwissen bezogen, zu den höheren Leistungsforderungen, auch wenn es sich aus der Sicht der Aufgabenstruktur um ‚einfache' Reproduktionsaufgaben handelte. Zu diesem Spezialwissen gehörte beispielsweise die Bestimmung des Muskelgewebetyps, der hauptsächlich im Magen-Darm-Trakt vorliegt. Aber auch Fragen zur Impfung vor Hepatitis B oder die Unterscheidung zwischen aktiver und passiver Impfung konnten nur noch von vier Schülerinnen mit hinreichender Sicherheit, also einer Wahrscheinlichkeit von $p \geq 0{,}65$, gelöst werden.

Die Leistungen der künftigen Medizinischen Fachangestellten waren in guter Näherung normalverteilt; die Ergebnisse erstreckten sich auf einen Wertebereich von 32 bis 167 Skalenpunkten.

Abbildung 8.5   Verteilung der Schülerleistungen im beruflichen Fachtest für den Ausbildungsberuf „Medizinische/-r Fachangestellte/-r" im Vergleich mit den Schwierigkeiten der Testaufgaben

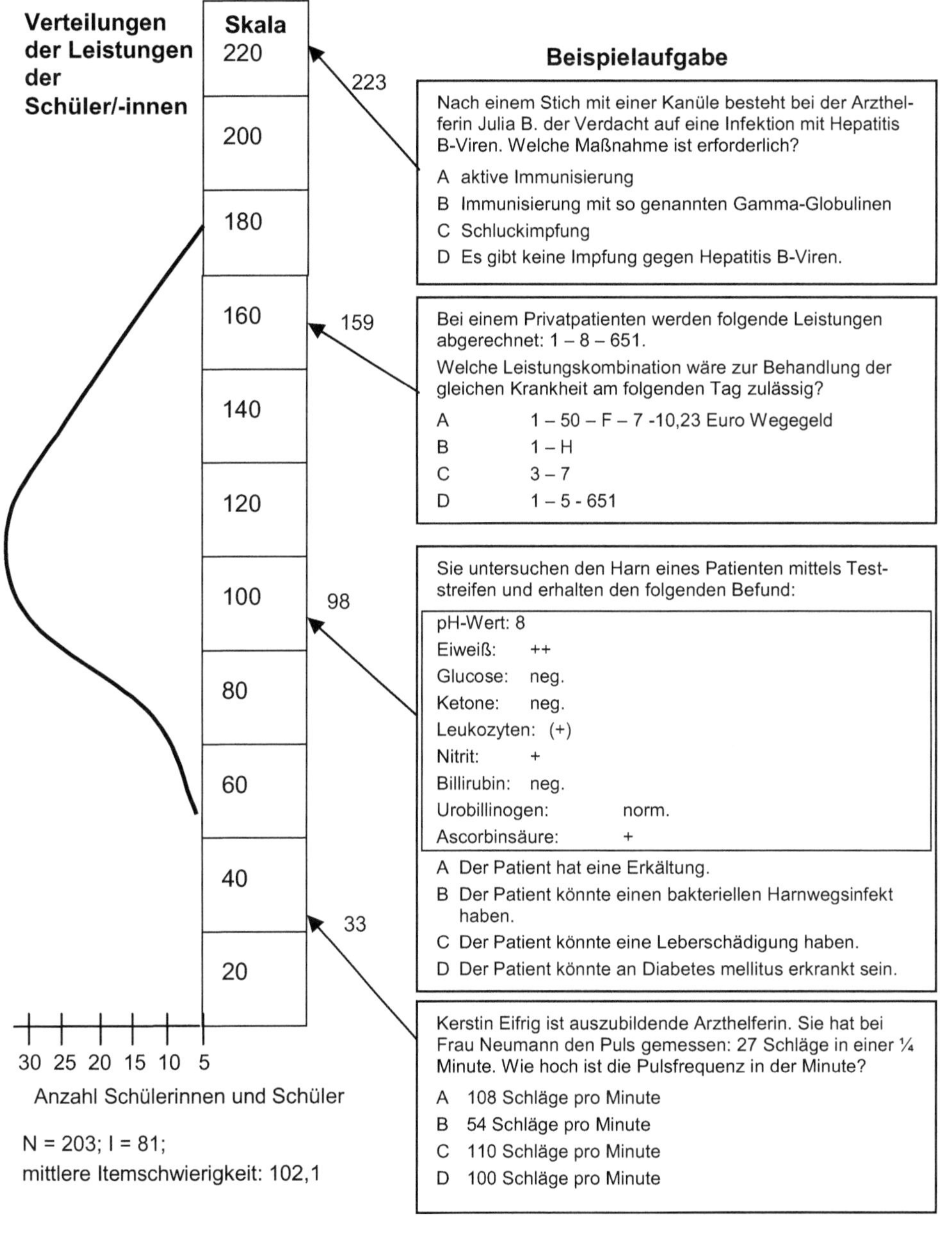

Relative Stärken der Auszubildenden lagen im Bereich des für die Ausübung von Routinetätigkeiten in einer Arztpraxis erforderlichen Wissens. So konnten bei Aufgaben z.B. zur Einschätzung eines Ruhepulswertes oder einer Blutdruckangabe die vorgegebenen Werte relativ souverän beurteilt werden. Auch die Arbeitsschritte zur Blutdruckmessung oder die Handlungsschritte für eine stabile Seitenlage, Aufgaben also, die primär prozedurales Wissen erforderten, wurden relativ sicher beherrscht. Als exemplarisch für Aufgaben, die sich auf Routinetätigkeiten einer Medizinischen Fachangestellten bezogen, kann Aufgabe 3 der Abbildung 8.5 gelten. Die Beurteilung von Urinproben anhand von Teststreifenwerten dürfte einerseits zum Alltagsgeschäft in vielen Arztpraxen gehören (Ausnahmen bilden hoch spezialisierte Praxen beispielsweise der Radiologie oder Chirurgie), andererseits auch einen wichtigen curricularen Bestandteil der berufstheoretischen Ausbildung darstellen. Im konkreten Fall mussten verschiedene Werte mit den geltenden Normwerten verglichen und zudem mögliche Krankheitsbilder bei der Vorlage bestimmter Werte gedeutet werden, wobei die Norm für den pH-Wert nicht vorgegeben war und somit aus dem Gedächtnis abgerufen werden musste. Speziell musste für die Lösung dieser Aufgabe bekannt sein, dass erhöhte Nitrit- und Leukozytenwerte auf einen bakteriellen Harnwegsinfekt hindeuten; auch die erhöhten Proteinwerte sprechen für eine Erkrankung des Nieren- und Harnsystems. Etwa 53 Prozent der Auszubildenden konnten diese Aufgabe mit der hier durchgängig geforderten Wahrscheinlichkeit lösen, während bei 47 Prozent der getesteten Personen von einer niedrigeren Lösungswahrscheinlichkeit auszugehen ist.

Die untere Aufgabe der Grafik war schon dann erfolgreich zu bearbeiten, wenn die Testperson über keinerlei fachbezogenes Wissen und Können verfügte. Es war lediglich die mathematische ‚Gleichung' anzusetzen und abzuarbeiten, mit der aus dem Wert für ein Viertel der Wert für ein Ganzes ermittelt werden konnte. Es handelte sich demnach um eine sog. ‚technische' Aufgabe aus dem Teilgebiet der Arithmetik. Im Grunde reichten elementare Rechenfähigkeiten aus, um diese Aufgabe zu lösen; dementsprechend hoch war die relative Lösungshäufigkeit (88 Prozent).

Als vergleichsweise schwieriger erwiesen sich Aufgaben, für deren Lösung medizinisches Fachwissen notwendig war und die auch bereits in der Aufgabenstellung einschlägige Fachbegriffe enthielten. Hierzu zählte beispielsweise die Aufgabe, bei der Zellbestandteile einer Abbildung zuzuordnen waren. Auch das Item zur Einwirkzeit eines Desinfektionsbads zählte mit 127 Punkten schon zu den schwierigeren Aufgaben, obwohl es hier lediglich um die Reproduktion von Faktenwissen ging. Auffällig waren die mangelnden Fachkenntnisse beim Thema „Impfungen";

die dazu im Test enthaltenen Aufgaben implizierten fast ausnahmslos höhere Ansprüche. Die schwierigste Aufgabe des Tests, die notwendigen Maßnahmen beim Verdacht auf eine Infektion mit Hepatitits B-Viren durch den Stich mit einer Kanüle, bezieht sich auf diesen Bereich (vgl. Abbildung 8.5, oberste Aufgabe) und erfordert offensichtlich sehr spezifisches, im Ausbildungskontext erworbenes Fachwissen.

Aufgaben, die sich auf die Leistungsabrechnung bezogen, wiesen ebenfalls generell höhere Schwierigkeitsparameter auf, während Aufgaben aus dem Gebiet der Praxisorganisation schon von weniger leistungsstarken Auszubildenden mit Erfolg bearbeitet werden konnten.

Wesentlich schwieriger fiel den Jugendlichen eine Aufgabe zum gleichen *medizinischen* Gegenstand, der gemessenen Pulsfrequenz (vgl. Abbildung 8.6). Hierbei war aus einer Grafik, die die Veränderungen der Pulsfrequenz bei verschiedener körperlicher Anstrengung wiedergab, aus vier möglichen Schlüssen, die aus der Frequenzkurve interpretiert wurden, die *falsche* Aussage zu erkennen.

Der Schwierigkeitsindex dieser Aufgabe dürfte deutlich enger mit der Präsentation der Informationen, in Form von Graphen, zusammenhängen als mit dem abgebildeten medizinischen Sachverhalt. Die angebotenen Interpretationsmuster zu den beiden Frequenzkurven erforderten einen Abgleich der in den Antwortalternativen enthaltenen Interpretation der Kurve mit der Grafik selbst; dabei waren in der Regel mehrere Informationen in einem gestuften Vorgehen zu verarbeiten:

(1)   Die Kurven für die trainierte und die untrainierte Person mussten identifiziert werden,

(2)   jedes der in den vier Antwortalternativen behaupteten Details war in eine geometrische Relation zu übersetzen, insbesondere bei impliziten Vergleichsaussagen,

(3)   anschließend war der Abgleich zwischen den beiden Personenklassen vorzunehmen und

(4)   damit konnte eine Entscheidung darüber gefällt werden, ob die Aussage zustimmungsfähig war oder ob es sich um die gesuchte *falsche* Interpretation handelte.

Abbildung 8.6   Musteraufgabe aus dem beruflichen Fachtest für den
Ausbildungsberuf „ Medizinische/-r Fachangestellte/-r "

Interpretieren Sie die folgende Abbildung über die Veränderungen der Pulsfrequenz bei verschiedener körperlicher Anstrengung. Kreuzen Sie die falsche
Aussage an.

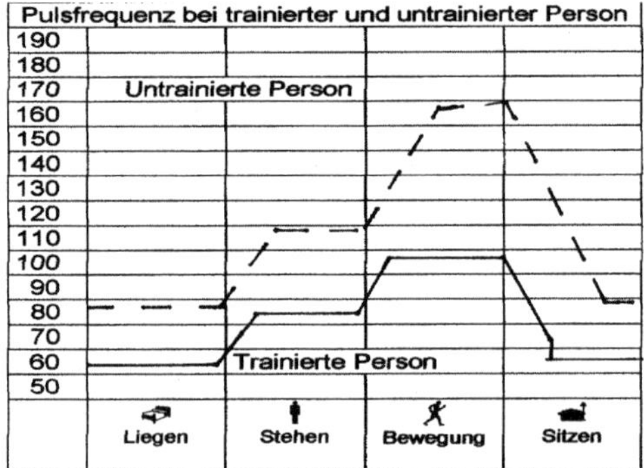

A   Regelmäßiges körperliches Training führt zu einem niedrigeren Puls in
der Ruhelage.

B   Bei untrainierten Personen steigt der Puls bei Bewegung bis auf 160
Schläge pro Minute.

C   Durch regelmäßiges körperliches Training kommt es nur zu einem geringen Pulsanstieg bei körperlicher Belastung.

D   Trainierte Personen brauchen einen längeren Zeitraum zur Erreichung des
Ruhepulses als untrainierte Personen.

Die Lösung dieser Aufgaben hängt zweifellos vorrangig vom Verständnis diskontinuierlicher Texte ab; medizinisches Fachwissen war in diesem Fall keine
notwendige Bedingung, wenngleich möglicherweise hilfreich, um beispielsweise
bestimmte Antworten auch ohne näheres Studium der Grafik auf ihren Wahrheitsgehalt prüfen zu können. Zur Erhöhung der Aufgabenschwierigkeit mag
beigetragen haben, dass hier nach einer *nicht zutreffenden Antwort* zu suchen
war; denn diese Abweichung von der eher gewohnten Testpraxis, die richtige
Antwort identifizieren zu lassen, zwingt zu einer vollständigeren Abarbeitung der
o. g. Schritte.

Differenzielle Analysen

Bei den medizinischen Fachangestellten lagen Testergebnisse aus 11 Klassen vor. Abbildung 8.7 gibt die Mittelwerte der Klassen und Informationen zu deren Streuung (plus/minus eine Standardabweichung) an.

Abbildung 8.7 Leistungen im beruflichen Fachtest für den Ausbildungsberuf
„Medizinische/-r Fachangestellte/-r" nach Klassen –
Mittelwert plus/minus eine Standardabweichung

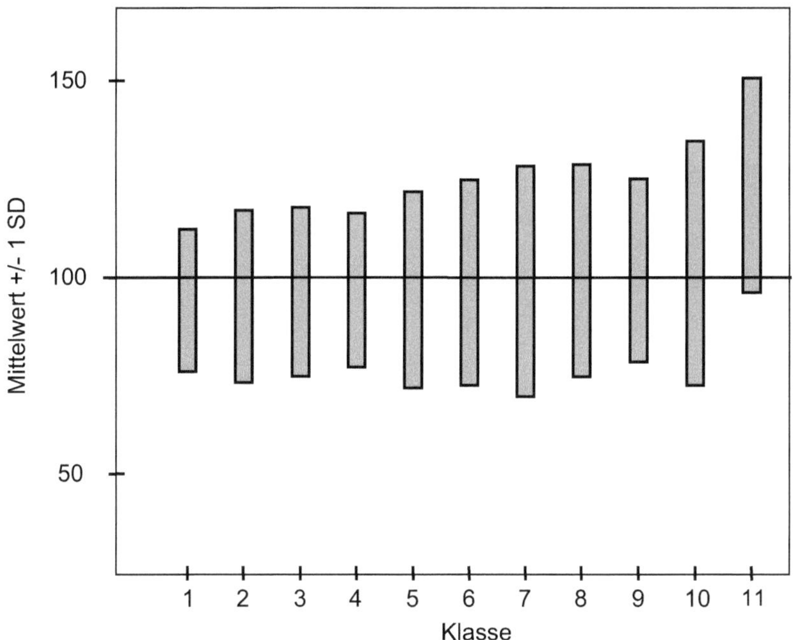

Auf den ersten Blick fallen – bis auf eine Ausnahme (Klasse 11) – die recht ähnlichen mittleren Leistungen der Klassen auf. In den Streuungen *innerhalb* der Lerngruppen zeigten sich jedoch eindeutige Unterschiede. Klasse 11 übertraf in ihren beruflichen Fachleistungen den Gesamtdurchschnitt sehr auffällig, nämlich um beinahe eine Standardabweichung bei gleichzeitig erhöhter Streuung. Bei dieser Klasse handelte es sich um eine Gruppe, die sich in ihren allgemeinen kognitiven Grundkompetenzen von den übrigen absetzte. So wies diese Gruppe durchgängig in den allgemeinen Fachleistungen zu Beginn der Ausbildung (Deutsch-Leseverständnis,

Mathematik I) als auch in den metakognitiven Strategien und allgemeinen Grundqualifikationen am Ende der Ausbildung die höchsten Mittelwerte auf, deren positive Abweichungen vom Durchschnitt der Gesamtgruppe zwischen einer halben Standardabweichung für Mathematik bis zu einer ganzen Standardabweichung für das Leseverständnis (ULME I) variierten.

In Abhängigkeit von den Schulabschlüssen zeigt sich auch für diese Berufsgruppe der erwartete monotone Zusammenhang zwischen Testniveau und Höhe des schulischen Abschlusses (vgl. Tabelle 8.5).

Tabelle 8.5   *Durchschnittliche Schülerleistungen im beruflichen Fachtest für den Ausbildungsberuf „Medizinische/-r Fachangestellte/-r" nach Schulabschluss*

höchster allgemein bildender Schulabschluss	Mittelwert	Standardabweichung	N*
Hauptschulabschluss oder vergleichbar	81,2	23,8	32
Realschulabschluss oder vergleichbar	101,0	22,7	151
Fachhochschulreife	113,2	22,0	9
Hochschulreife / Abitur	135,7	19,5	8
insgesamt	*99,7*	*25,1*	*200*

* Wieder konnten nur die Schülerinnen und Schüler berücksichtigt werden, die im Schülerfragebogen Angaben zum höchsten erreichten Schulabschluss machten (hier 200 von 203 Schülerinnen). Auch wenn die Gruppe der Jugendlichen mit Fachhochschul- und Hochschulreife sehr klein ist, so wurde sie dennoch in die deskriptiven Statistiken eingeschlossen, um das beträchtliche Leistungsgefälle, insbesondere zwischen Fachhochschulreife und Hochschulreife, anzudeuten. Dem konnte jedoch aufgrund der Fallzahlen nicht weiter nachgegangen werden.

Die Realschülerinnen, die die stärkste Gruppe bildeten, lagen rund drei Viertel einer Standardabweichung oberhalb der Leistungen der künftigen Fachangestellten mit Hauptschulabschluss. Zum leistungsstärksten Viertel gehörten alle Schülerinnen mit Abitur, vier (bzw. 44 Prozent) der Jugendlichen mit Fachhochschulreife, 42 (bzw. 28 Prozent) der Schülerinnen mit mittlerer Reife und zwei (bzw. sechs Prozent) derjenigen mit Hauptschulabschluss.

Rund 27 Prozent der künftigen medizinischen Fachangestellten stammten aus einer Migrantenfamilie. In diesem Zusammenhang wurde geprüft, inwiefern Unterschiede auf die Migrationsgeschichte der Schülerinnen und ihrer Familie zurückgeführt werden konnten. In Tabelle 8.6 sind die Mittelwerte und Standardabweichungen in Abhängigkeit vom kulturellen Kontext erfasst.

Tabelle 8.6   Durchschnittliche Schülerleistungen im beruflichen Fachtest für den Ausbildungsberuf „Medizinische/-r Fachangestellte/-r" nach Migrationshintergrund

Migrationshintergrund	Mittelwert	Standardabweichung	N
deutsch ohne Migrationshintergrund	103,9	23,3	142
deutsch mit Migrationshintergrund	85,7	23,2	33
Ausländer	92,6	27,7	21
insgesamt	*99,6*	*24,7*	*196*

Ähnlich wie bei den und Friseurinnen und Friseuren erzielten die ausländischen Jugendlichen tendenziell etwas bessere Leistungen als die deutschen Jugendlichen mit Migrationshintergrund, wenngleich die Leistungen beider Gruppen wiederum auffällig hinter den Leistungen der Schülerinnen ohne Migrationsgeschichte zurückblieben. Hier – wie auch bei den Fachleistungstests in einigen anderen Berufen – könnte es sich u. a. um einen Effekt der ‚Sprachlastigkeit' der Testaufgaben handeln. Dies kann hier jedoch nicht näher überprüft werden; denn nur sehr wenige Aufgaben in diesem Test kamen mit einer weitgehend sprachfreien Aufgabenstellung aus, und zudem war die Gruppe der Jugendlichen mit Migrationshintergrund relativ klein. Allerdings konnten neuere Analysen der PISA-Daten 2003 zu Mathematik und Naturwissenschaften im Gegensatz zu früheren Untersuchungen diesbezüglich keinen systematisch erheblichen Zusammenhang nachweisen: Allem Anschein nach waren die niedrigeren mittleren Kompetenzen der Schülerinnen und Schüler mit Migrationshintergrund nicht spezifisch auf schlechtere Ergebnisse in sprachabhängigen Tests rückführbar (vgl. Ramm, Prenzel, Heidemeier & Walter, 2004, 269ff.). Offenkundig gibt es hier noch einige ungelöste Grundfragen, namentlich im Hinblick auf die allgemeine Bedeutung der Sprache für den Erwerb beruflicher Fach- und Methodenkompetenz und nicht zuletzt unter dem Aspekt affektiver, sozialer und motorischer Konstituenten der Handlungskompetenz.

Von den 203 Jugendlichen, die am beruflichen Fachleistungstest teilnahmen, machten 200 Auszubildende Angaben im Schülerfragebogen zum Herkunfts-Bundesland. Von diesen Jugendlichen stammten im Schuljahr 2004/2005 etwas mehr als ein Drittel aus dem Umland (37 Prozent). Längsschnittlich wurden 155 Jugendliche bei annähernd gleichen Proportionen zwischen Hamburger Schülerinnen einerseits und Jugendlichen aus anderen Bundesländern andererseits erfasst. Zwar konnte zu Beginn der Ausbildung ein auf das Herkunftsbundesland entfallender Varianzanteil von 4,5 Prozent bei einem signifikanten Leistungsvorteil für die Nicht-Hamburger Schülerinnen und Schüler (d = 0,44; p < 0,01) festgestellt werden; diesen Vorteil konnten die Schülerinnen und Schüler allerdings in Bezug auf die beruflichen Fachleistungen am Ende der Ausbildung nicht in dem Maße für sich geltend machen. Zwar lagen die durchschnittlichen beruflichen Fachleistungen von Jugendlichen, die ihren allgemeinen Schulabschluss in einem anderen Bundesland erworben haben, immer noch um rund ein Viertel einer Standardabweichung höher als die beruflichen Fachleistungen der Hamburger Auszubildenden (MW_{HH} = 96,6, SD_{HH} = 21,9, N_{HH} = 97; MW_{UL} = 102,6, SD_{UL} = 24,6, N_{UL} = 58; d = 0,23), aber aufgrund der größeren Streuung in den beruflichen Fachleistungen der Nicht-Hamburger sank der durch das Bundesland erklärte Varianzanteil von 1,6 Prozent.

Hintergründe der Testleistungen

Auch für den Beruf der Medizinischen Fachangestellten wurde der Frage nach Hintergründen der Testleistungen nachgegangen.

Tabelle 8.7   Determinanten der Leistungen im beruflichen Fachtest für den Ausbildungsberuf „Medizinische/-r Fachangestellte/-r"

Prädiktoren: kognitive Merkmale	Standardisierter Regressionskoeffizient Beta
Texte und Tabellen, Ende BS	0,34
Deutsch-Leseverständnis, Beginn BS	0,20
Wissen zur Texterschließung, Ende BS	0,14
Mathematik, Beginn BS	0,13 n. s.
Muttersprache	0,12 n. s.
R^2	0,47

Wie nach den vorangegangenen Analysen kaum anders zu erwarten, waren die Ergebnisse im beruflichen Fachleistungstest wiederum durch die Kompetenzen in den zentralen Domänen der allgemeinen Bildung, insbesondere durch das Verständnis kontinuierlicher und diskontinuierlicher Texte determiniert; vgl. die durch den Subtest „Texte und Tabellen" gemessene, hier besonders gewichtige Fähigkeit zum Umgang mit Informationen in Tabellen, Grafiken und Schemata.

8.3 Berufliche Fachleistungen im Ausbildungsberuf „Zahnmedizinische/-r Fachangestellte/-r"

8.3.1 Zur Struktur des beruflichen Fachleistungstests

Der berufsspezifische Fachtest für die Zahnmedizinischen Fachangestellten bezog sich auf ein schulisches Curriculum mit vier Lernfeldkomplexen. Nach dem Urteil der Experten, der Lehrenden der beruflichen Schulen und der Fachvertreter der Schulbehörde wurde eine sehr gute Repräsentation der Lernfeldgruppen im Aufgabensatz erreicht. Der Test umfasste insgesamt 104 Einzelitems, konstruiert im Multiple-Choice-Format und in Form von Zuordnungsaufgaben.

Aus der Perspektive der mit dem Test verbundenen Wissensarten lag der Schwerpunkt des Tests auf dem Konzeptwissen. Obgleich der Anteil von Items, die lediglich einfaches Faktenwissen abfragten, erfreulich gering war, beurteilten die Experten die im Test geforderten prozeduralen Wissensanteile als noch nicht hinreichend. Rund drei Viertel der Testaufgaben bezogen sich nach Experteneinschätzung auf die Anwendung beruflichen Wissens und Könnens und ca. ein Viertel auf das Reproduzieren von Inhalten. Kritisch beurteilt wurde das Fehlen von Aufgaben zur Reflexion.

Der Test war mit einer EAP/PV Reliabilität von 0,88 (WLE-Reliabilität nicht verfügbar) durch eine gute interne Konsistenz gekennzeichnet. Die transformierten Itemschwierigkeiten verteilten sich auf einen Skalenbereich von -16 bis zu 199 Punkten.

8.3.2   Befunde zu den beruflichen Fachleistungen im Ausbildungsberuf
*   „Zahnmedizinische/-r Fachangestellte/-r "*

Testanforderungen und Leistungsverteilung

Ähnlich wie beim beruflichen Fachtest für die Friseurinnen und Friseure zeigte sich für die mittleren Itemschwierigkeit im Vergleich zur mittleren Schülerfähigkeit ein niedrigerer Wert. Erneut war die Skala so normiert worden, dass sich für die mittlere Schülerleistung ein Wert von 100 und für die Standardabweichung ein Wert von 25 Skalenpunkten ergab. Die Schwierigkeitskennwerte wurden – analog zu allen übrigen rasch-skalierten Tests – so den Personenparametern zugeordnet, dass sich für eine Probandin mit dem gleichen Kennwert wie für eine bestimmte Aufgabe die Wahrscheinlichkeit, diese zu lösen, $p = 0,65$ betrug.

Abbildung 8.8   Schwierigkeitskennwerte der Testaufgaben im
*   beruflichen Fachtest für den Ausbildungsberuf*
*   „Zahnmedizinische/-r Fachangestellte/-r "*

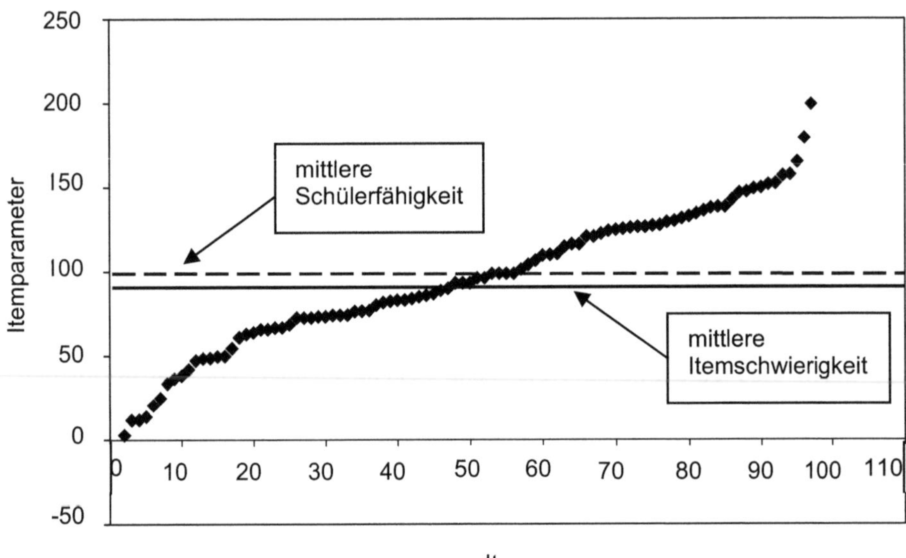

Die relative hohe durchschnittliche Streuung der Items (SD = 41,8) ist auf einige sehr leichte und einige wenige sehr anspruchsvolle Aufgaben zurückzuführen. Rund drei Viertel der Items liegen in einem Wertebereich von 50 bis 150 Punkten.

Die Schülerfähigkeiten reichten von 21 bis zu 154 Punkten (vgl. Abbildung 8.9); die fünf anspruchsvollsten Aufgaben des Tests konnten somit selbst von den beiden leistungsstärksten Schülerinnen, die einen Fähigkeitsscore von rund 154 Punkten erreicht hatten, nicht mit einer Wahrscheinlichkeit von $p \geq 0,65$ gelöst werden.

Die oberste für Abbildung 8.9 ausgewählte Aufgabe, bei der anhand von Abbildungen die korrekte Reihenfolge einer Kürettage anzugeben war, erwies sich als besonders anspruchsvoll. Lediglich eine Aufgabe aus dem Bereich der Abrechnungen von zahnärztlichen Leistungen stellte noch höhere Anforderungen an das Leistungsvermögen der Schülerinnen. Bei dieser Aufgabe handelt es sich um eine Aufgabe, die spezifisches zahnmedizinisches Fachwissen erforderte, das zugleich in eine konkrete Abfolge konkreter Behandlungsteilschritte zu transformieren war.

Neben der Reproduktion des Wissens über eine Kürettage mussten die Schülerinnen den Behandlungsablauf zur Entfernung von Entzündungsgewebe anhand der Abbildungen rekonstruieren. Abschließend waren die Antwortalternativen unter dem Gesichtspunkt der Richtigkeit der angebotenen Sequenzierung zu beurteilen. Diese Aufgabe verlangte prozedurales Wissen, aber auch die Fähigkeit, spezifische zahnmedizinische Sachverhalte anhand von grafischen Repräsentationen zu erkennen.

Insgesamt zeichneten sich bei vielen getesteten Jugendlichen Schwierigkeiten ab, im Bereich zahnmedizinischer Spezialfälle die Entscheidung über eine angemessene Reaktion zu treffen, etwa bei der Nachfrage einer besorgten Mutter nach der Notwendigkeit einer Wurzelbehandlung an einem Milchzahn. Diese Aufgabe war mit einem Schwierigkeitsparameter von 150 Skalenpunkten besonders schwierig, vermutlich, weil es hier den Jugendlichen schwer fiel, zwischen Alltagsüberzeugungen, die die Distraktoren attraktiv erscheinen ließen, und Professionswissen zu unterscheiden.

*Abbildung 8.9   Verteilung der Schülerleistungen im beruflichen Fachtest für den
Ausbildungsberuf „Zahnmedizinische/-r Fachangestellte/-r" im
Vergleich mit den Schwierigkeiten der Testaufgaben*

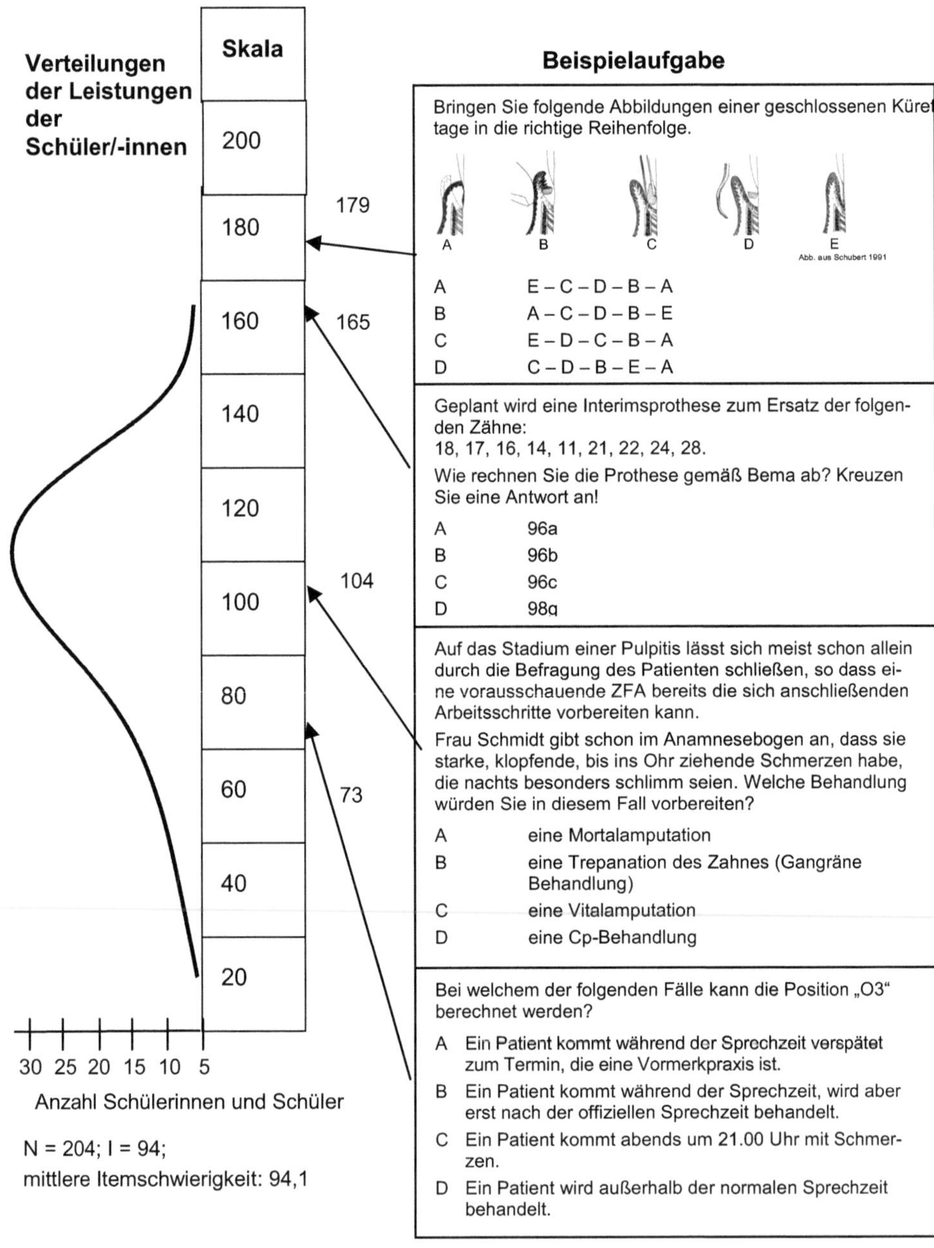

Als ebenfalls sehr schwierig erwiesen sich einige ausgewählte Aufgaben aus dem Bereich der Abrechnung zahnmedizinischer Leistungen. Während lediglich zwei, auf singuläre abrechnungstechnische Einzelinformationen zielende Items unterhalb der durchschnittlichen Schülerfähigkeit von 100 lagen (u. a. auch Beispielaufgabe 4 in der Abbildung 8.9), bereitete die Bearbeitung aller übrigen Items aus diesem Gebiet größere, teilweise erhebliche Schwierigkeiten. In der Regel waren bei den Aufgaben zur Liquidierung zahnärztlicher Leistungen mehrere Behandlungspositionen zu berücksichtigen, oder aber es handelte sich um komplexere Behandlungspläne, wofür die zweite Aufgabe von oben ein Beispiel gibt. Der hohe Anspruch solcher Items kann auch damit zusammenhängen, dass die Jugendlichen in ihrer praktischen Ausbildung nicht durchgehend und intensiv mit Abrechnungsaufgaben beschäftigt waren, da in vielen zahnärztlichen Praxen diese Abrechnungstätigkeiten teilweise oder auch komplett an externe Unternehmen weitergegeben werden, so dass hier noch wenig Möglichkeit bestand, Routinewissen aufzubauen.

Die dritte Aufgabe von oben steht für eine Vielzahl von Items, die sich auf Standardbehandlungen in einer Zahnarztpraxis beziehen, bei denen anhand der Symptome die Zahnmedizinische Fachangestellten bereits erste Hinweise auf die benötigten Instrumente und Materialien für die Behandlung erhalten.

Relative Stärken zeigten sich bei den Aufgaben im Bereich der Mundhygiene, aber auch der ersten Hilfe, die die Auszubildenden mit hoher Sicherheit weitgehend korrekt bearbeiten konnten.

Ergebnisse im beruflichen Fachleistungstest des Ausbildungsberufs
„Zahnmedizinische/-r Fachangestellte/-r"

Es wurde bereits erwähnt, dass der berufliche Fachleistungstest mit seinen durchschnittlichen Anforderungen relativ gut den mittleren Schülerfähigkeiten angepasst ist; er erlaubt praktisch im ganzen Leistungsspektrum eine hinreichende diagnostische Differenzierung und kommt damit der Idealverteilung von Itemschwierigkeiten recht nahe.

Rund 34 Prozent der Schülerinnen hatten Werte unterhalb der mittleren Itemschwierigkeit von 94 erzielt. Die Gruppe der leistungsstärksten Jugendlichen mit Leistungen von mindestens einer Standardabweichung oberhalb der durchschnittlichen Schülerfähigkeit umfasste 9 Prozent. Rund 18 Prozent der Jugendlichen hatten fachliche Kompetenzen nachgewiesen, die die Schwelle von einer Standardabweichung unterhalb des Gesamtdurchschnitts nicht überstiegen. Diese Jugendlichen überschritten die Grenze zwischen Alltags- und Professionswissen kaum, sie beherrschten lediglich grundlegende Fachbegriffe, waren halbwegs sicher im Wiedererkennen von Standardinstrumenten für Zahnbehandlungen sowie im Bereich grundlegender Arbeiten in der Anmeldung und Aufnahme von Patienten.

Differenzielle Analysen

Die zahnmedizinischen Fachangestellten stammten aus einer etwa gleich großen Gruppe wie ihre Kolleginnen aus dem Bereich der medizinischen Versorgung. Auch hier verteilten sich die Jugendlichen (N = 204) auf 11 Klassen; diese unterschieden sich in ihren mittleren Leistungen jedoch kaum. Abbildung 8.10 vermittelt einen Eindruck von dem relativ homogenen Leistungsbild *zwischen* den Klassen. Auffällig sind allerdings die Unterschiede in den Leistungsstreuungen *innerhalb* der Gruppen. Beachtliche Leistungsspreizungen liegen offenkundig in den Klassen 1, 2, 4, 8 und 11 vor; innerhalb der Klassen 3, 9 und 10 hingegen variieren die individuellen Fachkompetenzen weitaus weniger.

Die relativ homogene Struktur in den durchschnittlichen Fachleistungen zwischen den Klassen stimmt weitgehend mit den Befunden zu den Anfangsleistungen der Jugendlichen dieses Ausbildungsberufs überein (vgl. Abschnitt 3.1.2, Abbildung 3.3). Diese hatten sich bei der Analyse der Lernstände in den zentralen Lernbereichen Mathematik, Deutsch und erste Fremdsprache Englisch, zusammengefasst im allgemeinen Fachleistungsindex, zu Beginn der Ausbildung als auffallend einheitlich erwiesen. Deutlich anders sah es bei den metakognitiven Strategien zur Textverarbeitung zu Beginn der Ausbildung aus; hier hatten sich signifikante Leistungsunterschiede zwischen den Klassen gezeigt, wobei der klassenspezifische Varianzanteil bei 12 Prozent lag (Eta^2 = 0,119; p < 0,05). Auch hinsichtlich der Fähigkeiten im Umgang mit kontinuierlichen und diskontinuierlichen Texten gegen Ende der Ausbildung traten auffällige Differenzen zwischen den Klassen zutage. Hier wäre es interessant, in nachfolgenden Untersuchungen zu klären, in welchem Zusammenhang solche allgemeinen kognitiven und metakognitiven Kompetenzen mit den beruflichen Fachleistungen stehen.

Abbildung 8.10 Leistungen im beruflichen Fachtest für den Ausbildungsberuf
„Zahnmedizinische/-r Fachangestellte/-r" nach Klassen –
Mittelwert plus/minus eine Standardabweichung

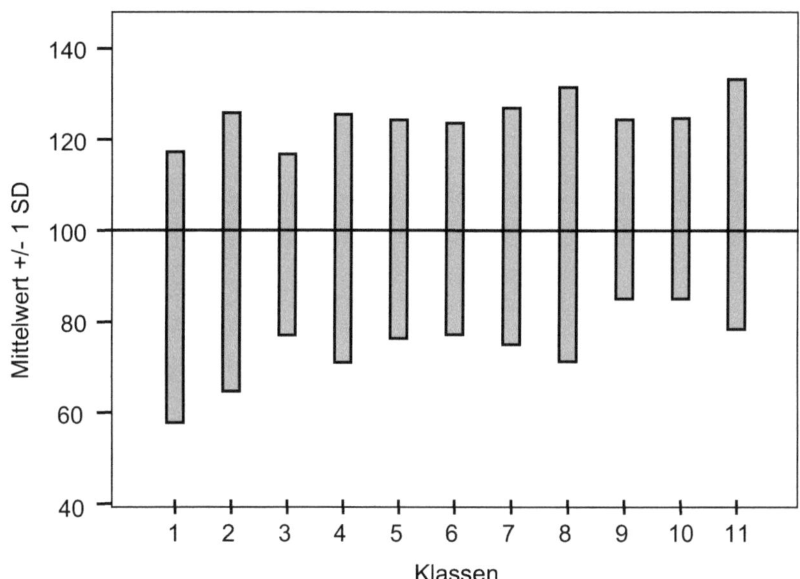

Zunächst wurde jedoch der Frage nachgegangen, ob und ggf. im welchem Maße sich zwischen Jugendlichen mit unterschiedlichem Bildungsabschluss sowie aus verschiedenen sozialen oder kulturellen Milieus Unterschiede in den Fachleistungen feststellen lassen.

Da bei den Zahnmedizinischen Fachangestellten sowohl Jugendliche mit Hauptschulabschluss (etwa 25 Prozent) als auch mit Realschulabschluss (66 Prozent) oder Fachhochschulreife (9 Prozent) einmündeten, wurde in einem ersten Schritt der Frage nach den Differenzen in Abhängigkeit vom Schulabschluss nachgegangen. In diesem Zusammenhang konnten Differenzen in den Fachleistungen in Bezug auf das Schulabschlussniveau festgestellt werden, die 10 Prozent der Varianz in den beruflichen Fachleistungsdifferenzen aufklärten und im Übrigen – *mutatis mutandis* – den Befunden zu den Medizinischen Fachangestellten weitgehend entsprechen (vgl. Tabelle 8.8)

Tabelle 8.8   *Durchschnittliche Schülerleistungen im beruflichen Fachtest für den Ausbildungsberuf „Zahnmedizinische/-r Fachangestellte/-r" nach Schulabschluss*

höchster Schulabschluss	Mittelwert	Standardabweichung	N
Hauptschulabschluss oder vergleichbarer Abschluss	89,5	27,7	59
Realschulabschluss oder vergleichbarer Abschluss	105,4	20,8	131
Fachhochschulreife	110,1	9,2	8
insgesamt	*100,8*	*23,9*	*198*

* Es konnten nur die Schülerinnen und Schüler berücksichtigt werden, die im Schülerfragebogen Angaben zum höchsten erreichten Schulabschluss machten (hier 198 von 204 Schülerinnen). Wenngleich die Gruppe jener Jugendlichen mit Fachhochschulreife sehr klein ist, so wurde sie dennoch in den deskriptiven Statistiken gesondert ausgewiesen.

Die Mittelwerte markieren ein deutliches Leistungsgefälle zwischen den Jugendlichen mit Hauptschulabschluss und jenen mit mittlerer Reife. Die Fachleistungsdifferenzen zwischen diesen beiden Schülergruppen betrugen knapp zwei Drittel einer Standardabweichung. Die Unterschiede zwischen Jugendlichen mit Realschulabschluss und denjenigen mit Fachhochschulreife waren nur gering ausgeprägt; hier sei jedoch auch einschränkend auf die geringen Fallzahlen bei den Schülerinnen mit Fachhochschulreife verwiesen, die Vergleiche und weiterführende Interpretationen kaum zuließen. Bei den Hauptschülerinnen fiel darüber hinaus die hohe Streuung der beruflichen Fachleistungen auf, während sich bei den Realschülerinnen ein viel homogeneres Leistungsbild ergab.

Die Tabelle 8.9 bietet einen Überblick über die mittleren Fachleistungen in Abhängigkeit vom Migrationshintergrund. Einerseits zeigte sich ein für fast alle Berufe durchgängiges Muster, nach dem die beruflichen Fachleistungen der deutschen Jugendlichen ohne Migrationshintergrund günstiger ausfallen als bei den Schülerinnen und Schülern mit Migrationsgeschichte. Andererseits hob sich der Befund bei den zahnmedizinischen Fachangestellten insofern von den Ergebnissen für die beiden anderen Berufe des hier diskutierten Bereichs ab, als die ausländischen Jugendlichen in ihren durchschnittlichen Fachleistungen hier unterhalb des Mittelwerts der deutschen Jugendlichen aus Familien mit Migrationsgeschichte lagen. Einschränkend sei jedoch festgehalten, dass es sich dabei um relativ geringe Differenzen zwischen sehr ‚überschaubaren' Gruppen handelt.

Tabelle 8.9   Durchschnittliche Schülerleistungen im beruflichen Fachtest für
den Ausbildungsberuf „Zahnmedizinische/-r Fachangestellte/-r"
nach Migrationshintergrund

Migrationshintergrund	Mittelwert	Standardabweichung	N
deutsch ohne Migrationshintergrund	106,4	22,8	130
deutsch mit Migrationshintergrund	91,3	21,2	40
Ausländer	86,9	29,8	23
insgesamt	*101,0*	*24,6*	*193*

Auch bei den Zahnmedizinischen Fachangestellten wurde der Frage nach den Fachleistungen in Abhängigkeit vom Herkunftsbundesland nachgegangen. An ULME I nahmen 268 Jugendliche im Ausbildungsberuf der Zahnmedizinischen Fachangestellten teil; 220 Schülerinnen gaben im Schülerfragebogen an, in welchem Bundesland sie ihren allgemeinen Schulabschluss erworben hatten. Die Prüfung der Leistungsdifferenzen in den allgemeinen Fachleistungen zu Beginn der Ausbildung zeigte einen massiven Leistungsvorsprung für die Jugendlichen aus dem Umland, der mehr als drei Viertel einer Standardabweichung im allgemeinen Fachleistungsindex betrug. Werden nur die Daten der Jugendlichen im Längsschnitt betrachtet (N = 152), so bleibt dieser Leistungsvorteil in annähernd gleicher Höhe für die allgemeinen Fachleistungen zu Beginn der Ausbildung bestehen. Der auf die Zugehörigkeit zu Hamburg oder dem Umland entfallende Varianzanteil fiel mit rund 15,6 Prozent – im Vergleich zur Gesamtgruppe des Längsschnitts ULME I – III und im Vergleich zu anderen Berufen wie den Medizinischen Fachangestellten – sehr beträchtlich aus. Es wurde anschließend geprüft, welche Differenzen sich in den beruflichen Fachleistungen für jene Jugendlichen zeigten, die sowohl an ULME I als auch an ULME III teilnahmen. Auch in dieser Domäne wurde ein erheblicher Leistungsvorsprung der Jugendlichen anderer Bundesländer gegenüber den Hamburger Auszubildenden diagnostiziert; dieser lag in den beruflichen Fachleistungen bei einer Effektstärke von d = 0,60, also etwas geringer als bei den allgemeinen Fachleistungen zu Beginn der Ausbildung, aber dennoch sehr beträchtlich. Wie im nachfolgenden Abschnitt noch gezeigt wird, lassen sich Leistungsunterschiede im beruflichen Bereich vor allem aus den allgemeinen Kompetenzen in den sog. kulturellen Grundqualifikationen zu Beginn und am Ende der Ausbildung erklären. Insofern erstaunt es wenig, dass bei der oben beschriebenen positiven Selektion von Jugendlichen aus anderen Bundesländern durch die Hamburger Arbeitgeber, deren Leistungsvorteil am Ausbildungsbeginn auch den beruflichen Kompetenzaufbau positiv beeinflusste. Zwar verringerten sich etwas die Differenzen zu den Hamburger Schülerinnen gegen Ende der Ausbildung, aber mit rund 60 Prozent einer Standardabweichung ist der Vorsprung der Nicht-Hamburger Schüler in den beruflichen Fachleistungen immer noch stark ausgeprägt.

Hintergründe der Testleistungen

Wie bei allen anderen Berufen wurde auch bei den Zahnmedizinischen Fachangestellten dem Zusammenhang zwischen dem Ergebnis des beruflichen Fachleistungstests und den allgemeinen kognitiven Grundkompetenzen, Einstellungsfaktoren und sozialen Merkmalen nachgegangen. Die Ergebnisse der entsprechenden Regressionsanalysen sind in Tabelle 8.10 ausgewiesen.

Tabelle 8.10   Determinanten der Leistungen im beruflichen Fachtest für den Ausbildungsberuf „Zahnmedizinische/-r Fachangestellte/-r"

Prädiktoren	Standardisierter Regressionskoeffizient Beta
Kognitive Merkmale	
Texte und Tabellen, Ende BS	0,43
Deutsch-Leseverständnis, Beginn BS	0,28
Mathematik, Beginn BS	0,16
Schulabschluss (Referenzkategorie: Hauptschulabschluss)	0,12
Einstellungsbezogene Merkmale	
Ausbildungsbezogene Motivation	0,11
R^2	*0,59*

Für die künftigen Zahnmedizinischen Fachangestellten galt, wie in den zwei anderen hier dargestellten Berufen ebenso, dass die allgemeinen kognitiven Grundqualifikationen im Bereich des Sprach- und Leseverständnisses sowie die mathematischen Grundqualifikationen bedeutsame Prädiktoren für die Leistungen im hier eingesetzten kognitiven beruflichen Fachleistungstest darstellten.

Die Leistungen im Umgang mit kontinuierlichen und diskontinuierlichen Texten sowie ein grundlegendes Rechenverständnis erwiesen sich als die stärkste Vorhersagevariable. Ein substanzieller Zusammenhang ließ sich darüber hinaus für das Leseverständnis zu Beginn der Ausbildung und für die mathematischen Kompetenzen bei Eintritt in die Berufsausbildung nachweisen. Darüber hinaus lieferte – abweichend von den beiden anderen Ausbildungsberufen – der Schulabschluss, der über eine sog. Dummy-Codierung im Regressionsmodell spezifiziert wurde, einen *eigenständigen* Beitrag zur Varianzaufklärung über die Einflüsse der zuvor genannten Prädiktoren hinaus. Für die ausbildungsbezogene Motivation, erfasst über eine Einschätzungsskala im Schülerfragebogen (vgl. Kap. 3), kann übrigens ebenfalls ein statistisch signifikanter Einfluss auf die Testleistungen belegt werden, doch dem ist hier nicht weiter nachzugehen.

9 Berufsspezifische Fachleistungen in den Ausbildungsberufen „Hotelfachmann/-frau" und „Fachinformatiker/-in"

Gritt Fehring

9.1 Technisch-methodische Grundlagen

In diesem Kapitel werden die berufsbezogenen Fachleistungstests für die Ausbildungsberufe „Hotelfachmann/-frau" und „Fachinformatiker/-in" mit Fachrichtung Anwendungsentwicklung und Fachrichtung Systemintegration ausgewertet.

Der Leistungstest des Ausbildungsberufs „Hotelfachmann/-frau" konnte unter Nutzung des einparametrischen Rasch-Modells skaliert werden. Die Auswertung der Ergebnisse im Ausbildungsberuf Fachinformatiker/-in erfolgte auf Grundlage der Rohwerte. Wie bereits im Abschnitt 2.4 angemerkt, erfordern komplexe Modelle eine hinreichende Zahl an Fällen, um stabile Schätzungen der Modellparameter zu erhalten. Am beruflichen Fachleistungstest des Fachinformatikers und der Fachinformatikerin nahmen lediglich 86 Schülerinnen und Schüler teil, sodass lediglich eine Skalierung auf der Grundlage der klassischen Testtheorie vorgenommen werden konnte. Eine gemeinsame Skalierung mit den Berliner Daten aus der Pilotversion war nicht möglich, da der Test für die Hamburger Hauptuntersuchung in vielen Punkten verändert worden war. Um die Ergebnisse aus dem Test leichter interpretieren zu können, wurden die zunächst berechneten Personen-Rohwerte wie auch in einigen anderen Fällen so transformiert, dass der Mittelwert 100 und die Standardabweichung 25 betrug.

9.2 Berufliche Fachleistungen im Ausbildungsberuf „Hotelfachmann/-frau"

9.2.1 Zentrale Ausbildungsschwerpunkte

Der staatlich anerkannte Ausbildungsberuf „Hotelfachmann/-frau" ist dem Berufsfeld „Ernährung und Hauswirtschaft mit Schwerpunkt Gastgewerbe und Hauswirtschaft" zugeordnet. Die Aufgabenentwickler sind in Anlehnung an die Lernfelder des Rahmenlehrplans für den berufsbezogenen Unterricht dieses Ausbildungsberufs von den Lernbereichen „Service, Food & Bar, Restaurant", „Empfang, Front Office", „Wirtschaftsdienst, Housekeeping" und „Marketing und Verkauf" ausgegangen. Diese inhaltliche Breite des Ausbildungsberufes spiegelt sich in den Aufgaben des beruflichen Fachleistungstests wider.

Insgesamt haben an dem Test 118 Schüler und Schülerinnen aus sieben Klassen teilgenommen. Alle Schülerinnen und Schüler wurden an einer Schule unterrichtet.

9.2.2   *Zur Struktur des beruflichen Fachleistungstests*

Der berufliche Fachleistungstest bestand aus 58 Aufgaben, von denen eine Aufgabe in vier Wahr-Falsch-Aussagen unterteilt wurde. Alle anderen Aufgaben folgten dem Multiple-Choice-Format. Der Test umfasste somit insgesamt 61 Items, von denen letztlich 56 in den Kompetenzschätzungen berücksichtigt werden konnten.

Der Gesamttest erreicht eine wenig zufrieden stellende interne Konsistenz (WLE-Reliabilität = 0,75). Die in die Auswertung einbezogenen Items wiesen hinreichende bis gute Diskriminanzwerte zwischen 0,11 bis 0,45 auf.

Der Test bestand aus analytisch wechselseitig voneinander unabhängigen Items, von denen jedoch einige in derselben beruflichen Kontextsituation eingebettet waren. So wurde dem Test ein „*fact sheet*' vorangestellt, in dem wichtige Hintergrundinformationen zum hypothetischen Kontext („Arabella Sheraton Hotel Hamburg") gegeben wurden. Ein Teil der Testaufgaben bezog sich – wie bereits erwähnt – auf konkrete Gegebenheiten dieses ‚Hotels'; d. h. für die Lösung einiger Aufgaben waren explizit Informationen aus dem ‚fact sheet' zu entnehmen. Beispielsweise mussten für die Aufgabe zur Ausbuchung eines Stammgastes wegen Überbuchung im ‚fact sheet' genannte direkte Konkurrenten als Antwortmöglichkeiten ausgeschlossen werden.

Von den 56 in die Auswertung einbezogenen Items können 29 dem gewerblich-gastronomischen und 21 dem kaufmännischen Inhaltsbereich zugeordnet werden, in dem auch sieben berufsbezogene Rechenaufgaben enthalten sind. Daneben enthielt der Test 6 Aufgaben außerhalb dieser beiden Bereiche, zum Beispiel Fragen zum Jugendschutz, eine Aufgabe zur Nutzung der Mindmapping-Methode sowie eine

Frage, bei der die Schülerinnen und Schüler situationsgebunden ihre englischen Sprachkenntnisse einbringen mussten.

9.2.3   Befunde zu den beruflichen Fachleistungen im Ausbildungsberuf „Hotelfachmann/-frau"

Testanforderungen und Leistungsverteilung

In der Abbildung 9.1 ist die Verteilung der Aufgabenschwierigkeiten grafisch darge-stellt. Mit einer mittleren Itemschwierigkeit von 146 Skalenpunkten erwies sich der berufliche Fachleistungstest für die Schülerinnen und Schüler in diesem Ausbil-dungsberuf als sehr anspruchsvoll. Lediglich drei Aufgaben waren einfacher, als es der mittleren Leistungsfähigkeit der Schülerinnen und Schüler von 100 entspricht. Aufgrund dieser sehr augenfälligen Diskrepanz zwischen Testanforderungen und Schülerleistungen wäre es wünschenswert, der curricularen Validität des Fachleis-tungstests im Hinblick auf das implementierte Curriculum nachzugehen, auch wenn die Einschätzungen der Fachdidaktik-Experten unter der Perspektive der intendier-ten Lernziele dem Test hinreichende curriculare Validität bescheinigt haben. Ein solcher Abgleich mit der tatsächlichen Unterrichtspraxis war hier nicht möglich, da für die Testentwicklung nur schulexterne Experten gewonnen werden konnten und eine zusätzliche Erhebung an den Schulen zur curricularen Validität der Tests nicht möglich war.

Die Aufgaben erfassen ein breites Inhaltsspektrum des Ausbildungsberufes zum Hotelfachmann/zur Hotelfachfrau. In Hinblick auf die angesprochenen Wissensarten wurden die Aufgaben insbesondere dem deklarativen Wissensbereich zugeordnet. Aufgaben, die mehrschrittige, prozessbezogene Arbeitsplanungen erforderten und damit dem prozeduralen Wissensbereich zugeordnet werden konnten, bezogen sich ausschließlich auf das Modellieren wirtschaftlicher Zusammenhänge mit Hilfe mathematischer Operationen und Routinen.

Abbildung 9.1   Schwierigkeitskennwerte der Testaufgaben im beruflichen Fachtest
für den Ausbildungsberuf „Hotelfachmann/-frau"

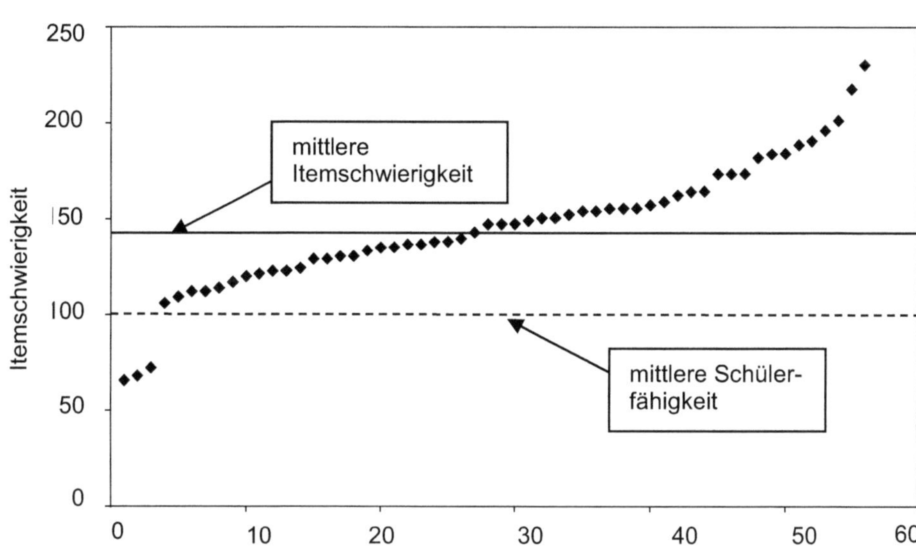

Ergebnisse im beruflichen Fachleistungstest des Ausbildungsberufs
„Hotelfachmann/-frau"

Die Testleistungen der Schülerinnen und Schüler im Ausbildungsberuf Hotelfach-
mann/-frau überspannten ein Leistungsspektrum von 39 bis 162 Skalenpunkten. In
der Verteilung der Fachleistungen zeigte sich der Ansatz für ein sekundäres Maximum im unteren Leistungsbereich. Eine berufsbezogene Fachleistung oberhalb der
mittleren Itemschwierigkeit erreichten nur 3,4 Prozent der Schülerinnen und Schüler. M. a. W.: Fast alle der getesteten Jugendlichen in diesem Ausbildungsberuf
offenbarten bei der überwiegende Mehrzahl der Items große Unsicherheiten, nämlich Lösungswahrscheinlichkeiten unter p = 0,65. Die wenig befriedigende Zuverlässigkeit in der Bestimmung ihrer Fachleistungen ist neben der Kürze des Tests
auch durch seinen Mangel an einfacheren Aufgaben bedingt.

In Hinsicht auf die vorgenommene inhaltliche Zuordnung waren die Aufgaben aus
dem kaufmännischen Bereich für die Schülerinnen und Schüler tendenziell leichter
zu lösen als die Aufgaben aus dem gastronomisch-gewerblichen Bereich. Hiervon

ausgenommen sind jene kaufmännischen Aufgaben, die den Einsatz mathematischer Regeln, Prinzipien und Operationen in der Weise erforderten, dass diese nicht explizit vorgegeben waren, sondern vorgängig die Formulierung eines mathematischen Modells verlangten, das die im Text gegebenen Informationen zu verarbeiten erlaubte. Bei Aufgaben dieses Typs hatten die Schülerinnen und Schüler erhebliche Lösungsschwierigkeiten. Drei von ihnen wiesen die höchsten Schwierigkeitsparameter auf. Will man aus diesen Beobachtungen auf System- und Unterrichtsebene nachhaltigen Nutzen ziehen, so erscheinen Dimensionsanalysen dieser – und ähnlicher – Fachleistungsmessungen im Hinblick auf die unterschiedlichen Facetten des Berufsbildes und der Bezugswissenschaften längerfristig unumgänglich, überschreiten aber den für den vorliegenden Bericht gesetzten Rahmen.

Aufgaben, bei denen auf Alltagswissen zurückgegriffen werden konnte, hatten einen vergleichsweise niedrigen Schwierigkeitskennwert. Dazu zählten beispielsweise jene drei Testitems, deren Schwierigkeitsparameter unterhalb der mittleren Schülerfähigkeit lagen (vgl. Abbildung 9.2): je eine Aufgabe zur Kreditkartenzahlung, zur Diskretion im Umgang mit Gästen und zur Zahlung mit einem Reisegutschein. Diese Aufgaben waren fraglos auch ohne spezifisches Fachwissen im Rahmen der Ausbildung zum Hotelfachmann und zur Hotelfachfrau lösbar, da Jugendliche der angesprochenen Altersgruppe in der Regel über Erfahrungen im Umgang mit den genannten Zahlungsmitteln verfügen und aus der Sicht eines Gastes die üblichen Regeln und Formen der Diskretion kennen.

Obwohl a priori dem Bereich des Faktenwissens zugeordnet, welches für die Lösung der Aufgabe reproduziert werden musste, wiesen berufsspezifische Fragen aus dem Bereich „Service, Food & Bar, Restaurant" für die Schülerinnen und Schüler ein überraschend hohes Anspruchsniveau auf. Hierzu gehört die Frage, welches Besteckteil für den Gang „Geflügelcocktail" auszusuchen ist, sowie eine Frage zum Lebensmittel- und Bedarfsgegenständegesetz. Es handelt sich hier um Musterbeispiele dafür, dass denkbare Abweichungen des faktischen Unterrichts an der Berufsschule (d. h. des implementierten Curriculums) von den offiziellen Vorgaben (d. h. dem intendierten Curriculum) für schlichte Informationsdefizite verantwortlich sind. Allerdings ist auch denkbar, dass in der Praxis häufiger Kenntnisse vorausgesetzt werden, die allenfalls in bürgerlichen Milieus als kulturelle Selbstverständlichkeiten gelten können.

Abbildung 9.2 Verteilung der Schülerleistungen im beruflichen Fachtest für den Ausbildungsberuf „Hotelfachmann/-frau" im Vergleich mit den Schwierigkeiten der Testaufgaben

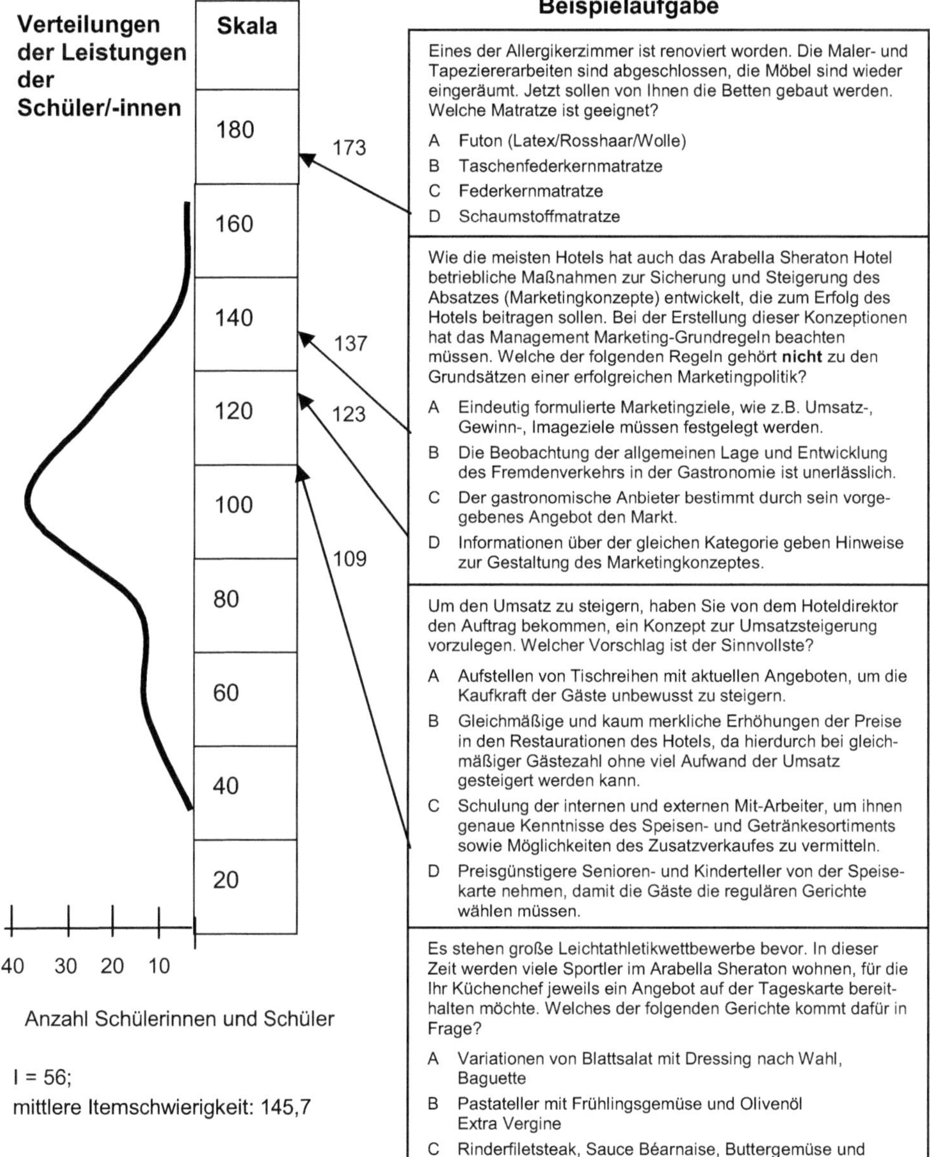

Differenzielle Analysen

Der folgende Abschnitt enthält Analysen auf Schul- und Klassenebene und umfasst
Auswertungen zur Lage besonderer Schülergruppen.

Die Leistungsergebnisse nach Klassen zeigen eine recht homogene Struktur in den
beruflichen Fachleistungen der Schülerinnen und Schüler. Das mittlere Leistungsniveau der sieben Klassen variierte zwischen 93 und 103 Skalenpunkten. Abbildung
9.3 enthält die Mittelwerte sowie Informationen zur Leistungsstreuung innerhalb der
Klassen.

*Abbildung 9.3   Leistungen im beruflichen Fachtest für den Ausbildungsberuf
                „Hotelfachmann/-frau" nach Klassen –
                Mittelwert plus/minus eine Standardabweichung*

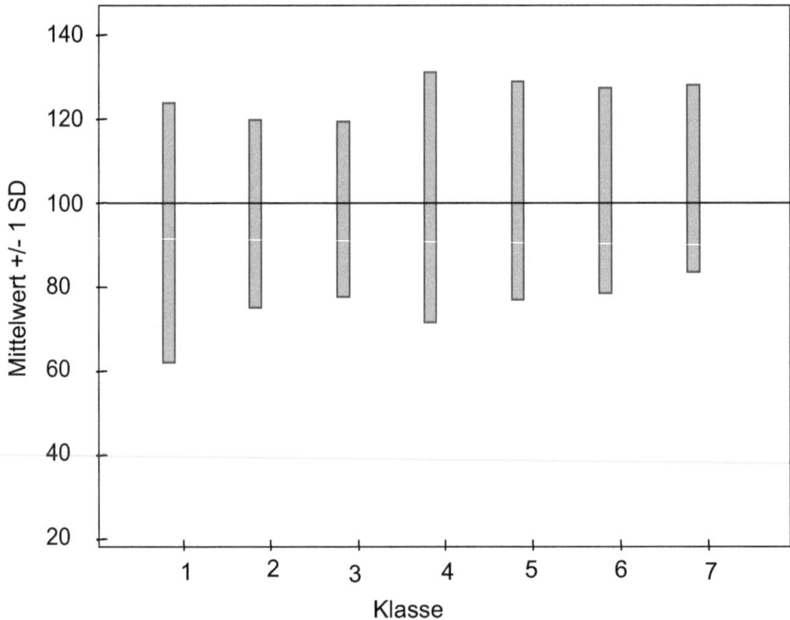

Die im Vergleich höhere Streuung in den Klassen 1 und 4 in der Grafik ergab sich
durch Extremwerte in der Leistungsverteilung: In der Klasse 1 befanden sich drei

Schülerinnen bzw. Schüler mit hoch überdurchschnittlichen Leistungen, während gleichzeitig 35 Prozent der Schülerinnen und Schüler dieser Klasse eine berufsbezogene Fachleistung von max. 70 Skalenpunkten erreicht haben. Eine ähnliche Verteilung lag in der Klasse 4 vor, wobei hier maximal 162 Skalenpunkte (!) erreicht worden waren. Angesichts der geringen Mittelwertdifferenzen zwischen den Lerngruppen war die Zugehörigkeit zu einer Klasse – anders als in einigen anderen Berufen – kein signifikanter Einflussfaktor für das individuelle Ergebnis im berufsbezogenen Fachleistungstest. (Eta^2 = 0,03; p(α) = 0,79).

Zwischen männlichen und weiblichen Jugendlichen konnten keine signifikanten Unterschiede in den Fachleistungen festgestellt werden.

Darüber hinaus wurde geprüft, inwiefern sich Leistungsdifferenzen zwischen den Jugendlichen deutscher und nichtdeutscher Herkunftssprache ergeben hatten. Hier war ein signifikanter Einfluss auf die berufsbezogenen Fachleistungen festzustellen, über den ca. 8 Prozent der Leistungsvarianz erklärt werden kann (Eta^2 = 0,076; p(α) = 0,003; vgl. Abbildung 9.4). Ein Großteil der Schülerinnen und Schüler mit nichtdeutscher Herkunftssprache hatte im Fachleistungstest Ergebnisse im unteren Leistungsbereich erzielt, womit sich das sekundäre Maximum der Verteilung der Fähigkeitskennwerte aus Abbildung 9.2 zumindest teilweise erklärt, wenn auch unter den Jugendlichen deutscher Muttersprache einige extrem schwache Testergebnisse zu finden waren. Trotz niedriger Fallzahlen ist in diesem Zusammenhang eine zusätzliche Analyse aufschlussreich, in der die Gruppe der Schülerinnen und Schüler mit nichtdeutscher Herkunftssprache aus der Abbildung 9.4 nochmals unterschieden wird nach deutscher Staatsbürgerschaft mit mindestens einer nicht deutschen Sprache in der Familie (N = 10) und fremder Staatsbürgerschaft (N = 13). Die Leistungsunterschiede zwischen den nunmehr drei Gruppen wurden konservativ mit einem nichtparametrischen Test überprüft (Chi^2 = 6,63; df = 2; p < 0,05): Die deutschen Schülerinnen und Schüler mit Migrationshintergrund erreichten signifikant niedrigere berufsbezogene Fachleistungen als die ausländischen Jugendlichen. Die durchschnittlich höchsten Leistungswerte in diesem berufsbezogenen Fachleistungstest erzielten die Schülerinnen und Schüler mit deutscher Staatsbürgerschaft ohne Migrationshintergrund.

Abbildung 9.4   Verteilung der Schülerleistungen im beruflichen Fachtest
für den Ausbildungsberuf „Hotelfachmann/-frau"
nach Migrationshintergrund

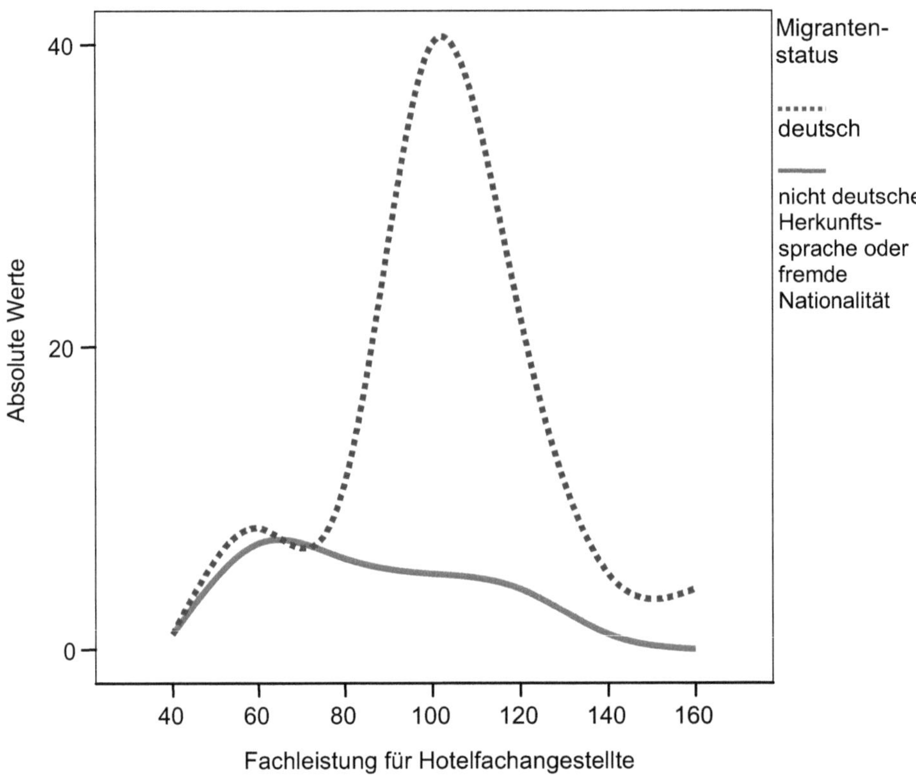

Hintergründe der Testleistungen

Zur Erklärung der Leistungen im beruflichen Fachtest für die Hotelfachleute wurde mit Hilfe einer multiplen Regressionsanalyse geprüft, in welchem Maße die zu Beginn der Ausbildung vorliegenden allgemeinen kognitiven Fähigkeiten und Grundqualifikationen sowie ausgewählte Variablen zum sozio-kulturellen Hintergrund der Jugendlichen Einfluss auf die Leistungsergebnisse im hier diskutierten Test haben.

Dabei haben sich die Mathematikleistung und das metakognitive Wissen über Texterschließung zu Beginn der Ausbildung als wichtigste Prädiktoren für die berufsbezogene Fachleistung der Schülerinnen und Schüler zu deren Abschluss herausgestellt; sie erklären insgesamt 60 Prozent der Varianz der Ergebnisse im berufsbezogenen Fachleistungstest (vgl. zu den unabhängigen Variabeln Lehmann, Ivanov, Hunger & Gänsfuß, 2005, 35ff. und 73ff.).

Abbildung 9.5   Determinanten der Leistungen im beruflichen Fachtest für den Ausbildungsberuf „Hotelfachmann/-frau"

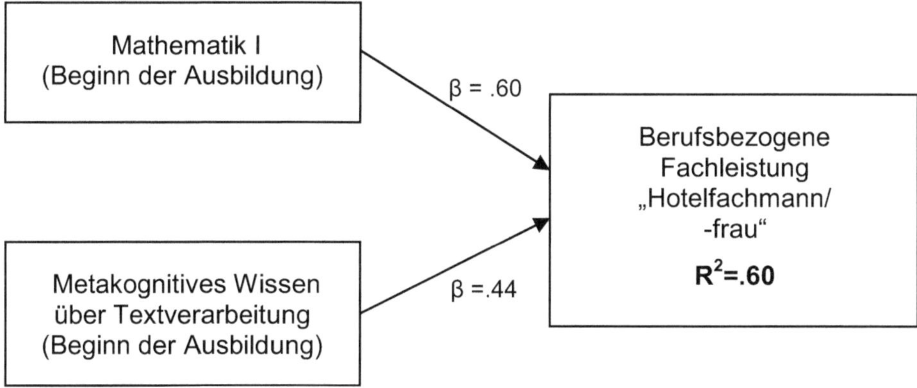

Der erhebliche Zusammenhang zwischen der Fachleistung Mathematik zu Beginn der Ausbildung und der berufsbezogenen Fachleistung an deren Ende weist nochmals darauf hin, dass dieser Test auf seine Verankerung in der Unterrichtspraxis im Ausbildungsberuf „Hotelfachmann/-frau" überprüft werden sollte, bestätigt aber einmal mehr die grundlegende Bedeutung der mathematischen Kompetenz für den Ausbildungserfolg, die sich auch in den übrigen Ausbildungsgängen gezeigt hatte.

9.3   Berufliche Fachleistungen im Ausbildungsberuf „Fachinformatiker/-in"

Die berufliche Ausbildung im staatlich anerkannten Ausbildungsberuf „Fachinformatiker/-in" umfasst nach dem Rahmenlehrplan der KMK von 1997 berufsübergreifende Inhaltsbereiche, die für alle IT-Berufe gelten, und berufsspezifische Qualifikationen mit den Fachrichtungen Anwendungsentwicklung oder Systemintegration.

Der für diesen Ausbildungsberuf entwickelte berufsbezogene Fachleistungstest wurde inhaltlich so konstruiert, dass er bei Schülerinnen und Schülern im Ausbildungsberuf „Fachinformatiker/-in" in beiden Fachrichtungen eingesetzt werden konnte. An dem Test nahmen 86 Schülerinnen und Schülern aus fünf Klassen teil.

Wie bereits zu Beginn des Kapitels erwähnt, war auf Grund der geringen Fallzahlen eine Skalierung der Testergebnisse nach dem einparametrischen Rasch-Modell nicht möglich. Stattdessen stützen sich die folgenden Ausführungen auf die aus einer linearen Transformation der Rohwerte hervorgegangene Skala mit dem Mittelwert 100 und der Standardabweichung 25.

9.3.1 Zur Struktur des beruflichen Fachleistungstests

Der Fachleistungstest umfasste 46 Aufgaben. Bezogen auf das Aufgabenformat waren in dem Test neben Multiple-Choice-Aufgaben vier Zuordnungsaufgaben sowie drei Wahr-Falsch-Aufgaben enthalten. Damit bestand der Test aus 71 Einzelitems, von denen in schrittweiser Optimierung der Messgüte des Tests 55 Items Aufnahme in die Testscores fanden, während 16 im Weiteren unberücksichtigt blieben. Der Test erreichte eine interne Konsistenz von $\alpha = 0{,}79$, wobei ca. 40 Prozent der beibehaltenen Items Diskriminanzkoeffizienten von $r_{pbis} < 0{,}2$ hatten, also relativ wenig zur Messgenauigkeit beigetragen haben.

9.3.2 Befunde zu den beruflichen Fachleistungen im Ausbildungsberuf „Fachinformatiker/-in"

Testanforderungen und Leistungsverteilung

Die Schwierigkeit der Items kann für diesen berufsbezogenen Leistungstest anhand der prozentualen Lösungshäufigkeit dargestellt werden. Die Häufigkeit der richtigen Lösungen der einzelnen Testitems variierte zwischen 20 und 95 Prozent. Der berufsbezogene Fachleistungstest umfasste überwiegend Aufgaben, die dem deklarativen Wissensbereich zugeordnet wurden.

Bei Abbildung 9.6 ist zu beachten, dass hier die schwierigsten Aufgaben, erkennbar an den niedrigen Lösungshäufigkeiten, anders als bei der Verwendung von IRT-Schwierigkeitsindizes, ganz *links* stehen, die leichtesten ganz rechts.

Abbildung 9.6   Lösungshäufigkeiten der Testaufgaben im beruflichen Fachtest
für den Ausbildungsberuf „Fachinformatiker/-in"
(Angaben in Prozent)

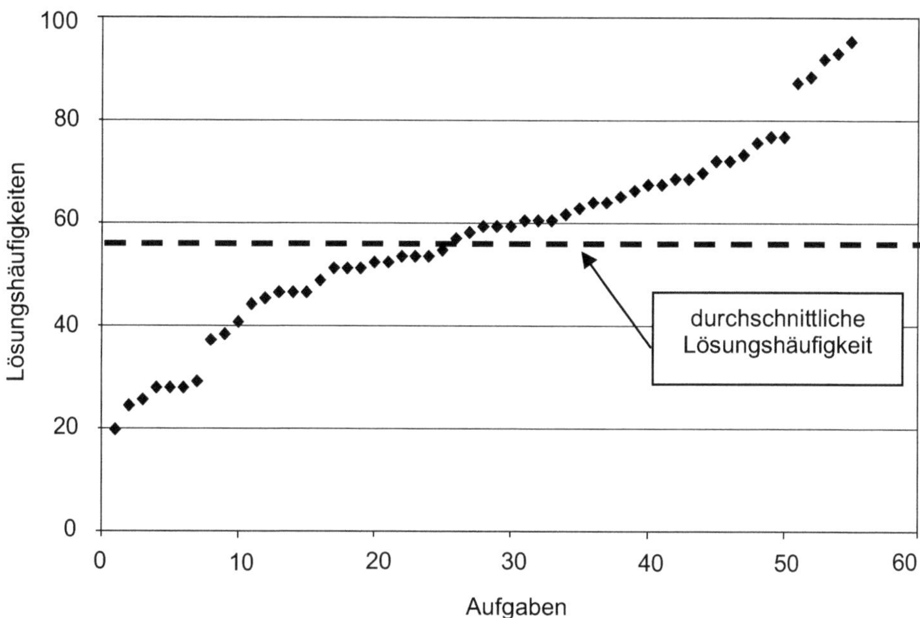

Die drei von den Schülerinnen und Schülern am häufigsten richtig gelösten und somit einfachsten Items (Lösungshäufigkeit > 90 Prozent) gehören zur Zuordnungsaufgabe von Datensicherungsverfahren. Häufig gelöst wurden auch die Aufgaben
zur Hauptfunktion eines DNS-Servers (87 Prozent), zur Erhöhung der Marktranspa-
renz durch Verkauf über das Internet (67 Prozent) und die Zuordnung eines Organi-
gramms zu Weisungs- und Leitungssystemen (67 Prozent). Insgesamt wiesen die
Aufgaben, die von den Schülerinnen und Schülern mit Hilfe alltäglicher Erfahrungen und alltagsnaher Überlegungen gelöst werden konnten, erwartungsgemäß eine
hohe Lösungshäufigkeit auf.

Dahingegen wurden Aufgaben, die auf fachspezifisches Wissen zurückgreifen,
seltener gelöst. Hierzu gehörten zum Beispiel eine Frage zur Funktion der OSI-
Bitübertragungsschicht (24 Prozent) sowie die Frage, welcher Zahlenbereich mit
einer Wortlänge von 8 Bit dargestellt werden kann (28 Prozent). Ebenso wiesen

Aufgaben, die eine Verknüpfung von Fakten- und Begründungswissen erforderten, ein für die getesteten Schülerinnen und Schüler hohes Anspruchsniveau auf. Die Frage zum Beispiel, welches kostengünstige Kabelmedium zur Vernetzung von PCs genutzt werden sollte, wenn es nicht auf eine hohe Störsicherheit ankommt, wurde von 44 Prozent der Schüler, also weniger als der Hälfte, richtig beantwortet. Die Aufgabe zur Überprüfung einer ereignisgesteuerten Prozesskette (EPK) der Rechnungsprüfung konnte von rund einem Viertel der Schülerinnen und Schüler gelöst werden.

Ergebnisse im beruflichen Fachleistungstest des Ausbildungsberufs „Fachinformatiker/-in"

In der Abbildung 9.7 ist die Verteilung der Ergebnisse im berufsbezogenen Fachleistungstest dargestellt.

Abbildung 9.7   Verteilung der Schülerleistungen im beruflichen Fachtest für den Ausbildungsberuf „Fachinformatiker/-in"

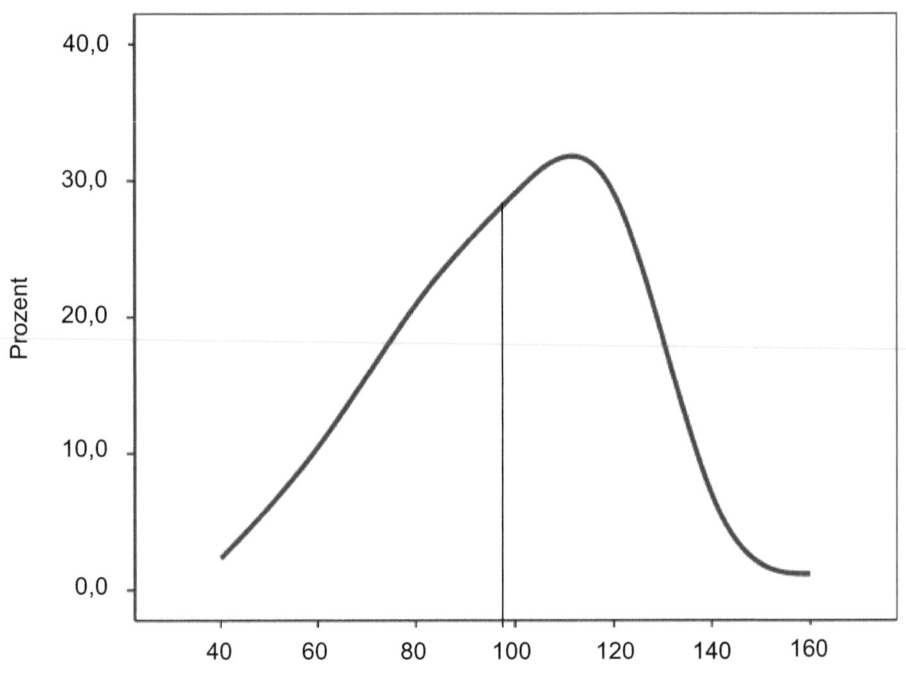

Der minimale Wert liegt bei 40 Skalenpunkten; Auszubildende mit diesem Skalenwert konnten lediglich 14 Items mit hinreichender Sicherheit richtig beantworten. Die leistungsstärkste Schülerin/der leistungsstärkste Schüler hat mit 51 von 55 richtig beantworteten Items einen Wert von 166 Skalenpunkten erreicht.

Differenzielle Analysen

Eine Auffächerung der Ergebnisse im berufsbezogenen Fachleistungstest nach Berufsschulklassen zeigt, dass das mittlere Leistungsniveau zwischen den Klassen variiert: von MW = 90,2 (SD = 24,9) bis zu MW = 109,4 (SD = 21,0); (vgl. Abbildung 9.8).

Abbildung 9.8   Leistungen im beruflichen Fachtest für den Ausbildungsberuf
„Fachinformatiker/-in" nach Klassen –
Mittelwert plus/minus eine Standardabweichung

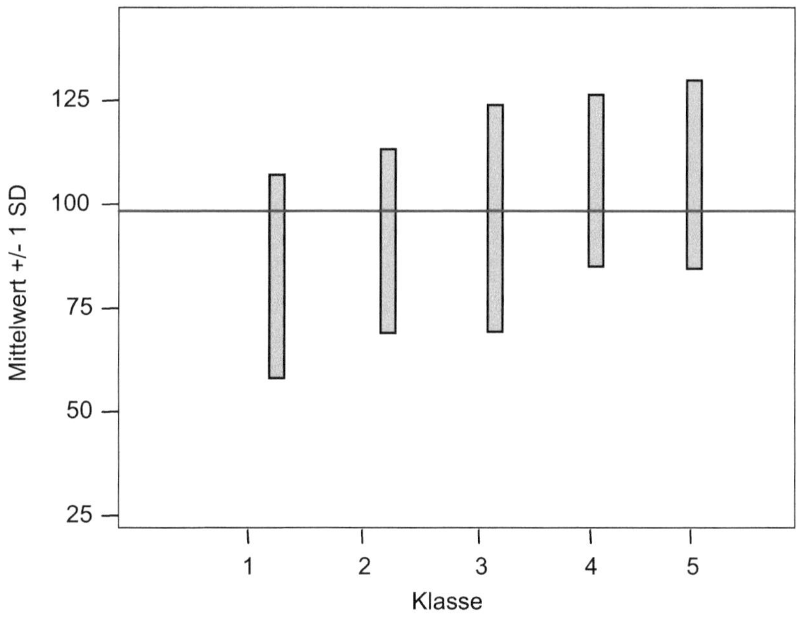

Die Unterschiede können weitgehend auf Zufallseffekte innerhalb der Gesamtverteilung zurückgeführt werden. So ergab sich die vergleichsweise hohe Leistungsstreuung in der Klasse 3 durch einzelne Extremwerte: Das niedrigste Ergebnis in dieser Klasse lag bei 47 Skalenpunkten, während hier gleichzeitig das höchste überhaupt erzielte Ergebnis von 166 Skalenpunkten auftrat. Alle anderen Schülerinnen und Schüler innerhalb dieser Klasse haben einen Wert in der erwarteten Spanne zwischen 61 und 125 Skalenpunkten erreicht. Die beiden Klassen 4 und 5 weisen mit ersichtlich höherem Leistungsmittelwert eine geringe Leistungsstreuung auf; hier sind keine Extremwerte vorhanden.

Allgemeine Grundqualifikationen in Mathematik und im Leseverständnis, metakognitive und allgemeine kognitive Merkmale sowie personenbezogene Merkmale wie Geschlecht und Migrationshintergrund stellen keine erklärungskräftigen Prädiktoren des mit dem beruflichen Fachleistungstest erfassten Fähigkeitsniveaus dar. Dies wird vor allem mit der mangelnden Varianz dieser Merkmale in der hier betrachteten Gruppe zusammenhängen (vgl. Kapitel 3: relativ ähnliche Leistungsstände zu Beginn der Ausbildung, niedriger Anteil weiblicher Auszubildender sowie Jugendlicher aus Migrantenfamilien). Aber auch die Spezifik des im Test erfassten Wissens und Könnens könnte hier in der Weise eine Rolle gespielt haben, dass z.B. spezielles, einschlägiges Vorwissen vor Aufnahme der Ausbildung eine bedeutsamere Stellung einnimmt als die zuvor genannten Hintergrundmerkmale oder eine allgemeine Kompetenz im Bereich der Grundqualifikationen.

9.4   Zusammenfassung

Obwohl die beiden Ausbildungsberufe „Hotelfachmann/-frau" und „Fachinformatiker/-in" hier in einem Kapitel zusammengefasst dargestellt sind, das gewissermaßen die ‚sonstigen' Serviceberufe behandelt, sind doch die Unterschiede zwischen ihnen unverkennbar. Während die „Fachinformatiker/-innen" nach ihrer Lernausgangslage die von allen untersuchten Berufen kognitiv am stärksten positiv ausgelesene Gruppe überhaupt darstellen ($d = 1{,}27$), rekrutiert der Ausbildungsberuf „Hotelfachmann/-frau" seine Klientel zwar ebenfalls vorzugsweise im oberen Teil des allgemeinen Leistungsspektrums, doch ist der Effekt der kognitiven Eingangsselektion hier nur halb so stark ausgeprägt ($d = 0{,}63$). Entsprechend weniger spielen bei den Fachinformatikern charakteristische Bedingungen der sozialen Herkunft und der allgemeinen Lernstände eine Rolle. Vielmehr zeigt sich hier die in der Gruppe der untersuchten Ausbildungsberufe seltene Erscheinung einer rechtssteilen Verteilung der mit Ende der Ausbildung erzielten Kompetenzen. Dem zufolge ist ein guter Ausbildungserfolg hier eher die Regel.

Sehr bemerkenswert war allerdings auch die Beobachtung einer hohen Diskrepanz zwischen idealisiertem Ausbildungsanspruch und tatsächlich erreichten Ausbildungsständen im Ausbildungsberuf „Hotelfachmann/-frau", selbst nach Kontrolle der curricularen Validität durch die konsultierten Experten. Ob die dominanten Ursachen hierfür bei Unzulänglichkeiten im Prozess der Testentwicklung oder in der Ausbildung selbst zu suchen sind, bedürfte besonderer, hier nicht zu leistender Untersuchungen.

10 Ausblick: Perspektiven der Kompetenzerfassung in beruflichen Bildungsgängen

Rainer Lehmann und Susan Seeber

Mit ULME III ist in mehrerlei Hinsicht Neuland betreten worden, soweit es die Qualitätssicherung im Bereich der beruflichen Bildung betrifft.

Mit den beiden Untertests „Texte und Tabellen" und „Fachenglisch" sind Instrumente (fort-)entwickelt worden, die es in längerfristiger Perspektive grundsätzlich erlauben, die Erfassung von Lernausgangslagen zu Beginn der Ausbildung bzw. von fächerübergreifenden Kompetenzen an deren Ende anschlussfähig zu machen für Systeme wohl definierter Kompetenzstufen, die außerhalb der beruflichen Bildung entwickelt worden sind. Dies gilt in methodischer und – weitaus wichtiger noch – substanzieller Hinsicht. Bei allen Vorbehalten, die hier vorläufig angebracht sind, liefert die Skalierung des Fachenglischtests Ansatzpunkte dafür, wie über die Grenzen der Subsysteme im Bildungswesen und der entsprechend verankerten Testtraditionen hinweg empirisch begründete Anknüpfungspunkte für den Bezug zu politisch gestützten Kriterienkatalogen – zum Beispiel Vorlagen des Europarates für europäische Zusammenarbeit zu einem gemeinsamen europäischen Referenzrahmen für Sprachen (Goethe-Institut Inter Nationes, 2001) – geschaffen werden können.

Dabei ist nicht zu übersehen, welcher forschungsmäßigen Anstrengungen es in dieser Hinsicht noch bedarf. Für die Unterscheidung einzelner distinkter Subdimensionen von Tests, die im Kontext von Berufsbildungsgängen (und darüber hinaus) eingesetzt werden, gibt es bisher wenige Vorbilder. Es kann aber keinem Zweifel unterliegen, welche Bedeutung entsprechender Forschungs- und Entwicklungsarbeit zukommt, sollen entsprechende Untersuchungen der Optimierung des Bildungsangebots dienen und ggf. sogar ihren Weg in die Konzipierung von Fördermaßnahmen für kleine Gruppen mit vergleichbaren Kompetenzprofilen finden.

Deutlich ist ferner, dass ein erheblicher Entwicklungsbedarf im Bereich derjenigen Kompetenzen zu verzeichnen ist, deren Überprüfung vorläufig nur unzureichend gelingt. Dies betrifft die Fortentwicklung von Diagnoseinstrumenten in der Tradition möglichst rechnergestützter Problemlösungsdiagnose, aber auch die Arbeit an Verfahren zur Überprüfung praktischer Fertigkeiten und Fähigkeiten. Auch wenn kaum darüber gestritten werden dürfte, dass kognitiven Leistungen, die prinzipiell mit ‚Papier-und-Bleistift-Verfahren' überprüft werden können, zunehmend und schon jetzt in praktisch allen Berufen fundamentale Bedeutung zukommt, erscheint es nicht nur aus Gründen der öffentlichen Akzeptanz bzw. der Legitimität von Lernstandsüberprüfungen im beruflichen Bereich dringend geboten, auch praktische Fähigkeiten und Fertigkeiten – bis hinein in den organisatorischen, aber auch den kritisch-reflexiven Bereich der diagnostischen Überprüfung zugänglich zu machen.

Von stetig zunehmender Bedeutung ist sodann die wachsende Internationalisierung der Kompetenzbestimmung auch im Bereich der beruflichen Bildung, nachdem diese Tendenz auf dem Felde der Allgemeinbildung inzwischen mit mehreren Jahren Vorlauf ein erhebliches, unter dem Stichwort „PISA" (*Programme for International Student Assessment*) auch von der breiten Öffentlichkeit wahrgenommenes Gewicht bekommen hat. Als Anknüpfungspunkte waren für die vorliegende Studie nur die international vergleichenden Untersuchungen zu den Grundqualifikationen Erwachsener verfügbar, d. h. der von Statistics Canada in Zusammenarbeit mit Educational Testing Service begründete „IALS"- Strang (*International Adult Literacy Survey:* OECD and Statistics Canada, 1995), sowie die Vorlagen des Europarats für kulturelle Zusammenarbeit zu einem Gemeinsamen Europäischen Referenzrahmen für Sprachen (Goethe-Institut Inter Nationes, 2001). Die derzeit erkennbaren Vorarbeiten zu standardisierten Vergleichen im Bereich der Berufsbildung – „DeSeCo" (*Defining and Selecting Key Competencies*: Rychen & Salganik, 2001), Konzeptualisierungen für ein „Berufsbildungs-PISA" (vgl. Baethge, 2005; Baethge, Achtenhagen et al., 2006) wie auch Beratungen zu „PIAAC" (*Programme for the International Assessment of Adult Competencies*: OECD) und zu einem *European Qualifications Framework* („EQF") bzw. einem *European Credit System for Vocational Education and Training* („ECVET" der Europäischen Union) lassen kaum einen Zweifel zu, dass auch im Bereich der Berufsbildung der internationale Vergleich längerfristig unausweichlich sein wird. Hier gilt es, rechtzeitig im eigenen Land entsprechende Messverfahren zu entwickeln und zu optimieren. Berührungspunkte zwischen nationalen und internationalen Entwicklungsarbeiten gibt es schon jetzt, etwa bei der Entwicklung bundeseinheitlicher Bildungsstandards in Abstimmung mit Parallelarbeiten in anderen Ländern.

Daneben gibt es aber eine Reihe drängender Fragen im spezifisch deutschen, aber auch spezifisch hamburgischen Kontext. So ist in den obigen Analysen immer wieder die entscheidende Bedeutung von Kompetenzen sichtbar geworden, deren systematische Vermittlung üblicher Weise den allgemein bilden Schulen zugewiesen wird. Die in diesem Bereich erkennbaren Lernstände – aber auch die entsprechenden Defizite – stellen wesentliche Randbedingungen für die erfolgreiche Arbeit in der Berufsbildung dar. Die Anzeichen für Überforderungen, die bei nicht gegebenen Lernvoraussetzungen eintreten, aber auch die Indizien für Unterforderung, die sich in der häufig fehlenden Einbeziehung der komplexeren Wissensarten und der höheren kognitiven Anforderungen gezeigt hat, belegt einen breiten Spielraum für didaktisch-pädagogische Verbesserungen.

In diesem Zusammenhang sind auch die Übergänge zwischen den verschiedenen Bildungsinstitutionen zu thematisieren – namentlich die Passagen an der ersten und zweiten Schwelle des Wegs von der allgemein bildenden Schule in den Beruf. Die Unvollkommenheiten des hier präsentierten Längsschnitts mit seiner notwendigen Beschränkung auf einige Ausbildungsberufe, den Zu- und Abgängen im Kontext wenig festgelegter Biografien, den Ungleichgewichten in Anspruch und Realität der Berufsausbildung unterstreichen die Notwendigkeit, dieses Feld in Zukunft regelmäßig und umfassend mit dem Ziel der Optimierung der Bildungsangebote zu untersuchen. Es versteht sich, dass dabei die besonderen Risiken spezieller Gruppen von Jugendlichen – u. a. von Jugendlichen aus zugewanderten Familien und/oder mit wenig Zugang zu bildungsrelevanten kulturellen und sozialen Ressourcen – besonderer Aufmerksamkeit bedürfen.

Literatur

Achtenhagen, F. (1996). Entwicklung ökonomischer Kompetenz als Zielkategorie des Rechnungswesensunterrichts. In Preiß, P. & Tramm, T. (Hrsg.), Rechnungswesenunterricht und ökonomisches Denken. Wiesbaden: Gabler, 22-44.

Achtenhagen, F. (2004). Prüfung von Leistungsindikatoren für die Berufsbildung sowie zur Ausdifferenzierung beruflicher Kompetenzprofile nach Wissensarten. In Baethge, M. Buss, K.-P. & Lanfer, C. (Hrsg.), *Expertisen zu den konzeptionellen Grundlagen für einen Nationalen Bildungsbericht – Berufliche Bildung und Weiterbildung/Lebenslanges Lernen*. Bildungsreform Band 8. Bonn: Bundesministerium für Bildung und Forschung (BMBF), 11-32.

Achtenhagen, F. & Lempert, W. (Hrsg.) (2000). *Lebenslanges Lernen im Beruf. Seine Grundlegung im Kindes- und Jugendalter*. Opladen: Leske + Budrich.

Anderson, L. W., Krathwohl, D. R. (with Airasian, P. W., Cruikshank, K. A., Mayer, R. E., Pintrich, P. R. et al.) (Eds.) (2001). *A Taxonomy for Learning, Teaching, and Assessing. A Revision of Bloom's Taxonomy of Educational Objectives*. New York.

Baethge, M. (2005). Der europäische Bildungsraum – Herausforderungen für die Berufsbildungsforschung. In *SOFI-Mitteilungen* Nr. 33. Überarbeitete Fassung des Vortrags zur Eröffnung des 6. Forums der Arbeitsgemeinschaft Berufsforschungsnetz am 19.09.2005 in Erfurt. http://www.sofi-göttingen.de/frames/publik/mitt33/Baethge-neu.pdf. 18.01.2006.

Baethge, M.; Achtenhagen, F.; Arends, L.; Babic, E.; Baethge-Kinsky, V.; Weber, S. (2006). *Berufsbildungs-Pisa. Machbarkeitsstudie*. München: Franz Steiner.

Baethge, M., Buss, K.-P. & Lanfer, C. (2003). *Konzeptionelle Grundlagen für einen Nationalen Berufsbildungsbericht: Berufliche Bildung und Weiterbildung/Lebenslanges Lernen*. Bildungsreform Band 7. Bundesministerium für Bildung und Forschung. Bonn.

Baumert, J., Bos, W. & Lehmann, R. (Hrsg.) (2000). *Dritte Internationale Mathematik- und Naturwissenschaftsstudie. Mathematische und naturwissenschaftliche Grundbildung am Ende der Schullaufbahn*. Band 1 und Band 2. Opladen: Leske + Budrich.

Baumert, J., Bos, W. & Watermann, R. (2000). Fachleistungen im voruniversitären Mathematik- und Physikunterricht im internationalen Vergleich. In Baumert, J., Bos, W. & Lehmann, R. H. (Hrsg.), *Dritte Internationale Mathematik- und Naturwissenschaftsstudie. Mathematische und naturwissenschaftliche Grundbildung am Ende der Schullaufbahn.* Band 2: Mathematische und physikalische Kompetenzen am Ende der gymnasialen Oberstufe. Opladen: Leske + Budrich, 129-180.

Baumert, J., Köller, O. & Schnabel, K. (2000). Schulformen als differentielle Entwicklungsmileus – eine ungehörige Fragestellung? Erwiderung auf die Expertise „Zur Messung sozialer Motivation in der BIJU-Studie" von Georg Lind. In Schriftenreihe des Bildungs- und Förderungswerkes der GEW im DGB e. V. (Hrsg.), *Messung sozialer Motivation. Eine Kontroverse.* Heft Nr. 14. Frankfurt am Main, 28-68.

Baumert, J., Köller, O., Lehrke, M. & Brockmann, J. (2000). Anlage und Durchführung der Dritten Internationalen Mathematik- und Naturwissenschaftsstudie zur Sekundarstufe II (TIMSS/III – Technische Grundlagen. In Baumert, J., Bos, W. & Lehmann, R. (Hrsg.), *Dritte Internationale Mathematik- und Naturwissenschaftsstudie. Mathematische und naturwissenschaftliche Grundbildung am Ende der Schullaufbahn.* Band 1: Mathematische und naturwissenschaftliche Grundbildung am Ende der Pflichtschulzeit. Opladen: Leske + Budrich, 31-84.

Baumert, J. & Schümer, G. (2001). Familiäre Lebensverhältnisse, Bildungsbeteiligung und Kompetenzerwerb. In Deutsches PISA-Konsortium (Hrsg.), PISA 2000. *Basiskompetenzen von Schülerinnen und Schülern im internationalen Vergleich.* Opladen: Leske+ Budrich, 323-407.

Baumert, J., Watermann, R. & Schümer, G. (2003). Disparitäten der Bildungsbeteiligung und des Kompetenzerwerbs. *Zeitschrift für Erziehungswissenschaft,* 6. Jahrg., Heft 1, 46-72.

Beck, K., Krumm, V. & Dubs, R. (1998). *Wirtschaftskundlicher Bildungs-Test (WBT).* Göttingen et al.: Hogrefe.

Bloom, B. (1956/1976). Taxonomy of Educational Objectives. *Handbook, Volume I: Cognitive Domain.* Deutsch: Taxonomie von Lernzielen im kognitiven Bereich. Weinheim, Basel: Beltz.

Blum, W., Neubrand, M., Ehmke, T., Senkbeil, M., Jordan, A., Ulfig, F. & Carstensen, C. H. (2004). Mathematische Kompetenz. In PISA-Konsortium Deutschland (Hrsg.), *PISA 2003. Der Bildungsstand der Jugendlichen in Deutschland – Ergebnisse des zweiten internationalen Vergleichs.* Münster, New York, München, Berlin: Waxmann, 47-92.

Bortz, J. (1999). *Statistik für Sozialwissenschaftler, 5., vollständig überarbeitete Auflage.* Berlin u.a.: Springer.

Brand, W., Hofmeister, W. & Tramm, T. (2005). Auf dem Weg zu einem Kompetenzstufenmodell für die berufliche Bildung – Erfahrungen aus dem Projekt ULME. In Brand, W. & Tramm, T. (Hrsg.), Prüfungen und Standards in der beruflichen Bildung. In *bwp@ - Berufs- und Wirtschaftspädagogik online,* Ausgabe Nr. 8 / Juli 2005.

Bundesministerium für Bildung und Forschung (Hrsg.) (2005). *Berufsbildungsbericht 2005.* Bonn.

Cattell, R. B. & Weiß, R. H. (1963) CFT 20. *Testheft, Form A und B.* Göttingen u.a.: Hogrefe; Illinois: IPAT Champaign.

Deci, E. L. & Ryan, R. M. (1985). *Intrinsic Motivation and Self-Determination in Human Behavior.* New York: Plenum Press.

Deutsches PISA-Konsortium (Hrsg.) (2000). *PISA 2000. Basiskompetenzen von Schülerinnen und Schülern im Vergleich.* Opladen: Leske + Budrich.

Ehmke, T., Hohensee, F., Heidemeier, H. & Prenzel, M. (2004). Familiäre Lebensverhältnisse, Bildungsbeteiligung und Kompetenzerwerb. In PISA-Konsortium Deutschland (Hrsg.). *PISA 2003. Der Bildungsstand der Jugendlichen in Deutschland – Ergebnisse des zweiten internationalen Vergleichs.* Münster, New York, München, Berlin: Waxmann, 247-253.

Feuchthofen, J. E. & Severing, E. (Hrsg.) (1995). *Qualitätsmanagement und Qualitätssicherung in der Weiterbildung.* Neuwied: Luchterhand.

Goethe-Institut Inter Nationes in Kooperation mit dem EUROPARAT der deutschen Kultusministerkonferenz (KMK), dem österreichischen Bundesministerium für Bildung, Wissenschaft und Kultur (BMBWK) und der schweizerischen Konferenz der Kantonalen Erziehungsdirektoren (EDK) (Hrsg.) (2001). *Ge-*

meinsamer europäischer Referenzrahmen für Sprachen: lernen, lehren, beur-teilen. Berlin und München: Langenscheidt.

Greinert, W.-D. & Braun, P. (2005). Das Duale System der Berufsausbildung – Hochselektives Restprogramm? In Buer, J. van & Troitschanskaia-Zlatkin, O. (Hrsg.), *Adaptivität und Stabilität der Berufsausbildung.* Frankfurt am Main u. a.: Peter Lang, 177-185.

Hartig, J., Jude, N. & Klieme, E. (2004). *Theory-based proficiency scaling by explicit incorporation of task characteristics into measurement models.* Paper presented at the Second Biannual Joint Northumbria/Earli Sig Assessment Conference in Bergen, June 23rd to 25th 2004.

Heckhausen, H. (1980). *Motivation und Lernen.* Berlin: Springer.

Helmke, A. & Weinert, F. E. (1997). Bedingungsfaktoren schulischer Leistungen. In Weinert, F. E. & Helmke, A. (Hrsg.), *Psychologie des Unterrichts und der Schule. Band 3.* Göttingen: Hogrefe, 71-176.

Helmke, A. & Weinert, F. E. (1997). Unterrichtsqualität und Leistungsentwicklung: Ergebnisse aus dem Scholastik-Projekt. In Weinert, F. E. & Helmke, A. (Hrsg.), *Entwicklung im Grundschulalter.* Weinheim: Beltz, 203-216.

Hofmeister, W. (2005). Erläuterung der Klassifikationsmatrix zum ULME-Kompetenzstufenmodell. In Brand, W. & Tramm, T. (Hrsg.), Prüfungen und Standards in der beruflichen Bildung. In *bwp@ - Berufs- und Wirtschaftspä-dagogik online*, Ausgabe Nr. 8 / Juli 2005.

Husfeldt, V. (2001). *Literalität, Bildung und Beschäftigung.* Münster u. a.: Waxmann.

Institut der deutschen Wirtschaft (1998). *Anforderungsprofile von Betrieben – Leistungsprofile von Schulabgängern.* Ergebnisse einer Betriebsbefragung des Instituts der deutschen Wirtschaft 1997. Köln.

Institut der deutschen Wirtschaft (IW) (1998). *Anforderungen von Betrieben – Leistungsprofile von Schulabgängern. Ergebnisse einer Betriebsbefragung 1997 – Kurzfassung – Empfehlungen.* Köln: Institut der deutschen Wirtschaft.

Ivanov, S. & Lehmann, R. H. (2005). Mathematische Grundqualifikationen zu Beginn der beruflichen Ausbildung. In Brand, W. & Tramm, T. (Hrsg.), Prüfungen und Standards in der beruflichen Bildung. *bwp@ - Berufs- und Wirtschaftspädagogik online,* Ausgabe Nr. 8/ Juli 2005.

Jonkmann, K., Köller, O. & Trautwein, U. (2006). Englischleistungen am Ende der Sekundarstufe II. In Trautwein, U., Köller, O., Lehmann, R. & Lüdtke, O. (Hrsg.), *Aspekte der Lernausgangslage und der Lernentwicklung – Klassenstufe 13. Der Leistungsstand der Hamburger Abiturienten: Vertiefende Analysen und ein Benchmark-Vergleich auf der Grundlage der Studie.* Behörde für Bildung und Sport der Freien und Hansestadt Hamburg.

Jungkunz, D. (1995). *Berufsausbildungserfolg in ausgewählten Ausbildungsberufen des Handwerks. Theoretische Klärung und empirische Analyse.* Weinheim: Deutscher Studien Verlag.

Jungkunz, D. (1996). Zufriedenheit von Auszubildenden mit ihrer Berufsausbildung. *Zeitschrift für Berufs- und Wirtschaftspädagogik.* Jahrgang 4/96. Stuttgart: Steiner, 400-415.

Klein, H. E. (2005). Direkte Kosten mangelnder Ausbildungsreife in Deutschland. In *IW-Trends – Vierteljahreszeitschrift zur empirischen Wirtschaftsforschung aus dem Institut der deutschen Wirtschaft Köln,* 32. Jahrgang, Heft 4/2005, Köln.

Klieme, E. (2000). Fachleistungen im voruniversitären Mathematik- und Physikunterricht: Theoretische Grundlagen, Kompetenzstufen und Unterrichtsschwerpunkte. In Baumert, J., Bos, W. & Lehmann, R. (Hrsg.), *TIMSS/III. Dritte Internationale Mathematik- und Naturwissenschaftsstudie. Mathematische und physikalische Kompetenzen am Ende der gymnasialen Oberstufe.* Band 2. Opladen: Leske + Budrich, 57-128.

Klieme E., Avenarius, H., Blum, W., Döbrich, P., Gruber, H., Prenzel, M., Reiss, K., Riquarts, K., Rost, J., Tenorth, H.-E. & Vollmer, H. J. (2003). *Zur Entwicklung nationaler Bildungsstandards.* Eine Expertise. Frankfurt am Main. DIPF.

Klieme, E., Baumert, J., Köller, O. & Bos, W. (2000): Mathematische und naturwissenschaftliche Grundbildung: Konzeptuelle Grundlagen und die Erfassung und Skalierung von Kompetenzen. In: Baumert, J., Bos, W. & Lehmann, R. (Hrsg.), *TIMSS/III. Dritte Internationale Mathematik- und Naturwissen-*

schaftsstudie. Mathematische und naturwissenschaftliche Grundbildung am Ende der Schullaufbahn. Band 1. Opladen: Leske + Budrich, 85-133.

Köller, O. & Klieme, E. (2000). Geschlechtsdifferenzen in den mathematisch-naturwissenschaftlichen Leistungen. In Baumert, J., Bos, W. & Lehmann, R. (Hrsg.), *Dritte Internationale Mathematik- und Naturwissenschaftsstudie. Mathematische und naturwissenschaftliche Grundbildung am Ende der Schullaufbahn.* Band 2: Mathematische und physikalische Kompetenzen am Ende der gymnasialen Oberstufe. Opladen: Leske + Budrich, 373-404.

Kornmilch-Bienengräber, T. (2006). Zur Entwicklung situationsorientierter Bildungsstandards in der kaufmännischen Berufsbildung. In Minnameier, G. & Wuttke, E. (Hrsg.), *Berufs- und wirtschaftspädagogische Grundlagenforschung. Lehr-Lern-Prozesse und Kompetenzdiagnostik.* Festschrift für Klaus Beck. Frankfurt am Main et al.: Peter Lang, 321-344.

Krauth, J. (1995). *Testkonstruktion und Testtheorie.* Weinheim: Psychologie Verlags Union.

Krüger, H. (2004). Zur Datenlage vollzeitschulischer Berufsausbildung. In Baethge, M., Buss, K.-P. & Lanfer, C. (Hrsg.), *Expertisen zu den konzeptionellen Grundlagen für einen Nationalen Bildungsbericht – Berufliche Bildung und Weiterbildung/Lebenslanges Lernen.* Bildungsreform Band 8. Bonn, Berlin: Bundesministerium für Bildung und Forschung (BMBF), 141-164.

Kutscha, G. (2004). Berufsvorbereitung und Förderung benachteiligter Jugendlicher. In Baethge, M. Buss, K.-P. & Lanfer, C. (Hrsg.), *Expertisen zu den konzeptionellen Grundlagen für einen Nationalen Bildungsbericht – Berufliche Bildung und Weiterbildung/Lebenslanges Lernen.* Bildungsreform Band 8. Bonn, Berlin: Bundesministerium für Bildung und Forschung (BMBF), 165-196.

Lehmann, R. H. (1999). Die Rechenfertigkeit deutscher Erwachsener im internationalen Vergleich: Voraussetzungen für die Arbeitswelt. In List, J. (Hrsg.), *Mathematik, Naturwissenschaften und Technik: Basisqualifikationen für die Wissensgesellschaft.* Köln: Deutscher Institutsverlag, 40-59.

Lehmann, R. H., Gänsfuß, R. & Peek, R. (1999). *Aspekte der Lernausgangslage und Lernentwicklung von Schülerinnen und Schülern an Hamburger Schulen,*

Klassenstufe 7. Bericht über die Untersuchung im September 1998. Behörde für Schule, Jugend und Berufsbildung, Amt für Schule, Hamburg (Hrsg.).

Lehmann, R. H., Hunger, S., Ivanov, S. & Gänsfuß, R. (2004). *LAU 11. Aspekte der Lernausgangslage und Lernentwicklung, Klassenstufe 11. Ergebnisse einer Längsschnittstudie.* Behörde für Bildung und Sport der Freien und Hansestadt Hamburg (Hrsg.).

Lehmann, R. H., Ivanov, S., Hunger, S. & Gänsfuß, R. (2005). *ULME I. Untersuchung der Leistungen, Motivationen und Einstellungen zu Beginn der beruflichen Ausbildung.* Behörde für Bildung und Sport, Amt für Bildung, Referat Berufliche Bildung der Freien und Hansestadt Hamburg (Hrsg.).

Lehmann, R. H. & Nikolova, R. (2005). *ELEMENT. Erhebungen zum Lese- und Mathematikverständnis. Entwicklungen in den Klassenstufen 4 bis 6 in Berlin. Bericht über die Untersuchung 2003 an Berliner Grundschulen und grundständigen Gymnasien.* Berlin: Senatsverwaltung für Bildung, Jugend und Sport.

Lehmann, R. H. & Peek, R. (1996). Wie gut können Deutsche lesen und rechnen? *Universitas, Zeitschrift für interdisziplinäre Wissenschaft,* 604, 975-989.

Lehmann, R. H., & Peek, R. (1997). *Aspekte der Lernausgangslage und Lernentwicklung von Schülerinnen und Schülern der fünften Klassen an Hamburger Schulen. Bericht über die Untersuchung im September 1996.* Behörde für Schule, Jugend und Berufsbildung, Amt für Schule, Hamburg (Hrsg.).

Lehmann, R. H. & Peek, R. (1999). Outcomes of vocational education/training versus general education: Results from the German contribution to the International Adult Literacy survey. In Wieringen, F. van & Attwell, G. (eds.), *Vocational und adult education in Europe.* Dordrecht u. a.: Kluwer Academic Publishers.

Lehmann, R. H., Peek, R., Gänsfuß, R. & Husfeldt, V. (2001). *Aspekte der Lernausgangslage und der Lernentwicklung. Ergebnisse der Längsschnittstudie für die Klassenstufe 9.* Behörde für Bildung und Sport der Freien und Hansestadt Hamburg (Hrsg.).

Lehmann, R. H., Seeber, S. & Hunger, S. (2006). *Untersuchung der Leistungen, Motivation und Einstellungen von Schülerinnen und Schülern in den Abschluss-*

klassen der teilqualifizierenden Berufsfachschulen (ULME II). Behörde für Bildung und Sport der Freien und Hansestadt Hamburg (Hrsg.).

Lehmann, R. H., Vieluf, U., Nikolova, R. & Ivanov, S. (2006). *LAU 13. Aspekte der Lernausgangslage und der Lernentwicklung – Klassenstufe 13. Erster Bericht.* Behörde für Bildung und Sport. Hamburg.

Lewalter, D., Krapp, A., Schreyer, I. & Wild, K.-P. (1998). Die Bedeutsamkeit des Erlebens von Kompetenz, Autonomie und sozialer Eingebundenheit für die Entwicklung berufsspezifischer Interessen. Befunde einer Interviewstudie. In *Zeitschrift für Berufs- und Wirtschaftspädagogik.* 14. Beiheft, 143-168.

Neumann, A. (2006). *Briefe schreiben in Klasse 9 und 11. Beurteilungskriterien, Messungen, Textstrukturen und Schülerleistungen.* Münster u. a.: Waxmann.

OECD and Statistics Canada (1995). *Literacy in the Information Age. Final Report of the International Adult Literacy Survey.* Organisation for Economic Co-operation and Development, Paris, and the Minister of Industry, Canada.

OECD and Statistics Canada (1995). *Literacy, economy and society: Results of the first international adult literacy survey.* (deutsche Übersetzung: *Grundqualifikationen, Wirtschaft und Gesellschaft: Ergebnisse der ersten internationalen Untersuchung von Grundqualifikationen Erwachsener*). Paris u. a.: OECD.

OECD and Statistics Canada (2000). *Literacy in the Information Age. Final Report of the International Adult Literacy Survey.* Organisation for Economic Co-operation and Development. Paris, and the Minister of Industry, Canada.

Pätzold, G. (2000). Lernfeldstrukturierte Lehrpläne – Berufsschule im Spannungsfeld zwischen Handlungs- und Fachsystematik. In *Zeitschrift für Berufs- und Wirtschaftspädagogik,* 15. Beiheft, Stuttgart: Steiner Verlag, 72-151.

PISA-Konsortium Deutschland (Hrsg.) (2004*). PISA 2003. Der Bildungsstand der Jugendlichen in Deutschland – Ergebnisse des zweiten internationalen Vergleichs.* Münster, New York, München, Berlin: Waxmann.

Preiß, P. & Tramm, T. (1996). Die Göttinger Unterrichtskonzeption des wirtschaftsinstrumentellen Rechnungswesens. In Preiß, P.& Tramm, T. (Hrsg.), *Rechnungswesenunterricht und ökonomisches Denken.* Wiesbaden: Gabler, 222-323.

Prenzel, M., Drechsel, B., Carstensen, C. H. & Ramm, G. (2004). PISA 2003 – eine Einführung. In Prenzel, M., Baumert, J., Blum, W. Lehmann, R. H., Leutner, D., Neubrand, M., Pekrun, R., Rolff, H.-G., Rost, J. & Schiefele, U. (Hrsg.) *PISA 2003. Der Bildungsstand der Jugendlichen in Deutschland – Ergebnisse des zweiten internationalen Vergleichs.* Münster, New York, München, Berlin: Waxmann, 13-46.

Prenzel, M., Drechsel, B. & Kramer, K. (1998). Lernmotivation im kaufmännischen Unterricht: Die Sicht von Auszubildenden und Lehrkräften. *Zeitschrift für Berufs- und Wirtschaftspädagogik,* Beiheft 14, 169-187.

Prenzel, M., Kramer, K. & Drechsel, B. (2001). Selbstbestimmt motiviertes und interessiertes Lernen in der kaufmännischen Erstausbildung. In Beck, K. & Krumm, V. (Hrsg.), *Lehren und Lernen in der beruflichen Erstausbildung.* Opladen: Leske + Budrich, 37-61.

Ramm, G., Prenzel, M., Heidemeier, H. & Walter, O. (2004). Soziale Herkunft. 9.2 Soziokulturelle Herkunft: Migration. In PISA-Konsortium Deutschland (Hrsg.), *PISA 2003. Der Bildungsstand der Jugendlichen in Deutschland – Ergebnisse des zweiten internationalen Vergleichs.* Münster, New York, München, Berlin: Waxmann, 254-272.

Rauner, F. (Hrsg.) (2005). *Handbuch Berufsbildungsforschung.* Bielefeld: W. Bertelsmann.

Reisse, W. (1997). Pädagogische Diagnostik in der deutschen Berufsausbildung. In: Jäger, R. S., Lehmann, R. H., & Trost, G. (Hrsg.), *Tests und Trends 11. Jahrbuch der Pädagogischen Diagnostik.* Weinheim und Basel: Beltz Verlag, 99-145.

Rost, J. (2004). *Lehrbuch Testtheorie – Testkonstruktion,* Zweite, vollständig überarbeitete und erweiterte Auflage. Bern, Göttingen: Hans Huber.

Rychen, D. S. & Salganik, L. H. (Eds.) (2001). *Defining and Selecting Key Competencies.* Kirkland, Toronto, Bern & Götting: Hogrefe & Huber Publishers.

Schaffner, E., Schiefele, U., Drechsel, B. & Artelt, C. (2004). Lesekompetenz. In PISA-Konsortium Deutschland (Hrsg.), *PISA 2003. Der Bildungsstand der Jugendlichen in Deutschland – Ergebnisse des zweiten internationalen Vergleichs.* Münster, New York, München, Berlin: Waxmann, 93-110.

Schelten, A. (1997). *Testbeurteilung und Testerstellung. Grundlagen der Teststatistik und Testtheorie für Pädagogen und Ausbilder in der Praxis*, zweite durchgesehene Auflage. Stuttgart: Franz Steiner.

Schöni, W., Tomforde, E. & Wicki, M. (1997). *Leitfaden Bildungsqualität. Evaluation und Gestaltung der Bildungsarbeit in Betrieb und Büro*. Chur/Zürich: Ruegger AG.

Seeber, S. (2005a). Zur Erfassung und Vermittlung berufsbezogener Kompetenzen im teilqualifizierenden Bildungsgang „Wirtschaft und Verwaltung" an Hamburger Berufsfachschulen. In Brand, W. & Tramm, T. (Hrsg.), Prüfungen und Standards in der beruflichen Bildung. *bwp@ - Berufs- und Wirtschaftspädagogik online*, Heft 8/2005. http://www.bwpat.de/ ausgabe8/seeber_bwpat8. shtml.

Seeber, S. (2005b). Input-Controlling in der beruflichen Bildung. Aspekte der Bestimmung von Lernausgangslagen. *Unterrichtswissenschaft*, 33. Jg., 4. Vj. 2005. Weinheim: Juventa, 314-333.

Seeber, S. (2007). Zur Anforderungsstruktur eines Fachleistungstests für Auszubildende des Berufs Einzelhandelskaufmann/Einzelhandelskauffrau. In Münk, D., van Buer, J., Breuer, K. & Deißinger, T. (Hrsg.), *Hundert Jahre kaufmännische Ausbildung in Berlin*. Schriftenreihe der Sektion Berufs- und Wirtschaftspädagogik der Deutschen Gesellschaft für Erziehungswissenschaft (DGfE). Opladen & Farmington Hills: Barbara Budrich. 184-193.

Seeber, S., van Buer, J. & Mohr, I. (2004). *Qualitätssicherung in der Verbundausbildung – Endbericht.* Studien zur Wirtschaftspädagogik und Berufsbildungsforschung aus der Humboldt-Universität zu Berlin. Band 6.1, Band 6.2.

Seifried, J. & Sembill, D. (2005). Rechnungswesenunterricht am Scheideweg – Einführung in den Sammelband. In Sembill, D. & Seifried, J. (Hrsg.), *Rechnungswesenunterricht am Scheideweg: Lehren, lernen und Prüfen*. Wiesbaden: Deutscher Universitäts-Verlag, 1-14.

Sloane, P. F. E. & Dilger, B. (2005). The competence clash – dilemmata bei der Übertragung des ‚Konzepts der nationalen Bildungsstandards' auf die berufliche Bildung. In *bwp@ - Berufs- und Wirtschaftspädagogik online*, Heft 8/2005. http://www.bwpat.de/ausgabe8/ sloane_ dilger bwpat8. shtml.

Stanat, P. & Schneider, W. (2004). Schwache Leser unter 15-jährigen Schülerinnen und Schülern in Deutschland: Beschreibung einer Risikogruppe. In Schiefele, U., Artelt, C., Schneider, W. & Stanat, P. (Hrsg.), *Struktur, Entwicklung und Förderung von Lesekompetenz. Vertiefende Analysen im Rahmen von PISA 2000*. Wiesbaden: Verlag für Sozialwissenschaften, 243-273.

Straka, G. A. (2003). *Verfahren und Instrumente der Kompetenzdiagnostik – der Engpass für ein Berufsbildung-PISA?* Überarbeiteter Beitrag zum Workshop „Berufsbildungs-PISA" des Bundesinstituts für Berufsbildung vom 30. Juni 2003 in Bonn.

Tiedemann, J. & Billmann-Mahecha, E. (2004). Kontextfaktoren der Schulleistung im Grundschulalter. Ergebnisse aus der Hannoverschen Grundschulstudie. In *Zeitschrift für Pädagogische Psychologie*, 18. Jahrgang (2), 113-124.

Tramm, T. & Seeber, S. (2006). Überlegungen und Analysen zur Berufsspezifität kaufmännischer Kompetenz. In Minnameier, G. & Wuttke, E. (Hrsg.). *Berufs- und wirtschaftspädagogische Grundlagenforschung. Lehr-Lern-Prozesse und Kompetenzdiagnostik*. Festschrift für Klaus Beck. Frankfurt am Main et al.: Peter Lang, 273-288.

Watermann, R. & Baumert, J. (2000). Mathematische und naturwissenschaftliche Grundbildung beim Übergang von der Schule in den Beruf. In Baumert, J., Bos, W. & Lehmann, R. H. (Hrsg.), *Dritte Internationale Mathematik- und Naturwissenschaftsstudie. Mathematische und naturwissenschaftliche Grundbildung am Ende der Schullaufbahn. Band 1: Mathematische und naturwissenschaftliche Grundbildung am Ende der Pflichtschulzeit*. Opladen: Leske + Budrich, 199-259.

Weiß, R. (1996). Qualitätsmanagement als Wettbewerbsfaktor. In Timmermann, D., Witthaus, U., Wittwer, W. & Zimmermann, D. A. (Hrsg.), *Qualitätsmanagement in der betrieblichen Bildung*. Bertelsmann: Bielefeld, 13-24.

Weiß, R. H. (1998). *Grundintelligenztest Skala 2, CFT 20, Handanweisung*, 4. überarbeitete Auflage. Göttingen u. a.: Hogrefe.

Witt, R. (2006). Kompetenzstufenmodelle zur Messung ökonomischer Kompetenz. In Minnameier, G. & Wuttke, E. (Hrsg.), *Berufs- und wirtschaftspädagogische Grundlagenforschung. Lehr-Lern-Prozesse und Kompetenzdiagnostik*. Frankfurt a. M. u. a.: Peter Lang, 407-419.

Statistisches Glossar

Alpha, α

Der Alpha-Koeffizient (nach Cronbach) ist die Kennziffer für den Wert der internen Konsistenz und als solcher ein Maß für die Zuverlässigkeit der $\Rightarrow$Skala. Werden inhaltlich zusammenpassende Aufgaben oder Fragen zu einer Skala zusammengefasst, z.B. 10 Fragen aus dem Schülerfragebogen zur „Schulzufriedenheit", so gibt Alpha Auskunft darüber, wie gut sich die Antworten zu einer Gesamttendenz zusammenfügen. Alpha kann maximal den Wert 1 annehmen. Als Faustregel gilt, dass bei Skalen ab $\alpha = 0{,}75$ eine befriedigende und ab $\alpha = 0{,}85$ eine gute Skalenqualität vorliegt.

Ankeraufgaben

Ankeraufgaben sind Aufgaben, die in vorangegangenen Untersuchungen eingesetzt und ausgewertet wurden. Sie dienen als Berechnungsgrundlage für Längsschnittanalysen und ermöglichen Aussagen zur Lernentwicklung.

arithmetisches Mittel, arithmetischer Mittelwert, Durchschnittswert

$\Rightarrow$ Mittelwert.

Beta(-Gewicht)

$\Rightarrow$ Regressionsanalyse.

Bivariate Verfahren

Bivariate Verfahren dienen zur Beschreibung des Zusammenhangs zwischen zwei Variablen. Erhebt man zwei Variablen X und Y derselben Versuchsperson, lässt sich prüfen, ob zwischen diesen beiden Variablen ein Zusammenhang oder ein Gegensatz besteht oder die beiden Variablen unabhängig voneinander sind. Zur Untersuchung dieser Fragestellung verwendet man die Verfahren Regressionsanalyse und Korrelationsanalyse.

Chi-Quadrat

Wenn man Hypothesen über die Häufigkeitsverteilung von Merkmalen hat, benutzt man die sogenannten Chi-Quadrat-Tests. Der Name dieser Tests ist abgeleitet von der Chi-Quadrat-Verteilung, gegen die man konkrete Häufigkeitsverteilungen einer Stichprobe testet. Eine Variable ist anhand einer Zufallsstichprobe untersucht worden. Im Ergebnis liegt die Häufigkeitsverteilung dieser Stichprobe vor. Die Verteilung der Variablen in der Grundgesamtheit, aus der diese Stichprobe stammt, ist unbekannt. Deshalb wird hierüber eine Hypothese aufgestellt. Die empirische ermittelte Stichprobenverteilung wird dann mit der theoretischen Chi-Quadrat-Verteilung verglichen, die in einschlägigen Tabellen vorgegeben ist.

d, Effektstärke *d*, standardisierte Effektstärke *d*

Die Effektstärke ist ein standardisiertes Maß für Merkmalsunterschiede zwischen zwei Gruppen. Sie wird berechnet, indem die Differenz der $\Rightarrow$Mittelwerte der Gruppen durch die gemeinsame $\Rightarrow$Standardabweichung dividiert wird.

Diskriminanzanalyse

Die Diskriminanzanalyse ist ein multivariates Verfahren zur Analyse von Gruppenunterschieden, die es ermöglicht, die Unterschiedlichkeit von zwei (oder mehreren) Gruppen hinsichtlich einer Reihe von Merkmalen zu untersuchen. Ähnlich wie die Regressions- oder Varianzanalyse gehört dieses Verfahren zu den strukturprüfenden Verfahren. Sie erlaubt durch die Feststellung von diskriminatorisch bedeutsamen Merkmalen eine Prognose der Gruppenzugehörigkeit (Backhaus, Erichson, Plinke & Weiber, 2000, 146ff.). Die Diskriminanzanalyse gestattet Aussagen über das Ausmaß, in dem die einzelnen abhängigen Faktoren (hier z.B. kognitive Einflussgrößen, schulische Einstellungsmerkmale etc.) am Zustandekommen des Gesamtunterschieds beteiligt sind. Es werden diejenigen Gewichte für die Prädiktorvariablen ermittelt, die angesichts der wechselseitigen Beziehungen (Multikollinearität) zu einer maximalen Trennung der Gruppen führen (Bortz, 1999, 586).

Distraktoren

Nichtzutreffende Antwortalternativen in einem $\Rightarrow$Item. *Distraktoren* müssen so geartet sein, dass die Probanden sämtliche *Distraktoren* mit möglichst gleicher Wahrscheinlichkeit für richtig halten.

Dummy-Kodierung

eine Null-Eins-Codierung kategorialer Variablen. Jede Ausprägung eines Merkmals mit Ausnahme einer Referenzkategorie wird gesondert nach „vorhanden = 1", „nicht vorhanden = 0" beurteilt. Ein Vorteil einer solchen Codierung liegt vor allem darin, dass unabhängig vom ursprünglichen Skalenniveau Dummy-Variablen statistisch wie intervallskalierte Variablen behandelt werden können.

erklärte Varianz

$\Rightarrow$ Kovarianzanalyse, $\Rightarrow$ Regressionsanalyse, $\Rightarrow$ Varianzanalyse

Eta^2, Bestimmtheitsmaß Eta^2

ist die Maßzahl für die erklärte Varianz bei der $\Rightarrow$ Kovarianzanalyse und der $\Rightarrow$ Varianzanalyse. *Eta^2* bezeichnet den Varianzanteil, den man erhält, wenn man die Einzelwerte durch den jeweiligen Gruppenmittelwert ersetzt, daraus die Varianz berechnet und durch die ursprüngliche Varianz teilt; es variiert zwischen 0 und 1. Z.B. gibt das mit der Schulform verbundene *Eta^2* für ein Leistungsmerkmal Auskunft darüber, welchen Anteil Schulformunterschiede (Mittelwertsdifferenzen) an den Leistungsunterschieden zwischen den Schülerinnen und Schülern überhaupt haben.

exploratorische Faktorenanalyse

Die *exploratorische Faktorenanalyse* ist ein Hypothesen generierendes Verfahren, das eingesetzt wird, wenn keine begründeten Vorstellungen über den Zusammenhang zwischen Variablen bestehen. Sie ist somit ein Komplexität reduzierendes Verfahren, das durch die Analyse von Korrelationsmatrizen stark positiv bzw. stark negativ korrelierende Variablen zu Faktoren zusammenfasst.

Häufigkeit

Häufigkeiten werden durch Gruppierungen ermittelt, d.h. die Anzahl der Nennungen zu den verschiedenen Ausprägungen eines Merkmals wird in der entsprechenden Gruppenstruktur erfasst. Die Verteilung der Häufigkeiten nennt man Häufigkeitsverteilung. Häufigkeiten und Häufigkeitsverteilungen können sowohl für einzelne Items als auch für Skalen ermittelt werden.

Interkorrelation

$\Rightarrow$ Korrelation

interne Konsistenz

Die interne Konsistenz ist der Grad der Zuverlässigkeit, mit der ein Merkmal durch eine Skala gemessen wird, die mehrere Items umfasst ($\Rightarrow$Reliabilität). Das mathematisch-statistische Maß dafür ist der $\Rightarrow$Alpha-Koeffizient.

intervallskalierte Variable

Wenn Gleichheit der Abstände zwischen zwei benachbarten Werten einer Variablen angenommen werden darf, spricht man von einer intervallskalierten Variable. Ist dies nicht der Fall, liegt eine nominalskalierte (keine Rangfolge der Werte) oder eine ordinalskalierte (Rangfolge der Werte, aber keine Abstandsgleichheit) Variable vor.

Koeffizient

Ein Koeffizient ist ein nach bestimmten Regeln gebildeter mathematischer oder statistischer Kennwert. So ist z.B. $\Rightarrow$ Pearsons r ist ein Korrelationskoeffizient, d. h. ein statistisches Zusammenhangsmaß.

Korrelation, korrelieren

Der Begriff der Korrelation bezeichnet den (in der Regel linearen) Zusammenhang zwischen zwei $\Rightarrow$ Variablen (Merkmalen). Für $\Rightarrow$intervallskalierte Daten ist das gebräuchlichste Korrelationsmaß der Produkt-Moment-Korrelationskoeffizient r (kurz „Pearsons r" oder nur „r"). Er variiert zwischen -1 und +1. Ein hohes negatives r besagt: Je höher das eine Merkmal ausgeprägt ist, desto niedriger das andere Merkmal, und je niedriger das eine Merkmal, desto höher das andere Merkmal. Ein hohes positives r besagt sinngemäß entsprechend: Je höhere Werte das eine Merkmal annimmt, desto höhere auch das andere (bzw. je niedriger, desto niedriger). Ein r nahe Null sagt aus, dass zwischen den beiden Merkmalen kein Zusammenhang besteht. R^2 gibt direkt die so erklärte Varianz an.

Kovarianzanalyse

Die Kovarianzanalyse ist eine Mischform aus $\Rightarrow$ Regressionsanalyse und $\Rightarrow$ Varianzanalyse. Die abhängige Variable wird durch unabhängige Variablen erklärt, von denen mindestens eine wie bei der Varianzanalyse nominalskaliert ist (der sog. „Faktor"), andere dagegen wie bei der Regressionsanalyse intervallskaliert (Kovariaten). Die Maßzahl für die insgesamt erklärte Varianz ist $\Rightarrow R^2$; für den Faktor allein kann auch ein $\Rightarrow$ Eta^2 bestimmt werden.

Kriterium(s-Variable)

abhängige Variable, $\Rightarrow$ Regressionsanalyse.

kumulative Häufigkeiten

Kumulative Häufigkeiten erhält man, indem man sukzessive die (absoluten) Häufigkeiten aufeinander folgender Messwerte addiert.

linkssteile/rechtssteile Verteilung

Wenn sich die Werte im Gegensatz zu einer Normalverteilung nicht gleichmäßig um den Mittelwert streuen, gibt die Schiefe einer Verteilung an, in welchem Ausmaß die Werte vermehrt in eine Richtung der Skala tendieren. Man unterscheidet nach linkssteiler und rechtssteiler Verteilung. Eine linkssteile Verteilung (= positiv schief) liegt dann vor, wenn der Hauptanteil der Verteilung auf der linken Seite liegt. Links- und rechtssteile Verteilungen sind asymmetrisch.

Lösungswahrscheinlichkeit

Die Lösungswahrscheinlichkeit einer Aufgabe gibt an, wie groß die Wahrscheinlichkeit ist, dass irgendeine Schülerin bzw. irgendein Schüler diese Aufgabe löst. Die Lösungswahrscheinlichkeit wird mit dem Wert p (vom englischen „probability") angegeben und liegt zwischen 0 und 1. Eine Lösungswahrscheinlichkeit von p = 0,47 beispielsweise besagt, dass 47 Prozent der Schülerinnen und Schüler einer definierten Gruppe diese Aufgabe lösen.

Mittelwert

Kurzbezeichnung für den arithmetischen Mittelwert. Der Mittelwert darf berechnet werden, wenn mindestens ⇒ intervallskalierte Daten vorliegen. Er ist die Summe der Einzelwerte aller Fälle dividiert durch die Fallzahl.

multiple Regressionsanalyse

⇒ Regressionsanalyse.

N

Mit N wird die Anzahl der Fälle bezeichnet, z.B. die Anzahl der Personen, die mit einem bestimmten Test erfasst wurden bzw. eine bestimmte Aufgabe gelöst haben.

Normalverteilung

Die Normalverteilung ist eine Verteilungsform für kontinuierliche Zufallsvariablen. Die Normalverteilung (Gauß-Verteilung) ist glockenförmig symmetrisch und nähert sich im hohen und niedrigen Wertebereich asymptotisch der x-Achse. Ist der Mittelwert einer Normalverteilung 0 und die Standardabweichung 1, so spricht man von einer Standardnormalverteilung. Im mittleren Bereich (plus/minus eine Standardabweichung) liegen etwa 68 Prozent der Fälle; im Bereich Mittelwert plus/minus zwei Standardabweichungen liegen etwa 95 Prozent der Fälle (⇒ Standardabweichung).

Objektivität

Objektivität ist ein Gütekriterium für sozialwissenschaftliche Messungen. Man unterscheidet zwischen Durchführungs-, Auswertungs- und Interpretationsobjektivität.

Panel

Englischer Begriff für eine zu einem besonderen Zweck ausgewählte, gleich bleibende Gruppe, die in regelmäßigen Abständen zum gleichen Thema befragt bzw. untersucht wird. Mittels Panel-Untersuchungen können Entwicklungen über längere Zeiträume nachgezeichnet werden.

Panelmortalität

Von Panelmortalität spricht man, wenn Personen aus der ursprünglichen Panel-Stichprobe ausfallen.

Perzentil

Der i-te Perzentil ist derjenige Wert einer Skala, von dem gilt, dass i Prozent der Merkmalsträger ihn nicht überschritten haben, während (100-i) Prozent mindestens diesen Wert erreichten. So trennt z.B. der 25. Perzentil einer Verteilung von Testpunkten das leistungsschwächste Viertel von den leistungsstärkeren „oberen" drei Vierteln.

Prädiktor

Als Prädiktor bezeichnet man eine unabhängige, d. h. erklärende Variable, die zur Aufklärung der Kriteriumsvarianz beiträgt.

Probabilistische Testtheorie

Im Gegensatz zur *Klassischen Testtheorie* stellt die *Probabilistische Testtheorie* oder *Item Response Theory* (IRT) eine Reihe von Testmodellen zur Verfügung, die Annahmen über den Zusammenhang zwischen Item*antworten* auf der einen sowie Personen- und Item*merkmalen* auf der anderen Seite machen. Der Zusammenhang wird – wie der Name bereits sagt – als probabilistisch angesehen: Die Wahrscheinlichkeit einer bestimmten Antwort auf ein Item wird als Funktion von Personenmerkmal(en) und Itemmerkmal(en) definiert.

r   Abkürzung für Pearsons *r*, ⇒ Korrelation.

Regressionsanalyse, multiple

Die multiple Regressionsanalyse deckt den Zusammenhang zwischen einer ⇒ intervallskalierten abhängigen (zu erklärenden) Variablen (dem so genannten Kriterium) und mehreren, ebenfalls intervallskalierten unabhängigen (erklärenden) Variablen (den so genannten Prädiktoren) auf. Bei der Berechnung der Regressionsgleichung werden die $\Rightarrow$ Korrelationen der Prädiktoren untereinander berücksichtigt. Die Maßzahl für den Zusammenhang zwischen allen Prädiktoren einerseits und dem Kriterium andererseits ist das „multiple R". Es kann ähnlich wie $\Rightarrow$ Pearsons r interpretiert werden, kann allerdings keine negativen Werte annehmen. Das quadrierte multiple R entspricht der erklärten Varianz. Der eigenständige Beitrag jedes einzelnen Prädiktors (bei Konstanthaltung der anderen Prädiktoren) zur Aufklärung der Unterschiede im Kriterium wird standardisiert (d. h. dimensionslos) mit den Beta-Gewichten angegeben.

Reliabilität

Die Reliabilität ist ein Kennzeichen für den Grad der Genauigkeit, mit dem ein geprüftes Merkmal gemessen wird. Reliabel ist ein Test oder eine Skala, wenn nur geringe Messfehler auftreten ($\Rightarrow$ interne Konsistenz). Es gibt verschiedene Methoden, die Reliabilität zu bestimmen, z.B. Cronbachs $\Rightarrow$ Alpha.

Rohwert

Der Rohwert bezeichnet die Anzahl der von einer Person richtig gelösten Aufgaben, bevor er statistisch weiter verarbeitet wird.

Signifikanz

In der Statistik werden Effekte als signifikant bezeichnet, wenn die Wahrscheinlichkeit, dass sie durch Zufall zustande gekommen sind, hinreichend gering ist. Der Grad der zu unterschreitenden Wahrscheinlichkeit, fälschlich einen Effekt anzunehmen, wird vorher festgelegt und mit α bezeichnet. Effekte gelten als „signifikant", wenn $\alpha < 0{,}05$, als „sehr signifikant", falls $\alpha < 0{,}01$, und als „höchst signifikant", falls $\alpha < 0{,}001$.

Skala

1. Kurzbezeichnung für die Ausprägungen einer ordinalen Einschätzung (Rating), z.B. durch die Vorgabe der Antwortmöglichkeiten von 1 = „trifft überhaupt nicht zu" bis 4 = „trifft völlig zu" im Schülerfragebogen spricht man z.B. von einer vierstufigen Skala.

2. Inhaltlich zusammenpassende Einzelitems können, z.B. durch Aufsummieren oder Mittelwertbildung, zu einer Skala zusammengefasst werden. Ein Beispiel ist die Skala „(positive) Erwartungen an die Berufliche Schule", die auf dem Wege der individuellen Mittelwertbildung über 5 Fragen aus dem Fragebogen für Schülerinnen und Schüler gebildet wurde.

Standardabweichung, SD

Die Standardabweichung ist ein sogenanntes Streuungsmaß, das für intervallskalierte Daten Auskunft darüber gibt, wie homogen oder heterogen eine Merkmalsverteilung ist. Je kleiner die Standardabweichung ist, desto enger gruppieren sich die Werte der einzelnen Fälle um den Mittelwert, je größer sie ist, desto weiter streuen sie um den Mittelwert.

Streuung $\Rightarrow$ Standardabweichung.

Trennschärfe

Die Trennschärfe eines Items bezeichnet seine $\Rightarrow$ Korrelation mit der Summe der übrigen Items. Ein Item ist also trennscharf, wenn es gut zwischen den hohen und niedrigen Merkmalsausprägungen unterscheidet, die sich aus der Gesamtmenge der Items ergeben.

Validität

Die Validität eines Tests bezeichnet seine inhaltliche Gültigkeit bzw. die Erreichung des damit verbundenen theoretischen oder praktischen Zwecks.

Variable

Variablen bezeichnen die Gesamtheit der Möglichkeiten, die für ein bestimmtes Merkmal gegeben sind.

Varianz

Die *Varianz* ist ein Maß für die Streuung einer intervallskalierten $\Rightarrow$ Variablen X. Sie wird berechnet als durchschnittliche quadrierte Abweichung der Einzelwerte vom Mittelwert.

Varianzanalyse

Dieses Analyseverfahren ist mit der $\Rightarrow$ Regressionsanalyse verwandt. Auch hier geht es um die Aufklärung individueller Unterschiede in einer abhängigen Variable durch eine oder mehrere unabhängige Variablen. Der Hauptunterschied zur Regressionsanalyse besteht darin, dass die unabhängigen Variablen nicht $\Rightarrow$ intervallskaliert zu sein brauchen. Die Maßzahl für die erklärte Varianz heißt $\Rightarrow$ Eta^2.

z-Transformation

Durch eine z-Transformation werden die Abweichungen der Werte der einzelnen Fälle vom Mittelwert durch die Standardabweichung dividiert. Als Ergebnis erhält man eine neue Verteilung mit Mittelwert 0 und Standardabweichung 1.

Anlagen

Anlage 1

Erhebungsinstrumente und beauftragte Institutionen

Gruppe I	Institution / Quelle
CFT 20 (Kurzform)	Hogrefe-Verlag (R. B. Cattell / R. H. Weiß)
Texte und Tabellen	Statistics Canada / Humboldt-Universität zu Berlin, Abteilung Empirische Bildungsforschung /S. Seeber
Fachenglisch Stufen 1 und 2	Behörde für Bildung und Sport Hamburg, Referat Berufliche Schulen (M. Thönicke)
Wissen zur Texterschließung	Universität Würzburg (W. Schneider)
Gruppe II:	
Schülerfragebogen mit Angaben zur sozio-biografischen, kulturellen und sozialen Situation der Jugendlichen	R. H. Lehmann,. S. Seeber, S. Hunger
Gruppe III:	Fachexperten der Berufsschulen in Zusammenarbeit mit der Behörde für Bildung und Sport Hamburg, Referat Berufliche Schulen, der Universität Hamburg, Institut für Berufs- und Wirtschaftspädagogik (IBW; Prof. T. Tramm, W, Brandt, W. Hofmeister) und der Humboldt-Universität zu Berlin, Abteilung Empirische Bildungsforschung (R. H. Lehmann, S. Hunger) und Abteilung Wirtschaftspädagogik (Dr. Susan Seeber)
Anlagenmechaniker/-in	A. Bergfeld, H. Kohlmorgen, W. Voß (G 02)
Bankkaufmann/-kauffrau	F. Dunker (H 05)
Bürokaufmann/-kauffrau	V. Denzau (H 07)
Kaufmann/Kauffrau im Einzelhandel	B. Hansen (H 11), A. Röder (H 06)
Elektroinstallateur/-in	E. Werner (G 10)
Fachinformatiker/-in	D. Hoffmeyer, V. Lührssen, E. Pelz (G 18)

Fluggerätemechaniker/-in	K.-E. Lucas, A. Göpelt (G 15)
Friseur / Friseurin	E. U. Max (W 08)
Hotelfachmann/-fachfrau	J. Hatje (G 11)
Industriekaufmann/-kauffrau	E. Kreitlow (H 03), T. Tramm (IBW)
Industriemechaniker/-in	H.-D. Hoeft, D. Siedenburg, T. Müller (G 01)
Medizinische/-r Fachangestellte/-r	A. Hirsch (federführend), E. Fiedler, R. Gablenz, K. Kepura, I. Loeding, S. Stahlberg, C. Wittrock, V. Walther (W 04)
Rechtsanwalts- und Notarfachangestellte/-r	B. Pasenau (H 19)
Speditionskaufmann/-kauffrau	A. Sieck (H 14)
Tischler/-in	U. Mailänder (G 06)
Werbekaufmann/-kauffrau	G. Kripke (H 08)
Zahnmedizinische/-r Fachangestellte/-r	A. Arndt (federführend), I. Geinowski, N. Götz, R. Klötzer, K. Ludwichowski, E. Soltau (W 04)

Anlage 2

Beschreibung der beruflichen Fachleistungstests

Bankkaufmann/ Bankkauffrau

- Aufgaben/Items: 72 Aufgaben, 113 Items.

- Aufgabenformate: Multiple-Choice- und Wahr-Falsch-Antwortformate sowie offene Aufgaben. Die Aufgaben mit offenem Antwortformat liegen ausschließlich im Bereich der Berechnung von bankwirtschaftlichen Kennziffern.

- Inhaltsgebiete/Lernfelder: „Beratung und Service", „Unternehmensprozesse dokumentieren und beurteilen" und „Rahmenbedingungen bankbetrieblichen Handelns". Bei der Testkonstruktion wurde Wert darauf gelegt, dass die Lernfelder repräsentativ vertreten waren.

- Formale Inhaltsklassen: Es dominieren Aufgaben aus dem Bereich des Konzeptwissens, demgegenüber werden prozedurales und Faktenwissen nur in geringerem Umfang abverlangt. Hinsichtlich der kognitiven Anforderungen beziehen sich die Aufgaben vorrangig auf die Anwendung erworbenen Wissens und Könnens. Nur rund ein Achtel der Aufgaben erfordert das Reproduzieren von Begriffen und einfachen Zusammenhängen. Das eindeutige Übergewicht von Aufgaben, die im Gegensatz zur Reproduktion von Fakten, Begriffen usw. Anwendungen auf neue Situationen erfordern, wird vom Expertenteam des IBW positiv bewertet. Als problematisch erachten es die gleichen Fachleute jedoch, dass von den vorgeschlagenen Items des Tests für die angehenden Bankkaufleute keine in die Kategorie „Reflexion/Kritik" eingestuft werden konnten.

Bürokaufmann/ Bürokauffrau

- Aufgaben/Items: 51 Aufgaben, 100 Items.

- Aufgabenformate: Multiple-Choice-Format, Wahr-Falsch-Aufgaben und Zuordnungsaufgaben sowie Aufgaben mit offenem Antwortformat. Auch hier waren die Aufgaben mit offenem Antwortformat – ähnlich wie bei den Bankkaufleuten – ausschließlich auf die Berechnung ökonomischer Größen gerichtet.

- Inhaltsgebiete/Lernfelder: Die Aufgaben waren durch den Hamburger Bildungsplan für diesen Ausbildungsberuf aus dem Jahr 2002 bestimmt und stammten aus drei komplexen, auch im Berufsschulzeugnis ausgewiesenen

Lernbereichen, die ihrerseits in insgesamt elf Lernfelder untergliedert waren. Diese drei Bereiche umfassten Organisation und Personalmanagement, Auftragsbearbeitung und Leistungsprozesse (betriebliche Kernprozesse) und Controlling (Wertschöpfung).

- Formale Inhaltsklassen: In inhaltlich-formaler Hinsicht dominierten Aufgaben, die konzeptuelles Wissen und algorithmisches, prozedurales Wissen erforderten (ca. 83 Prozent der Aufgaben). In formaler Hinsicht enthielt der Test überwiegend Aufgaben, die auf Wissensanwendung bzw. Verstehen zielten; den Bereichen der Reproduktion und der Reflexion/Kritik wurden durch das IBW-Team lediglich 15 bzw. 7 Prozent der Items zugeordnet.

Kaufmann/ Kauffrau im Einzelhandel

- Aufgaben/Items: 61 Aufgaben, 97 Items.

- Aufgabenformate: Multiple-Choice- und Wahr-Falsch-Antwortformate.

- Inhaltsgebiete/Lernfelder: „Organisation, Verkauf, Personal", „Dispositives Handeln", „Warenprozesse" und „Leistungsprozesse und Controlling".

- Formale Inhaltsklassen: In der Verteilung der Items auf die drei Wissensarten ergab sich aus der Sicht der Didaktikexperten des IBW eine unerwünschte Schwerpunktverlagerung zu Ungunsten von kognitiven Prozessen, die formale Über- und Unterordnungen, Strukturen und das Erkennen von systematischen Zusammenhängen verlangen (Konzeptwissen), in Richtung auf schlichtes Faktenwissen. Positiv bewertet wurde hingegen der relativ hohe Anteil an Items, die den situationsangemessenen Einsatz prozeduralen Wissens verlangen. Insgesamt betrachtet war der Test für den Ausbildungsberuf des Einzelhandelskaufmanns/der Einzelhandelskauffrau überwiegend durch anwendungsorientierte Anforderungen geprägt. Einerseits fielen die Anteile an einfachen Reproduktionsleistungen mit 10 Prozent relativ gering aus, andererseits blieben aber auch die anspruchsvolleren kognitiven Operationen wie das Reflektieren und kritische Beurteilen von Fakten, Konzepten und Prozeduren mit einem Anteil von 5 Prozent deutlich hinter den Vorgaben der Didaktik-Experten des IBW für die Testkonstruktion zurück.

Industriekaufmann/ Industriekauffrau

- Aufgaben/Items: 67 Aufgaben, 97 Items.

- Aufgabenformate: Multiple-Choice- und Wahr-Falsch-Antwortformate.

- Inhaltsgebiete/Lernfelder: „Wirtschaft und Beruf", „Beschaffung und Absatz", „Produktion und Personal", „Bilanzierung und Finanzierung" sowie „Controlling, Kosten und Leistungsrechnung".

- Formale Inhaltsklassen: Die Fachdidaktiker des IBW stellten fest, dass hinsichtlich der Wissensarten eine ausgewogene Verteilung auf die Bereiche Faktenwissen, konzeptionelles und prozedurales Wissen erreicht wurde. Hinsichtlich der Anforderungsniveaus dominierten – nach Meinung der Experten – stärker noch als angestrebt – die Anwendungsaufgaben mit 83 Prozent. Reflexionsaufgaben waren auch hier mit nur 4 Prozent deutlich unterhalb des angestrebten Anteils von ca. 10 Prozent der Aufgaben vertreten.

Speditionskaufmann/ Speditionskauffrau

- Aufgaben/Items: 55 Aufgaben, 72 Items.
- Aufgabenformate: Multiple-Choice- und Wahr-Falsch-Antwortformate.
- Inhaltsgebiete/Lernfelder: „Ausbildung und Betrieb in der Gesamtwirtschaft", „Finanzwirtschaft und Controlling" und „Leistungsprozesse der Spedition". Bei den Speditionskaufleuten wurde ähnlich wie den Industrie- und Bürokaufleuten eine hohe Repräsentativität der Inhaltsbereiche erlangt, d. h. die Proportionen des zeitlichen Umfangs der Lernfelder spiegelte sich angemessen in der inhaltlichen Struktur der Testaufgaben wider.
- Formale Inhaltsklassen: Es konnte eine ausgewogene Verteilung auf die Wissensarten erlangt werden: Rund 21 Prozent der Testaufgaben bezogen sich auf Faktenwissen, etwa 53 Prozent der Aufgaben auf Konzeptwissen und rund 26 Prozent der Aufgaben erforderten prozedurales Wissen. Die Testaufgaben setzten überwiegend Fähigkeiten voraus, bei denen erworbenes Wissen und reproduzierbare Informationen, Ordnungen und Schemata auf strukturell bekannte oder neue Situationen übertragen werden mussten (Verstehen und Anwenden). Rund 88 Prozent der Testaufgaben wurden dieser Leistungsdimension zugeordnet. Folglich dominierten bei diesem Test anwendungsbezogene Anforderungsstrukturen, während die Wiedergabe spezifischer Inhalte und die Reflexion von ökonomischen Zusammenhängen in deutlich geringerem Umfang vertreten waren. Während die Minimierung reproduktiver Anforderungen von den Experten als ein durchaus wünschenswerter Effekt eingestuft wurde, wurde die Vernachlässigung der Reflexionsdimension als problematisch angesehen.

Werbekaufmann/ Werbekauffrau

- <u>Aufgaben/Items:</u> 64 Aufgaben, 86 Items.

- <u>Aufgabenformate:</u> Multiple-Choice-Format, Wahr-Falsch-Aufgaben und Zuordnungsaufgaben sowie Aufgaben mit offenem Antwortformat zur Berechnung ökonomischer Größen.

- <u>Inhaltsgebiete/Lernfelder:</u> Die Items wurden auf Basis der traditionellen Unterrichtsfächer konzipiert und gewichtet. Im Unterschied zu den übrigen kaufmännischen Berufen lag hier zum Zeitpunkt der Testkonstruktion noch kein lernfeldbezogener Rahmenlehrplan vor. Die Verteilung der Items auf die Fächer Werbelehre (41 Prozent der Aufgaben), Rechnungswesen (31 Prozent) und Wirtschafts- und Soziallehre (28 Prozent) wurde von den beteiligten Unterrichtsexperten als hinreichend repräsentativ angesehen. Innerhalb der Fächer wurde versucht, eine proportionale Verteilung auf die einschlägigen Themenkomplexe zu erreichen.

- <u>Formale Inhaltsklassen:</u> Rund jeweils ein Drittel der Aufgaben bezog sich auf eine der drei Wissensarten. Während die nachträglich festgestellte Betonung des Faktenwissens auf Kosten anwendungsbezogener Aufgaben von den Fachleuten des IBW als problematisch eingeschätzt wurde, wurde der relativ hohe Anteil an Aufgaben, die prozedurales Wissen erforderten, als sehr positiv bewertet. Unter der kognitiven Perspektive dominierten Anwendungsaufgaben mit 72 Prozent, entsprechend geringer waren Reproduktions- und Reflexionsaufgaben vertreten.

Rechtsanwalts- und Notarfachangestellte

- <u>Aufgaben/Items:</u> 82 Aufgaben, 82 Items.

- <u>Aufgabenformate:</u> Multiple-Choice.

- <u>Inhaltsgebiete/Lernfelder:</u> „Rechtliche Grundlagen und rechtliches Handeln", „Verfahrensrecht", „Vergütungsrecht" sowie „wirtschaftliche Grundlagen und wirtschaftliches Handeln". Nach IBW-Einschätzung entsprach diese Verteilung den curricularen Schwerpunktsetzungen, wie sie auf der Grundlage des Rahmenlehrplanes in Hamburg vorgenommen werden.

- <u>Formale Inhaltsklassen:</u> Dominanz des Konzeptwissens mit rund 52 Prozent, 37 Prozent an Aufgaben, deren Lösung lediglich Faktenwissen erforderte, ein mit 6 Prozent ausgesprochen geringer Anteil von Bezügen zu prozeduralen Wissensstrukturen. Sicht der Fachdidaktiker des IBW angemessen vertreten war, wurde von ihnen eine deutliche Untergewichtung des prozeduralen Wissens zu Gunsten des Faktenwissens bemängelt. Die Verteilung auf die Leistungsklassen entsprach demgegenüber weitgehend den Zielvorgaben für die

Aufgabenkonstruktion: Rund 27 Prozent der Aufgaben bezogen sich auf das Reproduzieren von Sachverhalten, etwas mehr als zwei Drittel der Aufgaben erforderten das Übertragen von Wissen und Können auf bekannte oder neue Anwendungskontexte und ca. 5 Prozent der Aufgaben verlangten eine kritische Reflexion der Situation.

Anlagenmechaniker/ Anlagenmechanikerin

- <u>Aufgaben/Items:</u> 93 Aufgaben, 100 Items.

- <u>Aufgabenformate:</u> Multiple-Choice-, Wahr-Falsch- und Zuordnungsformat.

- <u>Inhaltsgebiete/Lernfelder:</u> Die Aufgaben stammten aus den Bereichen „Installation von Trinkwasser- und Entwässerungsanlagen" (Lernfelder 5 und 6 des Hamburger Bildungsplans für Anlagenmechaniker), „Installation von Wärmeerzeugungs- und –verteilungsanlagen" (LF 7 und 9) sowie „Installation von Anlagen zur Trinkwassererwärmung" (LF 11). Hiermit erfolgte eine bewusste Konzentration auf solche Lernfelder, die bezogen auf die zentralen Arbeitsfelder des Anlagenmechanikers unterschiedliche fachliche Aspekte und Teilfertigkeiten vorausgehender Lernfelder integrieren.

- <u>Formale Inhaltsklassen:</u> Bezüglich der Wissensarten lag mit rund 61 Prozent der Aufgaben eine Überbetonung des Faktenwissens vor, insbesondere des empirischen Detailwissens. Das Konzeptwissen war mit ca. 36 Prozent der Aufgaben nach Meinung der IBW-Experten deutlich unterrepräsentiert, mehr noch das prozedurale Wissen mit nur 8 Prozent. Im Hinblick auf die kognitiven Anforderungen dominierte die Reproduktion mit ca. 52 Prozent gegenüber der Anwendung. Lediglich zwei Aufgaben erforderten eine kritisch-reflexive Auseinandersetzung mit dem Gegenstand; dieses Anforderungsniveaus, spielte somit nur eine geringe Rolle.

Industriemechaniker/ Industriemechanikerin

- <u>Aufgaben/Items:</u> 45 Aufgaben, 45 Items.
- <u>Aufgabenformat:</u> Multiple-Choice.
- <u>Inhaltsgebiete/Lernfelder:</u> Die Fachinhalte waren nach Auffassung der Experten angemessen repräsentiert.
- <u>Formale Inhaltsklassen:</u> Die Items verteilten sich zu 21 Prozent auf das Faktenwissen, zu 68 Prozent auf Konzeptwissen und zu 11 Prozent auf prozedurales Wissen. Während der Anteil an Aufgaben, die sich auf Faktenwissen beziehen, genau der Vorgabe für die Testkonstruktion entsprach, war die Gewichtung zwischen den anderen beiden Wissensarten deutlich zum Konzeptwissen hin verschoben. Die vom Test geforderten kognitiven Leistungen wa-

ren durch die Kategorien „Reproduktion" und vor allem „Anwendung von Wissen" bestimmt.

Fluggerätemechaniker/ Fluggerätemechanikerin

- Aufgaben/Items: 90 Aufgaben, 90 Items.

- Aufgabenformat: Multiple-Choice.

- Inhaltsgebiete/Lernfelder: Hinsichtlich der curricularen Auswahl und der Leistungsanforderungen des Tests für die Fluggerätemechaniker lagen besondere Bedingungen vor, weil sich deren Ausbildung eng an den Zertifizierungsvorgaben internationaler Organisationen orientieren muss. In diesem Rahmen wurde die inhaltliche Auswahl durch Expertenratings validiert.

- Formale Inhaltsklassen: Knapp ein Viertel der Aufgaben bezog sich auf das „Faktenwissen", während rund 70 Prozent der Aufgaben von den IBW-Fachdidaktikexperten in die Kategorie des „Konzeptwissens" eingeordnet wurden. Kritisch wurde von den Didaktikexperten notiert, dass prozedurale Wissensarten deutlich unterrepräsentiert waren. Etwa 83 Prozent der Aufgaben bezogen sich auf die Anwendung beruflichen Wissens und Könnens, während die anspruchsvolle kognitive Dimension „Reflexion/ Kritik" in den Testaufgaben kaum vertreten war. Damit war dieser Test in hohem Maße durch die Anwendung von Konzeptwissen charakterisiert, was nicht zuletzt durch die eingangs erwähnten internationalen Rahmenvorgaben bedingt war.

Elektroinstallateur/ Elektroinstallateurin

- Aufgaben/Items: 51 Aufgaben, 51 Items.

- Aufgabenformate: überwiegend im Multiple-Choice-Format oder als Zuordnungsaufgaben konzipiert.

- Inhaltsgebiete/Lernfelder: Gemäß der Beurteilung durch die Fachlehrerinnen und Fachlehrer erlangte der Test eine durchaus angemessene curriculare Validität, obwohl dieser Ausbildungsberuf gerade neu geordnet wurde und der Unterricht z. T. dieser Neuordnung bereits vorgriff.

- Formale Inhaltsklassen: Faktenwissen 6 Prozent, Konzeptwissen 65 Prozent, prozedurales Wissen 29 Prozent. Damit war das Faktenwissen gegenüber dem angestrebten Wert von ca. 20 Prozent deutlich unterrepräsentiert, hinsichtlich der Anforderungsniveaus war mit 91 Prozent eine starke Dominanz der Anwendungsaufgaben festzustellen, während Reproduktionsaufgaben lediglich mit 3 Prozent und Reflexionsanforderungen nur mit 6 Prozent vertreten waren. Insgesamt war der Test durch eine starke Schwerpunktsetzung bei der Anwendung von Konzeptwissen charakterisiert; in aller Regel implizierte die

Lösung dieser Aufgaben allerdings den Rückgriff auf konkrete Details. Ein klares Defizit zeigte sich hinsichtlich der Abforderung von reflexiven Leistungen.

Tischler/ Tischlerin

- Aufgaben/Items: 94 Aufgaben, 130 Items.

- Aufgabenformate: Die Aufgaben waren überwiegend im Multiple-Choice-Format und als Zuordnungsaufgaben konzipiert.

- Inhaltsgebiete/Lernfelder: Nach Urteil von Experten erlangte der Test eine adäquate Verteilung der Aufgaben über die verschiedenen curricularen Bereiche.

- Formale Inhaltsklassen: Unter dem Aspekt der Wissensarten war das Faktenwissen mit 46 Prozent eher überbetont. Das Konzeptwissen blieb mit 44 Prozent ein wenig unter dem vorgegebenen Wert des Expertenteams des IBW, während das prozedurale Wissen mit 10 Prozent die Vorgaben nicht erfüllte. Bei den kognitiven Anforderungen dominierte die Anwendung; etwa ein Viertel der Aufgaben erforderte Reproduktionsleistungen, wohingegen der Test in nur geringem Umfang Aufgaben enthielt, die eine kritisch-reflexive Auseinandersetzung mit der Situation und den Lösungsmöglichkeiten erforderten.

Medizinische Fachangestellte

- Aufgaben/Items: 90 Aufgaben, 90 Items.

- Aufgabenformate: Multiple-Choice-Format.

- Inhaltsgebiete/Lernfelder: Gebiete medizinisch-biologische Grundlagen, Abrechnung und Praxismanagement sowie Wirtschaft und Politik bezogen. Die Gewichtung der Inhalte entsprach der bisherigen Fächergewichtung und Unterrichtspraxis, nimmt also die Impulse der Neuordnung in diesem Bereich noch nicht auf.

- Formale Inhaltsklassen: Bezüglich der Wissensarten war eine Konzentration auf das Konzeptwissen und mit 30 statt 20 Prozent der Testaufgaben eine etwas stärkere Betonung des Faktenwissens als gewünscht festzustellen; daraus ergab sich eine deutliche Vernachlässigung des prozeduralen Wissens. Unter dem Anforderungsaspekt dominierten Anwendungsaufgaben mit 56 Prozent sowie Reproduktionsaufgaben mit 44 Prozent; Reflexionsaufgaben waren im Test nicht vertreten. Kritisch bemerkten die Experten des IBW, dass bei vielen Aufgaben noch keine zufrieden stellende situative Einbindung erreicht worden war, dass also die Testaufgaben relativ stark auf isolierte Sachverhalte gerichtet blieben.

Zahnmedizinische Fachangestellte

- <u>Aufgaben/Items:</u> 81 Aufgaben, 104 Items.
- <u>Aufgabenformate:</u> Multiple-Choice-Format.
- <u>Inhaltsgebiete/Lernfelder:</u> Praxisabläufe und Verwaltung (rund 26 Prozent), Assistenz bei konservierender Behandlung (ca. 23 Prozent), Assistenz bei chirurgischer Behandlung (etwa 43 Prozent) und übergreifende Aspekte wie Praxisprozesse und Praxishygiene (rund 7 Prozent). Damit wurde nach dem Expertenurteil eine sehr gute Repräsentation der Lernfeldgruppen im Aufgabensatz erreicht.
- <u>Formale Inhaltsklassen:</u> Von den Fachleuten des IBW wurden etwa 70 Prozent der Aufgaben dem Konzeptwissen zugeordnet. Obgleich der Anteil isolierten Faktenwissens erfreulich gering war, beurteilten die Experten die im Test geforderten prozeduralen Wissensanteile als noch nicht hinreichend. Rund drei Viertel der Testaufgaben bezogen sich nach Experteneinschätzung auf die Anwendung beruflichen Wissens und Könnens und ca. ein Viertel auf das Reproduzieren von Inhalten. Das Fehlen von Aufgaben zur Reflexion wurde demnach vom IBW-Team als problematisch beurteilt.

Friseurin/ Friseur

- <u>Aufgaben/Items:</u> 78 Aufgaben, 96 Items.
- <u>Aufgabenformate:</u> Multiple Choice, Wahr-Falsch-Aufgaben, Zuordnungsaufgaben.
- <u>Inhaltsgebiete/Lernfelder:</u> Ihre curriculare Verteilung wurde nach Experteneinschätzung vorgenommen.
- <u>Formale Inhaltsklassen:</u> Unter den Wissensarten lag das Konzeptwissen mit 60 Prozent etwas über dem angestrebten Anteil von 50 Prozent. Das Faktenwissen war mit 29 Prozent deutlich häufiger als geplant angesprochen, während prozedurales Wissen mit 11 Prozent unter den Erwartungen blieb. Die kognitiven Leistungsanforderungen bezogen sich mit rund drei Viertel der Aufgaben vor allem auf die Anwendung von Wissen, während auf den Bereich der Reproduktion rund ein Viertel der Aufgaben entfiel. Insgesamt wurden also nach dem Urteil der Didaktikexperten des IBW prozedurales Wissen und kritische Reflexion zu selten angesprochen.

Hotelfachmann/ Hotelfachfrau

- <u>Aufgaben/Items</u>: 58 Aufgaben, 61 Items.

- <u>Aufgabenformate</u>: Multiple-Choice und Zuordnungsformat.

- <u>Inhaltsgebiete/Lernfelder</u>: „Service", „Marketing", „Wirtschaftsdienst" und „Empfang". Der Bereich Marketing war deutlich unterrepräsentiert, während der Test den Aufgaben aus dem Gebiet des „Empfangs" im Test ein stärkeres Gewicht verlieh, als curricular angemessen erschien. Insgesamt ergab sich jedoch nach Auffassung der IBW-Experten, nicht zuletzt wegen der thematischen Nähe von Marketing und Empfang, eine befriedigende curriculare Validität.

- <u>Formale Inhaltsklassen</u>: Eine Überprüfung der in den Testaufgaben vertretenen Wissensformen zeigte, dass der Anteil isolierter Fakten im Verhältnis zu verknüpftem Wissen, gemessen an den Vorgaben, zu hoch war, Prozeduren hingegen so häufig wie gewünscht angesprochen wurden. Bezüglich der Anforderungsniveaus wies die Klassifikation des IBW aus, dass Reproduktionsaufgaben mit ca. 35 Prozent, Anwendungsaufgaben mit rund 55 Prozent und Reflexionsaufgaben mit ca. 10 Prozent im Test enthalten waren. Hier lagen die tatsächlichen Werte also ausgesprochen nah an den Zielwerten der Testkonstruktion.

Fachinformatiker / Fachinformatikerin

- <u>Aufgaben/Items</u>: 46 Aufgaben, 71 Items.

- <u>Aufgabenformate</u>: Multiple-Choice und Zuordnungsformat.

- <u>Inhaltsgebiete/Lernfelder</u>: Nach Auskunft von Lehrern und Lehrerinnen war die Auswahl der Testaufgaben curricular hinreichend valide.

- <u>Formale Inhaltsklassen</u>: 41 Prozent der Testaufgaben erwarteten Faktenwissen, wobei terminologisches Wissen im Vordergrund stand. Etwa die Hälfte der Aufgaben wurde vom IBW und Lehrerexperten dem Konzeptwissen zugeordnet. Der Bereich des prozeduralen Wissens ist mit lediglich 9 Prozent nach Auffassung der Didaktik-Experten viel zu gering vertreten. Hinsichtlich der Anspruchsniveaus dominierte die Wissensanwendung, während die Reproduktion mit ca. 47 Prozent der Aufgaben ebenfalls mit sehr hohen Anteilen vertreten war. Hingegen betrug der Anteil an Aufgaben, die kritische Reflexionen erforderten, nur 2 Prozent, was von den IBW-Experten als deutlich zu gering bewertet wurde.

Anlage 3

Auswertungsgruppen: Längsschnitt nach Herkunftsbundesland

		Bundesland der zuletzt besuchten Schule					ULME III- Gesamt
		Hamburg	Schleswig-Holstein	Niedersachsen	Mecklenburg-Vorpommern	Sonstiges	
Anlagenmechaniker/-in	Anzahl	63	10	0	2	4	79
	Anteil	79,7%	12,7%	,0%	2,5%	5,1%	100,0%
Bankkaufmann/-frau	Anzahl	95	50	41	50	27	263
	Anteil	36,1%	19,0%	15,6%	19,0%	10,3%	100,0%
Bürokaufmann/-frau	Anzahl	177	27	24	22	19	269
	Anteil	65,8%	10,0%	8,9%	8,2%	7,1%	100,0%
Einzelhandelskaufmann/-frau	Anzahl	301	73	31	49	34	488
	Anteil	61,7%	15,0%	6,4%	10,0%	7,0%	100,0%
Elektroinstallateur/-in	Anzahl	73	15	4	8	9	109
	Anteil	67,0%	13,8%	3,7%	7,3%	8,3%	100,0%
Fachinformatiker/-in	Anzahl	47	25	9	8	12	101
	Anteil	46,5%	24,8%	8,9%	7,9%	11,9%	100,0%
Fluggerätemechaniker/-in	Anzahl	13	7	19	9	14	62
	Anteil	21,0%	11,3%	30,6%	14,5%	22,6%	100,0%
Friseur/-in	Anzahl	130	17	10	15	12	184
	Anteil	70,7%	9,2%	5,4%	8,2%	6,5%	100,0%
Hotelfachangestellte/-r	Anzahl	30	11	11	2	10	64
	Anteil	46,9%	17,2%	17,2%	3,1%	15,6%	100,0%
Industriekaufmann/-frau	Anzahl	12	3	13	2	1	31
	Anteil	38,7%	9,7%	41,9%	6,5%	3,2%	100,0%

		Bundesland der zuletzt besuchten Schule					ULME III-Gesamt
		Hamburg	Schleswig-Holstein	Niedersachsen	Mecklenburg-Vorpommern	Sonstiges	
Industriemechaniker/-in	Anzahl	54	11	23	11	4	103
	Anteil	52,4%	10,7%	22,3%	10,7%	3,9%	100,0%
Medizinische Fachangestellte/-r	Anzahl	147	32	10	20	18	227
	Anteil	64,8%	14,1%	4,4%	8,8%	7,9%	100,0%
Rechtsanwalts- u. Notarfachangestellte/-r	Anzahl	85	17	9	40	27	178
	Anteil	47,8%	9,6%	5,1%	22,5%	15,2%	100,0%
Speditionskaufmann/-frau	Anzahl	86	31	18	15	16	166
	Anteil	51,8%	18,7%	10,8%	9,0%	9,6%	100,0%
Tischler/-in	Anzahl	45	5	4	0	2	56
	Anteil	80,4%	8,9%	7,1%	,0%	3,6%	100,0%
Werbekaufmann/-frau	Anzahl	66	30	24	7	13	140
	Anteil	47,1%	21,4%	17,1%	5,0%	9,3%	100,0%
Zahnmedizinische Fachangestellte/-r	Anzahl	129	18	6	42	25	220
	Anteil	58,6%	8,2%	2,7%	19,1%	11,4%	100,0%

Anlage 4

Skalendokumentation der Einschätzungsskalen aus dem Schülerfragebogen

Skala: Klassenklima

Item	Mittelwert	SD	N
Ich arbeite gerne in meiner Gruppe.	3,00	0,86	2114
Ich erarbeite mit meinen Mitschülern gemeinsame Lösungen.	2,92	0,68	2108
In meiner Gruppe fühle ich mich wohl.	3,09	0,78	2114
Wir unterstützen uns gegenseitig.	3,03	0,76	2112

Skalenkennwerte:

Cronbachs Alpha	= 0,80	Standardabweichung	= 0,61
Mittelwert	= 3,01	Nennungen	= 2.119

Skala: Wohlfühlen in der Schule

Item	Mittel-wert	SD	N
Ich bin froh, dass ich noch zur Schule gehe.	2,52	0,89	2122
Ich habe mich in Berufsschule wohlgefühlt.	2,80	0,78	2119
Ich habe in Berufsschule Sinn des Lernens erkannt.	2,20	0,90	2115
Der Unterricht in Berufsschule ist interessanter als in meiner alten Schule.	2,49	0,93	2118
Das Lernen in Berufsschule hat mir Spaß gemacht.	2,49	0,77	2118

Skalenkennwerte:

Cronbachs Alpha	= 0,72	Standardabweichung	= 0,59
Mittelwert	= 2,50	Nennungen	= 2.123

Skala: *Entwicklung der Selbst- und Methodenkompetenz durch Berufsschulbesuch*

Item	Mittel-wert	SD	N
In der Berufsschule habe ich viel über mich selbst gelernt.	2,28	0,88	2115
In der Berufsschule habe ich gelernt, mit anderen auszukommen.	2,42	0,88	2111
An unserer Schule habe ich gelernt, anderen zu helfen.	2,21	0,80	2108
Ich habe hier gelernt, Verantwortung für bestimmte Aufgaben zu übernehmen.	2,55	0,86	2114
Ich habe gelernt, meine Aufgaben selbständig zu planen und auszuführen.	2,84	0,81	2106

Skalenwerte:

Cronbachs Alpha	= 0,82	Standardabweichung	= 0,64
Mittelwert	= 2,46	Nennungen	= 2.119

Skala: *Schülerkooperation*

Item	Mittelwert	SD	N
Ich unterstütze gerne lernschwächere Schüler.	2,88	0,73	2113
Bei Schwierigkeiten lass ich mir gerne helfen.	3,26	0,67	2115
Ich nehme gerne Informationen meiner Mitschüler auf.	3,13	0,60	2116
Es macht mir Spaß, Informationen an meine Mitschüler weiterzugeben.	2,86	0,74	2114
Wenn jemand Schwierigkeiten hat, helfe ich gerne.	3,23	0,68	2118
Ich gebe gerne Informationen an Mitschüler weiter.	3,08	0,64	2113

Skalenkennwerte:

Cronbachs Alpha	= 0,80	Standardabweichung	= 0,48
Mittelwert	= 3,07	Nennungen	= 2.119

Skala: *Ausbildungsmotivation*

Item	Mittelwert	SD	N
Über Inhalte der beruflichen Ausbildung zu sprechen macht mir Spaß.	2,97	,94	2099
Die Inhalte in den beruflichen Fächern finde ich interessant.	3,18	,98	2102
Über die Inhalte in den beruflichen Fächern würde ich gern noch mehr erfahren.	1,87	,95	2100
Die Beschäftigung mit den beruflichen Inhalten ist für mich sehr wichtig – unabhängig von der Schule und den anderen Personen.	2,14	1,01	2094
Auch in meiner Freizeit beschäftige ich mich mit Ausbildungs- inhalten.	2,97	,94	2099
Im Unterricht der beruflichen Fächer frage ich mich oft, was ich hier eigentlich soll.*	3,18	,98	2102
Der Unterricht in den beruflichen Fächern wirkt sich positiv auf meine Stimmung aus.	1,87	,95	2100
Die beruflichen Inhalte sind mir gleichgültig.*	2,14	1,01	2094

*   Das Item wurde für die Skalenbildung recodiert.

<u>Skalenkennwerte:</u>

Cronbachs Alpha	= 0,80	Standardabweichung	= 0,50
Mittelwert	= 2,82	Nennungen	= 2.108

Skala: *Beruflicher Zukunftsoptimismus*

Item	Mittelwert	SD	N
Ich schätze, dass ich nach Beendigung der Berufsausbildung arbeitslos sein werde.*	1,88	0,95	2102
Ich habe gute Chancen nach Ausbildungsende eine Arbeit in meinem erlernten Beruf zu finden	3,01	0,90	2100

*   Das Item wurde für die Skalenbildung recodiert.

<u>Skalenkennwerte:</u>

Cronbachs Alpha	= 0,79	Standardabweichung	= 0,84
Mittelwert	= 3,07	Nennungen	= 2.107

Skala: *Berufliche Umorientierung nach Ausbildungsabschluss*

Item	Mittelwert	SD	N
Ich möchte erst einmal in meinem jetzigen Berufsbereich arbeiten.*	2,97	0,94	2099
Ich möchte erst einmal in meinem jetzigen Ausbildungsberuf arbeiten.*	3,18	0,98	2102
Ich möchte eine weitere Ausbildung in einem anderen Beruf machen.	1,87	0,95	2100
Ich möchte in einem anderen Beruf arbeiten.	2,14	1,01	2094

*   Das Item wurde für die Skalenbildung recodiert.

<u>Skalenkennwerte:</u>

Cronbachs Alpha	= 0,79	Standardabweichung	= 0,76
Mittelwert	= 1,97	Nennungen	= 2.123

Skala: *Ausbildungszufriedenheit*

Item	Mittelwert	SD	N
Die Ausbildung entspricht meinem Wunschberuf.	2,69	0,98	2096
Die Ausbildung macht mir Spaß.	3,16	0,79	2092
Ich kann in meiner Ausbildung meine Fähigkeiten voll nutzen.	2,98	0,80	2096
Ich habe schon ernsthaft überlegt, aus der Ausbildung auszusteigen.*	1,74	1,02	2097
Hätte ich nochmals die Wahl, so würde ich meinen Ausbildungsberuf wieder wählen.	2,80	1,01	2095
Ich bin mit meiner Ausbildung rundum zufrieden.	2,90	0,86	2095

*   Das Item wurde für die Skalenbildung recodiert.

<u>Skalenkennwerte:</u>

Cronbachs Alpha	= 0,85	Standardabweichung	= 0,69
Mittelwert	= 2,96	Nennungen	= 2.106

Skala: *Bedeutsamkeit der praktischen Ausbildung im Betrieb*

Item	Mittelwert	SD	N
Ich halte die Ausbildung im Betrieb für wichtiger als den Unterricht in der Berufsschule.	2,92	0,91	2094
Ich lerne im Betrieb sehr viel.	3,20	0,83	2098
Meine Stärken liegen im praktischen Bereich.	3,33	0,71	2093
Der Betrieb ist der hauptsächliche Lernort des Lebens.	2,95	0,82	2091

Skalenkennwerte:

Cronbachs Alpha	= 0,72	Standardabweichung	= 0,60
Mittelwert	= 3,10	Nennungen	= 2.105

Skala: *Kompetenzaufbau durch Unterricht in der Berufsschule*

Item	Mittelwert	SD	N
Durch die Ausbildung in der Schule fühle ich mich den künftigen beruflichen Herausforderungen gewachsen.	2,82	,67	2093
Ich habe während der Ausbildung gelernt wie ein Fachmann/ eine Fachfrau denkt und handelt.	2,73	,75	2095
Die Ausbildung hat dazu beigetragen, dass ich sicher berufliche Aufgaben bearbeiten kann.	2,92	,69	2090
Durch das in der Schule erworbene Wissen und Können kann ich mich an Fachgesprächen aktiv beteiligen.	3,00	,71	2095
Die Ausbildung in der Schule hat dazu beitragen, dass ich mich auch in neue berufliche Aufgaben schnell einarbeiten kann.	2,83	,73	2091
Die Ausbildung hat mir ermöglicht, viele verschiedene berufliche Kenntnisse und Fertigkeiten zu erwerben.	2,98	,74	2087
Das erworbene Wissen und Können hilft mir, mich kritisch mit Fragen und Problemen des Berufs auseinander zu setzen.	2,94	,70	2083
Die Ausbildung in der Schule hat dazu beigetragen, dass ich auch schwierigere berufliche Aufgaben selbständig planen und realisieren kann.	2,78	,75	2086
Ich habe gelernt, fachliche Zusammenhänge zu erkennen.	3,09	,68	2083

Ich habe während meiner Ausbildung unterschiedlichste künftige berufliche Aufgaben- und Tätigkeitsbereiche kennen gelernt.	2,90	,82	2080

Skalenkennwerte:

Cronbachs Alpha	= 0,88	Standardabweichung	= 0,50
Mittelwert	= 2,89	Nennungen	= 2.103

Skala: *Kompetenzaufbau durch berufspraktische Ausbildung im Betrieb*

Item	Mittelwert	SD	N
Durch die Ausbildung im Betrieb fühle ich mich den künftigen beruflichen Herausforderungen gewachsen.	3,16	,69	2089
Ich habe während der Ausbildung gelernt wie ein Fachmann/eine Fachfrau denkt und handelt.	3,17	,67	2091
Die Ausbildung hat dazu beigetragen, dass ich sicher berufliche Aufgaben bearbeiten kann.	3,28	,66	2091
Durch im Betrieb erworbene Wissen und Können kann ich mich an Fachgesprächen aktiv beteiligen.	3,16	,69	2087
Die Ausbildung im Betrieb hat dazu beitragen, dass ich mich auch in neue berufliche Aufgaben schnell einarbeiten kann.	3,16	,68	2084
Die Ausbildung hat mir ermöglicht, viele verschiedene berufliche Kenntnisse und Fertigkeiten zu erwerben.	3,25	,70	2088
Das erworbene Wissen und Können hilft mir, mich kritisch mit Fragen und Problemen des Berufs auseinander zu setzen.	3,11	,67	2080
Die Ausbildung im Betrieb hat dazu beigetragen, dass ich auch schwierigere berufliche Aufgaben selbständig planen und realisieren kann.	3,11	,71	2084
Ich habe gelernt, fachliche Zusammenhänge zu erkennen.	3,22	,65	2076
Ich habe während der Ausbildung gelernt, besser mit anderen Leuten umzugehen.	3,24	,84	2086
Ich habe während meiner Ausbildung unterschiedlichste künftige berufliche Aufgaben- und Tätigkeitsbereiche kennen gelernt.	3,30	,78	2087

Skalenkennwerte:

Cronbachs Alpha	= 0,88	Standardabweichung	= 0,48
Mittelwert	= 3,20	Nennungen	= 2.098

Anlage 5

Anteile Jugendlicher mit deutscher Staatsangehörigkeit und Jugendlicher mit deutscher Muttersprache

Beruf	N	Anteil mit Staats-angehörigkeit deutsch	N	Anteil mit Muttersprache deutsch
Anlagenmechaniker/-in	70	0,97	79	0,77
Bankkaufmann/-frau	261	0,98	263	0,94
Bürokaufmann/-frau	260	0,90	278	0,69
Kaufmann/ Kauffrau im Einzelhandel	454	0,90	520	0,74
Elektroinstallateur/-in	102	0,95	108	0,84
Fachinformatiker/-in	98	0,98	101	0,96
Fluggerätemechaniker/-in	60	0,98	62	0,97
Friseur/ Friseurin	179	0,88	191	0,71
Hotelfachmann/-frau	62	0,92	68	0,81
Industriekaufmann/-frau	30	1,00	31	0,97
Industriemechaniker/-in	102	0,96	102	0,82
Medizinische/-r Fachangestellte/-r	222	0,91	229	0,76
Rechtsanwalts- und Notarfachangestellte/-r	176	0,93	178	0,79
Speditionskaufmann/-frau	154	0,89	165	0,78
Tischler/-in	51	0,86	66	0,70
Werbekaufmann/-frau	136	0,96	141	0,94
Zahnmedizinische Fachangestellte/-r	214	0,87	232	0,69
Insgesamt	*2631*	*0,92*	*2814*	*0,79*